新零售理论与实务

陆淳鸿　沈鹏熠　主编

机械工业出版社
CHINA MACHINE PRESS

随着零售行业的不断发展，越来越多的零售企业将实体店、线上店和移动渠道进行全渠道整合，以提升消费者体验效果和企业绩效。新零售正在重塑零售格局，而有效的新零售策略对零售企业至关重要。

本书紧密跟踪新零售领域的前沿理论与实践动态，沿着新零售基础知识概述—新零售运营要素—新零售行业的发展趋势的逻辑框架，构建了新零售理论与实务知识体系，包括：新零售概述、新零售的驱动因素、新零售大数据、新零售顾客体验管理、新零售商业模式、新零售私域流量运营、新零售物流、社交新零售、无人零售以及新零售行业的未来发展趋势共10章内容。

本书可作为工商管理类专业本科生的教材，也可供营销人员学习使用，同时还是零售领域的投资者、咨询人员、培训人员和研究人员的重要参考书。

图书在版编目（CIP）数据

新零售理论与实务 / 陆淳鸿，沈鹏熠主编. -- 北京：机械工业出版社，2025. 1. -- ISBN 978-7-111-77167-8

Ⅰ. F713.32

中国国家版本馆CIP数据核字第20241F4R79号

机械工业出版社（北京市百万庄大街22号 邮政编码100037）

策划编辑：朱鹤楼　　　　　　　责任编辑：朱鹤楼　张雅维
责任校对：肖　琳　王　延　　　责任印制：单爱军
北京虎彩文化传播有限公司印刷
2025年2月第1版第1次印刷
184mm×260mm·20.25印张·402千字
标准书号：ISBN 978-7-111-77167-8
定价：69.00元

电话服务　　　　　　　　　　　网络服务
客服电话：010-88361066　　　　机 工 官 网：www.cmpbook.com
　　　　　010-88379833　　　　机 工 官 博：weibo.com/cmp1952
　　　　　010-68326294　　　　金 书 网：www.golden-book.com
封底无防伪标均为盗版　　　机工教育服务网：www.cmpedu.com

前　言

　　消费者已经进入全渠道消费时代，新零售战略已成为零售企业转型发展的必然选择。全渠道消费模式满足了人们日益追求美好生活的需要，人们越来越多地基于线上线下渠道融合的方式来搜寻、购买、使用和评价商品和服务。新零售模式在零售管理实践中得到广泛应用，并且未来在零售营销和管理中将发挥至关重要的作用。不管是电子商务企业还是实体零售企业，如果想赢得未来市场和竞争优势，就必须积极主动地去了解新零售，利用新零售模式提高销量、降低成本、提升顾客满意度和忠诚度。而与此对应的新零售理论框架体系构建和新零售教材建设却滞后于新零售产业实践发展和时代要求，这既不利于新零售产业实践水平的提升，也不利于新零售从业者技能的提升，更不利于新零售人才的培养和新零售知识的普及。基于一种使命感和社会责任感，江西财经大学市场营销国家一流本科专业的教师们组织编写团队，齐心协力完成了本书的编写。

　　本书以马克思列宁主义、毛泽东思想、邓小平理论、"三个代表"重要思想、科学发展观、习近平新时代中国特色社会主义思想为指导，有机融入本土传统商业文化、课程思政要素和法治意识。在紧密跟踪新零售领域理论前沿与实践动态的同时，本书还注重对中国特色学术思想和学术贡献的介绍，注重对新零售领域国家战略、产业政策、法律法规和行业趋势的介绍，注重对中国新零售产业和企业发展案例的介绍，以及对中国零售企业全渠道转型案例的介绍。

　　本书具有如下主要特点：

　　（1）体系完整。本书沿着新零售基础知识概述—新零售运营要素—新零售行业的发展趋势的逻辑框架构建了新零售知识体系，弥补了已有相关著作要么过于专注深奥理论知识的阐述，要么专注于简单揭示新零售实务知识的局限。本书从理论和实务两个层面构建和丰富了新零售的基本概念、内容框架和知识体系，将成为一本逻辑结构清晰、知识体系完整的新零售理论与实务教材。

　　（2）内容丰富。本书注重新零售理论与实际应用的结合，以及思维模式养成与技能提升的结合。为方便读者学习理论与引导实践，各章都配有开篇案例、章末案例、本章小结和实训作业。为拓宽读者的知识面、加深读者的理论深度、引导读者多维思维模式的养成，各章都插入了数量不一的人物小传、小知识、小案例、参考文献等内容。

（3）前期基础扎实。编写组主要成员近年重点研究新零售营销和管理，主持完成了新零售领域的国家自然科学基金和省级社会科学基金项目，并发表了系列学术论文。这为教材的编写奠定了良好的科研基础，提供了较为丰厚的知识储备。

本书在编写过程中，得到了江西财经大学工商管理学院领导的鼓励与支持，为本书的完成提供了十分有利的条件。本书的出版也是江西财经大学工商管理学院市场营销国家一流本科专业建设的重要学术成果，对促进市场营销专业数字化转型有所裨益。

本书编写分工如下：江西财经大学工商管理学院教授、博士生导师沈鹏熠以及熊思颖编写第1章，江西财经大学工商管理学院副院长陆淳鸿以及罗青编写第2章和第3章，江西财经大学工商管理学院万德敏博士编写第4章，江西财经大学工商管理学院聂烜博士编写第5章，江西财经大学工商管理学院车李琳编写第6章，江西财经大学工商管理学院姜小迁编写第7章，江西财经大学工商管理学院李金雄编写第8章，江西财经大学工商管理学院黄祥辉博士作为副主编编写第9章，江西财经大学教授、博士生导师沈鹏熠以及李佳莹编写第10章。全书由陆淳鸿、沈鹏熠任主编，沈鹏熠负责拟定全书大纲及最后审定，陆淳鸿负责书稿的修改、定稿。

本书在编写过程中参考了大量国内外文献资料和数据，并借鉴、吸收了其中的某些成果。在此，我们向有关作者一并致以真挚而深切的谢意。本书的编写得到国家自然科学基金项目（71762011；7226206）和国家社会科学基金项目（20BGL118）的资助，是这些基金项目的阶段性研究成果之一。

由于编写者学识水平所限，本书仍存在一些不足之处，敬请读者批评指正。

陆淳鸿

沈鹏熠

2024 年 6 月

目　录

第 6 章　新零售私域流量运营

006

第 7 章　新零售物流

007

第1章　新零售概述

新零售变革的先行者

1. 盒马鲜生

盒马鲜生作为阿里巴巴集团对线下超市进行完全重构的新零售业态，成立于2015年3月，次年1月正式投入运营。它以线下门店和线上App为载体，创新性地打造了一个集"超市＋餐饮＋物流＋App"于一体的复合功能体。盒马鲜生的门店具有很明显的选址特征，以一二线城市为主，集中于住宅小区、购物中心和商务写字楼商圈。据官网数据显示，截至2024年6月，盒马鲜生的门店数量已突破400家，进驻30余个城市。

2. 小米之家

小米之家的商业模式源自雷军的小米"铁人三项"，即"硬件、互联网、新零售"，主要围绕目标消费者构建生态化的商品和服务体系。2015年年底，小米正式宣布推出新零售品牌——"小米之家"。2018年10月，全球最大的小米之家旗舰店在武汉开业，该店拥有720平米的超大面积，店内商品涵盖700多个种类，共有三层，分别陈列手机和电脑等电子产品、旗下精品生活类产品，并引入了"智慧家庭"体验区的全新展示场景。截至2024年4月，小米集团线下门店总数达到12060家，这一数字包括小米之家专卖店／授权店／专营店、直营店、服务网点以及授权体验店或专区等多种类型。

3. 三只松鼠

三只松鼠成立于2012年，成立之初定位为纯互联网食品品牌，主营休闲零食。2016年9月30日，三只松鼠在安徽芜湖开设了第一家以"三只松鼠投食店"命名的线下实体店。2018年，三只松鼠入驻零售通，采取以线上赋能线下的新零售模式，并推出联盟小店这一新零售物种。2019年7月12日，三只松鼠在深交所挂牌上市。2023年，三只松鼠实施了"一品一链"战略，并通过"抖＋N"协同策略强化了全渠道的销售能力。同年，三只松鼠还开设了新的线下业态——社区零食店。截至2023年年底，三只松鼠已开设149家门店，并计划进一步扩大这一业务规模。

4. 网易严选

网易严选是一个高品质生活类自营电商品牌，其选品采用ODM（Original Design Manufacture，原始设计商）模式，严格品控、挤压中间成本，为用户提供物超所值的品质生活产品。其新零售代表项目为"亚朵·网易严选酒店"，为国内首家实现"所用即所购"的场景电商酒店，也是电商与线下场景消费相结合的新样本。

5. 百安居

百安居源自欧洲，是国际知名的建材零售和装修服务提供商。1999年，百安居在中国上海开设旗舰店。2015年年底，百安居与天猫达成战略合作，正式入驻天猫平台，打造"线上＋线下，产品＋服务"的全渠道O2O模式。2017年，百安居开始进入家居新零售时代，推出"百安居B&T home"新零售家居智慧门店。在店铺中，百安居将人脸识别、360°全景复刻和VR、AR等技术应用到操作系统中，打造出6种设计风格迥异的整体样板间和局部样板间，并设置了各类休闲区域和商品体验点，为消费者打造了一个所见即所得的真实场景化卖场。

（资料来源：刘官华，梁璐. 新零售：从模式到实践［M］. 北京：电子工业出版社，2019. 本书有删改）

1.1 新零售的起源、发展过程及动因

1.1.1 新零售的起源

2016年10月13日，阿里巴巴集团在杭州云栖大会的开幕式上首次提出"五新"（新零售、新制造、新金融、新技术和新能源）概念，并指出：纯电商时代很快会结束，未来十年、二十年，只有新零售这一说，线上线下和物流必须结合在一起，才能诞生真正的新零售。会后，业界对此众说纷纭，既有董明珠、宗庆后等传统行业企业家对"五新"观点的质疑，也有许多企业家和媒体、意见领袖的鼎力支持，一时间该新闻热度不断升级。自此，新零售概念正式步入公众视野。

2017年3月，阿里研究院发布《新零售研究报告》，首次对外界普遍关注的新零售概念、新零售方法论等内容进行了系统化的解读，进一步增强了业界和学界对新零售概念的理解。

2017年4月2日，阿里巴巴集团前董事局主席马云再次在IT领袖峰会上提及新零售。他认为，电子商务在未来五年内仍将高速增长，但十年以后，只注重线上电商或线下零售的企业将举步维艰。因此，企业必须做出改变，采用线上线下相结合的新零售模式。新零售要求企业将线上线下及物流整合，并且未来零售不再是单纯地思考如何将产品销售给客户，而是要学会服务好客户。

与此相对应的是，国家相关管理层早已在酝酿与零售业转型相关的政策。2016年11月11日，国务院办公厅印发了《关于推动实体零售创新转型的意见》（国办发〔2016〕78号）（简称《意见》），文件明确了推动我国实体零售创新转型的指导思想和基本原则，并在调整商业结构、创新发展方式、促进跨界融合、优化发展环境、强化政策支持等方面做出具体部署。《意见》在促进线上线下融合的问题上强调："建立适应融合发展的标准规范、竞争规则，引导实体零售企业逐步提高信息化水平，将线下物流、服务、体验等优势与线上商流、资金流、信息流融合，拓展智能化、网络化的全渠道布局。"

2017年3月全国"两会"期间，部分代表委员也提出了许多有关零售业转型的议案。时任国务院总理李克强在报告中提出，要结合实体零售与电子商务推动消费需求，其实质就是号召"新零售"相关企业将线上与线下结合起来，用互联网的新思维来推动实体零售转型升级，强化用户体验，改善消费环境与物流现状，提高零售业的运营效率。

2017年7月，京东集团董事局主席刘强东发表了《第四次零售革命》的署名文章，提出第四次零售革命是建立在互联网电商基础上、又超越互联网的一次革命，零售业的游戏规则将被重新制定，无界零售将成为新趋势。文中论述的观点与阿里巴巴集团前董事局主席马云提出的新零售大同小异。此外，小米、名创优品等企业也都纷纷提出了自己关于未来零售的理解和观点。至此，随着未来零售标准争夺战的爆发，新零售时代的大幕正式拉开。

人物介绍

新零售的理论先驱——大卫·贝尔（David Bell）

大卫·贝尔（David Bell），沃顿商学院教授及高级管理项目学术主任，毕业于斯坦福大学，并在斯坦福大学商学院获得博士学位。他在教学与研究领域均取得显著成就，荣获"MBA核心课程奖""Frank M. Bass杰出博士论文奖"等17项奖项，并三次入围"John D.C.最佳论文奖"，两次入围"长期影响营销科学INFORMS奖"。

2017年3月，大卫·贝尔的新书《不可消失的门店：后电商时代的零售法则》出版。该书是首部全面深度解析新零售时代电商与实体门店如何实现可持续发展的著作。在这本书中，他提出了后电商时代的新零售法则——GRAVITY〔包括Geography（地理）、Resistance（阻力）、Adjacency（相邻）、Vicinity（近区）、Isolation（隔离）、Topography（地形）、You（等你来创造）〕。经过进一步的观察与研究，并受到亚马逊创始人杰夫·贝索斯（Jeff Bezos）践行"为顾客把事情简单化"理论的启发，大卫·贝尔探索出了关于新零售的新模式——"B-O-S-S"模式。"B-O-S-S"模式涵盖了四种要素：绑定（Bonding）、达人（Orators）、实体展厅（Showrooms）和科学（Science）。与GRAVITY法则相比，

"B–O–S–S"模式更加注重消费者的位置。

大卫·贝尔认为，零售的发展经历了三个阶段：

在零售初始时代，商家和消费者的接触场景全部在线下，商家看得见，甚至认识、了解消费者，消费者也能够亲自触摸、感受商品。由于交易的场所仅限于门店，所以门店的位置显得至关重要。

零售1.0时代主要是指电商爆发、线上交易集中的时代，中国无疑是这一时代全球最大的市场。在这个阶段，世界是平的，市场规模可以覆盖整个中国乃至全世界，但是消费者无法触摸、感受商品，商家也看不到消费者。所以，在这个阶段，了解消费者的位置变得格外重要。

零售2.0时代，也就是线上、线下结合的时代，位置依然很重要，但这里的位置指的是体验、交易等活动的位置。零售业始终都要围绕传达信息和产品购买这两个核心活动展开。商家必须将产品价格、质量、品牌等信息传达给消费者，并实现支付购买、货物交付等过程。如今，这些活动既可以在线上进行，也可以在线下完成。

（资料来源：沃顿商学院教授大卫·贝尔：零售从来没有新旧之分. https://www.sohu.com/a/134234183_206868. 本书有删改）

1.1.2 新零售的发展过程

新零售的发展过程是一段从线上化到近场化，最终走向智能化的演变历程。每个阶段都有其独有的特征和驱动力，共同勾勒出新零售从起步到成熟的演变轨迹。以下将详细阐述新零售的三个发展阶段，并探讨它们如何逐步推动零售业的革新与升级。

1. 新零售1.0：在线化

新零售实践探索始于2015年，在经历了一段时间的探索后，盒马鲜生首家门店（阿里巴巴，上海金桥店）于2016年1月15日正式开业。随后，超级物种（永辉，2017年7月1日）、苏鲜生（苏宁，2017年4月28日）、七鲜（京东，2018年1月4日）等新零售品牌也相继开设了线下门店。此后，小象生鲜、EATOWN怡食家、天虹sp@ce、新华都海物会、步步高鲜食演义等新零售品牌也纷纷涌入市场。

零售业的前四次革命，即百货公司、超级市场、连锁商店、无店铺销售，主要聚焦于零售业态与组织方式的变革。零售业态从封闭式售货演变为开放式自选，组织方式从单店经营升级为连锁经营，这些变革主要以店铺售卖商品和提供服务为主导。

相较于传统零售业模式，新零售模式从一开始就采用多维经营的方式，这种方式打破了传统零售的单一经营模式。新零售模式下的店铺既卖商品又开设餐饮服务，既有店售又能够提供外卖服务。许多新零售企业采取以生鲜为主导、以店做仓、以仓做店、用实体店做生鲜电商的经营模式。其中，以店做仓是将店铺作为在线订单补货配送点，以仓做店则是把店铺的仓库作为在线订单的理货场地。这种仓库比传统的卖场能够创造更高的销售额，从而打破了传统零售业店仓分离的经营模式，并突破了单纯以营业面积来计算坪效的业绩考核方法。另一方面，以实体店为触达点做生鲜电商，不仅能给消费者带来更好的场景体验，还能实现更快、更鲜的到家服务。

这种以生鲜为主导，线上与线下、零售与餐饮、堂食与外卖、到家与到店、卖场与仓库相互融合的多维零售模式，可以称为新零售发展的1.0阶段。

2. 新零售2.0：近场化

新零售1.0阶段的本质特征是在线化，因此，在此阶段，线上订单占比是评价新零售店铺经营状况的核心指标。在新零售的实践中，盒马鲜生等线上订单占比较高的零售商成为新零售1.0阶段的标杆企业。

新零售的开拓者们在探索初期阶段认为：新零售企业应以少量实体门店为示范与体验中心，通过在线订单与到家服务满足消费需求。因此，他们采取了"大店布局"的方式，使得店铺面积介于上万平方米的"大卖场"与几千平方米的生鲜加强型超市之间，通常营业面积在5000平方米以下。然而，由于许多新零售店铺内的餐饮生意火爆，这些店铺随后将营业面积扩大到了上万平方米。

从零售经营规律的角度来看，实体店有一定的服务半径，经营生鲜的电商也有其最佳的服务半径。通常来讲，服务半径越大，响应速度就越慢，食品保鲜也越艰难。从消费需求的角度来看，在移动互联网环境熏陶下成长起来的新一代消费者对快速、新鲜这两个属性有强烈的诉求。综合考虑这两方面的因素后，不难得出结论：店铺应该更近、更小。于是，新零售出现了"近场化"的发展势态。

近场化伴随着整个零售业发展史，并在近三年来逐渐成为零售业的"新热点"，其发展过程大致经历了三个阶段，即前置仓模式、mini店模式、社区团购模式。

（1）前置仓模式 前置仓大致分为三种类型：以店做仓，以仓做店和自提仓柜。

1）以店做仓。业内称为"大前置仓"，这是一种仓库和店铺合为一体的模式。盒马鲜生是典型的以店做仓模式，但是"盒马模式"需要巨额资本投入。另一种以店做仓模式则是利用现有实体店的店铺资源与商品资源发展到家服务，例如多点新鲜（北京）电子商务有限公司开发的"多点App"。其运作模式为："多点"与商家合作，用户加入"多点App"之后，可以在线订购指定商家的商品，并享受到家服务；也可以在实体店通过多点自助收银系统结账。2015年，"多点"业务希望进入上海市场，但上海商家一致认为：不能与没有外部流量的平台合作，因为电商的客流很可能被"多点"拉走。然而现如今，多点已经与全国120家连锁商超建立了合作关系，拥有覆盖全国的1.3万家门店，"多点

App"的注册用户已超过1.5亿，月度活跃用户达到1700万。近三年来，多点蝉联易观、Quest Mobile、极光大数据等排行榜的生鲜零售O2O行业首位。

2）以仓做店。业内称这种模式为"小前置仓"，即通过建立小型仓库来服务一公里范围内的消费者。这类仓库的面积一般在300平方米左右，仓库只负责配货而不对外零售。上海壹佰米网络科技有限公司开发的"叮咚买菜App"是这类模式的代表企业之一。

3）自提仓柜。2019年下半年，多家企业开始实施"自提模式"，如谊品到家、美团买菜等企业。其实早在几年前，上海某些地区就有了设在小区的"食行生鲜"的柜子，消费者可以通过App订货，服务商将商品送到自提柜，消费者再到柜自提。后来，"猩便利"等门店设置了"自提台"，避免早餐时间顾客排队等候。盒马也开设了"pick & go"，但这一项目目前还处于试探阶段，需要从业者进一步观察其是否具有规模化需求。

（2）mini店模式　如前文所述，前置仓把"近场化"模式从三公里推近至一公里，而mini店则离顾客更近。这类店铺通常贴近居民小区或公交站点，以小店密集布点取代大店区位布点，以门店的密集度取代门店的面积。mini店在业界还没有统一的定义，店铺的具体类型与商家的背景有关，但大致可以分为大型、中型、小型三类。例如，以永辉与盒马为代表的大型mini店；以生鲜传奇为代表的中型mini店；以钱大妈为代表的小型mini店。

（3）社区团购模式　随着微信生态和移动支付的发展，社区团购逐步成为新零售商业模式之一。社区团购是指真实居住在社区内的居民群体的一种互联网线上线下购物消费行为，是依托真实社区的一种区域化、小众化、本地化、网络化的团购形式。2020年，社区团购成为我国零售业的一个新赛道，阿里、美团、拼多多、腾讯、京东等互联网巨头都加入了社区团购大战，业界称之为"百团大战"。新一轮团购大战有三个特点：一是互联网巨头入局；二是超低价格；三是以社区生鲜品类为突破口。在巨头和资本的补贴下，很多团购商品的价格低到难以置信的程度。

社区团购模式主要有三个支点：一是C端，即消费者端。当前许多社区团购的模式是以低价引流，但未来社区团购仍然需要迎合消费者"质优价不高"的诉求，更要用差异化的商品与服务来引流；二是B端，通过整合社区小店，把全国600多万家传统杂货店升级为现代团购小店；三是S端，即通过整合供应链，实现小农经济与"大流通"的对接。社区团购的商品品类主要包括围绕家庭生活展开的生鲜农产品类以及其他日用消费品类。生鲜农产品作为超高频、刚需的品类，是平台重要的启动品类，用于平台引流。在此基础上，通过推出具有特色的零售商品或服务来留住客户，提高客户忠诚度，形成平台稳固的流量池。因此，社区团购的供应商分为两种：一种是生鲜农产品品类的基础型供应商；另一种是提高平台影响力的特色型供应商。由于生鲜农产品品类易腐烂、需求频次高的特性，当前社区团购的基础型供应商多为当地或临近城市的农户、农产品基地、农产品企业。其他特色型的供应商则是当地知名的品牌商或者是供应商主动加盟，平台再选择优质供应商供货这两种类型。

3. 新零售3.0：智能化

新零售1.0强调的在线化与新零售2.0提出的近场化，其基础均在于移动化，它们与传统零售最根本的区别是"连接"。新零售模式不仅迎合了消费者的移动化趋势，也基本打通了生鲜超市、前置仓、mini店和社区团购等多种零售模式，但新零售基础设施的投入比历史上任何一个时期都要大。这反映了零售业发展的一般规律：高投入、高成本打败低投入、低成本。最近十年来有不少大型连锁公司日渐衰落，这与企业缺乏基础设施的投入密切相关。由于缺少必要的投入，这些企业逐渐失去了顾客的信赖，最终被时代所抛弃。因此，传统零售企业在向新零售转型的过程中，需要适当加大对基础设施的投入。此外，高投入必然要求高效率，规模扩张可以在一定程度上分摊用于技术开发与设备投资的成本，但规模扩张以后如果管理跟不上，就又会出现更多的决策失误与管控失调所产生的成本。新零售规模扩张以后，必然要求通过智能化营销与管理来实现高效率，这是零售业未来发展的必由之路。

小 资 料

中国零售业步入"新零售"发展阶段

中国零售业步入"新零售"共有四个发展阶段：

大零售阶段（实体零售规模扩张）：以门店为依托，先后经历百货商店、超级市场、购物中心等实体形式。

网上零售阶段（电子商务爆发）：以互联网为基础，大型电商平台快速发展，零售服务呈放射状，并带动物流业发展。

电商薄利阶段：人口红利消失，流量成本提高，电商行业陷入价格战，零售转型呼声渐高。

新零售阶段：消费升级背景下，大数据、云计算等新技术应用，促使线上线下融合的新零售模式诞生。

（资料来源：艾媒新零售产业研究中心. 2019—2020年中国新零售产业研究报告，2020.2.27. 本书有删改）

1.1.3　新零售的发展动因

新零售的崛起绝非偶然现象，而是多股力量交织、相辅相成的必然结果。从电商领域遭遇的市场饱和困境，到线下零售业面临的严峻挑战，再到消费者日益多元化、个性化的需求变迁，以及科技领域的迅猛进步，这些关键因素携手并进，共同为新零售的孕育与发展铺设了道路。以下是对新零售发展关键动因的深入剖析，它们不仅解释了新零售为何应运而生，更揭示了其如何逐步引领零售行业迈向新的发展趋势。

1. 电商发展遭遇瓶颈

自2003年以来，随着电子商务的兴起，我国网络零售实现了迅猛发展。中国仅用了短短十年，就发展成为网络零售规模最大、网络零售平台最先进的国家。网络零售的发展有力地促进了内需消费和流通效率的提升，成为我国经济增长的新动能之一。然而，近年来，由于互联网和移动互联网终端大范围普及所带来的用户增长以及流量红利正逐渐萎缩，传统电商所面临的增长瓶颈开始显现。国家统计局数据显示，2016至2020年，我国网络零售额占社会零售总额的比例虽仍在逐渐扩大，但全国网络零售销售额的增长率已经连续三年呈下降趋势：2017年全国线上零售额为71750.7亿元；2018年全国线上零售额为90065.0亿元，同比增长23.90%；2019年全国线上零售额为106324.2亿元，同比增长16.5%；2020年全国线上零售额为117601.3亿元，增长率仅有10.9%。这可能与疫情期间消费需求的波动以及供应链和物流方面的挑战有关。疫情结束后，随着经济的逐步复苏和消费市场的回暖，线上零售市场再次展现出增长势头，2023年的增长率回升至11.9%（如图1-1、图1-2所示）。

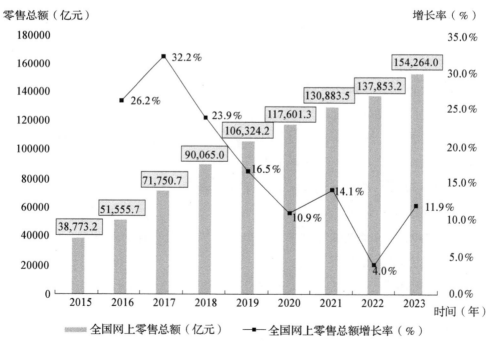

图 1-1　2015—2023 年中国网上零售总额及其增长率

资料来源：根据国家统计局数据自行整理。○

○ 图中全国网上零售总额增长率数据进行过修正。——编者注

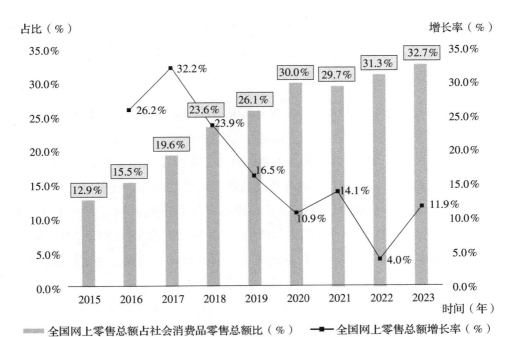

图 1-2　2015—2023 年中国网上零售额占社会零售总额比及增长率

资料来源：根据国家统计局数据自行整理。⊖

与此同时，线上零售的获客成本也越来越高。近年来，以京东、阿里巴巴、美团、拼多多等为代表的公域电商平台平均获客成本正不断升高。例如，钛媒体数据显示，2022年阿里巴巴的获客成本已达1302元/人，四家主流公域电商平台的获客成本均值在800元/人左右。这表明，随着市场竞争的加剧，电商平台为了吸引新用户，需要投入更多的资金和资源。此外，纯电商销售模式中的问题也逐渐暴露出来，例如行业监管不完善、消费者无法识别产品质量、假冒伪劣产品频频出现等。这说明，传统零售向纯电商模式转型的方式不再可行，必须要探索新的零售模式。

2. 传统线下零售企业利润空间缩减

（1）**经营模式同质化**　传统零售品牌缺乏个性化建设，导致企业经营模式日趋同质化，严重的同质化竞争极大地压缩了企业的利润空间。

（2）**经营成本不断升高**　传统零售企业人力成本和房租成本等不断攀升，导致企业利润空间不断压缩。

（3）**受线上零售企业冲击严重**　线上零售企业中间环节减少，一方面可以有效地降低交易成本，提高交易效率；另一方面可以与终端市场紧密连接，更加全面地掌握终端市场的消费需求。电子商务的出现，使产品性能、类别、价格上的透明度越来越高，市场竞争

⊖ 图中全国网上零售总额增长率数据进行过修正。——编者注

越来越激烈。很多电商企业建立了从生产领域直接到终端市场的供应链体系，在这种"短平快"的销售模式下，传统实体企业的利润空间进一步被压缩。

3. 实体优势不可替代

在互联网经济高速发展的时代，尽管实体零售受到互联网电商平台的冲击，但在整个消费体系中，实体零售仍然占据着十分重要的地位。国家统计局数据显示，2023年全国线下消费品零售总额为317221.84亿元，占全年社会消费品零售总额的67.28%。因此，线下门店零售市场规模仍然庞大，且实体零售还具有无可替代的体验优势。

产品真实性：在网购过程中，商家评分及商品评价是消费者判断商品质量的重要依据，但即便拥有这些参考信息，依然有很多消费者对商品的真实性存疑。而在实体店中，消费者能够对商品的材质、外观等进行现场体验，通过视觉、嗅觉、触觉等感官对商品做出综合评价，最终做出消费决策。

产品适用性：在实体店中，消费者能够进行现场体验，从而确认产品是否适合自己，因此会出现消费者在实体店体验产品，再到电商平台购买产品的情况。

即刻购买便利性：即时性是消费者非常看重的一点，即消费者在对某商品产生需求时，希望能够即刻下单、拿到商品。尽管电商行业在持续提高物流效率，但受到地域因素的影响，消费者在下单之后仍然需要等待一段时间才能收到商品。而实体店购物能够满足消费者的即时性需求。

品牌独特性：立足于品牌角度来看，除了商品本身之外，实体店内的氛围、格局、灯光布置、导购服务等因素都会对品牌形象产生影响，能够让消费者对品牌历史、品牌风格等信息进行更深入的了解，而电商网站无法通过图片或视频将这些要素全部向消费者展示出来。

此外，实体零售门店还具有分布广泛以及装修风格时尚大方等优势，有助于吸引消费者进店消费，从而产生更高的流量和降低获客成本。并且，随着互联网思维深入人心，更多的实体店开始重视带给用户的体验，纷纷开始调整经营模式，并做出许多改变。

4. 消费升级

自改革开放建立市场经济以来，我国经济社会经历了三次显著的消费升级，每次消费升级都是在以往基础上的革新，并伴随着消费者消费特征的转变。第一次消费升级发生在改革开放之初，粮食产品消费占比下降，轻工业产品消费上升，这一转变拉动了我国第一轮消费和经济增长。第二次消费升级出现在20世纪80年代末至90年代末，随着市场经济体制改革的开启和中等收入群体的崛起，家电消费掀起了一股潮流，进一步拉动了国内第二轮经济增长。当前，中国正迎来第三次消费升级的浪潮，即品质化、个性化升级的新消费时代，其中，中产阶层的崛起和互联网的发展成为此轮消费升级的原动力。

新消费是在持续消费升级背景下诞生的概念，它强调以消费者为核心，以满足消费者需求为目的，通过重构人、货、场的关系，实现消费者需求逆向推动商品生产和服务提供。同时，消费场所多样化、消费方式全渠道化，不再局限于某些特定场所。在新消费背景下，消费者的消费结构、消费需求、消费渠道和消费理念都发生了深刻的变化。

在消费结构方面，根据第七次全国人口普查数据，中国 80 后至 00 后的人口数量已超过 5.47 亿，占人口总数的 38.86%（其中，80 后占比 15.83%；90 后占比 11.83%；00 后占比 11.20%）。这一庞大的年轻群体正逐渐成为中国消费的主力军。据国家统计局发布的《中华人民共和国 2023 年国民经济和社会发展统计公报》显示，2023 年中国人均国内生产总值达到 89358 元，同比增长 5.4%。随着中产阶层规模的逐渐扩大，他们将成为消费市场的中坚力量。据 Marketing China（2021）预测，未来十年中国的消费增长率将不低于6%，其中大部分增量将来自新中产阶层。2023 年的新中产人群洞察报告进一步证实了这一点，该报告显示新中产人群的活跃用户规模达到 2.45 亿，同比增长 6.4%，在全网用户中的占比提升至 20%。这一数据表明，新中产阶层在消费市场中的重要性日益凸显。主流消费群体的年轻化、富裕化使得消费结构从生存型消费向享受型、发展型消费升级，用户需求变得多元，呈现出长尾趋势，消费升级促使更多的消费者开始追求商品的附加值。

在消费需求方面，互联网的全面普及使消费者能够更全面地获取商品信息，且新一代消费群体的受教育水平和综合文化素质更高，其对产品的时代性需求以及审美观念得到了提升。此外，收入的增加提升了人们对个性化消费产品的购买能力，他们对商品与服务的品质和附加值要求也更高，同时对价格的敏感度降低。这正好契合了电商企业以满足消费者多元化需求为核心，致力于从"产品化思维"向"用户思维"这一新零售核心思想转变的服务意识。

在消费渠道方面，随着我国零售业的变革，消费渠道经历了从线下消费为主，到线上消费出现，再到线上、线下融合的全渠道消费的过程。起初，电子商务的兴起使得线上成为重要的消费渠道。而如今，越来越多的企业开始转变观念，整合线上、线下渠道，旨在为消费者提供更好的消费体验。"线下体验、线上下单""线上下单、门店提货""门店提货、物流配送"等新型消费模式也在不断涌现。

在消费理念方面，随着我国城镇居民人均可支配收入的不断增长和物质产品的极大丰富，消费者主权得以充分彰显，人们的消费观念将逐渐从价格消费向价值消费进行过渡和转变。购物体验的好坏将愈发成为决定消费者是否进行购买的关键性因素。在中国人口由增量市场转向存量市场的大环境下，现代消费者的消费理念也正在由商品型转向服务型和体验型。品质生活、互动体验、个性定制、便捷高效和绿色健康成为新消费的五大消费理念。如今的消费者已经从过去的节俭、炫耀或者盲从消费转变为追求个性化、绿色健康、便捷高效、注重体验的消费。

小 链 接

消费理念"四阶段论"

日本消费社会研究专家三浦展经过30年的深入研究，在其著作《第四消费时代》中提出了消费理念"四阶段论"。他按照消费习惯的转变，将日本的消费时代划分为以下四个阶段：

消费1.0（二战之前）：受第一次世界大战大量战时需求的影响，日本经济呈现出一片繁荣景象，但通货膨胀严重。大城市人口增长，促进了城市地区消费增长，此时精英阶层占主导地位。

消费2.0（二战至20世纪70年代）：从二战后到20世纪70年代石油危机前，标准化、大规模生产导致产能爆发。普通用户占据主导地位，家庭消费崛起，人们开始关注商品的性价比。

消费3.0（21世纪互联网时代）：在这个消费时代，消费单位开始由家庭转向个人。消费者产生了很多个性化、多元化的消费需求，希望通过商品展现自己的个性以及通过品牌彰显自己的身份，因此消费者很推崇品牌。

消费4.0（未来共享时代）：在这个消费时代，人们开始关注简约和环保，开始思考消费对自然环境造成的影响并推崇"回归自然、重视共享"的消费理念。优衣库的成功转型和无印良品的流行标志着日本进入第四消费时代。

（资料来源：杨家诚. 消费4.0：消费升级驱动下的零售创新与变革［M］.北京：人民邮电出版社，2019. 本书有删改）

5. 技术升级

随着互联网成为社会基础设施，云（云计算、大数据）、网（互联网、物联网）、端（PC终端、移动终端、智能穿戴、传感器等）共同构建起"互联网＋"下的新社会基础设施，为新零售的落地与发展提供了必要条件。

在以消费者为中心的体验经济时代，商家基于大数据分析与顾客进行有效互动，积极利用先进的信息技术推动零售业向着顾客深度参与的方向发展。这一历程大致可以分为以下四个阶段：

（1）**零售1.0**　POS（Point of Sale，销售时点信息）系统被引入线下门店，为零售商积累了销售、价格等方面的数据，逐渐诞生了会员体系。

（2）**零售2.0**　以互联网信息化技术为依托，零售商积极利用各类移动终端和社交媒体收集消费者的多维度信息，对消费者进行精准画像。

（3）**零售3.0**　GPS、虚拟现实、大数据、云计算、物联网、人工智能等高科技技术的应用，使得线下场景得到了极大的丰富。向消费者随身携带的移动设备发送信息并进行交互成为可能。

（4）**零售4.0**　基于远程无线技术建立的物联网，实现向相关系统及终端用户的实时信息传播。零售商可以通过智能设备连接身处各种场景的消费者，从而获得零售系统及消费者数据，并通过自动化、智能化系统实现智能决策。

现阶段，我国零售业正从零售2.0向零售3.0跨越，部分专业的第三方服务商可以为零售企业提供完善的"互联网+"解决方案。通过i-Beacon应用和Wi-Fi实现对用户场景的精准定位，并借助传感器、NFC等技术，对消费者的购物轨迹进行全程追踪。

未来，随着物联网技术的发展成熟以及与零售业的深度融合，我国零售业的技术应用将进入"物联网+零售"的智能化、自助化阶段。零售业服务边界不断拓展，线上线下无缝对接融合的新零售将成为零售业的主流形态。

以天猫新零售平台为例，它借助云计算、大数据、人工智能等互联网底层技术，搭建全新的零售业基础设施，有效连接、整合品牌商、供应商、分销商、服务商等零售业生态伙伴，推动零售业态向着智能化、自助化的方向发展，对合作伙伴进行全面赋能，实现与消费者的全新对接与交互。

总体来看，互联网、物联网等信息化技术的不断发展升级为新零售的产生提供了土壤，也推动着新零售沿着上述四个阶段不断成熟，成为新零售的发动机。

小　链　接

技术应用：改变传统的零售形态

从技术层面来看，新零售是以大数据、云计算、物联网、虚拟/增强现实（VR/AR）和人工智能（AI）等先进的互联网信息化技术为支撑的，因此，新零售变革很大程度上其实是零售技术的变革升级：

（1）大数据技术能够对消费者的各方面信息进行采集分析，帮助生产商实现"按需生产"、定制生产，并为零售商的精准营销、互动营销等提供有力支持。

（2）云计算服务打破了零售产业链中的"信息孤岛"现象，有助于为制造端和供应链输出更适宜的整体化解决方案。

（3）智能物联网系统有助于线下各网点以及线上网点的快速联动协同，从而实现生产端、销售端、物流端的高效无缝对接与驳运。如今，很多零售企业都已开始应用物联网技术，例如，射频芯片（以标签的形式附着在商品的外部或内部）、二维码、近场通信（隐藏在商品内部）、数字矩阵（伴随二维码实现更高层次的应用）等。

（4）3D、VR、AR等技术能够为消费者搭建多维度、沉浸式的消费体验场景，更容易触发顾客的购买行为。

（5）人工智能技术能够替代生产、供应、配送等诸多环节中一些简单的人力劳动，提高运营效率，并推动整体产业链的数字化、信息化、智能化升级。在新零售时代，人工智能主要应用于两个方面：一是打造智慧化供应链，旨在节约人工成本并更好地满足消费者需求；二是开设无人实体店，利用基于深度学习的人脸识别、语音对话、商品识别等人工智能技术实现刷脸支付，为消费者带来前所未有的购物体验。

（资料来源：杜凤林. 新零售实践：智能商业时代的零售进阶路径［M］. 北京：中国纺织出版社，2018. 本书有删改）

1.2 新零售的定义和特征

1.2.1 新零售的定义

近年来，"新零售"已成为传统零售和电商行业内提及最频繁的词汇。那到底什么是新零售呢？接下来，我们将从多个维度深入剖析新零售的内涵。

1. 电商"大咖"对新零售的理解

如表1-1所示，在商业领域内，阿里巴巴、京东和苏宁分别对"新零售"提出了各自的理解。其中，"新零售""无界零售"和"智慧零售"分别代表着这三家企业对于未来零售业的战略构想。

表1-1　新零售的三种主流商业定义

企业	概念	提出人	提法起源	主要内容
阿里巴巴	新零售	阿里巴巴集团前董事局主席马云	2016年10月在云栖大会上首次提出；2017年3月阿里研究院发布《新零售研究报告》进行解读	"新零售是以消费者体验为中心的数据驱动的泛零售形态"
京东	无界零售	京东集团董事局主席刘强东	2017年7月提出"第四次零售革命"概念，并在《第四次零售革命意义将超互联网》一文中提出	"第四次零售革命下，零售的基础设施将变得极其可塑化、智能化和协同化，推动'无界零售'时代的到来，实现成本、效率、体验的升级"
苏宁	智慧零售	苏宁易购集团名誉董事长张近东	2017年3月在全国政协十二届五次会议上进行题为《大力推动实体零售向智慧零售转型》的发言	"智慧零售指运用互联网、物联网技术，感知消费习惯，预测消费趋势，引导生产制造，提供多样化、个性化的产品和服务"

2. 学术界对新零售的理解

杜睿云等（2017）将新零售定义为"企业以互联网为依托，通过运用大数据、人工智能等先进技术手段，对商品的生产、流通与销售过程进行升级改造，进而重塑业态结构与生态圈，并对线上服务、线下体验以及现代物流进行深度融合的零售新模式"。陈曦等（2021）认为"新零售"是"互联网+零售"的具体表现形式，是以消费者体验为核心的技术服务驱动型新产业，是由供货商、分销商、品牌商以及物流商和信息服务商等主体主导的集合模式，其本质是重塑消费者心智，目的是改变消费者的习惯、需求和体验，通过间接方法对传统零售业进行改革升级。此外，还有很多学者从不同角度对新零售进行了研究。关于"新零售"的定义，学者们虽然观点不一，但都普遍认为新零售属于一种"线上+线下+物流"的模式，强调人、货、场三要素的整合。

3. 阿里研究院对新零售的理解

2017年3月，《新零售研究报告》将新零售定义为"以消费者体验为中心的数据驱动的泛零售形态"。同时，阿里研究院指出，新零售是从单一零售转向多元零售形态，从"商品+服务"转向"商品+服务+内容+其他"，其中"内容"是商品在新零售环境中最重要的属性。可以从以下几个方面对新零售进行理解：

（1）以"心"为本　数字技术无限逼近消费者内心的需求，最终实现"以消费者体验为中心"，即掌握数据就是掌握消费者需求。

（2）零售二重性　即任何零售主体、任何消费者、任何商品既是物理的，也是数据的。基于数据逻辑，企业内部与企业间的流通损耗最终可以达到无限逼近于零的理想状态，最终实现价值链重塑。

（3）零售物种大爆发　借助数字技术，物流业、大文化娱乐业、餐饮业等多元业态均延伸出零售形态，更多零售物种即将孵化产生。

4. 亿欧智库对新零售的理解

亿欧智库认为，"新零售"是整个零售市场在新技术和新思维的冲击下发生的新变化，其内涵和外延不应该局限于"阿里巴巴的新零售"。

亿欧智库将诸多定义归纳后总结出对新零售概念的认知图谱，进而提炼出新零售的概念："通过新零售的表现形式，进行人、货、场三要素重构，达到满足需求、提升行业效率的目标，从而实现人人零售、无人零售、智慧零售的最终形态。"图1-3为亿欧智库对新零售概念的认知。

5. 商务部对新零售的理解

我国商务部也对新零售进行了调研，并发布了专题报告。2017年9月11日，商务部流通产业促进中心发布《走进零售新时代——深度解读新零售》报告，报告中指出"新零售是以消费者体验为中心，以行业降本增效为目的，以技术创新为驱动的要素全面更新的零售"。

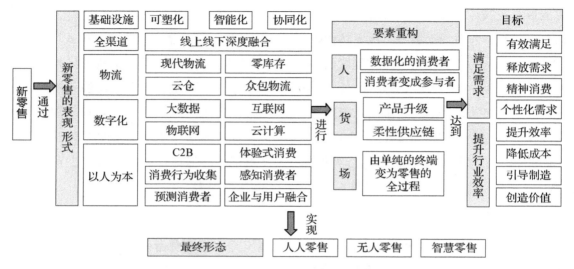

图 1-3　亿欧智库对新零售概念的认知

资料来源：白东蕊，岳云康. 电子商务概论（第4版）［M］. 北京：人民邮电出版社，2019.

　　结合行业实践者、实战研究者、专家学者等对"新零售"理念的解读，"新零售"的基本理念包含以下几个主要方面：其一，"线上+线下+物流"的深度融合，目的是为消费者提供全渠道、全面化的服务；其二，数据技术驱动，数据技术串联零售始终，打通线上线下，优化零售效率；其三，以消费为核心的零售本质的凸显，努力为消费者提供高效、满意乃至超过预期的服务。由此可见，"新零售"是零售本质的回归，是在数据驱动和消费升级时代，以全渠道和泛零售形态更好地满足消费者购物、娱乐、社交多维一体化需求的综合零售业态。

小 链 接

第一性原理与物理数据二重性

　　第一性原理，这是个相对生僻的物理学术语，因特斯拉（Tesla）的创始人埃隆·马斯克（Elon Musk）的大力推崇而引人关注。它的大致意思就是指"从头算"，只考虑最基本的事实，然后根据事实推论。在特斯拉研发电池组的案例中，早期有很多权威人士都说电池组真的很贵，每千瓦时要烧掉600美元，而且未来价格下降的空间也有限。在这种思路的影响下，电池组项目在很长时间内都没有获得突破，也没能降低生产成本。但马斯克和工程师不信邪，他们从第一性原理出发，研究电池的材料构成和这些材料的现货市场价值。他们想，如果去伦敦金属交易所购买这些金属材料，然后把这些材料分解一下，那么这些组成电池组的材料每种又值多少钱呢？马斯克在接受媒体采访中说，他将电池组分解成最基础的材料组成部分，其中有碳、镍、铝及其他用于分离的聚合物，还有一个盒子，这些是形成一块电池的最基本元素。在这里，每个部分都可以优化、改进，最终的优化程度也取决于解决问题的这些人的聪明才智。于是，现在电池的价格就变成了每千瓦时80美元。如图1-4所示。

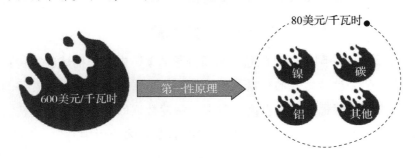

图1-4 第一性原理示意图

新零售时代的第一性原理其实就是物理数据二重性。物理数据二重性，就是指在新零售时代，人——消费者、货——商品、场——零售场所，既是物理的也是数据的。这句话简单且深刻，它就像经济学中的"看不见的手"，默默影响、推动和改变着新零售的模式和规律。

之前，零售数据化虽然很受重视，但相对线上来说，线下零售数据，包括人、货、场的零售行为数据是不充分、不完整的。而且，因为消费者线上零售和线下零售行为不关联，所以零售的物理世界和数据世界是相对割裂的，零售数据呈现"孤岛"窘境。线上线下零售数据的不完整、不关联，导致信息输入不够准确，再强的大数据能力、再强的智能算法都无用武之地。如今，在互联网巨头孜孜不倦的布局下，它们的业务从原来单一的搜索平台、商务平台或社交平台延伸至包括大众衣食住行、吃喝玩乐的全领域。正所谓业务拓展到哪里，数据就互通到哪里。再加上线下身份识别、物联网技术的飞速进步，线上线下人、货、场的融合变得越来越具有现实性。到了完全融合的时候，就是物理数据二重性真正实现的时刻，就是数据孤岛消失的时刻，也是新零售时代走向成熟的时刻，更是数据世界的规律和法则大放异彩的时刻，如图1-5所示。

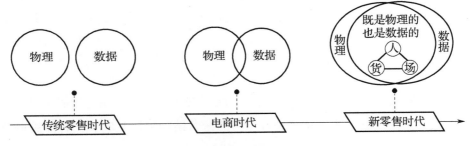

图1-5 零售的物理与数据二重性

资料来源：陈欢，陈澄波. 新零售进化论［M］. 北京：中信出版社，2018. 本书有删改

1.2.2　新零售的特征

新零售并非一种全新的商业模式，其核心是以消费者的体验为主导，依托数据技术来描绘消费者的画像，进而根据消费者的消费需求优化商品体验，并对供应链加以调整，营造多场景的交互环境。新零售主要有以下特征：

1.　以消费者体验为核心，重构"人""货""场"

《C时代，新零售——阿里研究院新零售研究报告》[一]中这样描述新零售：新零售是以用户体验为中心，强调消费体验的场景化；由传统的生产引导转变为消费驱动，基于数字技术强劲的创造力，无限逼近消费者内心需求；掌握数据即意味着掌握消费需求；提供售前、售中、售后的全程优质服务，最终实现"以消费者体验为中心"，以此重构人、货、场，形成新的零售商业模式。

2.　生态性

"生态性"是"新零售"模式的一个最基础的特征，因为线上线下的协同统一需要完整高效的生态系统给予有力支撑。具体而言，新零售的商业生态构件涵盖网上页面、实体店面、支付终端、数据体系、物流平台、营销路径等诸多方面，并嵌入购物、娱乐、阅读、学习等多元化功能，进而推动企业线上服务、线下体验、金融支持、物流支撑等四大能力的全面提升，使消费者对购物过程便利性与舒适性的要求能够得到更好满足，并由此增加用户黏性。当然，这种以自然生态系统思想指导而构建的商业系统必然是由主体企业与共生企业群以及消费者所共同组成的，且表现为一种联系紧密、动态平衡、互为依赖的状态。

3.　数字化、智能化

新零售企业在满足消费者多样化的需求和场景体验时，还要以大数据、云计算等新技术为依托。任何零售主体、消费者及商品均具有二重性——既是物质的又是数据的。基于数理逻辑，企业将消费者与商品转化为数据，分析大数据，使企业内部与企业间的流通损耗最终消失是理想状态，最终将实现整个零售生态系统的价值链重塑。逐渐实现新零售的网络化与智能化，将数据作为隐藏推手贯穿于生产、营销、服务之中，这就是未来大数据的作用。

4.　全渠道

全渠道是新零售的重要驱动模式，是线上线下的有效融合（线上指的是云平台，线下就是实体店或者生产商）。业界用"1+N+n"的运营结构来定义它：同种品牌的商品拥有

〇　资料来源：阿里研究院.新零售研究报告.MBA智库，https://doc.mbalib.com/view/7be631c4e78180c61d8b0752ea82506b.html.

多个渠道（N），提供线上线下的各种服务（n），使得实体门店、电子商务和移动应用渠道能够融合在一起，即满足消费者任何时候、任何地点、任何方式的购买需求，为该品牌的消费者提供无差别的服务体验，同时实现企业的利润最大化目标。

5. 新支付体验

新零售通过融合线上线下的支付方式，进一步优化用户在门店消费的支付体验，全面覆盖各类收银场景，为用户带来多样化的支付选择，从而提升支付的流畅度。基于云计算，实现收银软硬件一体化，帮助门店提升管理效率，使企业顺应新零售潮流。

6. 智能物流

零售业线上线下的融合还要结合智能物流才能称之为新零售，即要由产品体验延伸到物流服务体验，形成产业间的协同。在大数据驱动下整合供应链，实现物流配送全程智能化，节约配送成本和提高服务效率，减少库存，增加销量。

1.3　新零售的功能与类型

1.3.1　新零售的功能

新零售，即企业以互联网为依托，通过运用大数据、人工智能等先进技术手段，对商品的生产、流通与销售过程进行升级改造，进而重塑业态结构与生态圈，并对线上服务、线下体验以及现代物流进行深度融合的零售新模式。新零售的六大模式以及功能如下：

1. 无人零售

无人零售的典型特征是通过自动服务或独立结算，减少零售对人的依赖，在一定程度上降低了消费者的时间成本，进而改善购物体验。目前无人零售并非完全无人化，而是在租金、人工成本等方面进行了优化。这是零售业降低成本、提高效率的一种探索。

2. 消费变革

随着经济的发展和财富的积累，消费升级已成为一个重要趋势。消费结构和消费水平的提高，进一步促进了消费能力、消费观念和消费认知能力的提升。新零售业态的出现，直接满足了消费者在剔除品牌溢价后的另一次消费升级——品质保证的核心需求。在这一背景下，消费者对价格的合理性提出了更高的要求。在可支配收入固定的情况下，如果发生消费升级，那么必然会在某些方面伴随着消费的调整或退化。

3. 渠道下沉

受益于人口的回归和消费水平的提高，三四五线城市的消费能力和市场规模迅速增长。2021年，阿里巴巴和京东相继宣布将布局拓展至非一线和二线城市。天猫零售瞄准了二线到六线城市，计划将业务下沉至西部县级市场；未来五年，京东计划在全国开设100多万家京东便利店，其中一半将设立在农村地区。二者都将率先下沉渠道，抢占三四五线城市的零售市场。

4. 智能供应链与零库存

传统零售业的供应链主要局限于采购、生产、物流等环节，与消费者和销售渠道的协调不够紧密。在新零售时代，依托大数据和信息系统，智能供应链整合了客户综合感知、智能指挥协调、客户精准服务、全方位功能协调、重点保障等要素，使各系统在信息的引导下能够协同行动，最大限度地凝聚服务能量，有序释放服务能力，最终使服务变得更为精准，使供应链变得更加透明、灵活和敏捷。

5. 线上线下融合全渠道

新零售的主题是"线上线下与物流的结合"。因此，线上线下融合、全渠道法则成为新零售背景下企业的创新共识。线上电子商务积极拥抱线下市场，而线下传统企业也在不断努力抓住新零售的机遇，全面提升市场份额。

6. 人工智能与大数据

新零售从概念上已成为现实，其背后有着科技革命的强大推动。例如，无人零售店就采用了计算机视觉、融合传感器系统、生物特征识别、深度学习等前沿技术，并利用店内的大量传感器进行实时监控。同时，无人零售还通过物联网将人、物、景相互连接，为消费者打造了无需排队结账的便捷购物体验。

1.3.2　新零售的类型

新零售的多样化发展是其魅力所在，不同的类型各具特色，能够满足不同消费者群体的需求。从大数据的精准营销到社交网络的商业融合，再到体验至上的消费模式，新零售的类型展现了其创新性和适应性。以下将简要介绍现有的三种新零售类型：

1. 大数据新零售

大数据新零售的模式是利用大数据分析用户的消费习惯，从而为用户推荐可能感兴趣的商品，提高产品流的准确性。随着时间的推移和数据的积累，用户画像会越来越准确，推送也会更加精准。因此，大数据新零售在一定程度上需要通过系统软件工具来捕获、管理和处理用户的浏览数据。

2. 社交新零售

社交新零售是一种基于社交网络而迅速发展的新零售模式，是社交商业与新零售融合的产物。它使新零售成为社交工具和场景的一部分，并使得社交新零售从业者可以利用个人社交圈的人脉来进行商品交易和提供服务。社交新零售的主要特点是渠道量大、消费场景封闭、顾客黏性高、渠道人流大、商品流通成本低、渠道准入门槛低以及渠道稳定性相对较弱。社交新零售有望成为社交电商的一个新渠道。

3. 体验新零售

2020年，受疫情影响，VR技术在会展业得到了广泛应用。为了提高用户体验，相关企业开始建设AR虚拟展厅，从而提高用户转化率、停留时间和回购率。传统的以售卖商品为主的零售模式已经逐渐转变为以体验消费过程为主的新零售模式。

1.4　新零售与传统零售的区别

在数字化时代，新零售已然成为一种最主要的营销模式。随着时代的发展，如今许多传统行业都开始向新零售转型。那么，新零售与传统零售之间究竟存在哪些区别呢？以下将从商业逻辑、经营思维、渠道布局、技术基础、内容产出和营销策略六个方面进行比较：

1.4.1　商业逻辑："货场人" vs. "人货场"

零售的商业逻辑中包含三个基本的商业元素——人、货、场。

传统零售时期，零售企业关注的重点是"货"，主要关心商品和服务是否利于快速销售；在"场"方面，零售企业则关心零售终端的数量、空间大小、地理位置和装修投入；而对于"人"——消费者，他们的产品需求和购物体验并不是零售企业重点考虑的。甚至在更早的时期，还有过"酒香不怕巷子深"的说法，也就是说只要有物美价廉的产品，消费者自然会被吸引过来并且忠诚于商家和商品，零售就会无往不胜。虽然这种传统观念已经发生了很大改变，但是"渠道为王、决胜终端"的观念仍然在相当多的企业中占据着上风。可是，近年来，渠道和零售终端（包括电商渠道、传统商超、终端店铺等）的经营出现了许多新情况、新困难。

进入新零售时期，由于大数据技术、支付技术、物联网等多种新技术的发展和应用，精准营销得以大量推广、应用，导致"场"发生了重大变化，商业逻辑体现的商业价值链也表现出从商品制造端转移到消费者端的趋势。新零售的相关商务活动就是先围绕"人"（消费者）展开，从了解消费者需求、满足消费者体验开始，分析研究商品生产、渠道分销、物流配送、销售场景等链路各环节的成本和效率，并借助智能化技术和手段在全链路创造能够满足消费者最佳体验的新价值——这是新零售的重要特征。此外，"货"变得更加精准优化，"场"实现全域打通，这些也是新零售的特征。总之，零售的所有商业逻辑行为要全面围绕消费者需求和消费者体验展开——新的零售场景实现重构。

1.4.2 经营思维：商家思维 vs. 用户思维

新零售从本质上而言是传统零售基于消费需求提升的一种产业升级。根据在逆势中高速扩张的新零售成功样本，可以发现这些新零售企业能够从商家思维切换至用户思维。从另一层面看，新零售可被视为"互联网+传统零售"，而用户思维恰恰是互联网思维的第一核心。互联网思维引申出的其他思维都是用户思维在价值链不同层面的延展，例如雷军所说的"专注、极致、口碑、快"，以及周鸿祎所说的"体验至上+免费策略"都是用户思维的体现。事实上，用户思维恰恰是传统零售最为欠缺的。那些经营不善的线下零售业往往仍在固守商家思维、商品思维，而不去研究并满足用户日益升级的需求，因此在行业升级中被边缘化乃至淘汰。

1.4.3 渠道布局：单一渠道 vs. 全渠道

大多数传统零售的运营都是在线下渠道开展的，具体业态形式以购物中心、超市、百货为代表，更多注重传统方式下的物流配送，无法满足顾客的更多要求。

而新零售强调"云商"概念，从用"脚"出门购物到用"手"握住鼠标和触摸手机购物，再到未来的用"嘴"语音购物、用"眼"VR购物，用"脑"意念购物，购物的渠道不断增加。新零售经历了从单一渠道到多渠道，再到所有渠道的协同发展过程。新零售比传统零售更加注重云计算、大数据等高新科技的应用，并使产品、物流、顾客等资料实现数据化管理。它强调的是信息流与物流的结合，追求全渠道、无边界的合作与多方互利共赢。数据化管理为实现库存最优化乃至"零库存"提供了精细的决策支持。在供应链后端，形成了快速、高效、经济的新仓配一体化模式，实现了供应链、交易交付链、服务链的三链融合。部分供应链中间商的职能也产生了转变和分化，成为新生态服务商。

1.4.4 技术基础：大规模数据 vs. 大数据

从技术支持的角度来看，传统零售主要依赖于传统的互联网大规模数据，而新零售则整合了VR/AR、大数据、云计算、人工智能等先进技术。从一定意义上讲，新零售之所以能够在近几年出现并广泛推广开来，与大数据开始得到全面应用息息相关。

新零售时代，在零售活动的初始阶段，如店铺选址、场景设计、产品制造等，均可基于大数据技术进行分析，力求在优质的位置以最优的设计、最低的成本来建设和管理零售店铺；在零售店铺的运营阶段，大数据技术的应用能够全面保障零售企业打通线上与线下的用户数据，实现对用户的精准营销，尽最大可能保证零售企业实施正确的消费者政策，从而实现企业的利益目标。

1.4.5　内容产出：单一 vs. 丰富

在传统零售活动中，交易围绕商品展开，零售商的经营活动以商品为核心，并通过低买高卖获取中间利润，产出的数据和内容是单一的、小量的。然而，在新零售情境下，零售产出的内容更加丰富、新颖。

首先，零售商的分销服务成为零售产出的重要内容，他们由商品的销售者转变为商品和服务的提供者。新零售更加关注消费者的体验，零售活动不再是简单的"商品—货币"关系，而是持续互动的"零售商—消费者"关系。

其次，提供用户画像的数据服务成为零售产出的新内容。基于对终端大数据的分析，新的零售平台可以掌握用户的各种场景数据以及全面精准的用户画像，满足用户全方位的购物体验。在传统零售情境下，小量的数据产出只出现在下游消费者中；而在新零售情境下，海量的大数据产出则是针对完整商品交易活动的全部参与者。

1.4.6　营销策略：旧漏斗 vs. 新蜂巢

传统的营销模式是一个直线的链条，可以分为"吸引注意、引起兴趣、主动搜索、产生购买、分享"五个部分。这种营销模式始于消费者对商品和服务的关注，终止于购买行为和忠诚度的建立。这就好比一个漏斗，最初关注的消费者数量较多，而最后进行购买并建立忠诚度的消费者则很少。

新零售的营销模式则是以消费者为核心的全域营销：数据打通消费者认知、兴趣、购买方式、忠诚度及分享反馈的全链路；数据可视、可追踪、可优化；为品牌运营提供全方位精准支持。如果说传统零售的营销模式是漏斗式的，层层递进，每一层都注重流量和转化，那么新零售时代的营销则是蜂巢式的，多入口、多出口、多触点，场景立体堆积，用户路径多样。在这种状态下，任何两个消费行为都有可能出现跳跃式连接（如图 1-6 所示）。

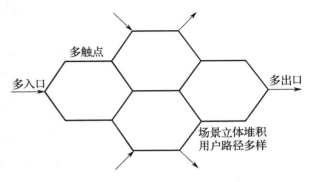

图 1-6　新零售时代营销场景示意图

资料来源：陈欢，陈澄波. 新零售进化论［M］. 北京：中信出版社，2018.

小资料

新零售时代营销策略的演变过程

第一零售时期：以场为核心的4P策略

20世纪60年代，美国营销学教授麦卡锡提出了4P营销组织策略。4P指的是Product（产品）、Price（价格）、Place（场所或渠道）、Promotion（促销），这一理论的提出对市场营销理论与实践产生了巨大影响。在这个时期，商品种类不太丰富，在国内市场上，大型百货商店是商品、货品的主要聚集地，场所是人与货物连接的主要纽带，于是，在这一时期的营销工作中，4P中的Place就成了重点。

第二零售时期：以人为核心的4C策略

在改革开放成果不断显现、中国城市化建设取得巨大成就的背景下，国民生活水平不断提升，商品种类及数量不断增加，消费需求愈发旺盛。这使得我国零售终端数量有了大幅增长，便利店、购物中心、大型超市疯狂崛起，为消费者提供了多样化的购物选择。此外，近年来电商的崛起与发展也为消费者提供了一个新的互联网购物渠道。

随着"场"逐渐丰富，商家基本上将营销重点转化为客流量考核，营销策略也从4P理论转变成了4C理论。其中，4C理论指的是Convenience（便利）、Consumer（消费者）、Communication（沟通）、Cost（成本）。

新零售时代：4E营销

在新零售时代，营销要做到1个核心，1个基础，4个E。其中，1个核心指的是以人为核心，1个基础指的是以数字化为基础，4个E指的是场景化（Scene）、体验化（Experience）、极致效率化（Efficient）、成本效益最大化（Earning）。商家要想践行这一营销策略，就必须利用科技与数据将消费者、商品与场景连接起来。

（资料来源：周高云，齐建鹏，方水耀. 共享新零售：消费升级时代的零售创新路径［M］. 北京：中国商业出版社，2019. 本书有删改）

总之，"新零售"是在传统零售的基础上发展而来的，它正是针对传统零售的困境和弊端寻找新的出路而出现的互联网时代的新生事物。新零售是传统线上零售方式及线下零售方式基础上的升级与突破。在新零售模式中，各个节点依然会有信息流、资金流、物流等方面的成本。无论是过去的零售革命还是如今的新零售，追求的目标都是进一步加强各个制造商、供应商和分售商之间的协同作用，最终降低成本。具体来说，"新零售"其实就是要以基于互联网的新零售业态的发展带动传统实体零售业发展，将互联网新技术融入传统实体零售，从而重新振兴传统实体零售业，同时使互联网零售业获得新的增长点。新旧零售业相互促进与融合，并与源头的制造业在信息和服务方面互联互通，可以更好地促进流通经济良性发展。

1.5　新零售与传统电商的区别

如上所述，传统零售时期以"货"为核心，而随着电子商务的兴起，人们开始通过互联网进行购物。互联网打破了地域和时间的限制，商品的稀缺性消失，同质商品开始涌现。只要销售商能够构建一个良好的购物场景并抓住机会，就可以快速销售商品。所以，传统电商时代以"场"为核心。

从电商到新零售，经历了一个从"场—货—人"到"人—货—场"的转变过程。这意味着商家的运营方式从研发产品去寻找用户，转变成根据用户需求对应生产符合其喜好的产品，并为用户提供体验场所。新零售与传统电商的区别主要体现在以下几个方面：

1. 驱动力

传统电商的主要驱动力来自互联网，它通过将商品的供需双方集中在同一平台上，通过去中间化的处理方式，使传统行业当中需要经过诸多流程和环节才能对接到的关系在同一平台上轻松实现。然而，这种以互联网为主要驱动力的发展模式仅改变了商品供需两端渠道对接的问题，并未能解决商品生产前后存在的痛点和难题。正是这些问题的存在，导致当供需双方的沟通不再是障碍时，人们开始面临非沟通和对接方面的问题。

新零售时代的驱动力主要来自大数据、云计算、智能科技等新技术。这些新技术与互联网的最大不同在于：它们的作用并不是通过优化已形成的供需两端的对接渠道来实现的，而是通过深度介入到商品生产的具体流程中，从而实现行业效率的再度提升。这种方式不仅能够解决行业固有的痛点和难题，而且能够真正从根本上提升行业的发展效率，将行业的发展带入一个全新的阶段。

2. 消费场景

传统电商时代的消费场景主要集中在线上，电商巨头们的主要任务是将海量线下的用户尽可能多地吸引到线上，通过互联网技术的去中间化来解决传统零售效率不高的问题。新零售时代的场景则不再仅仅只是单纯地集中在线上，而是更加注重线上和线下的统一，通过线上和线下的统一来实现行业效率的再度提升以及用户痛点的根本消除。

在新零售模式下，线上与线下实现了深度融合，消费场景多样化，包括线下门店购物场景、App 购物场景、店中店触屏购物场景、VR 购物场景、智能货架购物场景、网络直播购物场景等。消费者可以在线上浏览商品后到线下实体门店购买，也可以在线下实体门店体验商品后通过 App 购买，还可以在网络直播中直接点击链接来购买商品。

3. 商业模式

电商时代的商业模式是 B2B 模式，而新零售时代的商业模式是 S2b 模式。B2B 模式的思维是流量思维，考虑的是如何将电商时代的元素加入到平台上，从而让供需两方在平台上实现更加高效地对接；S2b 模式的思维是赋能，考虑的是如何通过对 b 端用户的深度赋能来实现行业的深度变革，从而带来行业内在效率的提升，并且从根本上满足用户消费升级的基本需要。

正是由于商业模式的不同，我们不能从电商思维的角度看待新零售，这也说明新零售与电商有着本质的区别。在电商时代，电商平台主要是通过给 B 端用户输送流量的方式来达成盈利的目的。然而，当单纯的流量供应难以起到真正有效的作用之后，新零售需要通过更多的赋能方式来供应给 B 端用户，从而实现 B 端用户的升级改造，激发其活跃度，让消费升级下的用户更加容易买单，这才是新零售需要破解的发展难题。

4. 消费体验

为了满足互联网用户消费升级的需求，新零售必须要利用自己的优势来完成传统电商模式下无法完成的任务。以商品展示为例，移动互联网时代的商品展示可能是图片、文字甚至视频的形式。然而，在这种商品展示形式中，用户对于商品的了解依然不够清晰、全面，很多用户依然会遇到买到的商品无法与真实需求对应的情况。之所以会出现这个问题，其中一个很大的原因就在于商品展示与用户体验之间依然存在很大落差，单单依靠传统的商品展示形式，显然已经无法满足用户购买商品的需要。

随着新零售时代的到来，传统的以商家为主的内容展示形式将会逐渐被以用户为主的内容展示形式所取代。每一条商品展示都是不同用户对商品体验之后的真实反映，这种体验式的内容展示形式无疑比传统的展示形式更加生动、直观。在用户进行体验的过程当中，新零售又会在借助传统技术的基础上加入新技术手段，让用户的体验更加真实。

小 链 接

新零售时代新商业模式——S2b

所谓 S2b，"S"（Supply）代表一个大型的供应链平台，该平台能大幅度提升供应端效率。"b"指的是这个大平台能够连接并服务于万级、十万级甚至更高数量级的小商家。简而言之，即商家小 b 做分销，负责销售，实现与客户的低成本实时互动，理解客户需求，寻找用户痛点，进而利用 S 供应端平台在设计、生产和运输等方面的协同能力，为客户提供定制化服务。这一过程如图 1-7 所示。

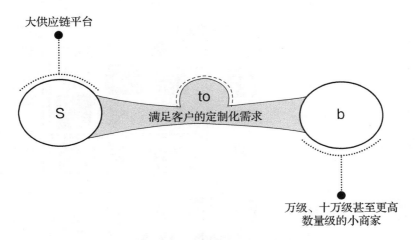

图 1-7　新零售时代 S2b 模式

资料来源：陈欢，陈澄波. 新零售进化论［M］. 北京：中信出版社，2018. 本书有删改

1.6　中国新零售行业发展现状

在新零售出现之前，我国零售业已经历了"百货商店—超级市场—连锁经营—电子商务"四大变革，而新零售的兴起，则标志着线上线下融合的第五次零售变革。自 2016 年 10 月阿里巴巴集团前董事局主席马云提出"新零售"这一概念以来，我国零售业迈向新零售时代的步伐日益加快，目前正处于高速发展阶段。

在行业布局层面，经过近几年的发展，我国新零售行业目前涉及的领域已经从商超百货向各行业渗透，如生鲜行业、食品饮料行业、母婴行业、家居行业、医药行业、家电行业等。新零售的主要载体包括创新性跨界超市（如阿里巴巴的盒马鲜生和永辉超市的超级物种等）、生鲜社区店（如苏宁小店、钱大妈、每日优鲜等）、连锁便利店（如京东便利店）、专业体验连锁店（如小米之家）以及无人零售（如猩便利）等多种形式。

新零售产业链的发展需要各类企业的协同合作。目前我国新零售产业图谱已初步形成（如图 1-8 所示），新零售行业正在迈向一个全新的发展时代。

围绕该产业链，我国新零售产业规模也在不断扩大。据中商产业研究院数据显示，自 2017 年新零售元年起，当期新零售市场规模就达到了 389 亿元。中投产业研究院发布的《2020—2024 年中国新零售行业深度调研及投资前景预测报告》中显示：截至 2018 年，我国新零售行业市场规模约为 1096 亿元。随着用户消费习惯的养成以及新零售模式的创新升级，新零售未来的发展状态呈现出非常好的趋势，预计 2022 年整个市场规模有望突破 18000 亿元，复合增长率将达 115.27%。

图 1-8　新零售产业链图谱

资料来源：许应楠. 认识新零售（慕课版）［M］. 北京：人民邮电出版社，2020.

另外，根据中国报告网发布的《2019年中国无人零售市场分析报告——行业规模现状与发展潜力评估》可知，无人零售商店的消费者规模也将由2017年的0.06亿人增长到2022年的2.45亿人，增长趋势如图1-9所示。

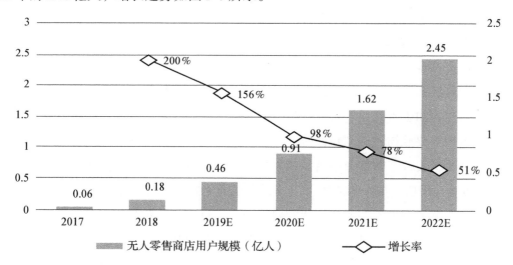

图 1-9　无人零售商店消费者规模增长趋势

资料来源：许应楠. 认识新零售（慕课版）［M］. 北京：人民邮电出版社，2020.

在企业具体实践层面，目前我国新零售领域竞争格局呈现"两超多强"的局面："两超"是指阿里巴巴和腾讯，"多强"则指其他积极探索新零售模式的企业。阿里巴巴与腾讯两家企业对线下零售的投资可以说是势均力敌，纷纷加速布局重量级线下实体，包括战略投资连锁超市、连锁百货商场等，力求在新零售战役中拔得头筹，抢占市场份额。

1．阿里巴巴新零售布局现状

阿里巴巴集团前董事局主席马云最初提出了"新零售"概念，阿里巴巴也自然对这一领域进行了深入的探索和实践。近年来，阿里巴巴在新零售布局上投入了大量资金、人力和物力，除了盒马鲜生这一标志性项目外，还投资了诸多新零售项目，如表1-2所示。

阿里巴巴通过盒马、银泰、零售通等项目在内部进行不同方向、不同领域的新零售探索，同时通过入股等方式外部参与三江购物、联华超市、新华都、高鑫零售等多个企业的新零售实践，积累零售资源并开始进行部分新零售布局的落地尝试，如以淘鲜达为依托对三江门店进行改造探索等。阿里巴巴新零售布局主要强调中心化生态效益，有以下几个特点：

（1）**线上线下融合**：从银泰商业、高鑫零售再到百联集团等，阿里巴巴战略投资百货公司均以数字化手段全面推动零售线上线下融合，打破传统零售企业与线上平台的边界限制，进一步扩充"全品类＋全渠道"的模式。

表 1-2　阿里巴巴近年来的新零售布局

时间	零售企业	级别	事件
2014 年 3 月	银泰商业	—	阿里巴巴 53.7 亿港元入股
2015 年 8 月	苏宁云商	战略投资	阿里巴巴 283 亿元战略投资苏宁
2016 年 11 月	三江购物	战略投资	阿里巴巴 21.5 亿元战略投资三江购物 32% 股份
2017 年 1 月	银泰商业	私有化	阿里巴巴与沈国军以 198 亿港元购入银泰商业计划股，成为银泰实际控股股东
2017 年 5 月	联华超市	战略投资	阿里巴巴向易果生鲜收购联华 18% 股份，成为第二大股东
2017 年 8 月	易果生鲜	D 轮	天猫注资易果生鲜 3 亿美元
2017 年 9 月	新华都	股权转让	阿里巴巴超 5 亿元入股新华都，持股比例大于 10%
2017 年 11 月	高鑫零售	战略投资	阿里巴巴 224 亿港元入股高鑫零售，持有 36.16% 的股份
2018 年 2 月	居然之家	战略投资	阿里巴巴向居然之家投资 54.53 亿元，持股 15%
2018 年 11 月	喜士多	战略投资	阿里巴巴 5 亿元入股喜士多，占股 20%~25%
2019 年 3 月	逸刻便利	联合投资	百联集团和阿里巴巴联合投资 10 亿元打造新零售项目
2019 年 4 月	商帆科技	B 轮	阿里巴巴领股投资，共探新零售领域
2020 年 10 月	高鑫零售	战略投资	以 36 亿美元增持高鑫零售，持股比例从 36% 增持至约 72%

（2）**下沉二三线城市**：从 2016 年的战略投资三江购物，到 2017 年入股联华超市，再到 2018 年入股居然之家，阿里巴巴新零售布局不断向二三线城市扩张，以便抢占更多的市场份额。

（3）**抢夺年轻消费群体**：阿里巴巴开设盒马鲜生线下门店，以新鲜、健康、时尚、精致为定位，引入餐饮等服务，并且提供快速配送服务，目的就是为了能够迅速抢夺年轻消费者群体。

（4）**培养消费者消费习惯**：依靠物联网支付技术和生物识别技术等科技手段，阿里巴巴布局无人酒店、无人咖啡馆等，消费者从进店、购物到结算仅需携带手机便能完成，简化了消费流程，逐步培养消费者的消费习惯。

2. 腾讯新零售布局现状

腾讯在PC时代靠QQ起家，凭借流量优势进入移动互联网领域，后又凭借微信牢牢把握流量优势，以此为依托实现游戏、广告、支付等变现渠道。腾讯发展路径的核心优势是社交。在新零售布局上，与阿里巴巴直达终端的中心化思维相比，腾讯更强调自己做生态圈的地基，选择与更有效率的企业进行合作，而非直接参与竞争。腾讯将全系商品对接给企业，给予相关企业所需要的资源，以赋能连接所有场景，助力新零售。

腾讯逐步以京东、永辉超市作为两大抓手，在新零售领域广泛布局，布局情况如表1-3所示。

表1-3　腾讯近年来的新零售布局

时间	企业	级别	事件
2016年8月	京东	战略投资	腾讯对京东进行了两轮投资，增持京东股份，是京东的第一大股东
2017年10月	美团点评	战略投资	腾讯领投美团点评F轮40亿美元
2017年12月	永辉超市	股权转让	永辉超市实控人以8.81元/股向腾讯转让5%股份
2017年12月	唯品会	Post-IPO	腾讯、京东联合投资8.63亿美元
2018年1月	万达集团	战略投资	腾讯联合苏宁、京东、融创投资万达约340亿元
2018年1月	海澜之家	战略投资	腾讯25亿元入股海澜之家，持股5.31%
2018年2月	步步高	战略投资	腾讯、京东入股步步高，腾讯持股6%
2018年4月	拼多多	C轮	腾讯领投拼多多C轮亿级别美元的融资
2018年4月	华润集团	战略合作	腾讯与华润集团联手开展智慧零售等领域合作
2018年9月	每日优鲜	D轮	腾讯累计向每日优鲜进行了4轮投资

此外，腾讯的电商领域也在积极布局线下，每日优鲜结合前置仓优点推出每日优鲜便当购，在无人货架市场中占有领先地位。同时，美团推出掌鱼生鲜，京东也在不断扩大其线下"触角"，推出了京东便当店、京东家电专卖店、京东无人便利店、京东之家、京东七鲜、京东电器超级体验店等多种线下业态。

除此之外，还有很多传统零售企业也积极开展了新零售实践。例如苏宁集团依托线上平台苏宁易购与传统实体店优势，较早地开启了O2O探索历程。在布局"新零售"上，苏宁主要实施了三大战略：一是大数据的挖掘应用，依托全渠道的大数据加之店员的导购服务，实现精准和个性化营销服务；二是开设易购直营店，通过直营店模式深入县域和乡镇市场，实现与线上的衔接和融合；三是提供V购定制化服务，针对门店购物需求者，通过预约导购服务提供私人定制服务。

新零售教父——乔·韦曼（Joe Weinman）

乔·韦曼（Joe Weinman），5G数字转型战略家、"云经济学"专家以及国际知名的云计算和新零售专家，曾担任多家世界500强企业的技术负责人，并提出了"云经济学"（Cloudonomics）的概念，著有《云端时代》《数字化革命》《新动能　新法则》等多部著作。

在新零售领域，乔·韦曼的著作《新动能　新法则》被新加坡管理大学选为教材。书中，乔·韦曼对亚马逊无人超市Amazon Go、苹果、特斯拉、宝洁等企业的新零售战略和实践进行了深入的剖析，并提出了新零售的"四大战略"：卓越的信息战略、领先的解决方案、提升客户集体亲密度以及比特层级的产品升级创新。基于他对新零售领域的战略观察和独到见解，乔·韦曼也被誉为"新零售教父"。

乔·韦曼认为，新零售的"新"在于"5E"："经济性"（Economy）、"卓越性"（Excellence）、"体验"（Experiences）、"准确度"（Exactitude）以及"自我"（Ego）。在他看来，传统零售的关键词包括时尚、产品线、陈列和店铺布局，而新零售的关键词则是盈利能力、客户满意/忠诚度和客户体验。具体的实现路径是利用各种形式的信息技术服务零售业，例如通过算法、数据和搜索引擎实现物流优化、库存预测和供应链管理，最终的目的还是实现客户价值最大化和最佳消费体验。

对于中国企业在新零售领域的各种实践和讨论，乔·韦曼并不陌生。早在2013年，他就作为演讲嘉宾出席了全球云计算大会·中国站的会议，还在猎豹、清华大学经济管理学院等地开设讲座或发表演讲，并曾与腾讯公司董事会主席兼CEO马化腾就新零售话题进行深入的对话。

在他看来，就像互联网经济的强劲表现一样，中国在新零售领域的许多实践也是全球的亮点，中国的企业和企业家在新零售领域也有很多机会成为全球领导者。

（资料来源：王林. 中国企业有望成为新零售全球领导者 [J]. 中国青年报·中青在线记者. 本书有删改）

本 章 小 结

新零售，即企业以互联网为依托，通过运用大数据、人工智能等先进技术手段，对商品的生产、流通与销售过程进行升级改造，进而重塑业态结构与生态圈，并对线上服务、线下体验以及现代物流进行深度融合的零售新模式。

"新零售"的基本理念包含以下几个主要方面：其一，实现"线上+线下+物流"的深度融合，旨在为消费者提供全渠道、全面化的服务体验；其二，以数据技术为驱动力，用数据技术串联零售始终，打通线上线下的壁垒，优化零售效率；其三，凸显以消费为核心的零售本质，致力于为消费者提供高效、满意乃至超过预期的服务。

关 键 名 词

新零售　在线化　近场化　智能化　前置仓　无界零售　智慧零售　生态性　数字化
全渠道　物理数据二重性　新消费　大数据　物联网　VR/AR　云计算　人工智能
传统零售　传统电商　S2b无人零售

章 末 案 例

"小米之家"的新零售模式

小米的全渠道零售战略涵盖了线上和线下零售渠道，其中，线上零售包括小米商城、有品平台及第三方线上分销；线下零售则包括小米之家和第三方分销网络销售。小米之家是目前线上导流，线下多品类经营的典范之一。简单来说，小米之家通过线上的影响力，将线上流量以及大型商超的自然流量导入到线下门店，以多品类的小米系列产品吸引消费者，在增强消费者体验的同时，促进不同品类小米产品的销售，从而增加销量。

截至2018年年底，小米之家线下体验店数量达到700家，小米授权体验店近1200家。这些门店主要开设在城市核心商圈的中高端商场，是提供产品展示、科技体验、增值服务、商品销售、社交互动的创新零售品牌，也是满足消费者智能物联、消费升级等需求的智能科技产品平台。

为了小米之家的发展，小米在过去几年中进行了大量的产品研发，并投资了多家生态链公司，共同推动了小米品类的扩张。由于成本相对固定，在销售量达到一定规模之后，线下的成本已经可以与线上持平。小米之家的新零售特点主要体现在以下几个方面。

（1）多品类广覆盖的组合与更新策略保证了小米之家的流量与热度。小米之家的产品除手机以外，还有影音设备、智能家居、酷玩产品以及手机电脑的周边和配件等，如电饭煲、旅行箱、电视、空气净化器、净水器、吸尘器……这些产品覆盖了个人、家庭、旅行、办公等不同场景。在店内，局部空间被模拟成家庭厨房、客厅环境进行产品展示，增加了场景体验式消费的乐趣。商品品类上，小米之家通过低频消费（如手机、家用电器）和高频消费（如耳机、电池、电动牙刷）的结合来吸引客流，围绕"家的理念"构筑产品线。

（2）高效运营，线上线下同质同价。小米之家主要依靠后台保障能力、科技算法提升店面效率和持续的服务能力。小米自建的基础能力，包括仓储、物流、客服、售后等服务也逐渐运用到小米之家的发展中，相比传统零售大大节约了成本并提高了效率。通过线上的系统分析和安全使用，小米之家能有效帮助城市和店铺的选址。

（3）利用生态互联智能性增强用户黏性。小米家电均可以与手机互联，通过米家App进行统一管理和控制，为消费者提供更便捷的智能体验。在未来，小米用户只需要通过手机，就可以控制家中的扫地机器人、智能电饭煲、智能电视、智能音响等设备。

（资料来源：人民邮电出版社专业自主学习资源库. 本书有删改）

案例思考

1. 简述小米之家的线上导流与线下多品类经营模式。

2. 小米之家的新零售主要体现在哪些方面？

3. 通过查阅资料，谈谈小米商城、有品平台及第三方线上分销等线上零售模式的具体运作方式是怎样的？

复习思考题

1. 新零售的发展动因是什么？

2. 新零售的内涵是什么？新零售有哪些特征？

3. 新零售与传统零售有什么区别？

4. 新零售与传统电商有什么区别？

5. 谈谈你对我国新零售行业发展现状的认识和理解。

本章实训

1. 实训目的

（1）明晰新零售的基本概念与基本知识。

（2）通过实地调查，了解所在城市某一企业开展新零售实践的具体情况。

（3）锻炼调查收集资料、分析问题、团队协作、个人表达等能力。

2. 实训内容

以小组为单位，深入你就读高校所在城市的某一企业进行调查，收集这家企业的基本情况、开展新零售实践的成效与遇到的困扰的分析，并提出针对该企业有效开展新零售实践的具体建议。

3. 实训组织

（1）指导教师布置实训项目，提示相关注意事项及要点。

（2）将班级成员分成若干小组，成员可以自由组合，也可以按学号顺序组合。小组人数划分视修课总人数而定。每组选出组长1名、发言代表1名。

（3）以小组为单位，选定拟调查的企业，制定调查提纲，深入企业调查收集资料，形成书面调查报告，制作课堂演示PPT。

（4）各小组发言代表在班级进行汇报演示，每组演示时间以不超过10分钟为宜。

4. 实训步骤

（1）指导教师布置任务，指出实训要点、难点和注意事项。

（2）演示之前，小组发言代表对本组成员及其角色进行介绍陈述。演示结束后，征询本组成员是否有补充发言。

（3）由各组组长组成评审团，对各组演示进行评分。其中，演示内容30分，发言者语言表达及台风展现能力10分，PPT效果10分。评审团成员对各组所评出成绩取平均值作为该组的评审评分。

（4）教师进行最后总结及点评，并为各组实训结果打分，教师评分满分为50分。

（5）各组的评审评分加上教师的总结评分作为该组最终得分，对于得分最高的团队予以适当奖励。

参 考 文 献

［1］杜睿云，蒋侃. 新零售：内涵，发展动因与关键问题［J］. 价格理论与实践，2017（2）：139-141.

［2］苗志娟."盒马鲜生"新零售模式分析［J］. 合作经济与科技，2022，（06）：88-89.

［3］田晶晶，杨海丽，杨建安. 新零售：动因、特征、现状及趋势［J］. 郑州航空工业管理学院学报，2018，36（03）：57-64.

［4］鄢章华，刘蕾."新零售"的概念、研究框架与发展趋势［J］. 中国流通经济，2017，31（10）：12-19.

［5］杨坚争，齐鹏程，王婷婷."新零售"背景下我国传统零售企业转型升级研究［J］. 当代经济

管理，2018，40（09）：24-31.

[6] 杨玲雅．"新零售"的内涵、特征及类型［J］．现代营销（下旬刊），2019，（12）：8-9.

[7] 张超然．数字化赋能新零售商业模式优化研究——以三只松鼠为例［J］．商场现代化，2021，（21）：1-3.

[8] 赵树梅，徐晓红．"新零售"的含义，模式及发展路径［J］．中国流通经济，2017，31（5）：12-20.

[9] 周勇，池丽华．新零售从1.0走向3.0［J/OL］．上海商学院学报，2022，（07）：1-13.

[10] 王大国．新零售［M］．天津：天津人民出版社，2018.

[11] 张毅．新零售革命：后电商时代的营销哲学［M］．北京：人民邮电出版社，2018.

[12] 杜凤林．新零售实践：智能商业时代的零售进阶路径［M］．北京：中国纺织出版社，2018.

[13] 董永春．新零售：线上+线下+物流［M］．北京：清华大学出版社，2018.

[14] 刘官华，梁璐．新零售：从模式到实践［M］．北京：电子工业出版社，2019.

[15] 张爱林．新零售3.0：引领新一轮零售产业革命［M］．北京：中国财富出版社，2019.

[16] 杜凤林．极致零售——消费者主权时代的零售新图景［M］．杭州：浙江大学出版社，2019.

[17] 白东蕊，岳云康．电子商务概论（第四版）［M］．北京：人民邮电出版社，2019.

[18] 许应楠．认识新零售（慕课版）［M］．北京：人民邮电出版社，2020.

[19] 张文升，徐亭．智能+零售：新零售时代的商业变革与重构［M］．北京：人民邮电出版社，2020.

第2章 新零售的驱动因素

盒马鲜生：阿里新零售业态

"纯电商时代很快会结束，未来的十年、二十年，没有电子商务这一说，只有新零售。"——阿里巴巴前董事局主席马云

一石激起千层浪，一语惊醒梦中人。2016年10月，在云栖大会上，"新零售"的概念首次被提出。此后，零售行业的新物种、新业态纷至沓来，电商巨头和资本的线下布局明显提速，线下龙头亦加快创新步伐，在新零售的大风口下，产业加速变革。

一方面，传统实体零售业受到电商的冲击以及物业人工成本上涨的压力，营收下滑，缺乏新的增长动力；另一方面，电商行业的流量红利逐渐消失，行业增速放缓，谋求变革成为了无论是实体零售还是电商的共同追求。以消费者需求为导向，通过综合运用大数据、智能物联网等技术及先进设备，实现线上线下的真正融合，从而实现"人、货、场"三者之间的最优化匹配。新零售商业模式的提出，似乎成为解决零售业发展困境的唯一出路，对于新零售商业模式的探索是目前企业最关注的商业课题。

盒马鲜生就是阿里巴巴集团在新零售业态方面的一次重要尝试。它以"生鲜"这一刚需、高频消费品为切入口，通过App和线下门店覆盖生鲜食品和餐饮服务。线下门店主要以体验服务为主导，增强吸客能力；线上App则提供优质外卖和生鲜配送；通过背后数字化和智能化的技术支持，最终实现线下体验、线上下单的闭环消费模式。

从2016年1月上海金桥广场的第一家门店开业至今，盒马鲜生发展迅猛。截至2017年10月，盒马鲜生已在上海、北京、深圳、杭州、贵阳等城市陆续开业20家门店。创始人侯毅表示，盒马鲜生上海金桥店2016年全年营业额约2.5亿元，坪效约5.6万元，远高于同业平均水平（1.5万元）。线上订单占比超过50%，营业半年以上的成熟店铺更是可以达到70%；线上商品转化率高达35%，远高于传统电商。

如今，盒马鲜生已然成为新零售业态的第一样本，其商业模式也受到了消费者和业界人士的广泛关注。而后，永辉超市推出全新品牌"超级物种"，步步高推出"鲜食演义计划"，大润发推出"飞牛优鲜"，物美也在多点Dmall的协助下推出了北京物美新零售体验店。

盒马鲜生为何能够成为消费者眼中的"生鲜网红"？其背后的商业逻辑是什么？为何众多零售商纷纷模仿盒马模式？

（资料来源：荆兵，李梦军. 盒马鲜生：阿里新零售业态 [J]. 清华管理评论，2018，（03）：78-84+86.本书有删改）

新零售的诞生与迅猛发展并非偶然，其背后的政策、技术、经济等因素缺一不可。

2.1　政策支持与新零售

自新零售概念被提出以来，国家和省市层面陆续出台相关政策文件为新零售发展保驾护航。

2016 年 11 月 11 日，国务院发布《关于推动实体零售转型创新的意见》，明确了推动实体零售业态创新转型的指导思想和基本原则，具体部署了在调整商业结构、创新发展方式、促进跨界融合、优化发展环境、强化政策支持等方面的内容。还专门在促进线上线下融合的问题上强调，要建立起适应融合发展的标准规范、竞争规则，引导实体零售业逐步提高信息化水平，将线下物流、服务、体验等优势环节与线上商流、资金流、信息流融合，拓展智能化、网络化的全渠道布局。此后，完善金融服务、推进快递物流体系与电子商务协同发展等政策也如雨后春笋般涌现，辅助新零售行业快速发展。

2017 年，国务院发布的《政府工作报告》提出"推进实体店销售和网购融合发展"。2018 年，《政府工作报告》再度聚焦消费新业态、新模式，提出推动网购、快递业健康发展，并强调要推动大数据、云计算、物联网等新兴技术的广泛应用。这些提法与新零售息息相关，体现了国家对于新零售的重视程度越来越高，并且致力于推进新零售的高质量发展。

2013 年，《中华人民共和国电子商务法》的立法进程正式启动。2019 年，《中华人民共和国电子商务法》正式实施，这是我国第一部针对电子商务领域的综合性法律。这部法律的确立标志着我国电子商务行业从原先的自由生长逐渐过渡为合法合规治理，夯实了电子商务领域消费者权益保护的根基，有利于营造良好的电子商务业态，促进电商行业朝着健康的方向发展。而新零售与电子商务关系密切，因此，《中华人民共和国电子商务法》的出台对于新零售行业健康成长同样具有里程碑意义。

除了国家出台的多种政策支持新零售，多个省市也陆续发布相关文件。2018 年年底，杭州市政府发布《关于推进新零售发展（2018—2022）若干意见》，推进当地新零售业态发展，建设新零售示范城市。杭州作为我国电子商务之都，在市政府的政策支持下，以龙头企业带动传统商贸零售企业转型新零售，形成的大力发展新零售、新业态、新模式的氛围在全国具有一定的影响力。各地企业跃跃欲试，共同促进了我国零售业创新发展、转型升级。

新零售的蓬勃发展离不开政府的支持,在未来继续完善政策法规也将为新零售创造良好的生态环境,激发更多中小企业转型的积极性。新零售行业国家层面的政策如表2-1所示。

表2-1　新零售行业国家层面部分政策梳理

发布时间	政策名称	发布机构	主要内容
2016年12月	《商务部关于做好"十三五"时期消费促进工作的指导意见》	商务部办公厅	支持实体零售企业构建与供应商信息共享、利益均沾、风险共担的新型零供关系,提高供应链管控能力和资源整合、运营协同能力。
2017年3月	《国务院办公厅关于推动实体零售创新转型的意见》	国务院办公厅	针对当前实体零售存在的主要问题和面临的突出困难,从推进供给侧结构性改革、振兴实体经济的高度出发,对推动实体零售创新转型的具体任务、政策措施做出了全面部署,同时也确立了零售业融合发展的主要方向。
2017年12月	《城乡高效配送专项行动计划(2017—2020年)》	商务部、公安部、交通运输部	提到要发挥第三方物流企业仓配一体化服务优势,融合供应商、实体零售门店、网络零售的配送需求,发展面向各类终端的共同配送。
2019年4月	《国务院办公厅关于创新管理优化服务培育壮大经济发展新动能加快新旧动能接续转换的意见》	国务院办公厅	发挥龙头企业作用,支持实体零售企业与电子商务企业优势互补,整合服务资源,促进线上线下融合发展。
2019年7月	《商务部办公厅关于推动便利店品牌化连锁化发展的工作通知》	商务部办公厅	各地要提高认识,把发展品牌连锁便利店纳入重要工作日程,作为落实消费升级行动计划、推动实体零售转型升级的重要抓手,有计划有步骤持续推动。
2020年4月	《商务部办公厅关于进一步完善重点零售企业联系制度的通知》	商务部办公厅	各地商务主管部门要加强与重点联系零售企业的联系,密切关注其创新发展和示范带动情况,及时协调解决企业发展中遇到的困难问题,为企业创新发展提供保障和支撑。
2021年7月	《智慧商店建设技术指南(试行)》	商务部办公厅	推动门店场景数字化、供应链智能化、实现服务精准化等建设内容。

资料来源:前瞻产业研究院. 重磅! 2022年中国及31省市零售行业政策汇总及解读(全)[Z/OL]. [2022-02-26]. https://www.qianzhan.com/analyst/detail/220/220225b5fbd8c8.html.

2.2 技术变革与新零售

零售行业的几次变革,都有一个共同点——伴随着重大技术创新。近些年,移动支付、人工智能、大数据、物联网等新兴技术发展迅速,并且逐渐被应用到零售的各个环节,为提升消费者体验、改进企业运营和物流系统奠定了坚实的技术基础,进而推动了零售行业的深刻变革。

2.2.1　移动支付

移动支付通过移动终端对商品进行支付结算，具有便捷、私密性高、综合功能全面等特点。移动支付的普及给人们的生活带来了翻天覆地的变化，有人将其称为中国的"新四大发明"之一，它不仅彻底改变了人们的消费习惯和方式，还重塑了零售行业的生态体系。

1. 移动支付的定义和发展历程

移动支付是指利用无线和其他通信技术，通过移动设备（如移动电话、智能手机或其他电子设备）支付商品、服务和账单的方式，它区别于现金、银行卡等传统支付方式。移动设备可广泛应用于各种支付场景，例如支付数字内容（如铃声、徽标、新闻、音乐或游戏）、门票、停车费和交通费，或访问电子支付服务以支付账单。

回顾移动支付的发展过程，其经历了萌芽、发展、创新三个阶段。最初，移动支付通过结合国内三大电信运营商的资费为用户提供服务，当交易完成时，运营商会在资费或专用套餐账户中扣除交易费用，这形成了早期的手机钱包。随后，得益于智能手机的快速普及和移动网络的全面覆盖，移动支付迅速进入发展阶段，被应用到各大银行的手机银行业务中，帮助用户完成线上小额支付、充值话费等操作。第三个阶段，移动支付迎来了创新变革，被用户广泛接受并使用。第三方支付机构成为主导和运营者，它们聚合了银行的支付结算业务和电信运营商的移动网络，将移动支付应用到各种生活场景中。微信和支付宝都是在这一阶段发展成为规模巨大的第三方支付机构。

智能手机的普及和移动网络的全覆盖促使实体零售的交易场景不断向移动端转变，直接促进了移动支付的发展与创新。由于交易场景发生了巨大变化，PC电脑端软件逐渐退出主流市场，互联网科技公司纷纷致力于开发适配智能手机端的硬件和软件。线上交易的移动化进入了硬件和软件同期高速发展的阶段，产生了大量移动支付的应用，场景渗透率不断深入。

2. 移动支付在零售业的应用

2012年8月，支付宝在北京试运营二维码扫码支付，这个开创性举动拉开了移动支付交易的序幕。2014年，微信和支付宝分别推出付款码，商户只需使用红外线条码扫码枪扫描顾客出示的二维码即可完成交易。2016年，中国支付清算协会发布《条码支付业务规范》，表明正式承认并监管扫码支付的态度，自此移动支付的交易规模迅速扩大。从2017年开始，移动支付开始渗透到生活中的每个场景，衣食住行随处可见移动支付的影子，成为人们生活中不可或缺的一部分。移动支付的快速普及不仅为用户的日常生活带来了便利，也正在重塑零售行业的新格局。

传统支付环节的交易及等待成本较高，难以融入各类消费生活场景中，不仅抑制了消费者进行支付的灵活性和自主性，还对支付市场规模的扩大形成了一定程度的限制。然而，随着现代高新技术的发展，特别是互联网通信技术的进步，传统支付模式越来越难以满足消费者多元化、个性化、精细化的支付服务需求。另一方面，以持牌第三方支付机构为主体提供的新型支付方式不断拓展应用，市场规模持续扩大，支付生态体系逐渐完善。移动支付正是在这样的背景下，成为一种被广泛接受和使用的支付方式。由此可见，支付环节对零售业具有巨大的影响力，成为业务流程中交易双方都关心的重要环节。

事实上，支付变革是通过支付工具（载体）、支付方式及流程等在内的支付过程不断优化和升级，并通过影响消费者的支付选择偏好来重塑交易过程，从而最终影响零售业务和市场。移动支付通过短信、蓝牙、红外线及无线射频识别技术（RFID）等多种非接触式支付手段，改变了消费者的支付习惯，并增强了零售市场业务发展的效率、灵活性和个性化等关键特性。除线上电子商务方面的应用外，移动支付还促进了传统零售实体的转型升级。移动支付使传统的商家流量竞争从线下转移到了线上，成为连接商家和消费者之间的关键入口。2018年以来，移动支付快速向线下扩张，实体零售进入线下场景之争，将线上流量与线下实体深度融合成为实体商家向新零售转型升级路上的重要战役。

移动支付能为消费者创造更灵活、亲切的消费环境，实现钱包的电子化、移动化，极大丰富了用户支付方式的可选方案，为广大用户提供便捷和安全的支付体验。越来越多的消费者选择使用微信、支付宝在商场、超市、便利店、餐饮店等线下实体场景进行小额高频的消费，这符合数字时代市场发展和现代人生活方式进步的大趋势。更重要的是，移动支付结合大数据打通了线上线下交易闭环，构筑了线上支付和引流、线下消费和体验的创新模式。

支付行业的创新发展，丰富了支付渠道、提升了支付价值、改善了支付效率，激发了零售行业的市场活力。移动支付的出现进一步促进了线上电子商务和线下实体场景的融合发展，推动了零售行业的转型升级。

2.2.2 大数据、云计算

在当今数字化的浪潮中，大数据与云计算无疑是推动各行各业变革的重要力量。随着信息技术的飞速发展，数据量以前所未有的速度增长，而云计算则以其灵活、可扩展的计算资源和服务模式，为数据的处理、分析与应用提供了强大的支撑。特别是在零售行业，大数据与云计算的深度融合正引领着商业模式的创新，重塑着消费者体验与市场竞争格局。

1. 大数据、云计算的定义

随着社交网络等新型信息发布方式的不断涌现，数据正在以前所未有的速度增长和累积，这也宣告着大数据时代的来临。从不同的特征角度出发，学者关于大数据定义的阐述和归纳不尽相同。其中，最具代表性的是3V定义，即大数据需满足3个特征：规模性（Volume）、多样性（Variety）和高速性（Velocity）。维基百科则给出了更加通俗易懂的解读：大数据是指利用常用软件工具捕获、管理和处理数据所耗时间超过可容忍时间的数据集。

云计算技术的发展支撑着数据存储、管理与分析，使得大数据能够发挥出其价值。云计算是由网格计算发展而来的，前台采用按时付费的方式通过互联网向用户提供服务。云系统后台由大量的集群使用虚拟机的方式，通过高速互联网络互联，组成大型的虚拟资源池。这些虚拟资源可自主管理和配置，用数据冗余的方式保证虚拟资源的高可用性，并具有分布式存储和计算、高扩展性、高可用性、用户友好性等特征（陈全和邓倩妮，2011）。

大数据和云计算两个概念分别于2008年和2006年被正式提出，在当时引发了广泛的讨论。《Nature》在2008年推出"Big Data"专刊，理论和应用研究范围不断扩大。2011年，在第八届网商大会上，"云计算＋大数据"的理念被提出，这两个新技术开始进入零售商的视野，零售商开始探索将这两项技术运用于零售行业，致使零售行业发生颠覆性变化。

2. 大数据、云计算在零售行业中的运用

零售的本质是数据，而人即数据。消费者的购买行为使零售商获取了大量信息，包括交易数据（例如支付的价格、购买的数量、购物篮的组成）、消费者数据（例如性别、年龄、家庭组成）和环境数据（例如温度）。在云计算基础之上进行的大数据处理可以对海量数据进行强大且全面的信息检索，并且可以识别出个性化、差异化需求，能够实现商品及服务的精准推送。能够从大数据中获得有效见解的零售商可以更好地预测消费者行为、设计更具吸引力的优惠、更好地定位客户并开发工具，鼓励消费者做出有利于其产品的购买决策。此外，运用大数据管理供应链，掌握全流程的信息，有助于优化供应链。

（1）精准营销　精准营销是通过定量和定性相结合的方法对目标市场的不同消费者进行细致分析，根据他们不同的消费心理和行为特征，企业采用有针对性的现代技术、方法和指向明确的策略，实现对目标市场不同消费者群体强有效性、高投资回报的营销沟通（伍青生等，2006）。大数据结合云计算为零售商提供了一个实施精准营销的有效方案。自助收银系统、社交媒体等工具帮助零售商收集线下线上运营数据，基于此分析顾客的活

动数据、社交行为、消费习惯等，识别出目标客户，并为每个用户定制个性化的标签画像，挖掘出用户的兴趣点，进行有目标、有重点的广告推送，甚至精心打造迎合用户市场的新品进行精准营销。原本处于被动地位的零售商从此可以占据主导地位，他们不是被动地提供多种商品来等待顾客选择，而是直接为消费者提供那些他们很可能正需要的商品。精准营销改善了以往商品广告投放数量多、面积广但转化率低的资源浪费局面，有效降低了营销成本，显著提升了广告推送效率。

（2）优化供应链　供应链管理是以核心企业为中心，利用计算机网络技术全面规划供应链的商流、物流、信息流、资金流等，并进行计划、组织、协调与控制。供应链优化是现代零售业创造竞争优势、开拓新的利润源的必由之路。为提升物流反应速度，进而缩短销售服务周期，以此提升消费者购物体验和降低企业管理成本，零售行业巨头纷纷斥巨资加强对物流、仓储以及货源的管理，从而提升企业供应链管理能力。

大数据和云计算已经渗透到供应链的各个环节，从需求产生、产品设计到采购、制造、订单、物流以及协同，企业能够详尽地掌握供应链的各种信息；更清晰地把握库存量、订单完成率、物料及产品配送情况等；通过预先进行数据分析来调节供求。大数据和云计算驱动下的供应链具备实时性强、透明度高和准确性高等优势，能够提升企业的可持续竞争力。

▟▟ 小 案 例 ▟▟

"新零售"的本质、成因及实践

依托信息技术的发展，大数据的开发应用取得了显著成效。2014年阿里巴巴董事局主席马云提出，人类正从信息技术（IT）时代迈向数据技术（Data Technology，DT）时代，而纵观中国互联网三巨头（BAT）——百度、阿里巴巴、腾讯所实施的一系列战略，也明显反映出其开发应用大数据、抢占大数据制高点的思路。以阿里巴巴为例，其早在2010年就制定了大数据战略，2012年更是设立了首席数据官（CDO）岗位及相应事业部，全面负责大数据战略的推进。利用大数据开发应用技术，阿里巴巴连续发布了多个大数据报告，如《中国年货大数据报告》《品质消费指数报告》等，同时在精确匹配广告、信用评估和管理、医疗数据服务等领域持续发力，展现了大数据在零售行业的广泛应用和深远影响。

（资料来源：王宝义."新零售"的本质、成因及实践动向［J］.中国流通经济，2017，31（07）：3-11.本书有删改）

供应链优化和精准营销仅仅是大数据在零售企业中的一小部分应用，大数据在辅助零售进行市场定位、店铺运营分析、销售预测等方面也扮演着重要角色，有助于优化企业运营管理。

2.2.3　物联网

在当今这个万物互联的时代，物联网（IoT）作为信息技术的又一次重大飞跃，正以前所未有的方式连接着物理世界与数字世界。随着传感器、无线通信技术和智能设备的普及，物联网技术正逐步渗透到各行各业，其中在零售行业的应用尤为显著。物联网不仅让商品、顾客与店铺之间的互动变得更加智能和高效，还开启了零售模式的新篇章，为消费者带来了前所未有的购物体验。

1. 物联网的定义

物联网（IoT）的概念最初来源于美国麻省理工学院（MIT）在1999年建立的自动识别中心（Auto-ID Labs）提出的网络无线射频识别（RFID）系统——把所有物品通过射频识别等信息传感设备与互联网连接起来，实现智能化识别和管理。历经二十余年，物联网的内涵也随着技术的更新迭代而不断变化。目前，关于物联网的定义并无统一定论，但是毋庸置疑，物联网将广泛应用于多个领域。许多发达国家与发展中国家都认识到了物联网的重要性和潜力，纷纷投入巨资进行研发和应用推广。2009年，我国正式将物联网列为国家五大新兴战略性产业之一，并于2010年6月正式启动了"传感中国"项目。该项目旨在使环境中的任何物体都具有身份标签，这些标签能够传播信息，人们可以通过互联网访问此类信息。此外，物联网还可以用于监控任何条件变量，以便优化网络系统的性能，减少浪费和成本。

2. 物联网在零售企业中的运用

物联网技术在零售业的物流运输、商品管理、商品销售、线下经营等方面展现出了巨大的应用潜力，有助于提高零售企业的动态管理能力，并全面提升零售效率。

（1）物流运输　运用物联网技术可以实现对运输过程的实时监控，包括收集有关货物状况、驾驶员行为和车辆速度的实时信息，还可以对车辆进行实时定位，随时随地了解货物的运输进程，有助于减少运输过程中的商品丢失与损失。当运送货物发生延误时，通过分析收集到的数据可以准确地探查出延迟的原因，并加以修正，从而有效地提高产品的交付效率。

（2）商品管理　运用二维码、射频识别（RFID）、近场通信（NFC）等技术对商品进行唯一编码，零售商可以在每个阶段跟踪商品，这有助于提高库存管理的准确性、节约成本并减少产品损失。如今，很多零售商在店内存货可视化方面都面临着挑战。随着实体店扩张速度越来越快，以及借助网络平台开展多渠道经营，甚至进一步拓展海外市场，库存可视化的挑战逐渐加剧。库存过量、缺货和耗损等问题可能会导致零售商损失惨重。据麦肯锡咨询公司估计，仅通过减少库存过量和缺货情况的发生，就能帮助零售商节省10%的库存成本。目前，通过零售商库存管理软件报告获得的库存精确度只有65%，相比之下，RFID系统可将库存精确度提高到95%。RFID的应用已被证明能够将库存缺货情况的发生率降低80%。在商品入库时，使用阅读器扫描带有标签的商品，可以采集商品的入库信息，确保将商品放到准确的位置；商品出库时，管理员可按照统计的信息准确地找到出库商品，并将其下架。零售商往往要花费大量时间和精力来完成商品盘点工作，以确保商品不会缺货，并且商品不会被错放在无关货架上。智能货架的发明有效减轻了此项工作的任务量，它能够自动执行这两项任务，同时检测潜在的盗窃行为。配备重量传感器和RFID标签的智能货架可以扫描陈列架和库存货架上的商品，以便在商品不足或商品错放时通知员工。这不仅可以节省时间，而且还可以消除由人工问题导致的库存积压和短缺。

（3）**商品销售** 零售企业通过部署产品定位设备，能够对商品进行实时监控，及时提醒工作人员商品的销售情况，帮助运营者及时发现过期商品并对其进行处理，从而提高商品的安全质量管理。同时，这些设备还能快速统计滞销商品，有利于管理人员及时做出促销决策。此外，通过运用蓝牙信标、RFID或Wi-Fi网络，零售商可以在潜在顾客进入或离开设定的地理边界时触发位置特定的打折促销消息，以此招揽潜在顾客前来消费。

（4）**线下经营** 借助传感器融合、人脸识别等物联网技术，能够实现采集消费者行为数据、跟踪商品状态、店铺日常管理等应用，进而提升管理效率。安装在货架上的传感器可以提供有关商店客流量和顾客在某个商品区域停留时间的基本数据，分析这些数据可以帮助零售商合理高效地进行商品展示、过道布局和空间分配，以此来更好地规划店内销售和引导销售，提高营业额。针对某些特殊商品，嵌入其中的传感器会收集大量的有用数据，帮助零售商实时了解商品的状况。即使在商品交付后，零售商依旧可以对其进行追踪，分析商品是否有发生故障的可能性，以便为顾客提供及时的帮助。这能有效提升顾客的使用体验，获得顾客的高评价。零售商的日常任务之一就是保持店面整洁、舒适、安全和美观。通过结合人员统计数据与存在检测数据，可以确定频繁使用的区域，以更好地管理消毒和清洁计划，为消费者提供一个干净整洁的购物环境。

2.2.4 人工智能

在科技日新月异的今天，人工智能（Artificial Intelligence，AI）已成为推动社会进步与产业升级的核心引擎。通过模拟、延伸和扩展人的智慧，AI技术正在各个领域展现出巨大的潜力和价值。在零售行业，人工智能的融入不仅重塑了传统商业的运作模式，还深刻改变了消费者与商品、服务的交互方式。从精准营销到库存管理，从顾客服务到供应链优化，AI正以其独特的智慧和力量，为零售行业的转型升级插上翅膀。

1. 人工智能的定义

人工智能没有标准的定义，通常是指机器从经验中学习，适应新输入并执行类似人类任务的能力。自1956年人工智能概念被提出以来，相关技术不断进步和突破，相关理论也日趋成熟，应用的领域不断扩大，同时也深刻改变了某些领域的现状，零售行业正是其中一个。

2. 人工智能在零售行业的运用

随着人工智能技术的不断进步，人工智能可处理的事情范围从简单的任务自动化扩展到数值数据分析，再进一步发展到可实时分析文本、图像和语音的上下文感知（周雨薇和吕巍，2021）。如表2-2所示，展示了人工智能在零售行业中的三个主要任务类型及其具体应用。

表2-2 人工智能可处理的三个任务类型

任务类型	人工智能技术	在零售行业中的运用	新型零售场景塑造	例子
任务自动化	控制技术 传感器技术 网络通信技术	机械臂 库存盘点机器人 自动管理系统	自动贩卖 智能化供应链管理	盒马鲜生机器人 京东智慧供应链系统
图像和 文本分析	计算机视觉技术 增强现实技术 虚拟现实技术	人脸识别 消费者身份识别 商品信息的识别 视频数据结构化	无人零售 智能化运营 智慧门店	Amazon Go无人零售店 杭州银泰in77智能化运营
上下文感知	机器学习技术 自然语言处理技术	智能客服 互动机器人 物联网平台	智能助手 全渠道新零售	手机虚拟助手如Alexa等 物联网平台如亚马逊 AWS等 全渠道新零售如永辉超市、叮咚买菜等

资料来源：周雨薇，吕巍. 人工智能重塑零售行业的底层逻辑：综述及展望［J］. 系统管理学报，2021，30（01）：180-190.

人工智能可以明显带动零售行业提质增效。区别于传统的单一数据来源，人工智能整合大数据，结合自身智能算法系统，可以准确预测消费者需求，围绕顾客打造个性化、定制化场景，满足顾客互动要求，提升顾客体验；另一方面，人工智能可以帮助商家极大减少重复性劳动，削减成本。以下是人工智能在零售行业的几个具体应用：

（1）**智能客服** 在线购物中的一个特殊角色是在线客服。他们为顾客解答产品和售后服务等有关问题，辅助顾客顺利完成购物。基于新零售市场规模迅速增长，在线客服的需求量也随之增加。随着语音识别技术的成熟，运用智能客服有效解决了在线客服紧缺的问题，不仅能够降低人工成本，还能提升回复效率，缩短顾客等待时长。

（2）**无人机送货**　基于人工智能的技术，许多企业正在进行机器人送货的研究，以增强现有的送货方案。实际上，在2018年，京东和顺丰两大物流巨头就宣布了无人机快递时代的到来。近几年，我们日常生活中也可以看到智能机器人派送包裹的身影。这不仅能够减少人力配送的成本，同时也解决了偏远地区配送困难的问题，帮助零售商扩大业务范围。对于消费者而言，应用这一技术的一个显著的优点是有助于缩短下单与收到商品之间的时间，增强体验感。

（3）**无人零售**　利用人工智能技术的优势，并结合国内全球领先的移动支付态势，作为新零售实践样本的无人零售获得了极大的关注。无人零售旨在利用视觉识别、传感器融合、深度学习算法等技术，让顾客能够自助完成选购、结账等操作，实现无人值守。无人零售具有非常迅猛的增长前景以及庞大的市场，犹如电子商务的诞生对传统零售商造成巨大的冲击一样，无人零售也将给零售行业带来颠覆性的变化。

▮▮ 小 案 例 ▮▮

无人便利店——Amazon Go

亚马逊是一家总部位于西雅图的世界500强公司，也是电子商务时代的世界领军企业。多年以来，它以经营数百万种商品的超大规模和在业界积累的良好口碑为公众所熟知。其中，"以顾客为中心"的现代营销服务理念，为它赢得了众多顾客和丰厚利润。2016年12月5日，时值美国一年一度的圣诞购物旺季前夕，亚马逊在西雅图开设了一家具有革命性意义的无人便利商店——Amazon Go。这家自助式便利商店无须排队付款，顾客只需将想要购买的东西放进购物筐即可，不需要的东西也可随时拿出，系统都会自动记忆，顾客拿货后可以直接离开，由后台电子信息系统和手机App自动完成付款全过程。这种新零售模式省去了普通超市顾客排队等待交款的过程，非常方便快捷。亚马逊给这个系统取的名字简单而有趣——"拿了就走"（Just Walk Out）。Amazon Go的出现吸引了全世界的目光。据报道，Amazon Go便利商店主要售卖即食食品和生鲜，这些商品需要冷藏，冷链运输成本高昂，而且往往单价较低。

（资料来源：赵树梅，徐晓红."新零售"的含义、模式及发展路径［J］.中国流通经济，2017，31（05）：12-20. 本书有删改）

2.2.5　新兴技术如何重塑零售行业

新兴技术正不断渗透到零售行业的各个场景之中，持续优化从供应端到需求端的价值链，以此重新塑造零售商与顾客之间的关系，构建起以云（云计算、大数据）、网（互联网、物联网）、端（PC 终端、移动终端、智能穿戴、传感器等）为代表的"互联网＋"下的新社会基础设施。这一变革成为零售行业变革的新动力，驱动着新零售的产生。

1. 实现场景体验

新兴技术在零售行业的应用推动了消费者体验和场景的创新。随着物质生活的丰富，体验式消费成为一种趋势。顾客体验涉及顾客、产品或服务、交互环境三个方面。人工智能、AR 等技术的发展赋能零售，推动"人、货、场"等要素的重构，辅助零售商升级改造商品销售环节，进而重塑业态结构和生态圈，增强顾客与顾客、顾客与员工之间的交流。通过创造顾客经济价值和关系价值来提升顾客满意度，全息投影、智能导购设备的引入创造了顾客与产品间的交互，使顾客全方位了解产品相关信息，并将其与自身需求相匹配，从而在最短时间内购买到所需产品。场景体验由知觉、思维、行为、情感和相关体验五个部分组成，借助于 VR 等技术，即通过智能手机、电脑等设备与虚拟商品进行交互，实现商品的可视化，企业可以在原有基础上构建更加完美、更趋真实的场景，使顾客身临其境，弥补线上购物无法看见实物的缺憾。

2. 优化企业运营管理

新技术在零售终端的应用可以产生有价值的数据。将这些海量的数据进行收集、监测以及分析，可以帮助企业更加有针对性地进行消费者管理和店铺运营。

在数字化时代，数据对于零售行业来说是至关重要的。零售商信息和数据的收集能力的强弱影响着其向顾客传递价值过程的效率。零售商运用人脸识别技术挖掘消费者行为信息，从而绘制全域消费者画像，准确预测顾客需求，最终制定"千人千面"的个性化营销方案，影响顾客购买决策。这一做法一改以往营销模糊盲目的缺点，提升了营销效率。数据在店铺运营分析中也具有举足轻重的地位，从门店选址、新品引进、销售趋势预测、订货量预测等经营的全部流程的效率提升，都依赖数据的收集和分析，而完成这些工作又依赖于不断进步的技术。

3. 提高物流配送效率

在很多固有印象中，配送即送货。但实际上，物流配送不仅是指将商品运输到指定地点，而是指从用户下单到仓库配货、调度车辆、安排运输直至最后抵达用户手中的闭环配送活动。配送作为现代物流的末端环节，关乎商品运输最终是否能顺利完成。虽然在传统印象里配送只是单纯的运送、发放、投递，但实际上其是根据用户要求，对货品进行挑选、加工、包装等作业，并准时送达指定地点。除了上述提到的各种"运""送"外，配送过程中还涉及确认货品、分货、拣货、配货、装货等工作。而经常提及的送货其实仅仅属于物流配送过程中的一小部分运输活动，一般被叫作"二次配送""支线配送""末端输送"等。在物流配送环节还未与新兴技术融合时，整个配送环节在消耗大量人力、物力资源的同时，效率依旧不高，信息的不透明给企业造成巨大损失。但随着人工智能、物联网贯穿于商品从工厂流通到消费者的整个路径，它们帮助物流实现自动化仓储以及高效配送，如图 2-1 所示。

信息技术的进步加速了现代物流业的数字化变革，使得整个物流产业高度系统化、专业化、标准化，物流仓储设施机械化、自动化，支撑着新零售发展。

图 2-1 新技术在物流环节的应用

资料来源：亿欧智库. 新零售的概念、模式和案例研究报告，2018：29.

总而言之，新兴技术在零售行业中的运用重构了"人、货、场"三要素，进而达成了满足消费者个性化、差异化、多样化的需求以及降低经营成本、提升行业效率的目标。

2.3 消费升级与新零售

随着我国经济的高速发展，人均收入水平不断提高，消费升级的趋势日益明显。消费升级，即消费结构的优化升级，是指在消费水平和消费质量提高的基础上，消费结构不断趋向合理与优化，持续由低层次向高层次演变的过程。在消费升级背景下，民众的消费心理和行为发生了显著变化，对品质型和服务型的需求快速增长，而传统的线上电商和实体零售模式已难以满足消费者的多元化需求。面对人口红利逐渐消失的存量市场，如何提供更优质的购物体验以释放消费者需求成为关键。这也正契合了新零售以人为本的发展趋势，成为推动零售行业变革的重要驱动力。

2.3.1 购买力提升

2021年，习近平总书记在庆祝中国共产党成立 100 周年大会上宣告，我国已全面建成小康社会。这标志着我国迈入了新的发展阶段，也意味着我国人民生活更加富足，人民生活水平和质量普遍得到提高。如图 2-2 所示，我国居民人均可支配收入呈现出逐年增长的态势。2023年，全国居民人均可支配收入达到了 39218 元，比上年名义增长 6.3%，扣除价格因素后，实际增长 6.1%。从城乡差异来看，城镇居民人均可支配收入为 51821 元，同比名义增长 5.1%，扣除价格因素后，实际增长 4.8%；农村居民人均可支配收入为 21691 元，同比名义增长 7.7%，扣除价格因素后，实际增长 7.6%。这些数据充分显示了我国居民消费水平的显著提升，为零售行业扩大市场份额提供了坚实的市场需求基础。

图 2-2　2013—2023 年居民人均可支配收入

资料来源：根据国家统计局数据自行整理

2.3.2　消费升级

零售面向的是消费者，消费者观念和行为的变化成为新零售模式出现的主要原因。在经济快速发展和物质极大丰富的 21 世纪，人们开始更加注重自身的精神需求。在此背景下，消费者不再满足于"看得见摸不着"的购物方式，并且提出了更高的服务体验要求。而新零售的创新之处，恰恰在于它将生产销售的重心从生产端转向了消费端，使消费者在对商品有更直观感受的基础上，享受到更加优质的购物体验。

1. 消费结构改变

在中国零售市场上，居主导地位的消费人群已经由原来的"上一代"消费者和偏低收入阶层消费者，转变为"新世代"消费者、富裕阶层及中产阶层消费者。通常，我们将出生于 20 世纪 80、90 和 00 年代的中国人，与生于 20 世纪 50、60 和 70 年代的中国人相对比，分别称为"新世代"和"上一代"。

与此同时，人口结构的变化，也为零售业消费增长提供了新兴力量。据全国第七次人口普查数据，80 后至 00 后的人数已超过 5 亿，占总人口的 38.88%，这个年龄段的群体正逐渐成为我国消费的主力军。

收入阶层与人口结构的变化，意味着新一代消费者的行为和观念也会随之发生变化。

2. 消费方式改变

90后和00后的成长期恰逢互联网的快速发展时期，互联网、大数据和信息爆炸伴随着他们的成长，因此，这一群体对新事物的接受能力强，愿意尝试不断涌现的新的购物方式。

得益于互联网和信息技术的成熟，近几十年来，零售行业衍生出多种新渠道，可供消费者选择的购物方式呈现出多样化的发展趋势。他们可以在电商网站、线下商超、无人超市、微商、商超App、外卖平台、个人代购、社交直播平台等众多细分的零售渠道中购买心仪的商品。这些渠道融合了广告、文字、视频、语音、话题传播、社群营销等诸多元素，一改以往购物体验死板呆滞的形式。购物过程变成了一场充分触动视觉、听觉等全方位情绪观感的"盛宴"，消费者的感受得到了极大满足。

3. 消费观念改变

随着我国经济的快速发展，人均收入水平不断提高，人们的物质生活日益丰富，消费者的消费目的不仅是为了获得商品本身，而是更多地追求更高层次的精神享受。对于中产阶层而言，他们拥有稳定且相对高额的收入，因而对产品价格敏感度较低，更加注重产品的品质以及期望享受优质的服务。他们的消费观念已经从"买产品"向"买服务"转变，追求满足自身情感需求的消费体验。另外，"上一代"由于生长在社会经济发展初期，经历过物资匮乏的生活，因此养成了高储蓄、低消费的生活习惯。即使近年来财富积累大幅提升，但他们的消费习惯与收入增长并没有实现同步。而"新世代"消费者的观念显然与"上一代"完全不同，他们的消费能力比"上一代"更强。"新世代"消费者群体普遍受教育程度高，素质水平也普遍较高，他们对当代新鲜事物和信息的接受处理能力较强。这一类人的从众心理逐渐淡化，更加注重自我价值的实现，因此，时尚、定制化以及个性化消费趋势在他们身上日益显著。居民消费观念的改变，特别是其中对于个性化的追求以及对于服务的特殊要求等，会倒逼零售业的整体升级与转型。

2.3.3 消费升级与新零售的关系

新零售与消费升级两者相辅相成，新零售的蓬勃发展离不开我国经济水平的提高以及消费升级对其的促进作用。但同样地，新零售模式也能够为消费者提供更好的购物体验，进一步刺激消费增长，从而推动我国经济增长并为消费升级创造坚实基础，引领新一轮的消费升级。中国消费升级的趋势将日益放大网络零售和实体零售的劣势，这两者唯有深度融合才能更好地迎接消费升级趋势所带来的机遇与挑战。

2.4　行业发展与新零售

我国零售业的变革经历了近百年的发展历程。第一次零售变革在 20 世纪 80 年代基本完成，百货商店迅速成为各大城市的主力零售业态。紧接着，以超级市场为标志的第二次零售变革和以连锁经营为标志的第三次零售变革几乎同时完成。1999 年，联华超市超过上海第一百货公司，名列零售业榜首，标志着我国零售业的主导业态成功转型。第四次变革是以 2003 年淘宝创立为标志的电子商务革命。传统零售业历经十多年的大发展后，终于在 2012 年出现拐点，这一年，线下零售业的增速出现历史性下滑。第五次变革发生在 2016 年，我国电子商务发展趋于成熟，已成功渗透到各行各业，并不断抢占线下零售市场，但同时遭遇发展瓶颈，电子商务引发的第四次零售变革进入其生命周期的成熟阶段。正如阿里巴巴前董事局主席马云所言："纯电商时代已经过去，未来十年、二十年没有电子商务这一说，只有新零售，也就是说线上线下和物流必须结合在一起，才能诞生真正的新零售。"

线上电商和线下实体零售都具有无法突破的局限性，无法满足消费者多样化和个性化的消费需求。但是线上和线下的结合能够优势互补，为顾客带来全新的消费体验。因此，零售商开始着手运作线上与线下深度融合的模式，在此背景下，新零售的概念被提出。

2.4.1　线上电商亟待转型

在探讨线上电商行业的未来发展路径时，我们必须正视其当前的发展现状与内在缺陷。随着互联网技术的飞速发展和普及，线上电商已经成为现代消费生活不可或缺的一部分，其便捷性、广泛性和高效性极大地改变了人们的购物习惯。然而，在这一片繁荣景象之下，线上电商也面临着诸多挑战与不足。

1. 线上电商发展现状

对于线上电商来说，在经历了近些年的全速发展之后，由于互联网和移动互联网终端的广泛普及所造成的用户增长和流量红利正在逐渐萎缩，传统电商模式的发展进入了瓶颈期。从 2023 年淘宝的"双 11"总成交额 11386 亿元来看，GMV 增速也从 2013 财年超过60% 下降到了 2016 财年的 26.5%。线上电商发展的天花板已经依稀可见，对于电商企业而言，唯有变革才能实现可持续发展。

2. 线上电商的缺陷

在电子商务起步阶段，其经营方式较为灵活，不受时间和地点的制约。同时，由于流通渠道单一且开店成本低，电商的出现抑制了因层层渠道差价导致的产品成本的上升，压缩了从上游到终端的供应链长度，从而增加了利润空间。利用比线下同等品质产品价格优惠的优势，电商吸引了大批顾客，此种经营方式已经成为近年来零售行业经营的主流。然而，传统电商的种种弊端也不断显露出来，网上零售额增速逐年下降，这一变化趋势产生的原因有以下几点：

（1）缺乏体验性和即得性　　自电商诞生以来，就存在着无法突破的局限性，即缺乏体验性和即得性，这一直是被消费者诟病的痛点。与线下实体店相比，线上电商无法给消费者提供真实的消费场景。起初，这一缺点影响不大，作为一种全新的购物方式，消费者大多抱着好奇的态度进行尝试，并且其便捷性也是无法否认的。但是，随着人们收入水平不断提高，对于购物体验感的要求也随之提高，线上购物只能看见商品图片显然是无法满足消费者需求的。线上购物在利用商店内的环境特性（知觉感官系统）创造知觉产品质量和降低感知风险的能力方面，远远不如线下的实体店铺。消费者对于商品或服务的感知是多方面的，视觉、听觉、嗅觉、触觉、味觉在消费者行为学中全部都是促进销售可利用的手段。例如，销售食品时，食物散发的香味往往会激起顾客的饥饿感，此时销售人员拿出小分量食物作为试吃吸引顾客会具备更好的效果。而过少的试吃量又无法满足消费者的欲望，这便会促使消费者购买商品；超市往往会播放节奏舒缓的音乐，营造愉悦轻松的氛围，延长顾客在商场的停留时间。这些技巧都是线上零售无法运用的。相较于线下的实体店铺为消费者提供商品或服务时所展现出的可视性、可听性、可触性、可感性、可用性等直观感知，线上购物过程中顾客的消费过程体验要远逊于线下的实体店面。

线上购物从提交订单到收到商品具有一定的时间差，不能满足消费者立即享受所购买商品的需求，这无疑也影响着消费者体验。再者，发生消费纠纷的概率也大幅度提升。由于电商发展时间不长，是新的商业模式，相关领域的法律法规尚不完善，这使得不少不法分子乘虚而入，生产假冒伪劣产品代替真品销售，低质商品随处可见，但是消费者只有等到签收后才能甄别，后续也可能存在维权困难的问题。此外，由于物流网络有待建设，一些偏远地区的消费者无法进行网购，商品运输过程中也存在着丢失、损坏等情况。这些缺点都限制了电子商务的继续发展。

随着人们日益增长的个性化消费需求，对体验感的要求也越来越高，显然传统电商的运作模式无法满足这一需求。要想令消费者在线上购物时也能够享受在实体店购物的愉悦体验，搭建线上、线下和物流紧密结合的新零售平台至关重要。

（2）流量红利消失、获客成本剧增　　一切生意的本质皆流量，线下实体店关注的是如何提升客流量，线上电商注重的是店铺的访问量。流量的获取需要付出资金成本，近些年来，流量成本逐渐攀升，获客成本也随之剧增。在电商发展起步阶段，一大批小型电商快速崛起，主要得益于平台的免费流量支持，为商家缩减了大量成本。在失去平台帮扶后，商家的发展进入瓶颈期。线上购物刚刚兴起的阶段，作为一个蓝海市场，电商平台如淘宝、京东的用户数量呈现指数增长的趋势。拼多多的成立使网购普及到下沉市场，进一步促进了网购用户数量的增加。但是，电商经历十几年的高速发展后，线上渠道的用户规模基本达到最大化。我国市场主要包括"人口增量市场"和"人口存量市场"，现在来看，纯电商的"人口增量市场"基本达到饱和状态。为了更好地发展，电商平台只能将目光转向"人口存量市场"，采取措施提高消费者的复购率，这是纯电商解决用户数量增速放缓、流量红利消失等问题的关键手段。

电商平台因商品价格低廉、种类丰富等优势而崛起，但线上购物已经逐渐不能满足人们日益增长的对个性化、体验式与高质量消费的需求。很多电商平台，如淘宝、京东等，已经意识到纯电商的生命周期正在走向衰退期，只有转型才能拯救电商，于是这些电商平台纷纷提出了新零售、无界零售等新概念。显然，围绕如何解决消费升级背景下的顾客需求，将会是电子商务在困境中寻找出路的方向。

2.4.2　实体零售转型刻不容缓

随着移动互联网技术的迅速发展，商业活动逐渐趋于网络化和数字化，大量消费行为转至线上，传统实体零售业受到了巨大的冲击。自2012起，传统零售企业销售额增速逐渐放缓，实体门店关店的情况时有发生。造成这一现象的主要原因有电子商务的冲击、实体店经营成本逐年攀升和经营模式落后。

1. 电子商务的冲击

电子商务的出现改变了消费者的购物方式和习惯。由于网上销售接触面广、拥有无界限的产品展示空间，库存成本和展示成本低廉，无店铺租金等运营开支，因此，网络零售凭借比实体零售更低的商品价格、更丰富的商品种类分流了一大部分原本属于线下的流量，导致许多传统的线下零售商营业额降低。在消费者的视角，某一商品或服务的价值并不取决于企业的定价，而是取决于消费者的感知。消费者为了获得和使用一种商品所付出的成本称为顾客认知价格，它通过时间成本、货币成本、体力成本和精神成本等方面来反映。假如线下零售商与电商的某一商品价格质量一致，而顾客如果因为线下零售网点的距离过远需要花费额外的时间与精力的话，那么顾客对于线下零售商的商品的认知价格就会大大上升。与此同时，线下零售商的顾客价格就会下降。

2. 经营成本增加

开展实体店经营活动的基础是合适的场地。实体零售商根据其销售产品类别的差异，在选址时会有不同的考虑，但无论哪种形式的零售业态，客流量都是最先被考虑的因素。

因此，零售商往往会选择居民聚集区域或交通便利的商业发达区域，而居民聚集区域或商业发达区域意味着高额的店铺租赁费用。租赁或购买店铺的投入构成实体店经营主要成本之一，但是近年来由于土地价格持续上涨，不论是租赁还是购买店铺所需投入的资金也水涨船高。同时，为了改善顾客购物体验，定期对经营场所进行升级改造也是必不可少的，这往往是高额的支出。这两个因素使得实体店经营成本不断攀升。

除了高昂的店铺租金之外，人力成本也在不断攀升。这一趋势同样也使传统零售商倍感为难。由于人口老龄化问题严重，员工流失率高，招聘困难成为众多零售商不得不面对的问题。为了应对这些问题，零售商不得不增加员工薪酬和福利，这直接导致人力成本的进一步增加。

实体门店受到店铺租金、人力成本等多重因素的制约，经营成本一直居高不下，而且随着信息技术的发展，物价越来越透明，经营成本很难直接转嫁到消费者身上。同时，为了吸引被电商抢夺的顾客，实体店不得已采取低价促销的策略，这进一步压缩了利润空间，加剧了传统线下零售商的生存困境。

小资料

位于北京CBD核心地标国贸商城一层的星巴克咖啡，是星巴克在中国内地开设的首家店面，地处北京最繁华的商业中心，承载着很多北漂一族的奋斗回忆。这样一家充满了历史的实体店，竟然在2013年6月宣布关门停业，而关店的理由竟是承担不起高额房租。

国贸星巴克店的房租究竟有多高呢？据悉，该店一年的租金和人工成本总计超过700万元人民币。而根据星巴克2012年的财报显示，星巴克亚洲地区平均单店的营业额为82.9万美元，约合人民币509万元。这意味着，一年的营收还不足以支付房租，难怪连星巴克这样的国际品牌都不得不选择关店停业。其他实体零售业经营者的情况，更是有过之而无不及。

（资料来源：董永春. 新零售：线上＋线下＋物流［M］. 北京：清华大学出版社，2018. 本书有删改）

3. 经营模式落后

实体门店由于长期注重经营流通渠道和终端平台，而不是商品和服务本身，因此难以快速洞察市场变化趋势，难以满足消费者千变万化的需求。实体零售普遍轻视提供给顾客的服务以及产品的售后服务，存在"重销售，轻服务"的思维，难以激起消费者购物的欲望。另外，在传统的线下零售模式中，实体店铺由于经营场所和经营时间的限制，在空间和时间上与线上零售相比，缺乏灵活性，无法做到空间与时间上的完全自由。同样，地理位置也成为制约传统零售商销售的一大因素。

进入移动互联网时代，实体门店在遭受电商行业冲击的同时，还面临着行业内商品同质化严重的问题。2017年商务部公布的《中国零售行业发展报告（2016—2017年）》显示，我国传统零售业，尤其是百货店、购物中心等存在严重的同质化现象，以百货业为例，所经营商品有87%都是雷同的。这导致传统零售商缺乏竞争优势，加之其又无法提供优质的服务，因此线下门店的客流量急剧减少。

2020年，新冠疫情的暴发加剧了传统零售商的困境。在疫情期间，为了减少社会面病毒传播的风险，部分民众居家隔离，这导致线下实体零售店销售额锐减。在此背景下，寻求转型成为众多传统零售商的唯一出路。

2.4.3　新零售市场规模

传统零售与线上电商的发展前景不容乐观，传统线下零售业面临电子商务的冲击，但同时电子商务的红利时代又即将过去，零售业唯有变革才有出路。为了寻找新的利润增长点和发展机会，线上电商和传统零售商结合现有能力，积极推进零售转型创新，促进线上线下相融合，拓展渠道形式，进而促进了"新零售"的产生与发展。

由于国内及国外供需情况短期难以达到平衡，新零售行业市场需求旺盛。"互联网+"战略的实施对新零售行业来说如虎添翼，也为新零售带来新的发展空间。新零售这一新概念自提出以来得到广泛认可，包括北京、上海、杭州等多个城市明确表示要推动新零售发展。实际上，新零售的出现促使消费市场涌现出一批新的增长亮点，带动各地品质型和服务型消费增长。据易观数据库统计，2017年作为新零售元年，当年新零售行业市场规模便达到389亿元。这一数据充分显示了新零售发展前景良好，在此基础上，零售行业加快变革的步伐，将为我国建设现代化经济强国添砖加瓦。

2.5　渠道变革与新零售

与传统零售相比，新零售作为一种新兴的商业模式，涉及到线上平台、线下实体店、物流等多方面的深度融合，而全渠道零售主要体现为线上渠道、线下渠道与移动渠道的跨界经营及相互融合。因此，可以认为新零售的基础是全渠道零售平台的搭建，其支撑则是物流服务的升级。

2.5.1　全渠道零售

2011年，"全渠道零售"（Omni-channel Retailing）一词首次被提出，随后在学术界引发剧烈的反响，这个词汇的出现标志着零售行业又一次渠道变革的开端。实际上，基于信息技术与移动互联网的发展，零售行业的销售渠道经历了四次演化：从单渠道时代到多渠道时代，再到跨渠道时代，最终步入如今的全渠道时代，为消费者带来全新的消费体验，如图2-3所示。

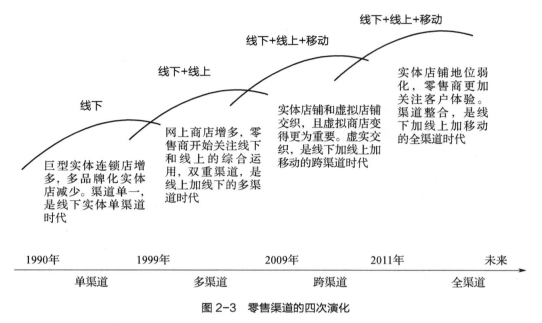

图2-3　零售渠道的四次演化

资料来源：王坤，相峰．"新零售"的理论架构与研究范式［J］．中国流通经济，2018，32（01）：3-11.

1. 全渠道零售的含义

全渠道零售是指零售企业在营销过程中建立或整合的多种类型渠道，以满足顾客集购物、娱乐、社交于一体的复合型体验需求。其中，渠道的形式主要涵盖以下几种：一是线下渠道，包括实体店、服务网点与体验中心等；二是线上渠道，包括网站、上门直销、直邮/目录、电话/电视购物和网店等；三是移动渠道，包括呼叫中心、社交媒体、Email、微博、微信以及直播平台等。线下渠道、线上渠道和移动渠道的一体化满足了消费者可根据自身需求在多个渠道中自由转换的要求。

2. 全渠道零售与新零售的关系

首先，全渠道模式下各种渠道的无缝连接为消费者提供了购物时间、购物地点和购物方式等方面的便利性和灵活性，打造出随时随地可购物的消费场景和线上线下无差异的购买体验。此时，消费者在购买的过程中，与商家的"接触点"（Touch Point）不再受时空和媒介等因素的制约，而是在各种"接触点"大量使用互联网工具获取商品信息，并最终完成消费行为。在全渠道情境下，消费者的消费行为可在多个渠道进行，商家为与消费者对应起来，就必须成为全渠道零售商，这也是新零售的重要发展途径和形式之一。

全渠道的起点是数字化，它要求零售商全面提升数字化能力，打通平台、渠道、会员、供应链等多个体系，提升数据储存、分析和挖掘的能力。全渠道零售模式以数字化技术驱动线上和线下的深度融合，实现线上线下商品互通、数据互通和服务互通。商品互通意味着消费者线上和线下所购商品同款同价，线上下单、线下取货也成为一种普遍的消费模式，进一步使消费者的购物行为方便快捷化。数据互通意味着企业可以有效地收集不同渠道的用户数据，并包含着大量的预测性分析，以应对当下不断发展变化的营销环境。利用更加完整的用户画像分析在不同的渠道设置个性化营销方案，实现以顾客为中心的完美互动，赢得顾客信赖，提升顾客忠诚度。而服务互通则意味着消费者线上线下享受的服务内容和服务价值一致。这几个"互通"全方位提升了各个渠道消费者的体验，正契合新零售的核心——以消费者为中心——不仅关注消费者当前的需求，更重要的是在分析问题的基础上，寻找解决问题的方法，挖掘消费者的潜在需求，提供高于消费者预期的服务。

全渠道零售给顾客提供了更多的购物途径，优化了顾客的购物流程，使购物更加简单有趣，并提升了消费者体验。因此，全渠道零售构成了新零售的发展基石和研究基础，但是新零售是包括全渠道零售却又超越全渠道零售的存在，它并非简单的O2O，而是打破了原有的一切边界。

2.5.2　新物流

物流作为新零售的一个关键匹配要素，其发展状况影响着新零售远景目标的实现。新零售对物流配送模式提出了更高的要求，在此背景下，物流行业正在经历加速变革，"新物流"概念应运而生。

1. 新物流概述

新物流是指基于互联网、人工智能、物联网、云计算、大数据、区块链等先进的信息技术，以新时代理念和思维为引导，将商品从出发地运往目的地或消费者手中，并与服务相结合的一系列过程。

与传统物流相比，新物流的数据属性和服务属性更为明显。商品在流通过程中沉淀下大量数据，这些数据在物流的"出口端"，有助于零售商分析客户行为，从而预测客户需求；在物流的"入口端"，可追溯商品来源。商品运输的全过程伴随着数据的积累，换句话说，物流商陪伴和见证着物品的整个生命周期。另一方面，新物流将顾客体验感视为影响物流成败的关键因素，借助于新兴技术，各大零售商纷纷采取措施提升物流服务效率，以提升顾客体验。

2. 即时物流

即时物流是新物流发展过程中的重要一环。它通过"店仓一体化"以及新兴技术赋能，实现了物流速度从"天"到"分钟"的升级迭代，为新零售提供了有力的支撑。

即时物流的概念最早是在2009年由点我达CEO赵剑锋提出的。他认为，即时物流是不经过仓储和中转，直接从门到门的物品送达服务。因为只要经过仓储和中转，就无法满足客户对"极速""准时"的诉求。特别强调一点，这里的仓储指的是过程仓储，作为起点或终点的仓储则不在这个范围内，例如从云仓到用户，也算即时物流。即时物流是末端物流的进化，以"极速"和"准时"为特征，解决了新零售模式"最后一公里"的配送问题，成为影响零售市场格局的关键因素之一。各路零售巨头纷纷涌入即时物流领域，优化配送环节，提高物流效率和消费者满意度，为新零售发展铺垫道路。例如，阿里巴巴的点我达，京东的达达，都是即时物流行业的典型企业，扮演着解决"最后一公里"问题的重要角色。

从即时物流的概念可以看出，即时物流的节点去除了中转环节，整个物流链条以点对点、门到门的方式呈现，这就为最大限度地消灭库存、提高物流效率奠定了基础。

3. 新物流与新零售的关系

物流是新零售的一个关键要素，是影响消费者体验的重要因素。网络购物刚刚兴起的时候，消费者由于新鲜感对于购物后隔一段时间收到商品接受程度较高。但随着时间的推移，网上购物缺失的即得性令消费者越来越不满，他们渴望物流运输的速度能够提升。另外，在全渠道模式下，零售需要满足顾客全天候、全渠道的个性化需求，并且能够提供到店自取、同城配送、快递配送等多样化的服务。购物的便捷化促进了订单量的提升，因而将商品从供应商转移到消费者的物流业务量也随之增多，并且对物流的效率也提出了更高的要求。在多重因素的推动下，基于物联网、人工智能等新兴技术，物流行业发生了颠覆性的变化。它以速度快、损耗低等优点支撑零售行业新一轮变革，并与线上、线下渠道深度融合。从配送需求角度来说，不仅餐饮外卖、商超到家等传统零售业态模式需要即时物流的支持，线上购物、鲜花配送、生鲜运输、快递派送等各种消费需求的最终配送端也都需要即时物流的参与。基于技术驱动的即时物流满足了餐饮、生鲜、鲜花、美妆、数码等各种多元化、极速送达的业务需求，更是为新零售业态模式下的线上消费者提供了极致化的消费体验。因此，即时物流扮演着最终配送端的角色，通过全局调度和实时运力匹配实现了"端—端"配送，提升了新零售购物的"极速"体验感，在新零售模式落地发展中发挥了重要作用。

本 章 小 结

在消费升级的背景下，消费者的行为和观念发生改变，更加注重产品的品质以及服务体验，这显然是单纯的实体零售以及线上电商无法满足的，线上、线下深度融合成为零售行业唯一出路，因此推动了新零售的诞生。新零售行业依托于移动支付、云计算、大数据、物联网、人工智能等新兴科技，在政府的政策支持下蓬勃发展，重塑消费者体验。

关 键 名 词

移动支付　大数据　云计算　物联网　人工智能　消费升级　全渠道零售　新物流　即时物流

章 末 案 例

京东与阿里巴巴模式之争：新零售元年vs. 无界零售

1. 百联＋小店：阿里巴巴的两重触角

2015年8月，阿里巴巴斥资283亿元战略投资苏宁云商，成为其第二大股东。同年10月，苏宁云商全资子公司苏宁云商集团南京苏宁易购投资有限公司与阿里巴巴共同出资10亿元设立"猫宁电商"，双方分别占股51%和49%。此举标志着苏宁强大的线下实力将成为阿里巴巴线上平台的补强，尽管此时新零售概念尚未明确提出，但线上线下结合已被视为零售企业发展的必然方向。

2016年1月，原京东物流总监侯毅在上海创办盒马鲜生，并获得阿里巴巴高额投资。盒马鲜生采用"线上电商＋线下门店"的经营模式，门店承载的功能较传统零售进一步增加，集"生鲜超市＋餐饮体验＋线上业务仓储"为一体，被业界普遍视为阿里新零售的1号工程。

更重磅的合作对象则是百联股份。2017年2月20日，这家老牌零售企业宣布与阿里巴巴签署新零售战略合作协议，成为阿里系新的"联姻对象"。资料显示，百联集团是上海市属大型国有重点企业，由原上海一百集团、华联集团、友谊集团、物资集团合并重组的大型国有商贸流通产业集团，线下有4800家门店资源。百联的线下店铺主要聚集在一、二线城市，在上海、重庆、无锡、杭州、南京、沈阳等地均有门店。而除了线下覆盖率较高之外，百联集团线下门店类型也多种多样，包括奥特莱斯等购物中心、第一百货等百货商城、世纪联华等购物超市、快客便利等便利店，几乎囊括了所有线下商业形态，且仓配物流条件成熟。

除大型平台之外，一些线下小型零售店也成为阿里巴巴的得力助手。阿里巴巴方面表示将利用自身的大数据优势，帮助全国600万家零售店提升智能化、信息化水平，并计划在未来一年，新开一万家"用数据武装"的"天猫小店"，使之成为社区生态服务中心。

零售通事业部相关负责人指出，在新零售趋势下，零售小店将成为未来新的超级流量入口。他解释说："如果一家小店一个月有1000个顾客，那么600万家小店的月顾客量就相当于60亿人。而这60亿流量主要来自于老人和小孩，他们正是那些尚未完全被互联网和电商触达的人群。"

2. 京东之家+便利店：京东的百万雄兵

和阿里巴巴的"赋能"概念不同，京东更愿意把自己的新零售策略定义为"无界"，京东希望通过消费者、场景、供应链、营销四个维度，打破生产商、品牌商、平台商的界限，实现数据的充分融合与流动，推动行业效率全面提升。根据京东方面的解读，无界的含义主要包含几个方面：首先是消费者的无界性，消费者可以跨越时间和空间做出更多的选择；其次是场景无界，不仅是简单的线上和线下场景，而是出现了很多新型的零售场景；再者是供应链无界，用户数据和销售数据反向驱动供应链，在设计、生产、流通环节创造更高的效率和更低的成本；最后是营销无界，整个营销过程带来的化学反应能够反向推动到消费端、场景层面以及供应链和营销阶段。

更重要的是，在京东身后还有腾讯这样的顶级盟友。两家超级巨头共同面向线下品牌商推出线上线下融合的"京腾无界零售解决方案"。京东解释称，这一方案是基于大数据时代的到来、人工智能的发展和零售业态的革命而提出的，是一个面向未来的、以用户为中心、以数据为基础的零售理论。

在当年双十一之前，京东集团CEO刘强东就曾预言零售业将迎来第四次革命。2017年8月，京东宣布在3C领域率先试水，京东之家北京通州万达广场店开业。顾客进店可以"刷脸"成为会员，并了解到诸如"高冷天蝎""夜猫子"等针对自己偏好的趣味分析。根据京东的计划，2017年年底前将在全国开设超过300家以3C为主的零售体验店。京东3C零售体验店分为两类：京东之家主要布局在一二线城市的核心商圈，主营手机、数码、电脑等3C产品，同时涵盖家电、图书等京东其他品类；京东专卖店则主要设在各级城市的次商圈。京东之家和京东专卖店的所有商品均来自京东自营。与传统零售注重经营货品或经营流量不同，这两类店面均以经营场景为核心。

沉浸式购物体验的背后是京东的技术支撑。每一家门店的选品都是基于当地商圈消费者的购物习惯和兴趣喜好,实现"千店千面"。在消费者进店后,店面会对消费者进行人脸识别,并分析每一位消费者的兴趣关注和场景停留时间,通过行为数据分析,店面可以精准地进行货品的二次迭代。截至 2017 年 6 月底,京东之家和京东专卖店销售商品已涵盖 1.48 万个 SKU。

"以往的零售模式注重流量,渠道成本越来越高,是因为流量并不精准。京东通过大数据精准定位消费人群,跳出流量陷阱,打造年轻化、多元化、社交化的消费场景。这些场景既有温度也更懂消费者,这也是无界零售的必然趋势。"京东集团副总裁、京东 3C 事业部总裁胡胜利表示。

2017 年双十一期间,据京东集团副总裁韩瑞介绍,京东在全国线下布局超过 160 家京东之家和京东专卖店、近 200 家京东母婴体验店、超过 1700 家京东帮服务店、超过 5000 家京东家电专卖店。此外沃尔玛在全国的 400 余家门店、京东合作品牌商家的近万家门店以及接入京东掌柜宝的数十万家便利店,都将通过全新的门店科技与大数据系统完成和京东平台的融合。

同时,2017 年京东在线下主打"无人模式"。双十一期间,京东自主研发的无人便利店和无人超市将在京东全球总部园区正式开业,其中包含"智能货架""智能感知摄像头""智能称重结算台""智能广告牌"等模块,能灵活组合并适应超市、便利店、加油站、机场、酒店等各种应用场景。

（资料来源: 36kr. 京东与阿里模式之争: 新零售元年 VS 无界零售 [EB/OL].（2017-11-09）[2022-08-31]. https: //36kr.com/p/1721989840897. 本书有删改）

案例思考

1.为什么两大电商巨头纷纷布局新零售?

2.阿里巴巴和京东提出的零售模式有何异同?

━━━ 复习思考题 ━━━

1.新零售是怎么产生的?

2.各种新兴技术是如何推动新零售产生的?

3.未来新技术的出现会使新零售发生什么变化?

4.结合实际谈谈你对新零售驱动因素的认识。

本 章 实 训

1. 实训目的

（1）明确新零售产生的现实原因。

（2）通过实地调查，了解所在城市某一企业新零售转型的实际情况。

（3）锻炼调查收集资料、分析问题、团队协作、个人表达等能力。

2. 实训内容

以小组为单位，深入你就读高校所在城市的某一企业进行调查，收集这家企业的基本情况、转型新零售的缘由与困扰，并提出针对该企业高效运作新零售模式的建议。

3. 实训组织

（1）指导教师布置实训项目，提示相关注意事项及要点。

（2）将班级成员分成若干小组，成员可以自由组合，也可以按学号顺序组合。小组人数划分视修课总人数而定。每组选出组长1名、发言代表1名。

（3）以小组为单位，选定拟调查的企业，制定调查提纲，深入企业调查收集资料。写成书面调查报告，制作课堂演示PPT。

（4）各小组发言代表在班级进行汇报演示，每组演示时间以不超过10分钟为宜。

4. 实训步骤

（1）指导教师布置任务，指出实训要点、难点和注意事项。

（2）演示之前，小组发言代表对本组成员及其角色进行介绍陈述。演示结束后，征询本组成员是否有补充发言。

（3）由各组组长组成评审团，对各组演示进行评分。其中，演示内容30分，发言者语言表达及台风展现能力10分，PPT效果10分。评审团成员对各组所评出成绩取平均值作为该组的评审评分。

（4）教师进行最后总结及点评，并为各组实训结果打分，教师评分满分为50分。

（5）各组的评审评分加上教师的总结评分作为该组最终得分，对于得分最高的团队予以适当奖励。

参 考 文 献

［1］李维. 零售业发展新零售模式研究［D］. 石家庄：河北经贸大学，2019.

［2］周雨薇，吕巍. 人工智能重塑零售行业的底层逻辑：综述及展望［J］. 系统管理学报，2021，30（01）：180-190.

［3］耿慧敏. 消费升级背景下新零售的发展［J］. 环渤海经济瞭望，2020（06）：96-97.

［4］王正沛，李国鑫. 消费体验视角下新零售演化发展逻辑研究［J］. 管理学报，2019，16（03）：333-342.

［5］江欣. 新零售背景下实体零售与传统电商的转型升级［J］. 现代营销（下旬刊），2018，（09）：93-94.

［6］杜睿云，蒋侃. 新零售：内涵、发展动因与关键问题［J］. 价格理论与实践，2017，（02）：139-141.

［7］梁莹莹. 基于"新零售之轮"理论的中国"新零售"产生与发展研究［J］. 当代经济管理，2017，39（09）：6-11.

［8］王坤，相峰. "新零售"的理论架构与研究范式［J］. 中国流通经济，2018，32（01）：3-11.

［9］赵树梅，门瑞雪. "新零售"背景下的"新物流"［J］. 中国流通经济，2019，33（03）：40-49.

［10］张晓芹. 面向新零售的即时物流：内涵、模式与发展路径［J］. 当代经济管理，2019，41（08）：21-26.

［11］董永春. 新零售：线上+线下+物流［M］. 北京：清华大学出版社，2018.

003

第 3 章　新零售大数据

引　例

数据作为记录人类社会发展的重要工具，其获取、处理与应用一直在人类社会的发展中扮演着重要角色。随着新一代信息技术的崛起，大数据在日常生活中的运用愈发广泛。下面是大数据在日常生活中的十个典型应用案例。

1. 银行业

银行利用大数据技术安全地存储并分析大量的财务信息，这些分析涵盖了从储蓄到信用卡购买的消费模式，旨在发现并预防欺诈行为。当用户在刷卡购买高价值的商品时，可能会接到银行的电话/邮件，以确保交易的真实性。

此外，大多数银行还使用这些大数据来识别身份盗用。例如，如果一个工薪阶层在月初通常只购买小额杂货，但突然间银行发现其在全城的加油站和便利店的消费额激增，那么该银行就会意识到情况异常，可能会与用户联系以确认最近的购买交易信息，判断用户的卡是否被盗并决定是否需要冻结。

2. 网上购物

零售中的大数据已促进整个行业发生了翻天覆地的变化。零售商从用户开始购物的那一刻起就利用大数据来优化产品和服务。通过跟踪用户的网页访问记录、cookie 和历史记录，零售商能够获得关于用户购物偏好的信息，从而为他们提供个性化的购物体验。

3. 生命监测

佩戴健康手环等设备可以监控我们的日常活动和睡眠情况。大数据与硬件技术的结合正在改变我们的生活方式，帮助我们自我检测健康情况，以确保我们保持健康的习惯来抵抗疾病。

4. 能源消耗

大数据与智能物联网设备相结合，使智能电表可以自动调节能耗，从而实现有效的能源利用。这些智能电表安装在社区中，基于从整个城市的传感器收集到的数据，相关人员可以确定在任何给定时间能量的回流和流动的最高值，并在整个电网中有效地重新分配能量，特别是在最需要用电的地方。

5. 物流

大数据可简化物流流程，使其在严格的时间表内平稳运行。它广泛用于交通运输中，以安排航班，根据季节性波动估算座位需求，根据最新的社会趋势或事件进行竞争分析，并根据天气数据预测航班延误。此外，利用大数据，还能根据当前用途和机队部署情况准确预测未来所需的飞机数量。

6. 数字广告

数据科学和大数据已广泛用于数字营销领域，在机场和不同网站上展示的数字广告随处可见，这些都是利用了数据科学算法来帮助广告商更精准地吸引潜在用户。与传统广告相比，这种根据用户的历史行为及其数字足迹进行定位的数字广告可确保更高的点击率。

7. 卫生保健

医疗保健是另一个每天都会产生大量数据的行业。大数据的应用不仅减少了治疗成本，还因为减少了执行不必要的诊断的次数而提高了效率。另外，它有助于预测流行病的暴发，并帮助确定可以采取哪些预防措施来避免可预防的疾病。

8. 音乐和娱乐

诸如哔哩哔哩和网易云音乐之类的OTT和音乐点播平台，都在使用大数据来制定预测性机器学习算法，以分析用户的音乐和娱乐偏好，从而为用户推荐他们可能会喜欢的新节目和音乐。

9. 家庭安全

大数据可以帮助执法机构了解下一次犯罪可能发生的地方，并帮助他们重新部署资源。当将大数据输入预测算法时，就可以知道哪个站点可能需要额外的人员来帮助预防犯罪。

大数据还有助于确保房屋安全。安装在房屋中的家庭安全系统可以连接到操作员数据库，该数据库能够立即分析系统检测到的任何异常，以警告用户家中出现的任何可疑活动。一些先进的安全系统还可以在不使用时管理家用照明设备、电视和其他电气设备。

10. 教育

教育行业包含与学生、教师、课程、成绩等相关的大数据。对此数据进行适当的研究和分析，可以有效地提供宝贵的见解，这些见解可用于改进教育机构的工作及其运营效率。对每位学生的记录进行描述性分析，将有助于更深入地了解每位学生的进步、兴趣、优势和劣势，从而制订适合其职业目标的个性化学习计划。

（资料来源：搜狐. 大数据在日常生活的十个使用案例［EB/OL］.（2020-07-20）［2022-08-31］. https://m.sohu.com/a/408693622_120664817/. 本书有删改）

人类利用数字认识和改造世界由来已久，随着互联网、信息系统及电子设备的发展，数据的产生速度日益加快，利用数据的方式也在不断推陈出新。"大数据"实质上是人类利用数字认识和改造世界所达到的一个全新的阶段。如今，各行各业每时每刻都在生成海量数据，而基于大数据的应用正在不断地改变、优化、丰富着我们的生活。零售业作为直接接触消费者的行业，大数据的相关技术促使实体零售和网上零售发生颠覆性的变化，推动新零售的产生，并持续赋能新零售。

3.1 新零售大数据的定义和特征

新零售大数据，作为信息技术与零售业深度融合的产物，正在引领零售行业的深刻变革。

3.1.1 新零售大数据的定义

新零售大数据并不是一个全新的概念，其内涵是从零售业大数据的相关范畴中引申而来的。

1. 零售业大数据的范畴

随着数据采集与存储技术的进步，零售业逐步形成了零售业大数据。零售业大数据包括企业内部信息和外部信息。外部信息指的是市场信息、流行趋势、厂商信息、消费结构的变化、政策与制度的改变、新商品和新技术的革新等。内部信息指的是POS信息、商品销售动向、顾客信息、竞争对手信息、企业的战略方针、实体门店所在位置相关信息、销售额与利润的分析、门店周边商圈分析等。大数据的爆炸式增长，不仅考验着现代企业的数据处理和分析能力，也为企业带来了敏锐洞察市场趋势的机会。在大数据时代，数据成为一种资产，零售企业的内外部信息的收集与分析关乎企业的战略决策和未来的发展方向。新零售正是在此背景下诞生的，并与大数据结合形成了新零售大数据。

2. 新零售大数据的定义

新零售大数据是相对于一般数据而言的，它指的是在新零售领域，人们利用大数据软件分析、管理、捕捉大容量数据，以达到对大数据分析获得新的认知，从而创造新的价值。新零售大数据以数据沟通和共享为基础，将消费中的"人、货、场"三要素巧妙融合，从而优化消费者的购物体验，更深层次地激发消费者的消费需求，实现了"人、货、场"三要素的数据化。

3.1.2　新零售大数据的特征

大数据的特征可以概括为 4 "V"，即大容量（Volume）、高速度（Velocity）、多样性（Variety）和高价值（Value）。新零售大数据同样具备这四个特征。

1. 大容量

大数据，顾名思义，"大"是一个显著的特征。在互联网及移动互联网飞速发展的时代，从计算端到移动端再到云端，每天都在产生海量的数据。在大数据时代，数据量已不能用 GB 或 TB 单位来描述，而是向着 PB、EB 或 ZB 级别发展。

国际数据公司（IDC）的研究显示，全球数据量大约每两年翻一番（称之为"大数据摩尔定律"），2011 年全球数据量已经达到 1.8ZB，到 2023 年达到近 126.3ZB，预计到 2028 年，全球数据量将达到 384.6ZB。这对数据存储、安全、管理与使用能力均构成了巨大挑战。

> **小 资 料**
>
> --
>
> ### 数据单位转换
>
> 计算机经历了存储量的大变革时期，从曾经的 KB 发展到 MB，再到如今的 TB，数据量一直呈现高速增长的趋势。数据最小的基本单位是 bit，按从小到大的顺序排列为：bit、Byte、KB、MB、GB、TB、PB、EB、ZB、YB、BB、NB、DB。各个单位对应的转换关系如下：
>
> 1 Byte =8 bit
>
> 1 KB = 1024 Bytes = 8192 bit
>
> 1 MB = 1024 KB = 1048576 Bytes
>
> 1 GB = 1024 MB = 1048576 KB
>
> 1 TB = 1024 GB = 1048576 MB
>
> 1 PB = 1024 TB = 1048576 GB
>
> 1 EB = 1024 PB = 1048576 TB
>
> 1 ZB = 1024 EB = 1048576 PB
>
> 1 YB = 1024 ZB = 1048576 EB
>
> 1 BB = 1024 YB = 1048576 ZB
>
> 1 NB = 1024 BB = 1048576 YB
>
> 1 DB = 1024 NB = 1048576 BB
>
> （资料来源：百度百科——数据单位）

2. 高速度

大数据的高速性体现在数据的增长速度和处理速度上。物联网时时都在采集数据，互联网内容随时都在更新。大数据要求数据拥有快速的反应速度，对大数据的分析应该实时进行而不是进行批量分析，大数据的数据输入、处理与丢弃都应无延迟、即刻见效，具有极强的时效性。数据的产生和获取的速度快，数据的处理和分析的速度也快，速度可达到每小时10TB或更高，往往需要在1秒钟内获得处理结果。

3. 多样性

多样性体现在有多种途径来源的关系型和非关系型数据库。数据种类和格式日渐丰富，已冲破以前所限定的结构化数据范畴。数据种类繁多，包括文档、报表、网页、声音、图像、视频、流式记录数据、实时数据、数据库以及用户网络行为数据等多种类信息，形成了大量种类繁多的异构数据，对现有的结构化和非结构化数据的采集、处理、管理与使用能力提出了巨大的挑战。

小 资 料

关系型数据库和非关系型数据库

关系型数据库是依据关系模型来创建的数据库。所谓关系模型就是"一对一、一对多、多对多"等关系模型，实质上就是二维表格模型，因此，一个关系型数据库就是由二维表及其之间的联系组成的一个数据组织。

非关系型数据库主要是基于非关系模型的数据库。随着互联网Web2.0网站的兴起，传统的关系数据库在处理这类网站，特别是超大规模和高并发的SNS类型的Web2.0纯动态网站时，已经显得力不从心，暴露出很多难以克服的问题，而非关系型的数据库则由于其本身的特点，得到了非常迅速的发展。非关系型数据库的产生，正是为了解决大规模数据集合和多重数据种类所带来的挑战，特别是大数据应用难题。

（资料来源：百度百科——关系型数据库、非关系型数据库. 本书有删改）

4. 高价值

价值性体现的是大数据运用的真实意义所在，其价值具有稀缺性、不确定性和多样性。数据本身并不产生价值，汇集在一起的海量数据往往是混乱、无序的。虽然大数据规模庞大，但具有价值的数据所占比例却很低，隐藏在海量数据中的有用信息往往与数据总量成反比。与传统的小数据相比，大数据的价值体现在能够从大量不相关的各种类型的数据中，挖掘出对未来趋势与模式进行分析预测的有价值的数据。

基于信息技术，新零售的每个环节都在产生大量的数据，如商品数据、消费者数据、供应商数据、企业运营数据等。企业需要逐步整合、不断扩大、有效积累并结构化这些大数据资产，通过数据分析不断挖掘大数据资产的价值，最终将其转化为用户价值、企业价值和社会价值。

3.2　新零售大数据的类型和作用

基于大数据挖掘，可以精准定位用户，以分众市场区隔受众群，从产品品质、设计、文化价值、购买体验等环节入手，满足用户的需求，优化零售流程中的用户全局体验，这是新零售的重要趋势。数据是新零售的能源，持续为零售行业赋能，促使零售行业实现了从"生产型经济"向"消费型经济"的转变，实现了"人、货、场"的重构。在零售革命4.0时代下，谁拥有的数据能力越强，谁就能率先获得变革成功的关键筹码。

3.2.1　新零售数据的类型

大数据包括结构化数据、半结构化数据和非结构化数据，而大数据背景下的新零售主要需要的是从规模巨大的非结构化数据中挖掘出有价值的信息。在零售行业，"人、货、场"是三个永恒不变的要素。新零售时代，大数据赋能"人、货、场"，促使其全方位升级，进而重构三者的关系。因此，从零售的三要素角度出发，又可以将新零售的数据分为三个类型，即"人"的数据、"货"的数据、"场"的数据。

1. "人"的数据

人是一切商业活动的起点，零售当然也不例外。新零售的"人"指消费者，新零售是以消费者体验为中心的商业模式。收集消费者的数据，构建用户画像，把握消费者个性化需求至关重要，大数据是实现这一目标的关键。

在新零售时代，消费者的信息收集不仅需要收集在线数据，还需要收集离线数据，使消费者数据实现线上和线下的串联，实现从点到面的质的变化。只有通过消费者的全渠道数据的收集和分析，才能在零售行业"以用户为中心"的时代，从新品的设计、渠道终端的选择、销售策略的制定再到已有用户的运营，都围绕用户展开。从用户需求出发连接到各场景，首先需要做好用户数据化。具体来看，零售用户数据化的价值体现在生产、渠道、销售和运营各场景，解决了企业增长核心问题，包括用户喜欢什么产品、用户喜欢在什么渠道购买产品、用户更加容易被什么卖点打动、怎么抓住用户的全生命周期价值等，帮助零售企业建立更加有效的增长策略。

2."货"的数据

"货"即商品，简单来说，"货"这一要素强调的是零售商要选合适的商品。新零售"货"的管理，就是以消费者为中心，将"商家卖什么"转变为"消费者需要什么"。大数据技术的成熟助力企业提高物流速度、减少库存规模、缩短产销周期等，从而进一步降低交易成本，提升利润空间。我们会注意到一个现象，当打开淘宝浏览商品时，有时页面会弹出提示——建议我们将商品加入购物车。那么为什么阿里巴巴强烈建议用户把商品放入购物车呢？实际上，根据用户购物车中的商品数据以及常用地址，阿里巴巴就可以预测到用户会购买哪些商品以及需要送到哪里去，这些预测数据基本与最终发生的现实情况相同。预测的最终目的是利用这些数据赋能物流和仓储。商家通过高效的物流和仓储体系，提前把商品送到离消费者最近的仓库，从而实现商品的高效配送。

商品的数据化首先需要对商品的各项数据进行收集。商品数据主要包括了商品的各项参数数据、库存数据、价格数据、销售数据、评价数据等。商品数据的收集可以通过专业的数据收集软件进行。在数据采集的基础上对数据进行整理和分析，实现"货"的数据化。"货"的数据化可以实现供应链前端和后端的衔接，使各个环节数据有效对接，让企业从消费者出发来确定生产的产品和营销手段。

3."场"的数据

"场"是指零售交易过程所处的场所、场景。在传统零售模式下，只有线下实体的"场"，而缺少线上虚拟的"场"。而在新零售模式下，消费场景呈现多元化发展趋势，并且与日常生活结合得更加紧密，用户的消费行为也由以往只发生于特定场景（如商场）过渡到场景多元化、时间碎片化的模式。

新零售场景体验数据主要包括线下场景数据和线上场景数据两类。

（1）线上场景数据　以金融的零售业务为例，目前金融机构正在积极将场景融入金融服务，以推动线上零售的智慧转型。2019年，中国农业银行宁波市分行大力推动互联网、大数据、人工智能与实体经济的深度融合，着力打造"智慧+"场景金融服务模式，致力于为用户提供无缝无界的便捷金融服务。在短短半年时间内，仅"智慧食堂"项目就已在33家企事业单位上线，惠及人员超6万人。此外，该行还积极对接衣食住行等各类生活消费场景，以生态融合的方式推进智慧校园、智慧政务、智慧食堂、智慧民生、智慧停车等场景的建设及推广工作，实现金融服务与生活服务、商业服务的无缝连接，从而高效地实现获客、活客、留客。其他银行也在积极布局线上场景，如中国邮政储蓄银行开发的邮储食堂。自手机银行和微信公众号全面上线以来，用户只要使用中国邮政储蓄银行的金融产品并满足条件成为会员后，即可享受20余万种商品的低价直供优惠。

通过线上应用场景，商家可以掌握用户的各类消费数据，包括年龄、性别、产品购买记录、产品偏好、搜索行为、物流信息、产品评价等数据。

（2）线下场景数据　无人便利店是综合运用人工智能、移动支付等技术的典型案例。这种模式既能够让用户感受到"即拿即走"的购物体验，又能够通过图像识别技术、传感器融合技术、生物识别技术等，在用户无察觉的情况下记录下用户的所有消费数据和购物行为，包括到店人次、店内选购商品行为等均会进行全链路数据监测，并对用户的产品偏好、品牌辐射能力和品牌间相关性进行研究。最终，这些数据会被应用到用户维护和供应链优化上。

综合来看，新零售"场"的数据化消费行为都发生在特定的场景中，因此，消费者对产品和服务的认知和判断会受到所处场景的影响。这启示零售商应基于数据化的思维来设计营销方案，以提升消费者购买率。新零售"场"的数据化主要是指对购物场景进行数字化、智能化的改造。大数据和人工智能技术在构建数字化消费场景的过程中扮演了"眼睛"与"大脑"的角色。"眼睛"利用各种埋点和传感器实时地获取现场数据；"大脑"则负责分析这些实时、细粒度的数据，发现数据间的关系并辅助决策，二者结合实现了场景的数字化。例如，零售商通过 AR/VR 技术帮助商店布局和设计促销活动，可以提升用户体验以及店铺的销售效果。

3.2.2　新零售数据的作用

在新零售模式下，企业依托大数据技术，激活内部数据资源。通过专业化信息平台的建设和多元化数据的采集，企业能够全线打通内部数据，深入挖掘和分析数据资源，实现用户会员跨区域共享信息，从而激活潜在用户，甚至挖掘"老客新单"的二次销售机会，直接产生经营价值，实现精准营销。这是大数据助力新零售模式的关键之一。新零售模式的强大助力，正是来自大数据技术的运用。通过科学合理地分析消费者相关的数据，如消费行为、消费习惯等，企业能够更精准地提供服务。

1. 预测用户需求

对大数据进行分析的核心目的在于预测用户的潜在需求。新零售商家需要精准定位目标消费者群体，分析出消费者的偏好、购物习惯，才能够针对性地研发并推广符合消费者喜好的商品。基于海量数据结构化分析，通过运用人工智能、机器学习等前沿技术和数学建模等多种算法来进行预测，并做出相应决策，进而创造更优的顾客体验、更多的交易和业务创新，释放储存于数据之中的能量。大数据预测的目的其实是为了更加精准地服务消费者，而这种精准的服务其实是建立在和消费者大量持续的互动基础之上的。一方面，它让消费者产生更多更好的数据；另一方面，它令商品和服务可以被持续优化和迭代。这也是让消费者在海量信息选择中享受到与自己更加匹配和适合的商品和服务的基础，同时也成为零售商提升利润、降低成本的重要方法。

2. 实施大数据营销

在新零售时代，零售商应该充分挖掘大数据的商业力量来提高商品的转化率。消费者是全渠道购物者，他们的购买旅程通常从一个渠道开始，最后在另一个渠道结束。例如，他们可能在网店上浏览查看商品的属性、价格、库存等信息，然后在线购买，线下提货。用户的每一步行为都会留下大量的信息，通常各种类型的数据会混杂在一起。针对这些数据，零售商需要充分将数据结构化并进行大数据挖掘，从"千人千面"的个性化购买建议和促销信息入手，提供全渠道的用户购买体验，激发他们的情感连接。同样，不仅是电子商务和互联网公司可以根据大数据进行产品研发和服务开发，任何行业的任何公司都可以做到这一点。

3. 提供数据服务

在新零售时代，零售企业通过持续不断地推动数据开放和共享，建立与各种社交媒体、跨界合作伙伴的联盟，与自己现有的和潜在的供应商、第三方软件开发商、第三方卖家平台、银行等形成数据合作，确立科学的数据标准和应用程序调用接口，以保证数据质量和可用性。零售商和互联网公司掌握着大量消费者数据、品牌商和分销商的销售数据、库存数据等，可以充分将大数据成果向各渠道、品牌商进行定期分享。在未来，我们会看到大数据和人工智能方面的工具就如同水和电这样的资源一样，由专门的公司提供给全社会使用。新一轮更加深入的变革正在酝酿之中，零售业必将转向将"大数据智能体系"植入消费产品和服务业务的新航线。

3.3 新零售下大数据架构

大数据的爆炸式增长已超出传统IT基础架构的处理能力，为了能够在新零售时代生存并实现可持续发展，零售企业应开发新的数据架构，围绕"数据收集、数据管理、数据分析、知识形成、智慧行动"的全过程，充分利用这些数据，让其释放出更多隐藏价值。

3.3.1 传统零售数据现状

大部分传统零售企业不仅内外部数据尚未打通，而且自己内部的数据也未实现整合和标准化，这导致了企业运营成本的提高，并影响了消费者体验。此外，这些企业的数据基础十分薄弱，数据管理技术也相对较差，缺乏用数据驱动客户管理、商品管理、场景管理的观念。

首先，大多数传统零售企业缺乏对大数据价值性的认知，没有意识到应将数据视作一个重要的资产进行管理。因此，数据非常稀疏，也缺乏增强数据管理技术的意识，造成数据应用困难，无法掌握消费者需求，因此个性化精准营销方案无从展开。

其次，传统零售企业收集数据的方式也十分传统。由于技术水平的限制，不管是数据种类，还是消费者行为数据都无法全部获取，造成数据缺失。从专业的角度看，数据分成两类，一种是交易数据，一种是过程数据。目前大多数企业都只看重交易数据，尤其是传统零售企业，只有 POS 机数据、历史交易数据。他们知道用户购买了什么产品，但却无法获悉用户浏览了什么产品，在哪个货架旁停留的时间更长。

最后，传统零售在数据分析工作中缺乏强大的团队支持，大多数只有十几个人的小团队，不像互联网企业那样拥有数千人的数据分析团队。所以，这些企业必须借助"外脑"，寻求与互联网企业的合作。如图 3-1 所示。

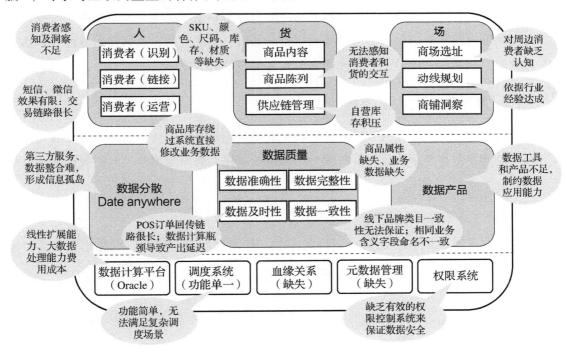

图 3-1　传统零售数据现状

资料来源：道客巴巴. 新零售大数据架构及应用方案［Z/OL］.［2019-04-04］. https://www. doc88.com/ p-4149152775974.html?r=1.

3.3.2　大数据时代下的三个观念转变

维克托·迈尔在《大数据时代》一书中提出了大数据思维的三个最显著的变化：一是"样本等于总体"，这与过去基于样本进行统计分析的思维截然不同；二是"容忍混杂性"，在大数据中往往存在"噪声"和罕见事件，这样的数据影响了结果的精确性；三是"相关分析比因果分析更重要"，在大数据时代，我们将注意力更多地放在"是什么"而不是"为什么"。将这三种全新的思维应用于传统零售业，零售商也许会得到如下几个方面的启示：

要分析与零售商特定目标相关的全部数据，而不是采用对样本的分析来推断总体的方式。当采集并存储所有的数据并不再只是一种可能时，基于样本的统计分析也就越来越难以适应企业对数据的使用需求。零售商通过分析利用大量的销售等数据，可以准确地预测用户的需求，实行精准营销，给零售企业带来实质性的效率与利润提升。

放弃追求精确性，并接受数据的"噪声"。倘若零售企业只追求精确的数据，那么只有大约5%的结构化数据能够被合理使用，而大约有95%的半结构化及非结构化数据都无法被使用，这会造成数据资源的巨大浪费。只有接受数据的"噪声"，容许部分冗余甚至错误数据的存在，才能更充分地利用数据，挖掘零售数据的价值，实现零售商的经营管理目标。

零售行业在进行数据分析时，应该更加注重分析事物的相关关系而不是因果关系。因为相关关系可以使零售商们从不同的角度观察、分析、解决问题，以确定怎么做可以达到更好的效果。而且相关关系是一种比因果关系更加有效的关系。

3.3.3 新零售下大数据架构

大数据时代零售商思维的改变，催促着企业建设新的数据架构。虽然不同行业的企业具有不同特征，但各个企业大致是按照一定的路径搭建大数据架构的，只是数据的应用具有差异。

1. 企业大数据生态产业链

大数据技术系统的处理大致可以分为获取、存储、处理、挖掘、可视化呈现五个阶段，大数据的生态链贯穿数据的整个生命周期。

目前，在数据产业链上有三类数据公司：

大数据提供者，即拥有数据的公司，属于大数据产业链的上游环节，包括互联网企业、运营商、数据中间商等。

大数据技术支持者，是指大数据技术供应商或者大数据分析技术的公司，包括专业技术服务商、综合技术服务商、大数据云存储和云服务商。

大数据服务提供者，是指挖掘数据价值的大数据应用公司，包括应用服务提供商、咨询服务提供商。

这三类数据公司能够为企业建设大数据架构提供支持。零售商在新零售转型过程中往往会寻求与数据公司的合作，正是出于期望获得数据技术支持的考虑。

2. 企业大数据的建设思路

企业大数据的建设思路包括以下六个步骤：

（1）**数据的获得** 大数据产生的根本原因在于感知式系统的广泛使用。随着技术的发展，人们已经有能力制造极其微小的带有处理功能的传感器，并开始将这些设备广泛地应用于商业社会各个角落。这些设备会源源不断地生产新数据。

对于新零售企业来说，由于其全渠道的布局，因此其数据的来源途径十分广泛。在收集数据时，要对来自社交网络、传感器、CRM系统、视频的数据附上时空标志，去伪存真，尽可能收集异源甚至是异构的数据，必要时还可与历史数据对照，多角度验证数据的全面性和可靠性。

（2）**数据的汇集和存储** 数据只有不断流动和充分共享，才有生命力。应在各专用数据库建设的基础上，通过数据集成，实现各级分类信息系统的数据交换和数据共享。为实现有效降低数据存储成本的目的，通常采用冗余配置、分布化和云计算技术，在存储时按照一定规则对数据进行分类，通过过滤和去重，减少存储量，同时设置标签，以便高效检索和查询。

（3）**数据的管理** 大数据具备多样性的特征，大数据管理技术也具有多样性。在众多技术中，有6种受认可度较高，如图3-2所示。

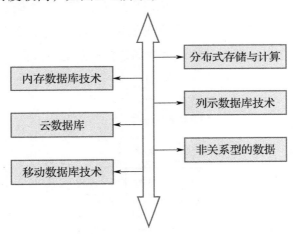

图 3-2 6 种受认可的数据管理技术

资料来源：董超. 一本书搞懂企业大数据［M］. 北京：化学工业出版社，2017：51.

（4）**数据的分析** 数据分析是指用适当的统计分析方法对收集来的大量数据进行分析，将它们加以汇总、理解和消化，以求最大化地开发数据的功能，发挥数据的作用。数据分析是为了提取有用信息和形成结论而对数据加以详细研究和概括总结的过程。数据分析是数据价值得以被挖掘出来的前提，企业应当培养数据分析人才，提升数据分析能力。

（5）**数据的价值** 企业建设大数据架构的价值主要体现在三个方面：

一是通过对比过去和现在的数据能够预测未来。零售企业基于此可以分析未来可能受消费者青睐的产品，进而提前研发投入，成为市场的先行者。

二是通过对组织内部和外部的数据整合，能够洞察事物之间的关系，例如发现看起来毫不相关的商品和服务之间的联系。

三是通过对海量数据的分析挖掘能够代替人脑，做出更具科学性与合理性的决策，承担企业管理的责任。美国著名管理学家西蒙认为，管理就是决策，决策质量的好坏影响管理各项职能工作的效率和效果。基于数据分析所做的决策更具准确性，有助于提升企业管理效益。

（6）**数据的应用** 大数据对科学研究、经济建设、社会发展和文化生活等各个领域正在产生颠覆式的影响。对零售业而言，更是催生了新零售的诞生。数据化业务、机器学习、云计算以及物联网将依托于大数据业务，深入到零售业的门店陈列、网络购物、移动社交等各个领域，为消费者带来全新的消费体验。

3. 企业大数据的架构

基于大数据的特征，使用传统IT技术存储和处理大数据成本高昂。因此，企业建设大数据架构的主要诉求是实现低成本、快速地对海量、多类别的数据进行抽取和存储，并通过对数据的分析和挖掘为企业创造价值。阿里巴巴作为一家多业态的互联网公司，同时也是新零售实践的提出者和成功者，拥有一套完善的包含数据采集、数据计算、数据服务和数据应用四大层次的数据系统，其所建设的大数据架构对其他零售企业具有重要的参考价值。

图3-3展示了阿里巴巴公司的大数据架构：

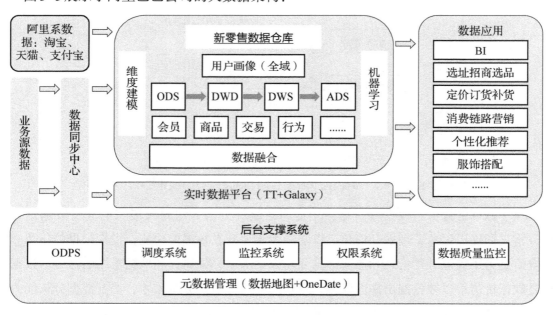

图3-3　阿里巴巴的大数据架构

资料来源：道客巴巴. 新零售大数据架构及应用方案［Z/OL］.［2019-04-04］. https://www.doc88.com/p-4149152775974.html?r=1.

3.4　数据中台

随着大数据时代的到来，如何让数据助力企业数字化建设成为各公司必须面对的问题。数据中台正是迎合了这一趋势，成为企业数字化转型的必然产物。

3.4.1　数据中台的概念

2014年，阿里巴巴从芬兰Supercell公司接触到中台概念，并在集团内部积极践行。2015年年底，阿里巴巴集团宣布全面升级组织架构，建设整合阿里巴巴产品技术和数据能力的强大中台，以支撑前台的一线业务朝着更加敏捷、更快适应市场变化的方向成长，进而形成"大中台，小前台"的组织和业务体制。随后，各大互联网公司纷纷提出中台战略并进行组织架构的调整。

中台是指提取各个业务的数据，统一标准和口径，通过数据计算和加工为用户提供数据服务；而后相继衍生出"数据中台""组织中台"等诸多概念，将"中台"的热度推向新的高度。然而，"数据中台"依旧是这些概念的核心。

实际上，数据中台的概念也是由阿里巴巴最早提出的，旨在应对像双十一这样的业务高峰，解决大规模数据的线性可扩展问题，以及复杂业务系统的解耦问题。为此，阿里巴巴在技术、组织架构等方面采取了一些变革，其本质上还是一个平台，阿里巴巴称之为"共享服务平台（SPAS）"。

随着数据中台的兴起，各界学者纷纷投入研究并提出各自见解。但从服务方到用户方，对数据中台的理解不尽相同。从技术角度出发，有学者认为数据中台是指通过数据技术，对海量数据进行采集、计算、存储、加工，并统一标准和口径的平台；而从企业角度考虑，数据中台是一套可持续的机制，旨在让企业的数据得以有效利用，它代表一种战略选择和组织形式。这种机制依据企业持有的业务模式和组织架构，通过有形的产品和实施方案支撑，构建了一套将数据不断转化为资产并服务于业务的体系。

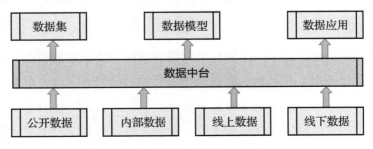

图3-4　数据中台的业务流程

资料来源：李巍巍.数据中台技术在业务系统中的应用研究［J］.现代信息科技，2019，3（21）：108-110.

3.4.2 数据中台具备的能力

数据中台主要具备以下五种能力：

1. 汇聚整合

随着业务的多元化发展，企业内部往往存在多个信息部门和数据中心，导致大量系统、功能和应用重复建设，数据资源和人力资源浪费严重，同时组织壁垒也导致数据孤岛的出现，使得内外部数据难以进行全局规划。数据中台需要能够对数据进行整合和完善，提供适用、适配、成熟、完善的一站式大数据平台工具，在简便有效的基础上，实现数据采集、交换等任务的配置以及监控管理。因此，数据中台必须具备在数据集成与运营方面的能力，能够接入、转换、写入或缓存企业内外部多种来源的数据，协助来自不同部门和团队的数据使用者更好地定位数据、理解数据。同时，数据的安全性和灵活性也是评估数据中台能力高低的重要指标，毕竟绝大多数使用者期望数据中台能协助企业提升数据的可用性和易用性，在系统部署上也能支持多种模式。

2. 提纯加工

企业需要完整的数据资产体系，因此必须以用户、产品、业务场景为指导原则进行建设，推动业务数据向数据资产的转化。传统数字化建设往往局限在单个业务流程，而忽视了多业务的关联数据，缺乏对数据的深度理解。因此，数据中台必须能提供完善的数据质量保障体系，在规范且紧密结合业务的可扩展标签体系下，智能地完成数据映射，简化数据资产的建设过程，才能最大限度地控制成本，以此为基础推进创新，提升企业的差异化竞争优势。

3. 数据安全保障

数据中台在安全保障方面的能力也备受关注。用户期待数据中台能协助企业保障数据自主权，同时结合资源隔离、权限控制、变更记录、审计等能力，提高数据的安全性，在安全访问的情况下，构建面向业务主题的资产平台。

4. 服务可视化

为了尽快让数据发挥作用，数据中台必须提供便捷、快速的数据服务能力，让相关人员能够迅速开发数据应用，并支持数据资产场景化能力的快速输出，以响应用户动态的需求。提供数据化运营平台也是数据中台的发展方向，该平台可以帮助企业快速实现数据资产的可视化分析，提供包括实时流数据分析、预测分析、机器学习等更为高级的服务，为企业数据化运营赋能。此外，随着人工智能技术的飞速发展，有人建议将AI的能力应用到数据中台上，实现自然语言处理等方面的服务。数据洞察来源于分析，数据中台必须要提供丰富的分析功能，数据资产必须要服务于业务分析才能解决企业在数据洞察方面的短板，从而实现与业务的紧密结合。

5. 价值变现

企业内部的各个部门和团队不应该是数据孤岛，打通不同部门和团队之间数据难以整合、标签不成体系、与业务关联断层的现状，数据中台被寄予厚望。企业期待数据中台能助力跨部门的普适性业务价值能力，更好地管理数据应用，将数据洞察变成直接驱动业务行动的核心动能，跨业务场景推进数据实践。同时，企业对于如何评估业务行动的效果也十分关注，因为没有效果评估就难以得到有效反馈，从而难以迭代更新数据应用，难以持续为用户带来价值。所以，许多数据使用者都非常期待数据中台能提供业务行动效果评估的功能。

3.4.3 数据中台的优势

数字化浪潮席卷全球，企业必须加快数字化转型速度才能生存和占据领先地位。企业建设数据中台正是基于转型过程中的多元化的数据场景带来的技术需求以及业务革新的迫切需要，因此，数据中台的优势体现于技术价值和业务价值两个方面。

1. 技术价值

技术价值主要体现在数据相关方面，包括以下几个方面：

（1）**应对多场景数据处理的需求**　企业对数据响应的要求越来越高，这种响应体现在两个方面：一是越来越多的应用需要实时数据的支持；二是数据的开发过程需要满足业务开发的敏捷性要求。针对不同的数据应用场景，企业数据部门需要能够快速应对多数据处理需求，比如，针对实时的指标统计和实施推荐，需要实时流量计算功能；针对决策类业务，则需要即时计算能力。

因此，企业需要一个统一的数据中台来满足离线/实时计算需求以及各种查询需求。

（2）**支持跨域访问数据信息资源**　只有交换、共享，数据信息资源才能被充分开发和利用。而只有打破信息封闭，消除信息"荒岛"和"孤岛"，才能创造价值。因此，数据的交换共享是数据全生命周期中发挥价值的关键一环。企业在日常管理过程中，由于业务需求，通常需要与一个或多个内部或外部的组织交换共享数据，但企业早期建设的数据应用层（ADS）更多是为某个主题域服务的，如营销域、人力资源域等。在应用数据时往往需要打破各个业务主题，这既增加了使用成本又消耗了大量时间。而数据中台解决了企业全域数据汇聚的问题，能快速将数据共享给其他系统。阿里巴巴将数据中台称为"共享服务平台"，也体现了共享性是数据中台的一个重要特征。

（3）**使数据可以快速复用**　在传统的架构中，要将数据应用到业务中，通用的做法都是通过数据同步能力，把计算的结果同步给业务系统，由业务系统自行处理。这种模式可理解为复制，即数据被简单加工处理后转移到另一个系统，并不能直接使用。而数据中台具备业务属性，数据中台把数据统一之后，会形成标准数据，再进行存储，形成大数据资产层，进而为用户提供高效服务。这些服务跟企业的业务有较强关联性，为企业所独有且能复用。

2. 业务价值

随着企业规模的扩大和业务发展速度的加快，传统的数据平台的服务能力无法支撑业务端的数据使用效果，造成不佳的服务体验。数据中台的出现弥补了因数据开发和应用开发速度不匹配导致的响应力跟不上的问题。

在以用户为中心的时代，数据中台对数字化转型具有重要作用。以数据中台为基础的数据系统将位于企业应用的核心，通过数据在企业降本增效、精细化经营等方面为企业带来巨大收益。具体来说，包含以下三个层面：

（1）**洞察用户需求**　在以用户为中心的时代，用户的观念和行为正在从根本上改变企业的经营方式以及企业与用户的互动方式。

数据中台建设的核心目标就是以用户为中心的持续规模化创新。数据中台的出现，将会极大提升数据的应用能力，将海量数据转化为高质量数据资产，为企业提供更深层的用户洞察，从而为用户提供更具个性化和智能化的产品和服务。

譬如，数据中台能够汇聚全渠道的数据，在标签管理、精准营销、效果分析等应用上实现全域的闭环，优化对用户全生命周期的理解。此外，以数据中台为基础，通过数据化运营提升用户留存、复购和忠诚度，也得到了诸多企业的认可。

（2）**支持大规模商业模式创新**　只有依托数据和算法，将由海量数据提炼的洞察转化为行动，才能推动大规模的商业创新。数据中台在通过算法将洞察直接转化为行动、实现大规模商业创新方面的能力令人瞩目。

数据无法被业务用起来的一个原因是数据没办法变得可阅读、易理解。信息技术人员不够懂业务，而业务人员不够懂数据，导致数据应用到业务变得很困难。数据中台需要考虑将信息技术人员与业务人员之间的障碍打破，使信息技术人员将数据变成业务人员可阅读、易理解的内容，业务人员看到内容后能够很快结合到业务中去，这样才能更好地支撑商业模式的创新。

此外，数据中台提供标准的数据访问能力，其简化集成复杂性、促进互操作性等特性也非常受企业CIO的青睐。同时，在快速构建服务能力、加快商业创新、提升业务适配性等方面，数据中台也将发挥重要的作用。

（3）**构筑竞争壁垒**　新零售是以消费者体验为中心的数据驱动的泛零售形态，只有赢得顾客青睐的企业才能在市场竞争中占据优势地位。企业能否真正做到"用户至上"，并不断提高对用户的快速响应力来满足用户的需求，甚至引领市场潮流，持续推进规模化创新，终将决定企业能否在波谲云诡的市场上发展壮大，长久保持生命力与竞争力。而企业无限接近消费者的内心需求必须建立在强大的数据能力基础上。

面对纷繁复杂而又分散割裂的海量数据，数据中台的突出优势在于能充分利用内外部数据，打破数据孤岛的现状，打造持续增值的数据资产。在此基础上，数据中台能够降低使用数据服务的门槛，丰富数据服务的生态，实现数据"越用越多"的价值闭环，牢牢抓住用户，获得可持续竞争力。

3.4.4　数据中台的技术架构

企业实施中台战略时，鉴于不同企业的业务诉求和实施路径不同，因此，数据中台的技术架构也存在差异。但如果从数据维度出发，我们可以把数据中台视为一种数据解决方案。这种解决方案能够适应物联网和 AI 时代下的数据发展特性，解决企业数据共享和数据治理问题，满足多元业务下不同应用场景的数据重用效率和数据创新业务需求。它是企业在数据思维指引下，实现数据业务价值的数据体系，包括大数据技术平台、数据资产管理平台、数据分析挖掘平台和面向应用的主题式数据开放服务平台。

1. 大数据技术平台

为数据资产管理平台提供技术支撑，基于 Hadoop 生态体系构建，其包含多个数据存储、计算框架，解决多源异构的海量数据采集、存储、计算等问题。

2. 数据资产管理平台

基于大数据技术平台之上的数据管理中间件，用于盘点数据家底、构建统一的数据标准体系、构建行业化主题式数据仓库，以实现数据资产化为主要目的。数据资产管理平台通过数据开发引擎与底层大数据技术平台进行数据交互。

3. 数据分析挖掘平台

架构在数据资产管理平台之上，为数据科学家、数据分析师提供稳定、高质量的跨主题数据资源。该平台同时支持自然语言处理、机器学习建模平台、智能标签+动态知识图谱等多个易用的数据挖掘工具集。

4. 面向应用的主题式数据开放服务平台

提供统一的、面向应用的、主题式的数据服务，将数据资产管理平台、数据分析挖掘平台的数据处理和分析结果以数据服务形式对外提供，同时生成以业务为导向的服务资源目录，使前台应用能够更清晰地使用数据中台里的各类数据，实现以数据驱动业务，促进前台业务的发展。

基于这四个平台的搭建，数据活动能够有序进行，将业务积累沉淀的大量数据逐渐转化为企业的数据资产，持续为企业带来价值。

3.5 新零售用户大数据的搜集

人们的衣食住行等生活的各个方面无时无刻不在产生数据。面对规模如此庞大的数据，搜集和储存只是第一步，但也是至关重要的一环，是后续数据分析挖掘的基础。传统数据收集往往侧重于第一方数据，如用户在消费后留下的联系方式，收集到的用户名片等，且这些数据都是非实时的。随着技术的发展，零售商现在能实时采集用户线上和线下行为的数据。目前，零售商所采用的数据收集技术包括API、深度包检测技术、网络爬虫技术、Cookie分析、智能探针技术、网站分析以及图形图像采集技术等。

3.5.1 线上数据收集

社交媒体数据、搜索引擎数据以及自建站数据，作为三大重要的数据来源，为零售商提供了深入洞察消费者行为、市场趋势及优化运营策略的无限可能。因此，零售商主要致力于收集这三个平台的数据。

1. 社交媒体数据收集

近年来，社交媒体在互联网的沃土上蓬勃发展，爆发出令人炫目的能量，其传播的信息已成为用户浏览互联网的重要内容。据SlideShare发布的2021数字全球报告，全球互联网用户已达51.6亿，其中社交媒体用户达到47.6亿。用户每天使用社交媒体工具产生海量的数据，根据用户的浏览行为和发表的内容，可以计算出用户的喜好、收入水平等信息，为零售企业做决策提供依据。

现阶段，我国社交媒体主要包括社交网站、微博、微信、博客、论坛等。以微博为例，微指数是新浪微博的数据分析工具。新浪作为一个有重要影响力的社交媒体平台，微指数通过了解关键词的热度以及行业和类别的平均影响力，来反映微博舆情或账号的发展走势。微指数包括影响力指数和热度指数。零售企业运用微指数可以知晓近一段时间内最具影响力的人或事，挖掘用户喜好。此外，数据使用者还可以通过调用微博API接口获取本企业的微博数据，包括粉丝数据、舆情数据、内容数据等，基于此分析企业的运营状况、口碑等信息。

2. 搜索引擎数据收集

搜索引擎是指根据一定的策略、运用特定的计算机程序从互联网上采集信息，在对信息进行组织和处理后，为用户提供检索服务，将检索的相关信息展示给用户的系统。近年来，随着搜索引擎的基础架构和算法在技术上日趋成熟，我国搜索引擎用户规模呈稳定增长态势，截至 2023 年 6 月底，用户规模达 8.41 亿人。现代的人们学习、生活、工作都离不开搜索引擎，在如今数据大爆炸的时代，搜索引擎已经不仅是帮助用户从海量信息中找到结果，更是升级成为一种互联网服务。搜索引擎成为一个数据工厂，通过网络大数据挖掘、抽象结构化有价值的信息，加速信息流动，促使搜索为用户提供更多服务以及更高价值。

百度是我国最知名的搜索引擎，占据我国搜索引擎市场的 71.1%，百度 App 月活跃用户数于 2023 年 12 月达到 6.67 亿。2006 年，百度正式推出百度指数。百度指数是以百度海量网民行为数据为基础的数据分享平台，是当前互联网乃至整个数据时代重要的统计分析平台之一，自发布之日便成为众多企业营销决策的重要依据。百度指数能够告诉用户某个关键词在百度的搜索规模、一段时间内的涨跌趋势以及相关的新闻舆论变化，关注这些词的用户画像，帮助使用者优化数字营销活动方案。同样，它也可以帮助新零售商做出更优质的营销策略，扩大受众群体。

3. 自建站数据收集

新零售行业相当于将电商与线下的传统零售结合起来，因此，企业在转型新零售路径过程中，纷纷建设自己的销售网站，这些网站也成为企业收集用户数据的重要来源。利用网站收集数据主要是依靠网络爬虫技术——在网页埋入代码，追踪用户的行为，统计一些用户浏览以及个人喜好的相关数据。第三方平台也为企业提供查看数据的途径，如淘宝商家可以在卖家的店铺界面中观察到有关店铺转化率以及买家浏览的数据。

3.5.2　线下数据收集

随着智能技术的升级，实体店内也装备着多种能够记录和收集客户数据的设备。

1. 基于二维码支付的数据收集

2011 年，阿里巴巴由于业务发展需要，支付宝正式推出了手机 App 二维码支付功能。随着智能手机和平板电脑等移动终端的广泛使用和 3G、4G 网络的发展，为二维码支付技术的发展与推广构建了基础。2016 年，支付清算协会和中国银联相继推出二维码业务规范，正式承认二维码支付的地位。自此，越来越多的消费者在消费结算时选择使用智能手机完成支付，在这个过程中，使用频率最高的两个软件是微信和支付宝。这两个软件在用户完成交易后，会记录订单信息等数据。以微信为例，微信向零售商提供商家服务，开通商家服务后，商户可使用经营报表工具。待顾客完成付款，商家可在特定页面查询该顾客的到店次数、总消费金额、消费日期等数据。分析这些数据并从中挖掘出有价值的信息，可针对性地给特定消费者发放优惠券或者推送促销信息等。

2. 线下门店CRM系统数据收集

CRM系统是以用户数据为核心，基于软件对用户关系进行管理。它使用关于用户与公司的历史数据进行分析，来改善与用户的业务关系，从而达到销售增长和销售预测的目标。

当下许多新零售商家的线下门店已配备CRM系统，已经实现了线下部分数据的数字化，可以完成对用户、会员、采购、销售、库存和系统的数字化管理。通过数据采集传感器技术，当用户在线下门店一定范围内时，就可以探测到用户的手机，从而定位到用户，再结合用户历史购买数据和线上操作数据，经过计算输出智能推荐产品。这有力地支持了门店智慧导购的实现，有助于提升用户满意度和忠诚度。

3. 基于摄像头和人脸识别技术的数据采集

2015年3月，阿里在CeBIT上展示了刷脸支付的技术，虽然小概率的不准确性制约了人脸识别技术在金融支付领域的应用，但该技术帮助营销打开了一扇新的大门。摄像头采集的图像通过技术能转换成数据，包括用户的人脸、行动轨迹、停留时间等。企业利用这些数据已经可以实现识别用户、形成用户行为轨迹热力图等功能。在美国已经有零售商将原来用于安监的摄像头加载低成本的软件后，对店内用户进行分析，了解同一用户从进店到出店的所有行动轨迹，分析不同画像的用户对不同商品的需求和当前热点，最后通过优化店面商品布局，让用户享有更好的购物体验，并推荐最适合的商品给用户。

◢◢ 小 案 例 ◢◢

纽约书店Story

纽约的书店Story是运用摄像头技术收集用户数据领域的先驱者之一。不同于传统书店按照书的科目（如烹调类、旅游类、学习类等）进行划分，并且店面布置基本一成不变，Story通过与视频分析公司Prism Skylabs的合作，通过人脸识别技术将不同摄像头中出现的用户进行唯一识别后，分析其在书店中的行为轨迹（如发现有大量用户在奥运会和巴西旅游相关商品的书架前停留很长时间），从而得到一些结论（如临近巴西奥运会时，用户需要相关领域的商品），以指导基于专题的店面布置和营销策略（如把相关的产品组合成"奥运柜台"放在人流量最大的店铺入口，并且向用户推送奥运相关内容的营销信息）。虽然 Story 的商品在短时间内没有太多变化，但是通过经常变换排列组合，形成不同的专题，能给用户带来更多的新鲜感。据资料统计，Story 平均每 8 周会对商品摆放进行重新设置，在用户平均停留时间 40 分钟的行业背景下，能在三周时间内做到 40% 的用户重复访问和购买。

（资料来源：于勇毅. 大数据营销：如何利用数据精准定位用户及重构商业模式［M］. 北京：电子工业出版社，2017. 本书有删改）

但是，数据隐私问题也不容忽视。随着互联网的广泛应用，数据信息时代为我们提供了一个更为开放的社会。但在这个开放的时代，如何保护作为人类基本权利的隐私，已成为摆在伦理学家和公共政策制定者面前的严峻挑战。部分企业为获得经济效益，往往通过大数据技术或其他技术手段收集公民的个人信息，并将这些信息以商品的形式售卖给相关行业或企业，致使公民个人信息泄露，人们因此越来越关心个人隐私受侵犯的问题。未经用户允许，私自收集用户的人脸信息侵犯了用户的肖像权，构成犯罪行为。美国社交网络公司 Facebook 就因为擅自使用人脸识别技术而遭受用户集体诉讼，最后赔付 5.5 亿美元。零售商应该引以为戒，在采用新兴技术收集顾客信息时，必须确保合乎法律法规，获得用户的同意。

小资料

《中华人民共和国网络安全法》第四十一条明确规定，网络运营者收集、使用个人信息，应当遵循合法、正当、必要的原则，公开收集、使用规则，明示收集、使用信息的目的、方式和范围，并经被收集者同意。网络运营者不得收集与其提供的服务无关的个人信息，不得违反法律、行政法规的规定和双方的约定收集、使用个人信息，并应当依照法律、行政法规的规定和与用户的约定，处理其保存的个人信息。

（资料来源：百度百科——中华人民共和国网络安全法）

3.6　新零售用户大数据的挖掘与应用

零售业是数据挖掘的主要应用领域，因为它积累了大量的销售数据，包括顾客购买历史记录、货物进出记录、消费与服务记录等，而且随着电子商务规模的日益增长，这些数据迅速膨胀，为数据挖掘提供了丰富的资源。将这些数据被收集、分类并存放到数据仓库中后，高级管理人员、分析人员、采购人员、市场人员和广告用户可以利用数据分析软件从中挖掘出有意义的信息，进而有效应用，为企业创造价值。新零售用户大数据的主要应用体现在用户画像和会员管理两个方面。

3.6.1　用户画像

用户画像作为一种实现大数据有效利用的工具被广泛应用，赋能新零售行业的发展，为零售商提供密切关注消费者需求变化的解决思路，从而实现精准营销、个性化推荐等。

1. 用户画像的内涵

交互设计之父阿兰·库珀（Alan Cooper）是最先提出用户画像概念的学者，他将用户画像定义为"基于用户真实数据的虚拟代表"。近年来，随着大数据、云计算的高速发展，作为数据分析工具的用户画像也日趋成熟，许多学者也从不同角度出发进行研究，丰富了用户画像的内涵。一个较为全面的论述是：用户画像的实质是标签化的用户全貌，构建用户画像的过程就是基于广泛的用户数据，通过用户属性的分类，并利用一定的技术方法抽取得到用户特征，提炼成用户标签，最终得到用户画像。

2. 用户画像的特征

基于用户画像的内涵，用户画像具有以下几个特征：

（1）**标签化**　用户画像的实质就是标签化的用户全貌。通过用户数据的收集处理，最终提炼出用户标签，进而生成用户画像。这些标签包括基础属性、互动行为、地理属性、偏好特征、金融特征等。

（2）**时效性**　用户数据中的动态属性随着用户的行为变化而变化，提炼的用户标签存在着滞后性问题，由此生成的用户画像时间越久价值越低，具有明显的时效性特征。

（3）**动态性**　随着用户数据的不断更新和变化，相应的用户特征和提炼的用户标签也在不断发生改变，因此构建的用户画像需要不断地更新迭代才能更加精准地表示用户特征。

3. 用户画像的作用

分析用户画像是企业的一项核心基础能力，它是以顾客为中心的精细化运营的决策基础。分析用户画像在企业的多个层面都能产生正向效应。

（1）**实现以用户为中心的必要条件**　要实现以消费者为中心的目标，首先需要深入了解消费者，调查他们的基本特征和偏好，进而提供适配的产品和服务。在收集消费者各项数据的基础上，通过挖掘分析出有价值的信息，构建用户画像。

（2）**运营管理科学决策的基础**　企业的运营管理涉及方方面面的职能，包括研发、营销、客服等系列活动，这些活动都是围绕用户展开的。收集多维度的用户数据，能帮助企业清晰了解用户的偏好和习惯，并基于此展开企业活动。因此，用户画像是企业运营管理科学决策的基础。

（3）**运营快速执行的基础**　企业在做出运营决策后，在执行阶段也可能遇到出乎意料的挑战。这些挑战一方面来源于真实用户的复杂性——个体都有数不清的非结构化属性，而上升到群体层面的信息则更为庞杂，导致运营决策的执行者陷入无从下手的窘境；另一方面则来自组织内部，协调各方面资源、推进漫长执行链条上的每个环节都会影响运营决策的落地效率。

为了应对上述挑战，企业需要对用户建立合理的标签体系并善于利用用户画像，因为该过程本身就是对运营经验的总结沉淀，以及对消费者行为科学理论的融合实践。通过用户画像，我们一方面有目的地将不同来源、不同角度的用户信息结构化，利用画像标签和标签组合，更轻松地将用户群体进行人群细分，方便我们系统地进行精准营销、个性化推荐等运营决策的落地实施；另一方面，将用户画像纳入日常运营工作，会逐渐形成数据驱动的标准化操作，这不但有利于资源的协调和流程的优化，而且这些结构化的知识经验可以根据运营的效果不断迭代升级，持续地提升运营决策的执行效率和执行效果。尤其是在配合精心设计的 CRM 系统工具时，用户画像的上述优势将得到进一步放大。

4. 用户画像的构建

可以从消费者的基本属性、消费行为和基于时间空间特征这三个维度设计一套具体、可操作的用户画像构建流程，包括数据采集、处理与建模、用户画像生成三个阶段，从而为用户画像在新零售平台的应用提供支撑，如图 3-5 所示。

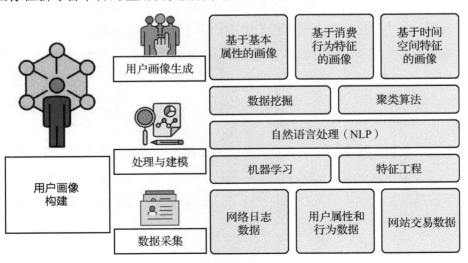

图 3-5　用户画像构建流程

资料来源：王曦. 基于新零售环境下用户画像的构建 [J]. 企业科技与发展，2021，（01）：228-230.

（1）**数据采集**　在新零售环境下，时时刻刻都在产生大量的消费者数据，例如交易数据、用户属性和行为数据、网络日志数据等，且数据的存储形式包括结构化数据、半结构化数据和非结构化数据。

1）用户基本属性下的数据收集。用户基本属性数据属于用户画像中的静态数据，是用户相对稳定的信息。如性别、年龄、地域、商圈、职业、婚姻状况、消费等级、消费周期等。

2）用户消费行为特征数据收集。用户消费行为数据属于用户画像中的动态数据，是用户不断变化的行为信息，包括消费、浏览、搜索、点赞、收藏等方面的数据。例如，淘宝的生意参谋平台会从流量、交易等维度将收集到的用户行为数据进行分析，最终以图表或者折线图的形式输出给商家。完善用户行为数据的关键在于数据的使用和挖掘方面，需要通过运用科学的数据分析方法，并在理论指导下揭示用户行为的内在规律。

3）基于时间和空间特征的数据收集。基于时间和空间特征构建的用户画像包含用户、时间、地理三个维度，具有全面性、高准确度等特点。依据大数据进行定量分析，可以帮助零售商科学和高效地完成门店选址、挖掘用户兴趣点等任务。在新零售时代，线下实体店的重要性重新凸显，为了吸引消费者从线上走进线下实体店，必须对消费者的需求、消费习惯和偏好有准确的认知，这样才能有针对性地提供对其有吸引力的产品、服务和场景。

（2）**数据处理和建模**　海量的数据要经过抽取、转换、清洗后才能够成为可用的数据，并成为用户画像模型的输入数据。通过应用数据挖掘、聚类算法、自然语言处理、机器学习、特征工程等技术构建用户多维度模型，分析挖掘用户特征。

（3）**用户画像生成**　通过数据处理和建模后的结果。生成画像标签。生成的画像包括基于基本属性的用户画像、基于消费行为特征的用户画像、基于社交特征的用户画像。这三个维度的画像将应用于新零售的具体场景，以实现精准营销、个性化推荐和个性化搜索等目标。

3.6.2　会员管理

传统零售走向新零售有一个非常重要的标志，即每个新零售企业都要在某种程度上转型为数据公司，实现对消费者的可识别、可触达、可洞察、可服务，这是探讨新零售的前提。在竞争日趋激烈的今天，在技术的支持下，会员管理的信息化已成为企业的核心任务之一。

1. 传统会员管理的缺陷

会员管理并不是一个新概念，许多传统零售企业也在实施，但问题丛生。在传统零售行业中，企业推广主要依靠导购员进行。由于技术限制，企业对会员信息的存储能力有限，主要以消费者自身和交易数据为基础来收集信息，因此企业的会员营销只能依靠基本信息进行。例如，对于线上会员管理，存在着不够高效、难以清晰刻画会员画像的问题，进而也就无法做到精准推送与营销；对于线下会员，商家大多还停留在传统的会员管理方式上，效率较低，缺乏创新，对会员没有充分的吸引力。比如不少线下商家采取的会员积分卡制度，单纯依赖积分，对消费者而言可谓是鸡肋式手段，食之无味弃之可惜，费时费力，更谈不上做到对会员的精准营销，以刺激他们做出消费决策。再者，在新零售时代，线上线下融合已成为不容阻挡的趋势，传统的单一渠道会员管理方式已经无法适应新时代的要求。随着新技术的蓬勃发展，传统会员管理方式开始改变。

2. 新零售下的会员管理

零售商依托大数据进行会员管理，有助于商家在第一时间获取消费者信息，培养消费者的忠诚度，稳定核心消费群体，加强商家同会员之间的密切互动，打造商家和顾客之间的强关系，提高企业服务力，实现对消费者的可识别、可触达、可洞察、可服务。基于大数据的新型CRM会员管理系统，能够有效实现会员管理的信息化，对全渠道会员进行分门别类而又融合统一的管理，建立会员全息画像，进而实现信息分类推送，全域精准营销。同时，营销效果还能够即时查看，有助于商家实时全面掌握全渠道的经营状况。

（1）支付即成为会员　传统线下门店获取会员信息或会员登记相当烦琐，是对人力物力资源的浪费，导致获取会员的成本提高。大多数情况下，顾客消费结账之后便一走了之，同商家切断了关联。而支付会员系统则通过智能POS支付系统，让支付的顾客直接成为企业的会员，解决了线下门店会员获取难的痛点。智能会员管理系统还可以设计会员登记和相应的积分制度，仅凭一个移动微支付账号，就能让会员享受到相应的积分和折扣，省时省心。据中国支付清算协会发布的《2016年支付报告》显示，在国内的主力消费人群中，有高达80%的消费者都在使用移动支付工具，这也使商家能够借助智能POS支付系统获得超级流量入口，同时又不会对顾客产生任何打扰和麻烦，反而让顾客感受到更好的消费体验和简洁高效的会员服务。

（2）绘制会员画像　支付环节成为商家的一个重要流量入口后，会带来庞大的会员数据，如何深度挖掘、全面分析这些会员数据是值得商家用心思考的。基于大数据的智能会员管理系统能够将会员数据做好分类统计、分析并挖掘，最终形成会员画像。根据会员的消费频率、消费金额、消费等级，可将会员划分为新会员、老会员、休眠会员、粉丝级会员、黑名单会员等清晰的会员分组及画像，让商家直观地感受到关于会员的消费特征及消费数据。最关键的是，商家可以针对不同的客户进行分层级、分级别、分属性的管理，便于今后的精准营销和个性化会员管理。

（3）**精准的个性化营销** 有了精准分类的会员和清晰的会员画像，商家就可实现对会员进行精准推送与精准营销。通过线上卡券派发、线下屏幕广告、DSP直投等多维度、多方式的个性化营销手段，实现对目标消费者的精准触达，为其呈现他们最想要的产品、服务及优惠信息，激起兴趣，引流到店，促进购买。此外，还可根据消费者过往的消费行为和偏好数据积累，来进行消费趋势预测。相对于以往的填鸭式、无区别的广告轰炸，消费者其实更乐意接受个性化的营销定制。有调查统计显示，高达79%的消费者表示，如果商家能够提供他们所需要的个性化服务，他们并不介意向商家提供一些个人信息。言外之意，对于商家的个性化营销推送他们也是乐意接受的。而另有80%的消费者表示，如果商家能够制定出真正适合自己的个性化消费方案，他们会增加消费频率。

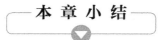

本 章 小 结

零售业是与大数据联系最密切的行业之一，也是大数据分析应用最为广泛的行业之一。大数据与新零售结合形成新零售大数据，指的是以数据沟通和共享为基础，将消费中的"人、货、场"三要素巧妙融合，从而优化消费者购物体验，更深层次激发了消费者的消费需求，实现"人、货、场"三要素的数据化。通过对用户大数据的搜集、挖掘和分析，刻画用户画像，进行精准营销，不仅提升了消费者体验，更为企业创造了价值。

关 键 名 词

新零售　大数据　4V特征　精准营销　大数据架构　数据中台　用户画像　会员管理

章 末 案 例

沃尔玛如何利用大数据颠覆零售业？

20世纪90年代的美国沃尔玛超市中，管理员在分析销售数据时发现了一个有趣的现象：在某些特定的情况下，"啤酒"与"尿布"这两件看上去毫无关系的商品会经常出现在同一个购物篮中。经过后续调查发现，这种现象主要出现在年轻的父亲身上。年轻的父亲前去超市购买尿布的同时，往往会顺便为自己购买啤酒。于是，沃尔玛开始在卖场尝试将啤酒与尿布摆放在相同的区域，以便年轻的父亲可以同时找到这两件商品，并快速完成购物。这一改变使沃尔玛超市能够让这些用户一次购买两件商品，而不是一件，从而有效提升了商品销售收入。这就是零售店通过数据分析促进销量的先例之一。那么，在大数据时代，沃尔玛又是如何运用大数据来颠覆零售业的呢？

实际上，沃尔玛在大数据还未在行业流行前就开始利用大数据分析。2012 年，沃尔玛采取行动将实验性的 10 个节点 Hadoop 集群扩展到 250 个节点组成的 Hadoop 集群。Hadoop 集群迁移的主要目的是把 10 个不同的网站整合到一个网站，这样所有生成的非结构化数据都将被收集到一个新的 Hadoop 集群中。自那时起，沃尔玛为了能够提供卓越的用户体验，在提供一流的电子商务技术和大数据分析方面不断加速向前。为此，沃尔玛收购了一个新创办的小公司 Inkiru，以提高其大数据性能。Inkiru 在有针对性的市场营销、销售和反欺诈等方面为沃尔玛提供帮助。Inkiru 的预测技术平台从不同来源获取数据，并通过数据分析帮助沃尔玛提高个性化服务。其预测分析平台整合了机器学习技术，能够自动提高算法的准确性，并且可以与各种外部和内部集成的数据源整合。

1. 沃尔玛拥有庞大的大数据生态系统

沃尔玛的大数据生态系统每天处理数 TB 级的新数据和 PB 级的历史数据。其分析涵盖了数以百万计的产品数据和来自不同来源的数亿用户数据。沃尔玛的分析系统每天分析接近 1 亿个关键词，从而优化每个关键词的对应搜索结果。

通过大数据分析，沃尔玛改变了导致重复销售的决策，为在线销售带来了 10%～15% 的涨幅，增加收入为 10 亿美元。大数据分析人员通过分析运用大数据改变这个零售巨头在商务策略前后的销售量，可以看出这些改变的价值。沃尔玛还利用 Hadoop 数据开发了一个节省捕手应用——只要周边竞争对手降低了用户已经购买的产品的价格，该应用程序就会提醒用户并向用户发送一个礼券以补偿差价。

2. 沃尔玛使用数据挖掘来发现销售数据的模式

数据挖掘帮助沃尔玛找到了基于哪些产品需要一起购买或者购买特殊商品前需要购买某一产品的信息的模式，从而能够向用户提供商品推荐。在沃尔玛，有效的数据挖掘增加了用户的转化率。通过关联规则学习，沃尔玛发现草莓的销售量在飓风来临之前增长了 7 倍。沃尔玛通过数据挖掘确认飓风和草莓之间的联系，使得它所有的草莓在飓风前售出。沃尔玛单独地跟踪每个消费者，拥有详尽的将近 1.45 亿美国用户数据，这大约是 60% 美国成年人的数据。沃尔玛通过店内 WiFi 收集关于用户购买的物品、他们住的地方以及他们喜欢的产品等信息。沃尔玛实验室的大数据团队分析用户在 Walmart.com 的点击行为、消费者在店内和线上购买的物品、推特上的趋势、当地的活动以及当地天气偏差如何影响购买模式，等等。所有的活动都是在由大数据算法捕获和分析，从而识别有意义的大数据洞察力，这帮助数百万用户享受个性化的购物体验。

3. 沃尔玛如何真正提高销售量?

①推出新产品:沃尔玛利用社交媒体数据来发现热门产品,并将这些热门产品引入到世界各地的沃尔玛商店。例如,通过分析社交媒体数据,沃尔玛发现了热搜词"蛋糕棒棒糖",并迅速将其引入到各个商店。②使用更佳的预测分析技术:例如,基于数据分析结果,沃尔玛修改了其产品送货政策,提高了在线订单免费送货的最低金额,同时增加了几个新产品以提高顾客购物体验。③个性化定制建议:该行为与谷歌相似,只是谷歌通过跟踪用户浏览行为来量身定制广告,而沃尔玛基于用户购买历史,通过大数据算法分析用户信用卡购买行为,从而向其用户提供专业建议。

4. 社交媒体大数据解决方案

社交媒体的数据是非结构化的、非正式的,一般不符合语法。分析和挖掘数PB的社交媒体数据从而找到重要因素,然后将其映射到具体产品是一个艰巨的任务。社交媒体数据驱动的决策和技术在沃尔玛十分常规。大部分驱动沃尔玛决策的数据来源于Facebook、Pinterest、Twitter、LinkedIn等社交媒体。沃尔玛实验室分析这些数据,从而产生零售相关的超过5000个条目,并在美国获得100万多张选票。任何人都能参与并助力他们的产品与数百万用户相遇,最好的产品被宣布为赢家,并且可以在沃尔玛商店卖给数百万用户。

5. 利用预测分析技术的库存管理

超过一半的沃尔玛的客户使用智能手机。智能手机用户对沃尔玛是极其重要的,因为智能手机消费者移动消费比店内消费多77%。智能手机用户的消费量每年占沃尔玛销售额的1/3,在节假日的时候大约占40%。

对此,沃尔玛利用大数据分析技术提高移动应用的预测能力。通过分析客户每周购买数据,手机应用程序会自动生成一个购物清单。沃尔玛的移动应用程序可告诉用户想购买商品的位置,并且可帮助他们提供沃尔玛网站上类似产品的折扣信息。

6. 利用大数据实时分析

当客户进入沃尔玛商店时,沃尔玛移动应用程序的地理围栏功能就能感知用户已经进入了沃尔玛商店。这个应用程序会请求用户进入"商店模式"。移动应用商店模式帮助用户扫描特别折扣的政策,并提供他们想买的产品。

(资料来源:董超,卢桂林,胡青善. 一本书搞懂企业大数据应用[M]. 北京:化学工业出版社,2017:109-110. 本书有删改)

案例思考

1.沃尔玛大数据技术应用在了哪些方面,取得了什么成效?

2.你认为,沃尔玛在未来还可以怎样运用大数据技术推进新零售转型?

复习思考题

1.新零售大数据的含义是什么？具有哪些特征？

2.新零售大数据分为哪几个类型？有什么作用？

3.什么是数据中台？

4.新零售商如何收集用户数据？

5.构建用户画像的目的是什么？

本 章 实 训

1. 实训目的

（1）明晰新零售大数据的基本概念与基本知识。

（2）通过实地调查，了解所在城市某一零售企业转型新零售大数据应用的实际情况。

（3）锻炼调查收集资料、分析问题、团队协作、个人表达等能力。

2. 实训内容

以小组为单位，深入你就读高校所在城市的某一零售企业进行调查，收集这家企业的基本情况、转型新零售大数据应用成效与困扰，并提出针对该企业有效利用大数据开展营销活动的建议。

3. 实训组织

（1）指导教师布置实训项目，提示相关注意事项及要点。

（2）将班级成员分成若干小组，成员可以自由组合，也可以按学号顺序组合。小组人数划分视修课总人数而定。每组选出组长1名、发言代表1名。

（3）以小组为单位，选定拟调查的企业，制定调查提纲，深入企业调查收集资料。写成书面调查报告，制作课堂演示PPT。

（4）各小组发言代表在班级进行汇报演示，每组演示时间以不超过10分钟为宜。

4. 实训步骤

（1）指导教师布置任务，指出实训要点、难点和注意事项。

（2）演示之前，小组发言代表对本组成员及其角色进行介绍陈述。演示结束后，征询本组成员是否有补充发言。

（3）由各组组长组成评审团，对各组演示进行评分。其中，演示内容30分，发言者语言表达及台风展现能力10分，PPT效果10分。评审团成员对各组所评出成绩取平均值作为该组的评审评分。

（4）教师进行最后总结及点评，并为各组实训结果打分，教师评分满分为50分。

（5）各组的评审评分加上教师的总结评分作为该组最终得分，对于得分最高的团队予以适当奖励。

参 考 文 献

［1］搜狐.大数据在日常生活的十个使用案例［EB/OL］.（2020-07-20）［2022-08-31］.https://m.sohu.com/a/408693622_120664817/.

［2］李宝仁，郑汉良，王莹.大数据时代零售业统计的变革［J］.经济与管理，2015，29（03）：39-43.

［3］缪翀莺，谭华，易学明.数据中台的定位和架构分析［J］.广东通信技术，2019，39（12）：57-62+70.

［4］苏萌，贾喜顺，杜晓梦，等.数据中台技术相关进展及发展趋势［J］.数据与计算发展前沿，2019，1（05）：116-126.

［5］刘海鸥，孙晶晶，苏妍嫄，等.国内外用户画像研究综述［J］.情报理论与实践，2018，41（11）：155-160.

［6］宋美琦，陈烨，张瑞.用户画像研究述评［J］.情报科学，2019，37（04）：171-177.

［7］王曦.基于新零售环境下用户画像的构建［J］.企业科技与发展，2021，（01）：228-230.

［8］冯江华，田秋丽，黄翼，等.新零售概述［M］.北京：北京师范大学出版社，2020.

［9］董超.一本书搞懂企业大数据［M］.北京：化学工业出版社，2017.

［10］董超，卢桂林，胡青善.一本书搞懂企业大数据应用［M］.北京：化学工业出版社，2017.

［11］许应楠.认识新零售［M］.北京：人民邮电出版社，2020.

［12］董永春.新零售：线上+线下+物流［M］.北京：清华大学出版社，2017.

［13］付登坡，江敏，任寅资，等.数据中台：让数据用起来［M］.北京：机械工业出版社，2020.

［14］于勇毅.大数据营销：如何利用数据精准定位用户及重构商业模式［M］.北京：电子工业出版社，2017.

004

第4章　新零售顾客体验管理

引　例

山姆成为"店仓云一体化"头号玩家

山姆会员店从2010年开始涉足电商业务，当年，其网上商店在深圳上线，旨在为距离实体店较远、无法经常光顾实体店的会员提供服务。此后，山姆会员店的线上业务陆续在中国各地推出。2018年，山姆在中国布局前置仓，首批两个前置仓分别选址深圳的福田和南山。山姆的前置仓通常设立在会员和潜在会员相对集中的地方，面积约200~300㎡，品类集中在生鲜、食品、纸尿裤等，可以为消费者提供1小时到家的配送服务。

据调研显示，山姆会员店将前置仓业绩纳入门店业绩，通常一个门店会对应6~15个前置仓。极速达的前置仓业务大大提高了会员购物频次和销售额贡献值，数据显示，经常使用极速达的会员续卡率显著高于不使用该服务的会员。

前置仓的探索不仅为山姆带来了更多订单，还显著提升了山姆的消费体验和会员忠诚度。山姆前置仓业务推出后，会员月购物频次增长超过40%，在节庆时甚至会超过50%。并且通过前置仓提供的极速达服务，很多非会员用户也开始购买山姆会员店的商品，且其中很大一部分会逐步转化为山姆会员。极速达和前置仓订单的快速增长为山姆会员店在中国的扩张奠定了基础。开店同时搭配前置仓并提供线上服务已成为山姆扩张的标配。

据报道，2018年山姆在中国的前置仓数量不足20个，而到了2023年，这一数字显著增长——2023年，山姆会员店在中国拥有47家门店和近500个前置仓，实现了约800亿元的销售额，店均销售约17亿元，线上销售的占比约为47%。其中，前置仓日均订单量为1000单，均客单价为230元，年GMV或超400亿元。

随着前置仓规模的不断增加，山姆的边际成本不断降低，城市覆盖范围也在不断扩大，山姆前置仓也已经整体实现规模化盈利。为什么山姆的"店仓云一体化"能取得如此超预期的成功呢？从全渠道模式的"不可能三角"来看，或许只有山姆才能真正取得成功，这主要取决于山姆商业模式本身的特点：

首先，客单价高，高客单价可以覆盖即时配送的高昂成本。一般全渠道模式的配送成本每单占比超过10%，而山姆平均230元的客单价使得配送成本占比不到4%。山姆的消费者画像和明星单品策略奠定了高客单价的基础，人和货为场的重构提供了可能。

其次，获客成本低，线上跟线下共享同一批会员，通过线下向线上引流，有效降低了获客成本，同时保持了高忠诚度和高复购率。此举有效解决了互联网模式获客成本高的问题。相比线下，电商平台最难克服的两大成本就是获客成本和履约成本，山姆的客户构成和商品结构很好地解决了这个问题，突破了全渠道模式的"不可能三角"：高客单价使得履约成本率变得微不足道，同时让消费者对配送费用价格敏感度降低；高忠诚度会员用户＋线下体验使得获客成本极低且复购率高。

最后，山姆将商品优势与中国互联网技术优势深度融合，形成了一个完全基于山姆品牌的全渠道销售模式。山姆成功的原因在于品牌效应和高客单价：绝大多数商品是自有品牌，受到消费者认可，想要实现全城覆盖很容易成功；高客单价能够抵消物流成本，实现成本优化和盈利。

有数据显示，山姆前置仓的履约成本率是所有前置仓中最低的，背后原因不难理解——山姆拥有最高的客单价。只有高端人群才能为平台带来高客单价以降低成本率，这也是会员店最主要的生意逻辑。山姆通过前置仓提供的极速达服务，不仅增加了会员复购频次，还吸引了很多非会员用户开始购买其商品，且其中很大一部分会逐步转化为山姆会员。

这也表明，山姆前置仓既可以为门店引流，也能提升复购率。而在提高会员的复购率和黏性方面，前置仓或许仍是山姆长期发展的重要"撒手锏"。一旦山姆的前置仓"触手"覆盖全城，对于处于同一区域的竞争对手来说，如果全城都在山姆的配送范围内，就特别能体现其极速达的优势。那么对于竞争对手来说，必然要全方位与山姆进行市场竞争。而山姆则实现蜂窝式发展，最终形成区域规模和品牌优势。

因此，我们不能只看到山姆付费会员制的成功，还要清晰认识到其核心在于数字化策略下的"店仓云一体化"布局。山姆将商品优势与中国互联网技术优势深度融合，形成一个完全基于山姆品牌的全渠道销售模式，实现了一小时极速达，使得山姆能够实现蜂窝扩张战略，最终形成区域规模和品牌优势。这些都需要企业拥有超强的战略定力和执行力，并在复杂的零售竞争中持续得以实施和完成。

（资料来源：案例：中国"小沃尔玛"的梦想，竟被山姆实现了？. https://mp.weixin.qq.com/s/amaeX-lhwzK24IRQUOVC1g. 本书有删改）

当今新零售企业的首要任务是增强顾客体验，重点在于关注顾客在整个购买过程中对公司产品的感知、情感、认知、行为和社会反应。新零售企业的创新要围绕消费者需求展开，因为零售市场的核心竞争从来不在于新旧之争，而在于谁能更精准地把握消费者需求，更有效地提升产品与服务的竞争力。企业经营需要根据实际情况不断调整，回归以消费者为中心，能体现出企业的诚意与责任感。最近的一项调查发现，三分之二的零售商主要或完全在顾客体验上进行竞争。顾客体验的吸引力对新零售企业来说是巨大的，他们认为通过提升顾客体验可以实现商品溢价和长期顾客忠诚，进而提高财务业绩。有超过 80%的顾客表示也愿意为更好的体验付出更多。因此，很容易理解为什么管理顾客体验（即顾客体验管理）被认为是零售企业最有前途的管理方法之一。未来，新零售与传统零售的界限将越来越模糊，不管是互联网企业还是传统企业，都需要在创新中求实，在变革中求稳，不断探索。企业经营本就需要根据实际情况不断调整，不断拓展和用好新消费赛道，促进消费市场发展，以更丰富、更创新的业态模式和消费品类来更好地满足消费者需求，激发消费新增量。

4.1 新零售顾客体验

随着数字化技术的飞速进步和消费者需求的变化，新零售顾客体验已成为连接品牌与消费者之间不可或缺的桥梁。它不仅关乎购物流程的便捷与高效，更是情感共鸣、满足个性化需求以及全方位服务体验的综合体现。为了深入了解新零售顾客体验的本质，探索其丰富而深刻的内涵、特征及其维度很有必要。

4.1.1 新零售顾客体验的内涵

新零售就是以顾客（体验）为核心，依托大数据、人工智能等新技术驱动，将线上、线下及现代物流体系进行全面打通与深度融合的零售新模式。新零售旨在从零售企业端降低零售成本、提升零售效率，从顾客端提升顾客体验，并推动消费领域的进一步升级。新零售下的顾客体验，是指在零售全过程中围绕顾客这一核心，通过数据的驱动、技术的革新以及全渠道的运营方式，给顾客在购物过程中带来全方位优化提升的体验感。换句话说，新零售顾客体验不仅仅关注传统的购物过程中的感受，而是将体验延伸到了顾客与品牌所有接触的点，包括在线浏览、购物、售后服务、社交媒体互动等各个环节。这种体验融合了线上线下资源，利用大数据、人工智能等先进技术，为顾客提供更加个性化、便捷和差异化的服务。

小 资 料

- -

"凭借新零售拿下 60 万订单"——兔宝宝板材定制 + 丁庄装饰城店的成功秘诀

在家装行业，新零售模式的运用使得线上与线下场景相互交融，极大地简化了用户定制选材与沟通环节，不仅建立了信任还提高了进店转化率。兔宝宝板材定制 + 丁庄装饰城店自 2023 年年初就意识到了新零售的重要性，它们紧跟时代步伐，积极投身新零售实践。目前，该店 2024 年 3 月自运营成交单数 8 单，总成交金额60万元，让我们来看看它是如何取得这些成果的。

1. 多账号运营矩阵

兔宝宝板材定制＋丁庄装饰城店始终坚持三个不同人设的短视频账号同步运营，短视频内容涵盖了立人设、晒过程、教知识三大内容板块。自投入新零售以来，该店已发布了400多条家居建材的短视频，充分利用新媒体平台资源和工具，建立起功能清晰的账号矩阵模式，全方位覆盖不同需求的客户。

2. 门店全员进行新零售运营

当被问及门店是否全员参与新零售时，负责人表示："是的，我们门店的每一个人都要进行新零售的运营，每一个人都要运营属于自己的账号。每多运营一个账号，就相当于在抖音上多开一家门店。"

3. 线上线下的融合策略

丁庄装饰城店不仅注重新零售的运营，还通过整合线上线下的销售数据、用户行为数据等，进行深入分析，挖掘消费者需求，这有助于精准定位目标用户，制定个性化的营销策略。同时，线上线下的营销策略相互协同，确保线上线下服务标准的统一，形成合力。提供线上线下一体化的服务是提升顾客体验的关键。

随着社会和科技的发展，门店经营将不断创新，持续提升服务水平，以满足日益增长的消费者需求。兔宝宝板材定制＋丁庄装饰城店成熟的新零售模式是其快速发展的重要武器之一，也为整个行业树立了新的标杆。

（资料来源："凭借新零售拿下60万订单"让兔宝宝板材定制＋丁庄装饰城店告诉你答案. https://finance.sina.com.cn/jjxw/2024-04-09/doc-inarffmu6421430.shtml. 本书有删改）

4.1.2 新零售下顾客体验的特征

在新零售的大潮中，顾客体验被赋予了全新的特征，如便利化、个性化、体验化。这些特征不仅重塑了零售行业的服务标准，也深刻影响着每一位消费者的购物体验。

1. 便利化

便利化是新零售的首要特征，也是影响顾客体验的重要因素之一。一方面，通过智能软件和硬件打造智能化的零售空间，为顾客提供便利化的智能购物体验。目前，自主结算、虚拟助理、智能机器人、智能货架、无人便利店等智能化形式已应用于多种零售场景，为顾客提供了极具便利性的消费体验。另一方面，顾客的购买过程包括搜索信息、购买选择、获取商品或服务、售后评价等多个环节，每一个环节都依赖于各个不同的渠道，新零售的全渠道化策略打通了线上线下的渠道壁垒，实现了多渠道的深度融合，为顾客在消费全过程中提供了便利、流畅的顾客体验。顾客都希望在消费过程中获得便利感，新零售模式可以为顾客提供更加便捷的顾客体验，有效满足顾客对便利性的需求。

2. 个性化

个性化是新零售的重要特征，也符合顾客需求发展的新趋势。个性消费的全面崛起，根本原因在于随着社会经济的发展，消费分级趋势明显，同质化、千篇一律的大众消费品难以引起新消费人群的关注，而个性化甚至是符号化的商品，则能让顾客获得更好的体验与自我满足。在传统零售模式下，顾客的消费往往是"一次性的"，缺乏数据的记录、跟踪和反馈。而在新零售模式中，依托大数据技术将顾客行为数据化，形成独立的个性化消费档案，有利于为顾客提供个性化、差异化以及定制化的消费体验。

3. 体验化

零售场景的体验化是新零售的显著特征，也是未来消费领域升级的必然趋势。随着人们生活质量的不断提高，顾客的消费理念和消费诉求也在不断发生变化。顾客现在更加注重享受整个服务的体验过程。现如今顾客诉求已经从最底层的生理和安全需求转向了情感和尊重需求，甚至是自我实现需求，因此，在消费过程中，顾客会更加注重体验感。新零售旨在为顾客创造一个由商品本身延伸出来的多元化、多功能性的氛围，使其身临其境，获得更为优质的消费体验感。目前，多种形式的体验店纷纷落地线下，其中 VR 技术的广泛应用，通过感官维度直接有效地刺激顾客的购买欲望，大大提高了门店成交率。此外，体验店还通过搭建与顾客情感关联的零售场景，向顾客传达品牌的文化、理念以及态度。在场景式消费过程中，顾客会不自觉地引发情感共鸣和关联思考，并自发地在社交平台上推荐该品牌。这不仅有利于建立顾客对企业的认同感和信任感，还有利于品牌形象和口碑的推广，从而进一步增强顾客对品牌的喜爱度和忠诚度。

小 资 料

6个零售业顾客体验管理的例子

1. 消费科技品牌在购买后数月发送产品满意度调查

某领先的消费科技品牌致力于与其顾客保持持续对话，了解顾客最常使用哪些功能，哪些功能被忽视，以及在购买前使用了哪些产品和品牌等。购买后数月，该品牌会发送一份调查问卷，询问顾客有关该设备的体验，以获取并分析这些问题的答案，从而指导重要的产品决策，并推动创新。调查在正确的时间触发，以确保最大的开放率。顾客的反馈对于为产品、营销和其他决策提供信息非常宝贵，而且由于市场在不断发展，因此根据之前的反馈调整调查内容至关重要。

2. 顶级运动品牌在网站上使用反馈标签

了解访客行为背后的"原因"对于品牌商至关重要。品牌商希望获得洞察力，为访客创造更好的体验，引导他们向他人推荐自己的品牌（NPS）。通过在网站上添加反馈选项卡，品牌商可以获取网站反馈，并了解顾客访问网站的原因。通过获得这些信息，品牌商能够改进数字功能，例如为结账创建倒数计时器，以解决给顾客带来不良体验的问题。

3. 家装零售商使用拇指向上或拇指向下按钮

家装行业竞争激烈，家装零售商意识到强大的数字形象对于提高顾客忠诚度和增加销售额是必要的。由于公司网站上产品数量众多，内部搜索工具可能很难优化。因此，零售商在其网站的搜索结果中创建了一个工具来衡量搜索结果质量，通过使用"赞"或"不赞"按钮来了解搜索是否有助于顾客找到他们想要的东西。有了这些数据，零售商可以通过优化得分较低的搜索查询来定制公司的搜索引擎。

4. 国际数字零售商进行产品研究

全球数字零售商不仅在销售的领先品牌中发现盈利能力，而且在为顾客提供的自有品牌中获利。他们在顾客体验调查中使用产品测试来获得反馈，并了解产品的哪些功能会更好卖。通过调查发现人们愿意为更大的屏幕尺寸和改进的电池付费时，他们可以开发符合这些标准的产品。

5. 运动零售商创建内部研究小组

该运动零售商的研究团队渴望深入了解人们参与锻炼和运动的核心动因，以便他们可以根据运动类型、产品特性和人口统计数据进行推荐，探索如何更有效地吸引顾客和潜在顾客，提高品牌认知度，并扩大市场份额。通过调查客户在特定运动上的消费情况，公司能够为小组成员建立品牌档案，并获得其在各个类别中的认知和市场地位的整体见解。他们可以剖析每项运动的动因、个人参与每项运动的频率、运动之间的关联性（即哪些运动与其他运动更密切相关）、购买习惯、不同运动偏爱的品牌，以及人们选择特定运动品牌的根本原因。这些见解正在帮助他们确定跨运动营销和关键顾客群体的关注领域。

6. 大型跨国百货连锁企业开展员工调查

一线员工是零售组织的门面，他们每天与数百名顾客进行互动。他们对自己的工作及所在公司的看法会极大地影响他们的工作表现以及为顾客提供的体验。一家百货连锁店对全球超过100000名员工进行了调查，以了解员工喜欢为品牌工作的原因以及激励他们的因素。这家零售商现在能够根据地区、国家和品牌的具体情况进行调整，针对当地独特的问题和需求定制调查，并激励员工在所有地区和市场保持竞争优势。

（资料来源：7个零售业客户体验管理的例子. https://blog.csdn.net/CXMPlus/article/details/125604461.本书有删改）

4.1.3　新零售下顾客体验的多个维度

新零售的兴起，不仅为零售业带来了前所未有的变革，更在顾客体验的打造上展现出了多维度的创新与升级。这些维度相互交织、共同作用，为消费者营造出了更加丰富、立体且个性化的购物体验。接下来，我们将深入剖析新零售下顾客体验的多个关键维度。

1. 感官类体验

感官类体验是最首要且最直接刺激和影响顾客的体验维度。新零售企业可以从顾客感官的角度出发，设计并制定一系列的方案，利用智能软件与硬件，从视觉、听觉、触觉等方面打造具有吸引力的消费场景和零售空间、营造"驻足"气氛，为顾客提供极致的感官感受。

2. 浸入式体验

浸入式体验是指顾客全身心投入到体验过程中，成为其中的一部分。新零售企业可以通过营造主题氛围、开展相关活动等形式吸引顾客亲身体验并"浸入"其中，并在此过程中给顾客留下深刻的、值得回忆的感受。

3. 交互式体验

交互式体验是让顾客拥有交流、互动的体验感。一方面，企业可以通过运行会员机制，让顾客能够及时关注到企业的新品发布、优惠活动、即时动态等信息，使企业和顾客之间的直接交流更为密切。另一方面，企业可以为顾客群建立一个交流平台，供其进行产品相关的交流与沟通，顾客可以在"圈子"里分享自己的使用感受、经验甚至经历。这样的交互式体验，使企业和顾客以及顾客之间紧密联系起来。

4. 功能性体验

功能性体验是指在消费过程中获得教育、社交等功能的体验感。新零售企业可以搭建以品牌商品为核心的平台空间，供顾客在其中交流、学习，既满足其结交拥有共同兴趣爱好的朋友的社交需求，又满足其在交流碰撞中学习新知的教育需求。

5. 情感类体验

情感类体验是指顾客在消费过程中"感同身受"并触发其相关思考的体验。企业从顾客的情感需要出发，搭建起与顾客情感关联的零售场景，诱导其产生心灵上的共鸣，对品牌产生认同感和信任感，这有利于培养顾客对品牌的忠诚度。

小资料

社区化新零售背景下无人商店顾客体验框架研究

以社区无人商店顾客体验框架为方向引领，全面挖掘顾客在使用当下社区无人商店时所遇见的问题，从而可系统性、有针对性地提出社区无人商店顾客体验的优化策略。

1. 便利性体验策略

社区无人商店应针对社区的人员结构、工作状态与生活习惯，供应相应品类的商品；同时，提供全面、简单的自助服务，及时、有效的人工应急服务以及易读、易理解的引导标识，这些也是提升便利性体验的必要措施。

2. 实惠性体验策略

基于社区的熟人关系，构建商品的优惠、评价与推荐体系，打造可靠、便捷的商品质量信息追溯体系，并建立完善、高效的售后服务系统，这是提升价格优惠与品质优良体验的有效手段。

3. 安全性体验策略

依托社区，建立及时、有效的人身安全保证机制，提供清晰全面的安全引导，实时的安全陪伴助理，便捷的账单申诉机制，以及透明的个人数据使用方式等，这些都是有效提升顾客安全性体验的方式。

4. 舒适性体验策略

通过增强社区归属感来规范顾客行为，或激励顾客主动维护商店环境，这是维持社区无人商店环境整洁、低成本且有效的方式。同时，提升智能设备在与顾客互动时的亲近感、流畅性，也是提升舒适性体验的重要方向。

5. 亲切性体验策略

可通过构建具有社区特色的社区无人商店吉祥物，实现智能技术拟人化，拓展个性化的暖心服务，或将社区文化嵌入社区无人商店的环境建设中等手段为顾客提供熟悉、亲切的体验。

（资料来源：胡伟专，张凌浩，张顺峰，等. 社区化新零售背景下无人商店顾客体验框架研究 [J]. 包装工程，2022，43（22）：177-186. 本书有删改）

4.1.4　新零售顾客体验的提升策略

在新零售的时代背景下，提升顾客体验已成为企业赢得市场竞争的关键。为了更有效地满足顾客日益增长的需求与期望，一系列创新而实用的提升策略应运而生。接下来，我们将深入探讨这些策略，以期为零售业提供有价值的参考与启示。

1. 提高线上线下的融合度，完善售后服务

新零售企业应该保持线上线下商品信息的一致性，深度挖掘顾客的潜在需求，打破传统零售模式，提高线上与线下的优质售后服务，从而整体提升顾客体验；同时，应加快打通线上线下渠道壁垒，实现线下门店和线上商城共享用户账号和商品库存，确保顾客在线下购物和在线上下单时都能共享积分、充值余额、使用优惠券以及参与促销活动。在完善售后服务方面，新零售企业应加快发货速度并为顾客提供准确的物流信息。此外，还可以通过对商品进行适当的包裹营销来提高顾客的体验度，如保证包裹的完整性，同时可以夹带一些小赠品；产品说明书应包含详细的使用说明及顾客在使用过程中的注意事项、可能出现的问题以及应对措施；加大回访力度，与顾客进行更加深入的沟通，了解顾客的实时需求和体验效果，以便对售后服务做出相应的调整。

2. 使用人工智能优化分配计划并降低分配成本，提高配送速度

新零售企业可以考虑扩大配送范围，或者增加线下门店的密度。在大数据、人工智能等技术的基础上，精确匹配订单的完成与配送，可以在提高效率的同时降低成本。以盒马鲜生为例，可以改进其商品传送带技术，缩短配送员收取订单的时间。此外，还可以在无人机配送技术上加大研发力度，提高无人机可承载重量、扩大无人机配送半径，让顾客享受到更好的物流配送服务，更好地满足顾客对便利化的需求。

3. 采用多渠道支付

在互联网和大数据高速发展的大环境下，移动支付凭借自身快捷方便的优点俨然成为支付手段的新潮流。单一的支付方式虽然便于资金管理，但无法为顾客提供优质的体验。因此，新零售企业应提供多种不同的支付方式，以满足不同人群的消费需求，从而提升顾客体验。

4. 与顾客建立起强关系连接

新零售是在数字化驱动下以消费者为中心的零售形态，商家和顾客建立起强的连接，是私域流量逐渐崛起原因之一。公域流量的紧缺以及顾客的流失度不断升高，让众多商家意识到顾客沉淀的重要性，而如何让用户留存，增强与商家之间的黏性，就需要日常的不断经营与维护。除了社群管理，保证全时在线服务之外，定期的活动营销也是激发用户活跃性的关键。而这也对应了第二点所说的技术性发展，选择有更多营销活动、能提供数据运营分析并能激发消费者主动扩散推广的分销商城系统，会更加便捷、有效，更有利于商家日常的活动营销，并对商城进行高效的管理。同时，拥有数据分析手段后，商家也能通过消费者的日常购物数据，分析出主要消费群体的喜好，从而达到优化整个供应链的目的。

小 资 料

中国李宁首家城市定制店：运动潮流碰撞带来全新零售体验

走进北京西单商圈，不难发现在君太百货二楼有一家极具中国风，同时又科技感十足的店铺，这就是中国李宁首家城市定制店。该店首次营业是在2022年8月6日，这是李宁以城市为属性开启的首家城市定制店，同时也是首次将"智能传送带系统"应用到店铺内。中国李宁城市定制店秉承李宁的运动基因，将中国文化、城市元素与运动潮流相融合，以更先锋的方式焕新运动、产品、购买的多层体验，为每一位消费者带来运动潮流的全新视觉，科技的加持则带来了全新的零售体验。

1. 首家城市定制店基于在地文化融合运动与潮流

作为中国李宁首家城市定制店，选择坐落在北京西单商圈，是有它的"小心思"的。西单是北京最早的时尚潮流聚集地之一，无论是来京旅游的游客，还是当地的消费者，这里都是众多年轻人的打卡地。重要的是，西单的先锋特质与周围历史文化环境相融相盛，多元、包容的城市特性与千年历史根基碰撞催生的新式文化活力，显现出丰富色彩和别样生机，这与中国李宁蕴含的文化主张不谋而合。

店外硕大的方印红色"中国李宁"的LOGO，融合以长城为灵感的装饰元素大面积排列，视觉张力十足。门口进门语"来了您呐"，让消费者还未进门就感受到浓浓的老北京味儿。店内多种元素体现着北京文化，整体以灰色调为主，标志性建筑如长城、天坛、故宫等与李宁经典产品001系列元素，印刻于复古灰色砖墙之上，在呈现运动潮流的同时，也展现出独特的东方韵味。店内布局还融合了"功夫"等代表中国文化的版块，以及以老北京宅院大门为灵感的门扣设计。店铺内外充分融合京式元素，凸显视觉流动感，以空间叙述文化，将北京城市特色、在地文化、产品体验、购买体验融为一体。

中国李宁首家城市定制店十分注重消费者的体验感。通过这些店铺的设计，李宁希望带给消费者全新的购物体验的同时，提升消费者在店购物的满意度。北京文化元素的体现也是为了拉近品牌与消费者的距离感、亲切感与互动感。

长期以来，李宁不断深化落实"单品牌、多品类、多渠道"策略，通过提升经营效率，持续强化"肌肉型企业体质"。近年来，李宁持续落实全新零售策略，积极推动优质渠道的开拓。中国李宁致力于将运动基因与中国文化、潮流做创新融合。中国丰富的城市文化，已经成为中国李宁的灵感来源之一，也成为中国李宁门店布局过程中的一个关键词。

开拓城市定制门店，展现了李宁品牌对中国李宁的差异化定位和零售策略。在重点城市，通过城市定制门店，对中国文化、城市 DNA 元素进行深度挖掘与诠释，与消费者更深入地沟通和互动，传递中国李宁的原创设计和独特态度，展现李宁"一切皆有可能"的品牌精神。

2. 首次应用"智能传送带系统"科技互动升级消费体验

李宁始终把消费者的需求放在首位，通过产品体验、运动体验、购买体验三个维度，不断更新打磨李宁式体验价值，给消费者带来最满意的消费体验。在中国李宁首家城市定制店内，首次应用了"智能传送带系统"，通过科技互动全新升级消费体验。

总长 30 米的红色"智能传送带"贯穿全场，配以特殊定制的智能传送箱为消费者"送货"。传送箱内置智能芯片，可自动充电的同时与"轨道"完美配合。消费者下单成功后，心仪的产品即可直接从仓库中调度而出，从终端发货到顾客拿到手中，只需要一分十五秒的时间，既方便又快捷，科技感十足。

李宁设计智能传送带的初衷就是为了提高效率，不仅可以减少传统费力耗时的人工取货奔波，还能在繁忙的时候让顾客更快地拿到心仪的产品。同时，这也增加了科技感——这是符合李宁潮流文化的元素之一，在带给消费者新鲜感的同时，也增加了购买体验的乐趣，让购物体验变得更方便、更快捷、更有趣。

此外，中国李宁在首家城市定制店内首次开设俱乐部主题的 VIP 室，为运动潮流爱好者们打造趣味、新颖的社交场合，为每一位消费者打造别样的互动交流空间。门店还会不定期举办Workshop体验，让消费者了解品牌理念与文化，让社交更加丰富有趣，解锁购物新体验。

未来，中国李宁将继续挖掘不同城市的独特文化魅力，把品牌与不同城市元素融合起来，通过空间美学、城市限定产品等，为消费者打造专属城市的独特记忆。通过创新性地将便捷智能的科技应用于门店，李宁将持续加强与消费者的互动沟通，提升消费者体验，传递品牌的态度和温度。

（资料来源：中国李宁首家城市定制店：运动潮流碰撞带来全新零售体验. https://baijiahao.baidu.com/s?id=1746916211221112553&wfr=spider&for=pc.本书有删改）

4.2 新零售顾客接触

在新零售的广阔舞台上，顾客接触不仅是企业与消费者建立连接的桥梁，更是塑造卓越顾客体验的核心环节。深入理解新零售顾客接触点的内涵与分类，有效实施接触点管理，并洞察其未来发展方向，对于零售企业而言至关重要。接下来，我们将逐一剖析这些关键要素，探索如何在新零售时代中优化顾客接触，以驱动业务增长与提升顾客忠诚度。

4.2.1 新零售顾客接触点的内涵及分类

1963年，富兰克林首次提出了服务接触的概念，他认为买卖双方的交易过程就是双方的接触互动过程。1978年，诺尔曼（Richard Normann）将服务接触点称为“Moments of Truth”，中文翻译有“真实瞬间”和“关键时刻”两种译法，意为服务提供者和顾客面对面接触瞬间的、真实感受。伴随着新零售的发展，现有接触点也被赋予了新的内涵。顾客开始广泛通过多种渠道和媒体中的无数接触点与公司进行互动。在新零售背景下，顾客接触点是顾客在线上线下服务路径与节点上的“真实瞬间”，能够对顾客产生不同的影响。通过合适的接触点的建立，能够满足顾客的整体体验感、获得高满意度、达到预期期望，并提高顾客的获取率。同时，接触点所构建起的完整服务程序与系统，是新零售服务流程的核心要素。

新零售顾客接触点大致可以分为物理接触点、数字接触点和人际接触点。其中，物理接触点指的是服务提供者和顾客之间的接触点，这些接触点往往是有形的、可触碰的，如有形的产品、商品、物理环境等；数字接触点指的是顾客在使用智能设备，如手机应用、网站或是其他数字设备过程中产生的接触点；人际接触点则更多地强调人与人之间的接触，比如顾客与服务提供者、服务管理者等不同利益相关者之间的接触点。

小 资 料

酒店新零售服务接触分析——以网易严选酒店为例

　　网易严选酒店的主要零售场景可以按空间分为大厅零售场景和客房零售场景。大厅场景不仅作为酒店吸引顾客的空间，同时也是网易严选的线下卖场，其商品与线上商城的商品基本一致，顾客可直接在酒店进行购买。而客房则作为顾客沉浸式的体验场景，在住宿过程中，顾客可以无干扰地使用客房内的零售商品（如图4-1所示）。

接触点	大厅零售服务接触点			客房零售服务接触点		
物理接触点	商品展台	网易严选商品	商品场景展示	网易严选零食	免费饮料	严选床上用品
	品牌LOGO	品牌标语	严选书籍	严选洗漱用品	严选电器	严选商城二维码
数字接触点	品牌介绍视频	自助入住设备		网易严选线上商城		
人际接触点	酒店服务人员兼导购人员			后勤人员		

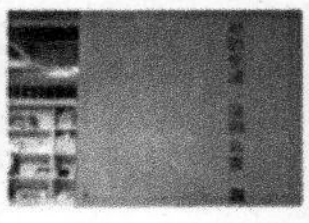

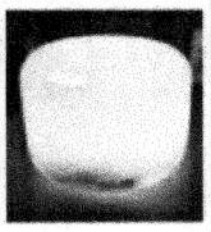

图 4-1　网易严选酒店服务接触观察

（资料来源：颜晨曦，肖东娟，巩淼森. 面向酒店场景的新零售服务接触设计研究——以网易严选酒店为例［J］. 设计，2020，33（05）：70-74. 本书有删改）

1. 物理接触点

　　大厅的主要物理接触点为网易严选的品牌空间，如品牌LOGO、标语、书籍等，这些元素共同营造了其品牌的生活场景。此外，展厅中陈列了许多网易严选电商新推出的产品，以及结合酒店用户需求推出的行李箱、衣物、伴手礼等常见的旅行用品。客房里的物理接触点主要是网易严选的家居类用品，包括床上用品、洗漱用品、家居电器、办公工具等，还包括严选的网红零食，这些元素共同打造了一个网易严选的居家场景。

2. 数字接触点

大厅的主要数字接触点为内嵌在展柜里的显示屏幕，这些屏幕放映商品的介绍视频和网易严选的品牌广告，通过音乐、动画、数字化的内容来充分展示网易严选的品牌调性、产品品质和所宣扬的生活态度。在整个场景中，顾客可以通过网易严选线上商城App来深入了解商品信息，实现线上与线下的同步消费。

3. 人际接触点

大厅的主要人际接触点为酒店服务人员和部分导购人员，他们主要负责顾客的入住管理和购物引导，兼顾了酒店管理者和商场导购员的角色。客房基本无人际接触，仅有部分时段的送餐与客房清洁服务。

4.2.2 新零售顾客接触点管理

随着网上商店和全渠道商店的出现，新零售顾客接触点的概念在以下三个方面进一步得到拓展：一是不再局限于售中阶段，而是双向延伸至售前和售后的消费全过程的所有接触点；二是不再局限于人与人之间的接触点，而是延伸至物理接触点（如产品、设备、环境等接触点）和数字接触点（如使用手机等数字设备的接触点）；三是不仅包括过去的线下接触点，也包括正在逐渐增加的线上接触点，体现了新零售情境下线上线下的全渠道融合。由于服务接触点是描绘服务蓝图和顾客旅程的重要基础，如图4-2所示，因此新零售内容的这一扩展有着重要意义。

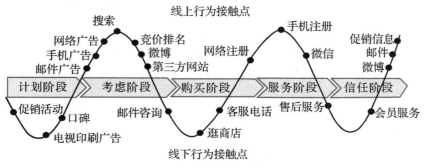

图4-2　顾客旅程中的全渠道接触点

资料来源：李四达. 交互与服务设计［M］. 清华大学出版社，2017，第204页.

小 资 料

Adaptive Path体验设计专家瑞斯在创建欧洲铁路顾客体验旅程时，首先回顾了顾客旅程接触图，遵循顾客购买和消费旅程的顺序，按照线上线下多种渠道范围，具体描绘了各个接触点的特征，为绘制顾客旅程图奠定了基础（见表4-1）。

表4-1　铁路顾客的全渠道接触点清单

顾客行为阶段	1.研究和计划	2.购买	3.预定	4.旅行前	5.旅行	6.旅行后
过程特征	○	○	→	⌐→	○	○
渠道类型						
1.网站	地图、测试日程表、时间表、目的页、FAQ、大致的产品和网页搜索	日程查询、价格查询、多城市查询、比较	网站预定通道：预定成功、旅行、多旅行	选择备选文档：车站电子票、家里打印票、邮件票	联系页找电子邮件或电话	
2.呼叫中心	其他分支、计划（产品）、日程表、一般性问题	网站导航帮助	自动预定支付、顾客服务、公司（CustRep）预定、网站导航帮助	呼叫回复：票务选项、需要票的邮寄、解决问题（信息、支付等）	打电话问票、一般电话回复：日程表、票务、文档	
3.移动设备	旅行想法	日常表	移动旅行预定		查询旅行指南、日程表、购买额外票	
4.通信媒体（社交、邮件和聊天工具）	聊天寻找网站导航帮助	FB对比、电子邮件问题、聊天工具寻找网站、导航帮助	聊天寻找预定支持	电子邮件确认、电子邮件询问、掌握票据	询问问题及解决的回复：日程表和票	投诉或赞扬调查
5.顾客关系						请求退款、从呼叫中心升级
6.其他渠道	旅行顾问、旅游博客、社交媒体、一般性搜索	航线比较、小艇、直接铁路站点	亿客行（全球最大的网络旅游公司）		旅行博客、直接铁路站点、Google搜索	旅行顾问、评价网站、Facebook

注：○非线性、没有时间限制；——→线性过程；⌐→非线性，但有时间限制。

（资料来源：[美]卡尔巴赫.用户可视化指南[M].北京：人民邮电出版社，2018，第109页.）

4.2.3　新零售顾客接触点的未来发展方向

随着新零售下科学技术的进步与发展，在服务实践中也会产生新的接触点应用场景。

1．大数据与接触点的融合

随着现代服务业和互联网信息技术的结合，服务提供者可以收集海量服务流程链条中的用户与各接触点交互的行为、情感和态度等数据。将接触点优化与大数据分析相结合，能够帮助企业更加精准地投入和准确地把握服务设计的创新方向。

2．接触点数字化转型

随着人工智能、AR和VR等高科技数字技术的发展，接触点概念与人机交互领域的结合日益紧密，促进了接触点的数字化与多维度人机交互体验的发展。

3．接触点与产品体验设计结合

产品服务系统设计概念的提出，使人们开始将产品和服务视为一个整体。接触点这一服务设计概念也将被运用到产品设计领域中，体现为产品与用户的物理或虚拟接触点，以及产品体验旅程中的各个接触点。

小资料

基于接触点的设计策略分析——以网易严选酒店为例

如表4-2所示，对不同流程阶段的接触点痛点进行梳理后，我们发现痛点主要出现在入店前、购物、离店阶段。根据这些阶段的特点，我们可以输出相应的设计机会点和设计策略。

在入店前阶段，顾客希望即时了解实体店的特色产品，但缺乏相应的线上了解渠道和对应页面，导致顾客对酒店里的具体商品信息一无所知。因此我们应在线上环境设立App上的在线商城页面，让顾客提前进行商品信息的查看和试用商品的选择，并在页面中对部分商品进行推荐，以便顾客快速找到感兴趣的商品。

在购物阶段，顾客会借助线下场景详细查看商品，并结合线上商品进行对比。此时线上与线下之间需要一个连接入口，但线下的二维码并未直接与线上商品页面对应，而是仅进入商城首页，这增加了顾客的搜索步骤，影响了购物体验的流畅度，因此需要优化页面二维码等工具的连接流程。另外，线下商品也缺乏相联系的推荐信息和展示物料。针对这一问题，我们需要为线下商品的选用以及信息的展示提供商品的个性化选择方式、商品品类的需求反馈渠道以及商品对应的展示物料等。同时，导购人员也需提升导购技巧，增加对线下商品信息和线上商品平台功能的了解程度，为顾客提供优质的导购服务。

　　在离店阶段，新零售企业应提供零售体验及商品体验的反馈渠道。顾客方面希望对整体的零售体验以及所使用的商品进行评价反馈；而新零售企业方面则希望借助顾客的体验反馈来改善服务细节。因此，我们需要在线上App建立相应的反馈页面。

表 4-2　网易严选酒店的接触点设计策略分析

阶段	入店前	入店	购物	支付	离店
接触点痛点	数字接触点： 不知道酒店内的具体商品信息	—	物理接触点： 1.二维码只对应App无对应具体商品 2.无部分顾客想要的商品 3.客房内可体验的商品品类单一 数字接触点： 1.新商品、"爆款"商品无推荐信息 人际接触点 2.导购人员对部分商品不熟悉	—	数字接触点： 1.无酒店商品线上反馈渠道 2.无零售体验线上反馈渠道
设计机会点	数字接触点： 1.快速找到酒店商品信息 2.提前了解酒店商品推荐	—	物理接触点： 1.二维码直接对应线上商品信息 2.商品信息化和多元化 3.试用商品可选 数字接触点： 1.导购的辅助物料 2.推荐新品、"爆品"人际接触点 3.培训导购人员	—	数字接触点： 提供线上反馈渠道
设计策略	数字接触点： 1.提供酒店商品页面入口（在分类导航栏添加图标） 2.提供酒店商品列表页（按场景与商品类型分类） 3.提供酒店位置识别（在酒店附近自动跳出浮窗提示）	—	物理接触点： 1.扫码流程优化（扫描二维码进入对应商品页面） 2.试用商品可选择（提供试用选择列表） 3.导购的辅助物料（信息卡片、海报、标签） 数字接触点： 1.推荐新品、"爆品"页面 2.商品需求反馈页面（顾客反馈商品需求、酒店分析需求量、酒店提供高需求商品） 人际接触点： 导购技巧与商品信息了解（礼仪沟通和商品信息学习）	—	数字接触点： 1.酒店商品评价页面 2.酒店零售体验反馈页面

　　（资料来源：颜晨曦，肖东娟，巩淼森. 面向酒店场景的新零售服务接触设计研究——以网易严选酒店为例 [J]. 设计，2020，33（05）：70-74. 本书有删改）

4.3 新零售顾客旅程

在全面理解了新零售环境下顾客体验的核心价值后，我们应自然而然地转向探讨新零售顾客旅程的深刻内涵与独特特征。接下来，我们将细致剖析新零售顾客旅程体验图的基本结构，并通过阐述其绘制过程，呈现一幅清晰、生动的顾客体验蓝图。这一过程不仅是对新零售顾客行为模式的深入洞察，更是为提升顾客满意度与忠诚度提供了有力的工具与方法。

4.3.1 新零售顾客旅程的定义和特征

2010年1月，顾客体验研究专家Temkin发布了一份名为《绘制顾客旅程图》(*Mapping the Customer Journey*) 的报告，直接使用该词汇作为标题，并给出了定义。顾客旅程是指描绘顾客购买过程、需求、看法以及与公司关系的图形，并且重现了Temkin为乐高公司创建的顾客体验图。顾客旅程还可以由购买前、购买中和购买后的多个阶段来定义，这些阶段越来越被视为非线性和更复杂的过程。2016年，麦肯锡顾客体验专家详细解释了顾客旅程的含义：第一，它是顾客的一个经历，是接触点连接起来的完整旅程，而非仅仅是接触点；第二，不是关注单个接触点的体验，而是关注整个旅程的体验，顾客对每个接触点满意并不一定意味着对整个旅程满意；第三，描述旅程的语言是基于顾客的视角，例如"我想进行产品换代"；第四，涉及线上线下多种渠道的接触点；第五，旅程持续时间较长，同时是可以重复的。

在新零售情景下，渠道整合逐渐向全渠道转变，每个阶段内开展的顾客旅程活动也都发生了变化。例如，在购买前阶段，顾客可以在智能手机上比较价格；在购买中阶段，顾客可以在线上线下选择一系列支付和送货方式；而购买后阶段则包括关注顾客体验、服务、退货、回购，以及口碑、参与度、忠诚度。这种复杂性主要利用了人、虚拟和技术驱动的接触，导致了线上和线下零售空间的融合。可见，随着互联网和数字技术的发展，以及新零售企业日益努力提供的无缝渠道体验，如今的顾客可以定义自己的购物旅程。顾客开始体验了一种前所未有的自由，他们同时切换和整合渠道比以往任何时候都更容易。因此，越来越多的顾客已经成为多渠道购物者，他们一方面搜索信息，另一方面通过渠道组合做出购买决定，进而在特定时刻使其购物需求得到最好的满足。这些顾客反过来也会要求新零售企业采取新的和具体的方式，希望公司将触角延伸到尽可能多的渠道，从而最大化提供交易的机会。

"用户旅程"应用案例分析——以盒马鲜生等零售企业为例

在零售行业中，典型的用户消费旅程可以分为认知、到达、准备、购买、体验、物流、售后七个消费阶段，这也是"用户旅程"发展的五个阶段在该行业中的具体表现。

盒马鲜生从"用户旅程"的角度为用户带来了无缝融合的跨渠道用户体验。它关注于用户线上线下购物体验的融合性，将"人—商品—数字化工具—金钱"串联起来，让数字产品承担起线上线下购物的助手，甚至智能导购的角色，颠覆了传统商超用户的购物体验。同时，盒马鲜生又在一些线下的关键接触点上充分利用线上工具进行辅助，并在体验细节上围绕产品、环境、情感等维度进行创新。

作为新零售的典范，盒马从创立之初就开始关注"用户旅程"的各个阶段，并从用户的角度思考为用户提供有价值的理念和便利的方式，结合"用户旅程"进行创新。这一创新也为盒马实现了普通商场三倍的坪效，其用户转化率高达35%，用户黏性和线上转化率均远高于传统电商，是对"用户旅程"转化为营销手段的典型案例。

（资料来源：从"接触点"到"用户旅程"——从顾客的角度开始营销策划. https://zhuanlan.zhihu.com/p/157184960. 本书有删改）

4.3.2　新零售顾客旅程体验图的基本结构

从阿里云栖大会开始，我国掀起了一场新零售变革。在这场变革中，顾客通过全渠道搜集信息、下订单、付款、取货和发表评论。依据顾客导向的原理，企业需要全渠道地满足他们的需求，制定新零售的营销战略和策略。因此，构建一个新零售情境下的顾客全渠道旅程体验图就显得十分必要。有学者指出，在构建顾客旅程图过程中，需要描绘出顾客在旅程的各个阶段，在线下线上渠道的行为或体验，即形成跨渠道可视图，该图将每一种渠道与顾客旅程的各个阶段连接成为"泳道"（大多是跳跃式的非直线型）。这些都表明了构建新零售顾客旅程体验图的重要意义。

新零售顾客旅程体验图就是"全渠道"与"顾客旅程体验图"的结合。由上述可知，顾客旅程体验图的基本内容包括顾客画像（个体或群体）、顾客旅程（购前、购中和购后）、顾客体验（便捷、感官、情感）以及企业旅程（售前、售中和售后）的行为。

"全渠道"的内涵是指线下线上渠道的融合，其外延并非特指"分销渠道"或"销售渠道"的概念，而是指全渠道营销，即包括全渠道的产品设计和生产、全渠道的服务、全渠道的定价、全渠道的店铺位置和环境，以及全渠道的传播或沟通。这样才能使全渠道遍及顾客旅程的每一个阶段的每一个步骤，而不仅仅局限于购买或销售环节。

新零售顾客旅程体验图的基本结构，是在上述顾客旅程、企业旅程以及交互接触点中融入了"全渠道"的特征。这个特征主要体现在四个方面：一是顾客画像是线上顾客、线下顾客，以及线下线上跳跃的顾客的画像；二是顾客旅程的各个阶段和步骤可能选择线下，也可能选择线上，也可能在二者之间穿行和跨越；三是企业旅程的各个阶段和步骤可能选择线下，也可能选择线上，也可能在二者之间穿行和跨越；四是顾客体验的接触点，即顾客旅程和企业旅程交互的点，这个点同样可能选择线下，也可能选择线上，也可能选择在二者之间穿行和跨越。

小 资 料

全渠道顾客旅程体验图框架

全渠道顾客旅程体验图框架，如图4-3所示。

背景	绘者	绘制者姓名，完成日期						
	情境	品牌或项目所处的情境（如生命周期哪个阶段等）						
	目标	绘制该图的主要目标（要解决的问题）						
客户画像	照片	全渠道的客户：真实人或虚拟人；一个人或一个群体						
	特征	全渠道的人口统计特征、心理和性格特征等						
客户旅程	阶段	搜集信息	选择	下订单	支付款项	收货	消费	评论反馈
	步骤							
	线下							
	线上							
客户体验	便捷							
	感官							
	情感							
企业旅程	线下							
	线上							
	步骤							
	阶段	提供信息	展示	收订单	收款	送递货	指导	回应评论
	资源							
机会点		简洁和清晰地说明关键性结论：机会点、风险点和规避点						

图4-3　全渠道顾客旅程体验图框架

（资料来源：李飞. 全渠道顾客旅程体验图——基于用户画像、顾客体验图和顾客旅程图的整合研究 [J]. 技术经济，2019，38（05）：46-56.）

4.3.3　新零售顾客旅程体验图的绘制过程

绘制一幅新零售顾客旅程体验图，需要进行整合研究。以下是对以往研究成果进行整合，所得出的新零售顾客旅程体验图的创建步骤，如表4-3所示。

表 4-3　新零售顾客旅程体验图的创建步骤

阶段	步骤
1. 绘制背景	① 标明绘图者及日期 ② 说明绘图的情境 ③ 明确绘图的目标 ④ 将相关内容填入框架图的背景位置
2. 绘制顾客画像	① 确定分析的产品类别 ② 选择目标顾客 ③ 调研目标顾客 ④ 描述他们是谁（人口统计特征） ⑤ 概述他们是什么样（心理和性格） ⑥ 将相关内容填入框架图的顾客画像位置
3. 描绘顾客旅程	① 调研目标顾客新零售购前、购中和购后的行为 ② 了解各个阶段的全部接触点 ③ 将这些接触点依序排列 ④ 将相关内容填入框架图的顾客旅程位置
4. 描绘顾客体验	① 选择顾客体验类别（便捷、感官和情感） ② 选择评价标志和标准（满意、不满意等） ③ 调研目标顾客在新零售各个接触点体验情况 ④ 将结果填入框架图的顾客体验位置
5. 描绘企业旅程	① 调研企业新零售售前、售中和售后的行为 ② 了解各个阶段的全部接触点 ③ 将这些接触点依序排列 ④ 说明重要资源匹配 ⑤ 将相关内容填入框架图的顾客旅程位置
6. 描绘机会点	① 分析机会点 ② 说明企业旅程的关键点 ③ 将相关内容填入框架图的描绘机会点的位置

小 资 料

全渠道顾客旅程体验图的实际应用

通过分析一个共享单车品牌M的案例，说明全渠道顾客旅程体验图的应用。假设是对该品牌成熟期服务体验现状的分析，方法是基于全渠道顾客旅程体验图的6个阶段和26个步骤进行详细说明。

第一阶段：明确全渠道顾客体验图的应用背景

该阶段包括表明绘制者和完成日期、明确创建该图的情境、明确创建该图的目标以及将相关内容填入框架图四个步骤。第一个步骤，说明"M品牌全渠道顾客旅程体验图创建者为李飞"。第二个步骤，明确该图的创建情境是"M共享单车品牌成熟期的服务体验分析，销售收入增长出现了明显的停滞现象"。第三个步骤，明确该图的创建目标是"通过分析服务体验的问题，找出销售下降和亏损的原因，探寻未来发展的路径"。第四个步骤，将上述内容填入到空白框架图中的背景位置（参见图4-4相关内容）。

第二阶段：绘制顾客画像

该阶段包括确定产品类别、选择目标顾客、调研目标顾客、描述他们是谁和是什么样的以及将相关内容填入框架图六个步骤。第一个步骤，界定该图的产品类别为共享单车服务。第二个步骤，选择的目标顾客为一线和二线城市的在校大学生。第三个步骤，对目标顾客进行调研。可以采取全渠道的调研方式，线上和线下大数据结合，并运用云计算和算法生成顾客标签。第四个步骤，描述目标顾客是谁（大数据生成的人口统计标签），"一二线城市的本科和研究生，18~28岁，收入来源于助学金和家长，平均每月3000元，为低收入人群"。第五个步骤，描述目标顾客什么样（大数据生成的心理和性格标签），"交往活动频繁，较多短距离出行，追求自由开放，好奇新事物，充满着青春和活力，注重便捷体验，受各种促销及优惠政策影响极大"。第六个步骤，将相关内容填入框架图中的顾客画像位置（参见图4-4相关内容）。

第三阶段：描绘顾客旅程

该阶段包括调研目标顾客的全渠道旅程的阶段、探寻各个阶段的全部接触点、将这些接触点依序排列以及将相关内容填入框架图的顾客旅程位置四个步骤。第一个步骤，发现顾客旅程的阶段。通过调研发现，目标顾客在购前、购中和购后的全部旅程中，经历了线上和线下了解、线上注册、线下选车、线下取车、线下骑行、线上支付和线下线上评论7个阶段。第二个步骤，清晰化各个阶段的接触点。通过调研发现，目标顾客在上述7个阶段经历了16个接触点，即了解阶段有线下线上听说和询问两个接触点，线上注册阶段有线上注册和交押金两个接触点，线下选车（下订单）阶段有线下搜寻和选择两个接触点，线下取车阶段有线上定位和线下开锁、推走三个接触点，线下骑行阶段有线下骑行、停锁车两个接触点，线上支付阶段有线上扫码和支付两个接触点，评论阶段有选择线下线上媒体、发表评论和关注反应三个接触点。第三个步骤，将接触点依序排列至各个阶段。第四个步骤，将顾客旅程的7个阶段，以及相匹配的16个接触点依序填入框架图的顾客旅程位置，并将线下线上接触点用线条连接起来（参见图4-4相关内容）。

第四阶段：描绘顾客体验

该阶段包括选择目标顾客的体验类型、选择评价标准和标志、规划目标顾客在各个接触点的满意度以及填入到框架图的顾客体验位置四个步骤。第一个步骤，选择目标顾客的体验类型，仍然是非常关注便捷和省钱的体验。第二个步骤，选择评价标准和标志，选择非常满意、满意和不满意为标准，分别用开口笑脸、微笑脸和哭脸图形标志来标示，脸型图示越大表明目标顾客越关注，越小则表明越不关注。第三个步骤，调研目标顾客在各个接触点的满意度情况，发现在便捷体验方面，有1个非常满意（顾客最为关注），13个满意（顾客一般关注），2个不满意（一个为顾客非常关注）。在省钱体验方面，0个非常满意，12个满意，4个不满意（几乎都是顾客非常关注）。第四个步骤，将上述内容转换成表情包，填入到全渠道顾客旅程体验图的顾客体验位置（参见图4-4相关内容）。

第五阶段：描绘企业旅程图

该阶段包括调研企业的全渠道旅程的阶段、探寻各个阶段的全部接触点、将这些接触点依序排列、表明重要资源整合以及将相关内容填入框架图的企业旅程位置五个步骤。第一个步骤，发现企业旅程及阶段，通过调研发现企业旅程包括为线上和线下提供信息、线上提供注册、线下放车辆、线下提供取车、线下支持骑行、支持线上支付以及接收线下线上评论7个阶段。第二个步骤，清晰化各个阶段的接触点，发送信息阶段有提供线下口碑和线上客服两个接触点，线上注册阶段提供线上注册和收押金两个接触点，线下选车阶段提供线下放车和排列两个接触点，支持取车服务阶段有线上可见、线下允许和放行三个接触点，线下支持骑行阶段有跟踪和同意锁车两个接触点，线上支付阶段有支持扫码和收款两个接触点，回应评论阶段有关注舆情、接收舆情和反馈三个接触点，共有16个接触点。第三个步骤，将16个接触点排序至7个阶段中。第四个步骤，说明企业的关键资源整合行为，基于竞争的激烈化，公司为了降低成本，限制了押金自由退还措施，未增加车辆数量，停止了骑行奖励和免费骑行的刺激，对顾客意见也没有及时反馈。第五个步骤，将相关内容填入框架图的企业旅程位置（参见图4-4相关内容）。

第六阶段：分析问题点、矛盾点和改进方向

在该案例中，问题点为目标顾客关注的便捷性和省钱体验无法达到满意，导致销售增长停滞。矛盾点为公司面临盈利压力，采取了降低成本策略，取消了大规模的免费和奖励骑行政策，而竞争对手大规模涌入，且提供免押金、免费或奖励骑行等政策，导致关注省钱体验的一些顾客抛弃了M品牌。改进点为抛弃价格敏感型顾客群，或者恢复奖励骑行制度，寻求广告、数据和平台等路径的增收模

式。将此内容填入框架图中（参见图4-4相关内容）。

当然，该工具也可以用于其他情境，例如制定服务体验规划和提出改善服务体验的建议。后者是在前述"M品牌共享单车服务成熟期的全渠道顾客旅程体验问题图"的基础上，提出一个"M品牌共享单车服务成熟期的全渠道顾客旅程体验改进图"。或者不改变目标顾客，创建一个新的盈利的商业模式，或者将目标顾客调整为注重环保和愿意出高价的非价格敏感人群。目前的情况是，销售额的增加过分依赖于奖励和免费骑行的成本增加，即使达到了理想规模也难以进入盈利期。

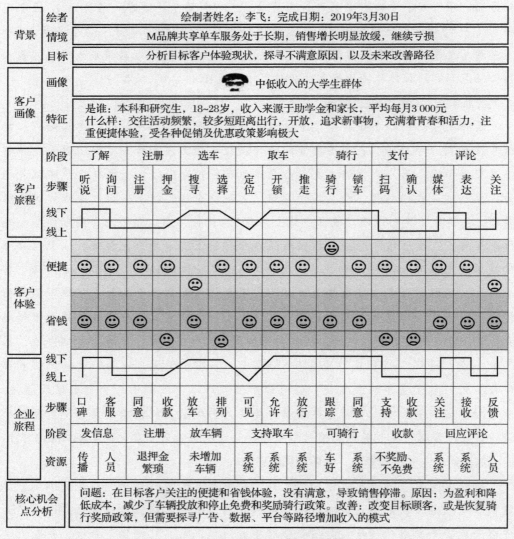

图4-4 全渠道顾客旅程体验图框架

（资料来源：李飞. 全渠道顾客旅程体验图——基于用户画像、顾客体验图和顾客旅程图的整合研究[J]. 技术经济，2019，38（05）：46-56. 本书有删改）

4.4　新零售服务蓝图

在深入探讨新零售服务蓝图的核心要素之前，有必要先对现有的服务蓝图进行一次全面的归纳与讨论，以此作为基石，进而巧妙地过渡到新零售服务蓝图的创新构建上，并详细阐述其独特的基本模型。这一过程不仅是对传统服务模式的深刻反思，更是对未来零售业态转型与升级路径的前瞻性探索。

4.4.1　对已有服务蓝图的归纳和讨论

基于服务蓝图的演化分析，其发展历程经历了顾客省时体验、感官体验和情感体验三个阶段，伴随着这三个阶段，形成了线下服务渠道、线下线上服务渠道并存和线下线上渠道跨越的三种服务蓝图，它们具有相关性，但也不完全一一对应。具体来说，在服务蓝图的使命方面（即完善顾客体验、提升服务效率）没有发生变化，但是在服务蓝图的目的、内容、结构、接触点范围和辐射的顾客旅程阶段等方面都发生了显著变化。

1. 服务蓝图的内涵

服务蓝图（Service Blueprint）是服务设计与管理的重要工具之一，在医疗、餐饮、旅游、金融、零售等服务领域有着广泛的应用。自1982年被提出以来，随着顾客需求和竞争环境的变化，服务蓝图无论是目的、内容、结构，还是接触点范围、涉及顾客行为过程的阶段都发生了变化，出现了多种服务蓝图并存的情况，这导致了选择和实施的困难性，而且，至今还没有与当前新零售情境完全匹配的服务蓝图。1982年，美国花旗银行副行长肖斯坦科（Shostack）最早提出了服务蓝图的概念，即作为一种帮助服务商节省服务时间、提高服务效率以及高质量完成服务过程并盈利的管理工具。这是从服务蓝图用途（目的）角度进行的说明，并没有清晰地解释其本质内容。随着人们对于服务蓝图理解的加深，对其解释也越来越准确。著名服务营销学者泽丝曼尔和比特纳认为，服务蓝图是详细描述服务系统的可视化图形，内容包括服务实施的过程、接待顾客的空间点、服务员的角色和有形呈现（或展示），其用途是指导前后台员工从事相关服务行为。这一解释被广泛接受。至于为何用"蓝图"来比喻，这源于建筑（或生产）设计的施工图经过暴晒后成为蓝色而被称为蓝图。服务专家借用"蓝图"一词，表明服务蓝图就是服务过程的"施工"或"生产"图，可以指导企业和员工的服务行为，以实现企业服务目标。

2. 服务蓝图的目的

服务蓝图的目的已经由最初的改善顾客购买和消费的省时体验扩展至感官体验，再进一步扩展至情感体验。需要提醒的是，这三种目标体验不是互相取代的关系，而是互相交融或是并存发展的。时至今日，仍然会看到为节省顾客时间而创建的服务蓝图，它对于一些便利性服务行业具有长久的应用价值。例如，1982年出现的服务蓝图目的是节省时间，2005年，沃麦克和琼斯仍然基于节省时间的服务蓝图提出了精益服务的解决方案，且相关著作至今畅销不衰。2008年，霍夫曼等合著的《服务营销学精要（中文改编版第2版）》在讨论服务蓝图设计时，其结构也是聚焦于顾客节省时间的体验。同时，至今仍然存在着大量的感官体验的服务蓝图设计。因此，未来顾客省时体验的服务蓝图、感官体验的服务蓝图和情感体验的服务蓝图将并存，但也不排除在一幅服务蓝图中出现同时呈现省时、感官和情感三种体验的情形。

3. 服务蓝图的结构

服务蓝图的结构从1982年的可视和非可视两个部分（可视部分规定了每一个环节花费时间的标准以及可接受的总时间标准；不可视部分的描述则强调了不可视部分的重要影响作用及其与可视部分的逻辑关系），发展至1996年确定的基本内容和结构，包括有形展示、顾客行为、前台服务、后台服务及支持系统等五项内容，以及外部互动线、可视线和内部互动线等三条分割线。直到今天，这个结构和内容仍处于基本稳定的状态。例如，2018年泽丝曼尔等出版的具有全球影响的《服务营销（第7版）》中，仍然维持了20多年前确定的服务蓝图内容和结构。因此，未来这一内容结构不会发生太大的改变。因为这一结构与平衡积分卡和全渠道营销有效管理工具的内容结构相类似，包含了顾客层面、营销层面、流程层面和资源层面，基本可以揭示服务运营管理的基本过程和规律。

4. 服务蓝图的接触点范围

服务蓝图的接触点范围已经从线下服务渠道拓展至线下线上并存的渠道，再进一步拓展至线下线上跨越的渠道。这三种服务蓝图不是相互取代的关系，而是并存发展的。这源于现实生活中存在着单纯的线下服务商、单纯的线上服务商和线下线上并存的服务商。这三种服务蓝图并存的原因除了三种服务渠道并存之外，还有一个原因就是服务蓝图向售前的动机产生和售后的服务延伸了，而这两个环节大多通过信息传播完成，自然离不开线上沟通渠道以及线下服务渠道。未来服务蓝图的接触点范围必然是线下线上服务渠道融合的趋势，但也不排除个别仅仅是线下接触点的服务蓝图，或是仅仅涉及线上接触点的服务蓝图。

5. 服务蓝图涉及的顾客旅程

服务蓝图涉及的顾客旅程已经从售中的购买阶段扩展至售后消费阶段，再进一步扩展至售前的动机产生和售后的服务阶段。服务蓝图在初期一直被认为是购买和销售服务阶段的蓝图，仅仅包括顾客进店之后的行为，不包括售前和售后的行为。至今仍有学者认为，如果顾客旅程包括需求产生、学习比较、选择、购买、使用、付款、推荐他人七个阶段的话，服务蓝图则仅仅服务于其中的"购买"阶段。如今，服务蓝图已经从售中阶段扩展至售前、售后阶段，构成了一个相对完整的服务蓝图旅程。服务蓝图向前延伸至购前阶段，可以增加新顾客，吸引店外顾客，这在诸多竞争对手争夺客流、客流下降的严峻环境下显得非常必要。服务蓝图向后延伸至售后阶段，可以留住老顾客，提升顾客满意度，增强老顾客的黏性和忠诚度，这在顾客流失、开发新顾客导致成本迅速增加的态势下也是必不可少的。

由前面的分析，我们可以得到服务蓝图未来的发展趋势：①服务蓝图的使命将不会发生变化，仍然是为了提升服务效率；②服务蓝图的目的将是给顾客更好的省时体验、感官体验和情感体验组合；③服务蓝图的内容结构将包括有形呈现的支持系统、有形呈现、顾客行为、前台员工行为、后台员工行为、员工行为的支持系统六个部分；④服务蓝图的接触点范围将包括线下渠道接触点、线上渠道接触点，以及它们的并存、跨越和融合形态；⑤服务蓝图的旅程将包括售前、售中和售后的全过程。这样就可以将服务蓝图已有的和未来的演化轨迹描绘出来，形成一个表格，如表4-4所示，一目了然地展现各个阶段的特征及演化规律。

表 4-4　服务蓝图演化轨迹

演化内容	使命	目的	内容	接触点	顾客旅程
线下的省时体验阶段（1982—1992年）	提升服务效率	改进省时体验	可视和非可视两个部分	线下接触点	购买阶段
线下线上并存的感官体验阶段（1993—2008年）	提升服务效率	扩展至改进感官体验	有形呈现、顾客行为、前台服务、后台服务、支持系统五个部分	线下线上接触点并存	购买+售后
线下线上跨越的情感体验阶段（2009—2018年）	提升服务效率	扩展至改进情感体验	有形呈现、顾客行为、前台服务、后台服务、支持系统五个部分	线下线上接触点跨越	售前+售中+售后
线下线上新零售的综合体验阶段（2019年至今）	提升服务效率	改进综合体验	有形呈现的支持系统、有形呈现、顾客行为、前台员工行为、后台员工行为、员工行为的支持系统六个部分	线下线上接触点融合	售前+售中+售后

小资料

营销4.0时代下餐饮业服务蓝图的构建与优化

1. 场景体验设计的深化

在餐饮行业竞争加剧的当下，很多商家除了提高菜品的口味和色泽外，他们在餐厅的场景布局上也下足了功夫。由此掀起了一股"场景体验主义"的风潮。"场景体验主义"注重通过优化场景布局来寻找与顾客情感的共鸣。楼梯、灯光、绿植等有形展示的特殊化设计共同营造了吸引顾客的环境。在营销4.0时代，面对"消费升级"的浪潮，餐饮业对场景体验的优化不能仅限于环境的优化，商家更应该在场景体验设计中融入与顾客的价值共创部分，例如，通过创造和讲述与消费者的故事来加强与消费者之间的纽带，真正做到"我所见之景皆着我之色彩"。

2. 社群建设与粉丝经济的培育

菲利普·科特勒认为，在未来，消费者的购买决策愈发会受到F因素（Family，Friends，Facebook，Fan，Followers）的影响，可以说，F因素在他们的购买决策中起到了决定性作用。诸多互联网社区的建立和发展，让消费者越来越重视从家庭内部或者权威的社交媒体上获取产品的体验信息，例如在买书之前查询豆瓣书评，在好友的推荐下选择吃饭的餐厅。因此，餐饮业未来的发展应该更加注重社群建设，乃至培育粉丝经济，以此深化与消费者的联系，提升品牌影响力与忠诚度。

3. 智能化软硬件的升级与应用

智能化软硬件系统作为餐饮行业的支持系统，可以提升餐饮企业的运营效率、标准化程度以及顾客的产品体验感。随着VR技术、AI技术等新兴技术的发展，餐饮业的智能化水平也会逐步提高，顾客的用餐流程会更加简便化、有趣化，从而提升顾客的服务质量感知。相信随着新兴技术的不断完善，用于餐饮业的智能化软硬件会更加人性化、易于操作，为餐饮业带来前所未有的变革与升级。

（资料来源：斯浩伦，赵鹤，索金涛，徐文静. 营销4.0时代下餐饮业服务蓝图的构建与优化 [J]. 纳税，2018，12（21）：182. 本书有删改）

4.4.2 新零售服务蓝图的构建

在明确了新零售服务蓝图的重要性及其与传统模式的区别之后，我们接下来将深入剖析新零售服务蓝图的基本结构，并进一步细化其内容，以期揭示其在驱动零售业革新与发展中的实践价值。

1. 新零售服务蓝图的基本结构

在传统服务蓝图的结构中，有形呈现部分缺乏坚实的基础，如同无源之水。因此，在新零售服务蓝图的构建中，我们应该在原有服务蓝图结构的基础上，补充支持过程或支持系统的部分。从纵向来看，新零售服务蓝图包括有形呈现的支持系统、有形呈现、顾客行为、前台员工行为、后台员工行为和员工行为的支持系统六个部分，通过六条分割线进行分割。从横向来看，是这六个部分内容的具体化，在本质上是围绕着顾客旅程构建了一个企业服务营销旅程，两个旅程在分割线处会形成交叉点，这些交叉点就是顾客的接触点。综合来看，将接触点连接起来的线，就代表着顾客和企业的行为流程。另外，该结构还有一个重要的特征，就是在每一个接触点都实现了线下与线上的融合，线下渠道包括实体店铺、人员面对面、电视媒介、电话媒介、传真媒介、纸质媒介等，线上渠道包括线上商店、公司网站、网络平台、微信、微博、短信、电子邮件等。

2. 新零售服务蓝图的细化内容

在新零售背景下，我们需要在全渠道基础上进一步细化服务蓝图的各部分内容。

第一部分为"全渠道有形呈现的支持系统"，主要内容为店铺环境、店铺布局、店铺风格和店铺设施的设计和实施系统。第二部分为"全渠道有形呈现"，包括线下和线上全渠道的展示。全渠道有形呈现的内容可归纳为：①环境条件（如温度、空气、噪声、音乐、气味等）；②空间功能（如布局、设施、家具等）；③形象标识（如标志、物料、装饰风格等）。第三部分为"顾客的全渠道行为"。参考已有全渠道营销的相关文献和前面讨论的内容，这一行为突破了原有"购中"的局限，拓展为包括购前、购中和购后的完整顾客旅程。具体包括七个环节：搜集信息、选择商品、下订单、付款、收货、消费使用、评论及反馈。顾客在这一旅程中，实现线下线上的跨越式行进，同时也存在着折返行为。第四部分为"前台员工的全渠道行为"，主要是指前台员工在"售中"环节发生的与顾客线下线上接触的行为，这些行为常常与顾客直接购买行为相关。第五部分为"后台员工的全渠道行为"，主要是指后台员工在"售前"和"售后"环节发生的与顾客线下线上接触的行为，这些行为常常与顾客的购买动机产生和售后服务的满足及反馈直接相关。第六部分为"全渠道员工行为的支持系统"，主要是指线下线上的有形资源和无形资源的整合。这一支持系统是对员工行为的支持，是前面几个部分的重要保障。

小资料

看眼科的表情化服务蓝图

2009年，苏珊在她的一个PPT演讲稿中，把这种包括客户情感体验的服务蓝图称为"表情化的服务蓝图"（Expressive Service Blueprint），将客户的情绪和感情元素引入到传统服务蓝图之中，通过使用图形、符号、图像以及情节线索，将客户和企业交互时的情绪变化表现出来，达到可视化的效果，并创建了情感型服务蓝图的基本结构。因此，我们将2009年视为关注情感体验型服务蓝图的元年。2016年，苏珊和凯瑞为卡尔巴赫的《用户可视化指南》一书提供了案例，通过病人看眼科大夫的服务过程，说明了表情化服务蓝图的结构、内容及特征。其特征主要是包括了客户的情感性反应、更加强调前台的顾客层面、顾客和一二线员工产生互动的共鸣关系，如图4-5所示。

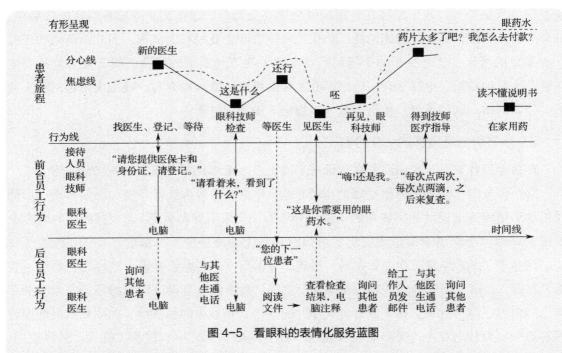

图 4-5　看眼科的表情化服务蓝图

（资料来源：［美］卡尔巴赫．用户可视化指南［M］．北京：人民邮电出版社，2018，第230页．本书有删改）

4.4.3　新零售服务蓝图的基本模型

将前述讨论的内容整合汇总，我们可以构建出一个基于新零售理念的全渠道服务蓝图的基本模型。此模型详尽展示了新零售环境下服务流程的全貌，具体如图4-6所示。

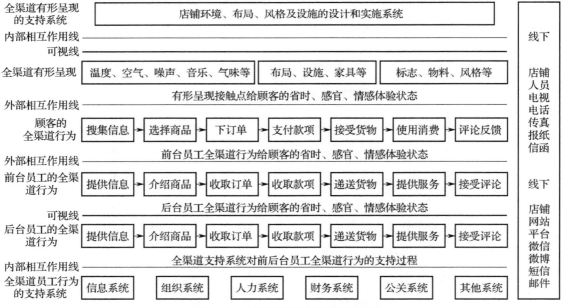

图 4-6　全渠道服务蓝图的基本模型

全渠道服务蓝图的应用

通过模拟一位顾客在一家融合线上线下渠道的线下书店的购书过程，旨在说明全渠道服务蓝图的实际应用方法。为便于理解，本文选取了一个比较简单的顾客旅程作为示例，简化了诸多复杂的环节。新零售服务蓝图的应用可归纳为以下四个步骤：

1. 绘制基本框架图

首先，我们需要构建出这位顾客在这家书店的购买（包括购前、购中和购后的7个环节）旅程图。同时，绘制出这家书店对应提供包括7个环节在内的服务旅程图以及相应的支持过程，接触点范围涉及线下线上的信息、货币和书籍（货品）转移的渠道，如图4-7所示。

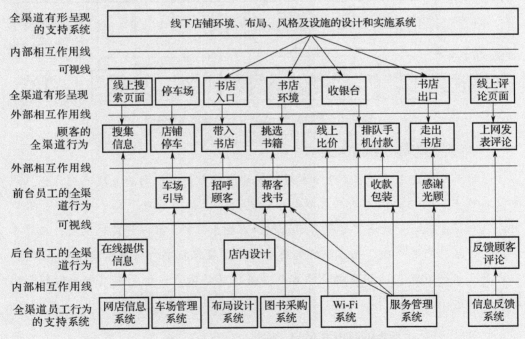

图4-7　某顾客在一家书店的全渠道服务蓝图框架

2. 标示关键接触点，评价各接触点的表现

横向的两条外部作用线与纵向的箭头线相交的点，可以视为服务企业与顾客的直接接触点。如图4-8所示，有16个接触点。通过顾客满意度调查或是多维定位感知图工具，可以发现顾客对于这16个接触点的关注程度和满意度情况，进而

可以在图中用脸部表情图标进行标示：☺表示满意，☺表示可接受，☹表示不满意；表情图大小表示顾客的关注度（越大越关注）；白色表情图表示省时体验，浅灰色的为感官体验，深灰色的为情感体验，如图4-8所示。

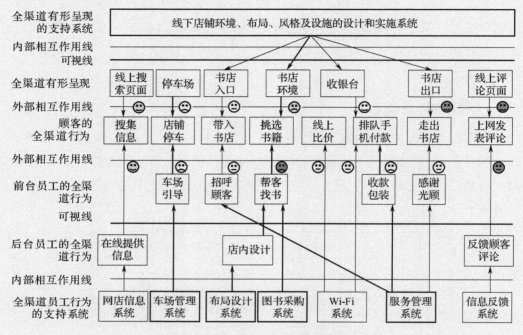

图4-8　某顾客在一家书店的全渠道服务蓝图

3. 寻找并标示问题点或机会点

问题点或机会点就是在第2步中得到的那些顾客关注但书店表现不佳的点，以及顾客虽不特别关注但书店的表现却未能达到基本标准的点。对于这些点，可以用特殊的符号在服务蓝图中进行标示。例如在图4-8中，可以清楚地发现，在停车和排队付款的省时体验、书店环境的感官体验、帮客找书的情感体验等几个方面，都是存在机会点的，这些点都是顾客非常关注的接触点，但是书店尚未做到令顾客感到满意。

4. 提出并标示未来的改进建议

主要思路是，分析每一个问题点或机会点，并提出相应的改进建议。注意这个建议不仅涉及顾客接触点的改进，而且也涉及与其相关的非可视的后台员工行为和全渠道支持系统。因此，其图示的方法是将选择的改进建议体现为连接起来的箭头线，可以用加粗的箭头线来标示。可见该书店重点需要进行的改进工作为改善车场管理系统、店铺环境系统（包括布局设计系统和图书采购系统）和服务管理系统，从而节省顾客停车和付款的时间，提升店铺内的感官体验以及接待顾客过程中的情感体验（参见图 4-8）。

　　最后需要强调的是，服务蓝图的应用就像魔方和万花筒一样千变万化，会有多种多样的形态和方法。诸多学者都进行了有益的尝试，本文举例仅仅是其中之一而已。不过，基于全渠道和体验经济的情境应用服务蓝图必须注意以下三点：①服务接触点是全渠道的，因此服务蓝图的设计可以是纯线下或纯线上的，也可以是两者跨越或融合的。②服务体验是综合性的，因此服务蓝图的设计可以是省时体验、感官体验或情感体验，也可以是其中的二者或三者，这在不同接触点或是在同一接触点的不同时空都可能是不同的。③服务蓝图是全渠道服务设计和改进的有效工具，应用于前者时要考虑顾客需求和自身竞争优势；应用于后者时要找出顾客关注且不满意的接触点，也就是顾客的痛点，然后将其变成顾客的爽点，方法是提出针对性、系统性的改进建议。

　　（资料来源：李飞. 全渠道服务蓝图——基于顾客体验和服务渠道演化视角的研究 [J]. 北京工商大学学报（社会科学版），2019，34（03）：1-14. 本书有删改）

本 章 小 结

　　新零售顾客体验是指在零售全过程中围绕顾客这一核心，通过数据的驱动、技术的革新以及全渠道的运营方式，给顾客在购物过程中所带来的全方位优化提升的体验感。换句话说，新零售顾客体验代表了顾客在消费过程中的购买体验的总体感受，这种感受往往会与下一次购买的额度与频度有比较直接的关系。新零售顾客体验还可归纳为个性化、便利化和体验化三个特征，并广泛涵盖感官式体验、沉浸式体验、交互式体验、功能实用性及情感共鸣等多个维度。

　　新零售顾客接触点是指顾客与企业进行交互的各种渠道和方式，例如顾客进入门店购物、通过电话咨询、在网站上浏览产品等。顾客接触点可以是实体店、网店、电话、社交媒体、邮件等。顾客接触点是企业与顾客进行沟通和交流的关键点，也是企业获取顾客信息、获得顾客反馈、提供顾客服务和建立顾客关系的重要机会。顾客接触点管理旨在优化企业与顾客的交互过程，提升顾客体验，加强顾客关系管理，从而提高顾客忠诚度和品牌价值。

　　在新零售情景下，渠道整合正加速向全渠道模式演进，顾客旅程的每个阶段都发生了变化。例如，在购买前阶段，顾客可以在智能手机上比较价格；在购买中阶段，顾客可以在线上线下选择支付和送货方式；而购买后阶段则包括关注顾客体验、服务、退货、回购，以及口碑、参与度、忠诚度等。这一复杂过程得益于人、虚拟元素及技术驱动的接触点融合，促进了线上和线下零售空间的无缝对接。

随着互联网和数字技术的发展，新零售企业致力于提供无缝渠道体验。如今的顾客可以定义自己的购物旅程，开始体验一种前所未有的购物自由度，他们切换或整合渠道比以往任何时候都更容易。因此，越来越多的顾客转型成为多渠道购物者，他们一方面搜索信息，另一方面通过渠道组合做出购买决定，进而在特定时刻使其购物需求得到最好的满足。这些顾客反过来也会要求新零售企业采取新的和具体的方式，希望将公司的触角延伸到尽可能多的渠道，从而最大化提供交易的机会。另外，顾客旅程图的构建内容可以根据实际情况进行变换调整。实际上，任何顾客体验的可视化工具都是可以改变的，唯一不能改变的原则是"根据公司面临的实际环境进行选择决策"。因此，伴随着全渠道、移动网、大数据和个性化等经营环境的变化，以及服务管理决策的复杂化，未来期待出现更多的、更有效的顾客体验可视化、简洁化和逻辑化工具。

值得注意的是，新零售服务蓝图的使命将不会发生变化，仍然是为了提升服务效率；新零售服务蓝图的目的为给顾客更好的省时体验、感官体验和情感体验组合；服务蓝图的内容结构包括有形呈现的支持系统、有形呈现、顾客行为、前台员工行为、后台员工行为、员工行为的支持系统六个部分；服务蓝图的接触点范围包括线下渠道接触点、线上渠道接触点，以及它们并存、跨越和融合的多维形态；服务蓝图的旅程包括售前、售中和售后的全过程。

关 键 名 词

新零售　全渠道　顾客体验管理　服务接触点　顾客旅程　服务蓝图　服务营销　渠道融合

章 末 案 例

全渠道整合的服务蓝图的应用

通过模拟顾客在一家O2O女装店线下门店的消费过程，我们可以详细阐述服务蓝图的具体应用。鉴于购买衣服是日常生活中常见的消费行为，为简化内容，我们选取中间环节较少的购物过程予以说明。这一服务蓝图的具体应用历经了下列3个环节。

1. 绘制消费者消费流程图

首先，根据顾客的消费习惯，我们绘制出一个消费者的具体消费（以包含最长七个步骤的网购流程为例）流程图，如图4-9所示。随后，针对线下门店，我们根据消费者消费流程图，逐步构建出对应每个步骤的服务流程图和相应服务的支持方式和手段，从而形成门店服务蓝图的基本框架，如图4-10所示。在此过程中，我们标记了主要连接点，并评估了它们的实际影响力和重要性。可以把图4-10中横向的箭头线与两条外部作用线相交的点称作服装企业与顾客之间的直接连接点，总计16个。这16个点构成了服装门店和消费者之间互动的关键环节。利用消费者满意度的问卷调查或地图定位方法，能够确定相应连接点消费者的重视程度与满意程度，然后我们可以使用ABC图标在图表中标记相应等级：A为满意，B为可接受，C为不满意。字母字号越大代表客户对此项内容的关注度越大。比如：字母后加"省时"二字表示节省时间体验，字母后加"感官"二字代表感官刺激体验，字母后加"情感"二字代表情感激发体验，如图4-11所示。

| 产品信息收集 | → | 选择商品 | → | 下单 | → | 付款 | → | 取货 | → | 消费使用 | → | 评价反馈 |

图4-9　消费者消费流程图

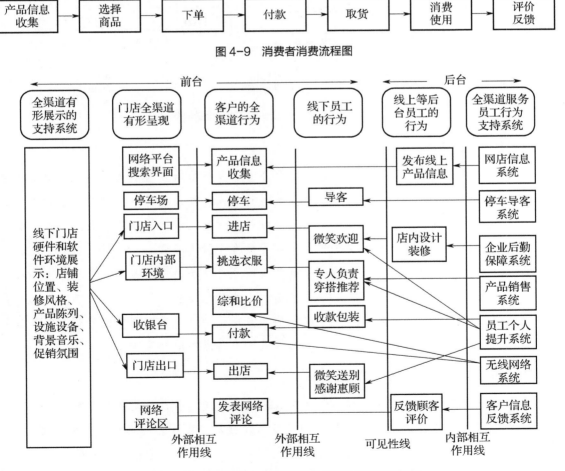

图4-10　某顾客在一家服装店的全渠道服务蓝图框架

129

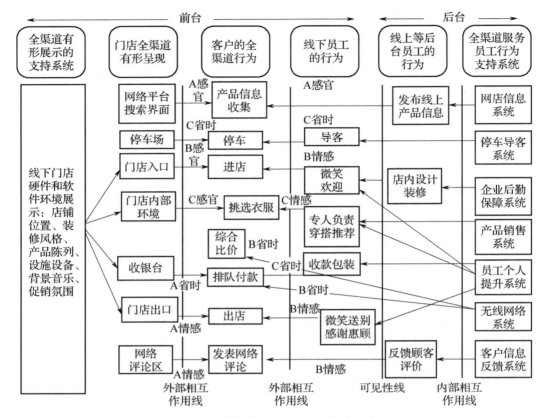

图 4-11　某顾客在一家服装店的全渠道服务蓝图

2. 进行问题或机遇的识别

在第三步中，我们发现了顾客关注的点和企业自身没有做到位的点，以及顾客关注度不高和企业自身也没做到位的连接点。这些点被称为问题点或机遇点，我们可以在服务蓝图中使用特殊符号进行标记。比如：停车不便和排队付款的省时体验上就是问题点，这些客户重点关注的点，如果我们没做到位，就会导致客户投诉率增高，同时也影响企业的整体服务形象。所以，必须要高度重视和完善此类问题点，不断提升服务水平。另外，在门店购物环境的感官体验和帮客户一对一穿搭推荐上的情感体验方面也同样关键。虽然有些问题点不是客户重点关注的对象，但是我们确实做得不到位，我们同样也要努力完善服务细节，提升服务能力。我们要注意的是，问题点和机遇点可以相互转化。

3. 形成并标记将来的改良方案

这个过程要求我们要研究所有问题点和机遇点，形成门店自己的改良方案。需要强调一点，此方案不应局限于消费者连接点的改良，还涉及非可视化的后台员工的具体行为，和对应的整体渠道支持系统。因此，在构建仿真模型中，服装企业应该改良的重点是优化停车导客管理系统与服务管理系统，从而节省顾客停车与结账的时间；同时优化店内陈列布局与软装设计等增强顾客的感官体验；在服务管理系统方面，则应提升销售和客服人员的服务态度和穿搭推荐的专业能力，以此加深顾客的情感体验。

不同的行业和企业对于服务蓝图的实际应用是千变万化的，形式和手段都非常多。不过，针对全渠道整合与体验的 SAS 服务蓝图需要关注下列三个方面：首先，新零售出现后，服务的连接点包括了全部渠道，O2O 融合式服务蓝图是大势所趋，我们一定要适应线上线下融合的蓝图制作；其次，服务体验是全方位的。因此，制作服务蓝图时，可以是关注消费者的省时需求、感官需求或情感需求的体验，也可以是两种或三种体验的融合；最后，服务蓝图是企业服务设计和改进的重要工具。设计企业服务时，要关注消费者的需求和公司实力。改进企业服务时，必须清楚消费者关注与不满意的连接点，通过改进措施把这些点改善后提升消费者满意度。希望我们可以结合企业实际，绘制出适合企业自身的全渠道服务蓝图。

（资料来源：李万春，田胡．全渠道服务蓝图研究 [J]．商业经济研究，2020，（07）：85-88．本书有删改）

案例思考

1.结合案例谈谈传统实体企业绘制消费者流程图的关键。

2.传统实体企业如何构建服务蓝图，才能促进企业的全渠道升级？

1.什么是新零售顾客体验？新零售顾客管理有什么作用？

2.什么是新零售顾客接触？如何做好新零售顾客接触点管理？

3.什么是新零售顾客旅程？如何构建新零售顾客旅程体验图？

4.新零售服务蓝图的定义、目的和结构是什么？新零售服务蓝图的构建能解决什么问题？

5.谈谈你对新零售背景下服务接触、顾客旅程和服务蓝图发展趋势的认识。

1. 实训目的

（1）明晰新零售背景下顾客体验的基本概念与基本知识。

（2）通过实地调查，了解所在城市某一企业开展新零售顾客服务、服务接触点、顾客旅程设计、服务蓝图的实际情况。

（3）锻炼调查收集资料、分析问题、团队协作、个人表达等能力。

2. 实训内容

以小组为单位，深入所在城市的某一企业进行调查，收集这家企业的基本情况、了解顾客体验营销活动，并制作和构建相关服务接触点图、顾客画像、顾客旅程图以及服务蓝图。同时，提出针对该企业有效管理顾客体验的建议。

3. 实训组织

（1）指导教师布置实训项目，提示相关注意事项及要点。

（2）将班级成员分成若干小组，成员可以自由组合，也可以按学号顺序组合。小组人数划分视修课总人数而定。每组选出组长1名、发言代表1名。

（3）以小组为单位，选定拟调查的企业，制定调查提纲，深入企业调查收集资料。写成书面调查报告，制作课堂演示PPT。

（4）小组代表在班级进行汇报演示，每组演示时间以不超过10分钟为宜。

4. 实训步骤

（1）指导教师布置任务，指出实训要点、难点和注意事项。

（2）演示之前，小组发言代表对本组成员及其角色进行介绍陈述。演示结束后，征询本组成员是否有补充发言。

（3）由各组组长组成评审团，对各组演示进行评分。其中，演示内容30分，发言者语言表达及台风展现能力10分，PPT效果10分。评审团成员对各组所评出成绩取平均值作为该组的评审评分。

（4）教师最后总结及点评，为各组实训结果打分，教师评分满分为50分。

（5）各组的评审评分加上教师的总结评分作为该组最终得分，对于得分最高的团队予以适当奖励。

参 考 文 献

[1] 胡伟专，张凌浩，张顺峰，等. 社区化新零售背景下无人商店顾客体验框架研究［J］. 包装工程，2022，43（22）：177-186.

[2] 颜晨曦，肖东娟，巩淼森. 面向酒店场景的新零售服务接触设计研究——以网易严选酒店为例［J］. 设计，2020，33（05）：70-74.

[3] 李飞. 全渠道顾客旅程体验图——基于用户画像、顾客体验图和顾客旅程图的整合研究［J］. 技术经济，2019，38（05）：46-56.

[4] 李飞. 全渠道服务蓝图——基于顾客体验和服务渠道演化视角的研究［J］. 北京工商大学学报（社会科学版），2019，34（03）：1-14.

[5] 李万春，田胡. 全渠道服务蓝图研究［J］. 商业经济研究，2020，（7）：85-88.

第5章 新零售商业模式

伊利：场景重构新零售商业模式

场景使用户中心化：伊利集团借助大数据深度洞察消费者在特定时空下的消费期望，如对新零售渠道的数据进行整合与分析，精准洞察消费者对高品质常温酸奶的诉求。针对现有常温酸奶易腐和易坏的痛点，伊利成功地研发出安慕希常温酸奶。当时面对新冠疫情，大众迫切需要直面自己的畏惧，活出自我态度，追求健康生活。伊利脱脂纯牛奶针对此情境，以"无脂者无畏"为主题与线下场景强连接，让产品真正融入消费者的现实生活。

场景使用户交互化：伊利的明星产品金典和安慕希成为用户交互化的典范。乳制品的主要消费场景集中在营养早餐、户外社交和自我乐享三大类型。无论是哪一种场景，只要让消费者获得超出预期的体验，他们就愿意自发地为企业进行口碑传播，这也就意味着伊利集团的产品具备了社交属性。此外，伊利集团从参与前、参与中和参与后三个维度解构消费者的认知和行为，再从消费行为、消费感受和消费思考等方面解构消费体验，随后从消费者与产品在"场"的触点出发，设计和重构体验。伊利集团一直坚持通过充分展示来形成消费体验，让消费者深刻感知产品的质量保证，从而形成具有责任感的品牌力量。

场景使用户体验化：伊利集团紧跟时代发展步伐，通过与百度合作，借助线上VR技术，从牧场到工厂再到实验室，让消费者可以见证每一杯牛奶诞生的全过程。伊利集团通过新技术智能升级参观工厂活动，利用全景技术，将液态奶、奶粉等代表性的全球产业链进行全景取景，并利用无人机等技术，将伊利品牌的开放态度通过技术最大化地进行传播，为消费者呈现出一个"全面透明""智能交互""智慧乳业"的线上全景伊利全球产业链。伊利集团还利用AR作为通用功能进一步提升用户体验，更深入地融入"智能眼镜"和"空气盒子"等百度智能硬件，用科技帮助消费者深度参观伊利的绿色产业链。

场景转型"智慧零售"：伊利集团深耕场景以实现"智慧零售"，为消费者打造更高品质的乳制品消费体验。从消费者的角度而言，乳制品诉求正在发生大的转变，消费者从一开始注重产品的营养与功能向追求更多样化的感官享受与消费体验转变，进而再向特定时空的消费需求、消费习惯和消费偏好被满足的程度转变。这样的转变不仅意味着产品结构的调整，而且要求伊利集团要比以往更关注消费场景的变化。因此，伊利集团乳品新零售注重解决消费者在早餐场景、户外场景、乐享场景中的痛点，并为消费者提供不同场景的消费甜点和爽点。

（资料来源：王福，庞蕊，高化，等. 场景如何重构新零售商业模式适配性——伊利集团案例研究［J］. 南开管理评论，2021，25（4）：39-50. 本书有删改）

5.1 新零售商业模式分析

随着大数据、人工智能和物联网等数字技术的快速发展，加之国家相关政策的支持，传统的商业模式已经无法满足消费者的需求，新零售商业模式应运而生。新零售商业模式主张通过大数据构建消费者画像、搭建全渠道平台，并强调结合社交功能，以实现供应链的精细化和智能化。

5.1.1 商业模式概论

习近平总书记在多个场合强调了商业模式的重要性。2014年12月，习近平总书记在江苏考察时勉励镇江惠龙易通国际物流公司"不断寻找新的商机和发展新的商业模式"。2022年2月，习近平总书记主持召开中央全面深化改革委员会第二十四次会议，会议强调"要强化企业创新主体地位，促进各类创新要素向企业集聚，推动企业主动开展技术创新、管理创新、商业模式创新。"

管理学大师彼得·德鲁克曾说："当今企业之间的竞争，不是产品之间的竞争，而是商业模式之间的竞争。"商业模式的塑造、打磨和创新早已成为商业竞争的关键要素之一，从早期的沃尔玛、家乐福再到新时期盒马鲜生、山姆会员店的崛起，商业模式在零售企业的成长和竞争格局变化中起着重要作用。

1. 商业模式的内涵

由于商业模式的概念涵盖企业的各项经营活动，涉及范围广，学者们从不同的研究视角和关注重点对商业模式的概念进行了不同的解读，学术界、实业界对商业模式概念的认识和描述也因此没有达成共识。学界主要从生产经营视角、战略发展视角和价值创造视角，对商业模式概念进行了界定。

（1）生产经营视角 Timmers（1998）提出商业模式是由产品流、信息流以及服务流构成的系统；此后，Timmers（2008）又进一步认为商业模式必须指出各个交易角色可能存在的利益和获利方式。Amit 和 Zott 两位学者自 2001 年以来的一系列研究成果，为商业模式的研究和实务指明了清晰的方向。他们分析了欧美国家电子商务企业的商业模式，得出商业模式设计的内容包含对提升企业运营能力和竞争能力起关键性作用的交易对象、企业组织结构和治理机制，并提出商业模式的关键要素包括新颖性、锁定性、互补性、效率性四个类别。Santos（2009）基于波特价值链，认为商业模式既包括企业的各项交易活动和价值活动，又包括企业的各种社会关系。魏炜等（2012）提出商业模式包括企业的业务系统、自我定位、盈利途径、核心资源、资本结构和企业价值。

（2）**企业战略发展视角**　企业战略发展视角主张从企业未来发展路径的角度分析商业模式。Steward（2000）认为商业模式陈述了企业能够持续获得收益的途径。Chesbrough 和 Roselbloom（2002）认为不同商业模式在企业选择竞争策略、细分市场、文化与价值观等方面扮演着不同的角色。Snihur（2018）指出，商业模式是利用内外部条件和资源，达到企业、消费者和各利益相关者利益的有机统一，以获取超额利润的可实现战略创新。商业模式是企业战略、组织架构与市场经济建立联系的桥梁，可以帮助企业在特定市场中创造竞争优势。

（3）**价值创造视角**　价值创造视角主张从企业如何创造价值、传递价值的角度分析。最早从价值创造视角界定商业模式概念的是 Timmers，他在 1998 年将商业模式界定为"企业价值创造的基本逻辑"。承袭价值创造的基本思路，Afuah 和 Tucci（2001）认为商业模式是一种帮助企业在现有或可获取资源的基础上丰富价值创造，以达到超越竞争对手目的的方法。Chesbrough（2007）也指出商业模式能够帮助企业实现价值创造、价值获取。王琴（2011）将顾客价值与企业价值相关联，认为商业模式是一种为顾客创造价值并实现企业自身价值的艺术，为顾客创造价值是手段，实现自身价值是目的。

价值创造视角的定义能够比较清晰地揭露商业模式的本质，成为企业经营发展的指导方法。价值创造理念是以顾客为核心，以价值为导向，提升服务质量、注重顾客体验。价值创造视角有比较坚实的理论基础，也较为符合新零售企业的发展现状，因此，本书将在价值创造视角下对新零售商业模型进行分析。

2. 商业模式的构成要素

不同领域的学者分别从战略、创新、营销等角度对商业模式进行研究，得出了商业模式的诸多构成要素组合。在战略领域，魏炜等（2012）将商业模式划分为业务系统、定位、盈利模式、关键资源能力、现金流结构、企业价值六要素。在创新领域，Chesbrough（2006）将商业模式划分为内部价值链结构、价值主张、目标顾客、竞争战略、成本结构、利润模式六要素。此外，部分学者将商业模式综合起来考虑，以体现商业模式的系统性及其价值创造的核心逻辑，如原磊（2007）的商业模式四要素（价值主张、价值网络、价值维护、价值实现），吴晓波（2014）的商业模式四要素（价值主张、价值创造、价值获取、价值实现）。

在商业模式构成要素的相关研究中，最有影响力的是Osterwalder和Pigneur在《商业模式新生代》一书中所提出的商业模式画布（Business Model Canvas）。商业模式画布包含九大模块：客户细分、价值主张、渠道通路、客户关系、收入来源、核心资源、关键业务活动、重要合作伙伴和成本结构。这九大模块全面覆盖了商业的四个主要视角：客户、产品或服务、基础设施、财务能力。如图5-1所示，商业模式画布以"价值主张"模块为分隔线，左侧的四个模块更侧重于"效率"，而右侧的四个模块则更侧重于"价值"。

重要合作伙伴 商业模式有效运作所需的供应商和合作伙伴的网络	关键业务活动 为确保商业模式可行，必须要做的重要的事情	价值主张 为特定用户群体创造价值的系列产品和服务	客户关系 企业与特定细分客户建立的关系形态	客户细分 一个企业（产品）想要接触或服务的不同人群或组织
	核心资源 商业模式有效运转所必需的最重要因素（核心资产）		渠道通路 如何接触和沟通细分客户来传递其价值主张	
成本结构 运营商业模式所引发的所有成本			收入来源 已经扣除成本的现金收入	

图5-1　商业模式画布

客户细分（Customer Segments）：此模块描述企业的目标用户群体是谁，这些目标用户群体如何进行细分，以及每个细分目标群体所共有的特征。企业需要对细分的用户群体进行深入分析，并在此基础上设计相应的商业模式。在此模块，企业应回答两个问题：我在为谁创造价值？谁是我们最重要的客户群体？

价值主张（Value Propositions）：此模块描述企业为细分用户群体创造价值的产品或服务。这些产品和服务能帮助细分用户群体解决什么问题？满足他们的哪些需求？

渠道通路（Channels）：此模块描述企业通过什么方式或渠道与细分用户群体进行沟通，并实现产品或服务的售卖。在渠道通路模块，企业应明确接触用户的渠道有哪些、哪些渠道最为有效、哪些渠道投入产出比最高，以及如何通过渠道整合达到效率最大化。

客户关系（Customer Relationships）：此模块描述企业与细分用户群体之间建立的关系类型。例如，通过专属客户代表与用户沟通、通过自助服务与用户沟通、通过社区与用户沟通等。

收入来源（Revenue Streams）：此模块描述企业从每个细分用户群体中如何获取收

入。收入是企业的生命线，在这个模块，企业应明确通过什么方式收取费用、客户如何支付费用、客户付费意愿如何，以及企业如何定价等问题。

核心资源（Key Resources）：此模块描述企业需要哪些资源才能让目前的商业模式有效运转起来。核心资源可以是实体资产、金融资产、知识资产和人力资源等。

关键业务活动（Key Activities）：此模块描述企业在拥有核心资源后应该开展什么样的业务活动才能确保目前的商业模式有效运转起来，例如，制造更高端的产品、搭建高效的网络服务平台等。

重要合作伙伴（Key Partnerships）：此模块描述与企业相关的产业链上下游合作伙伴有哪些，企业和他们的关系网络如何，以及合作如何影响企业等。

成本结构（Cost Structure）：此模块描述企业有效运转所需要的所有成本。企业应分清固定成本和可变成本、成本结构是如何构成的、哪些活动或资源花费最多，以及如何优化成本等。

5.1.2　数字技术驱动零售模式升级

为充分发挥数字消费在释潜力、扩内需、稳增长、促转型方面的重要作用，商务部办公厅于2024年4月印发了《关于实施数字消费提升行动的通知》（以下简称《通知》）。《通知》强调要创新数字消费业态，鼓励即时电商与履约一体化体系建设，创新发展基于前置仓的前店后仓、便利店前置仓、无人前置仓等多种即时零售业态。《通知》彰显了国家有关部门对数字技术驱动零售业升级的重视，为其健康发展提供了良好条件。此外，商务部《即时零售行业发展报告（2023）》显示，2022年即时零售行业市场规模达到5042.86亿元，近年来年均增速一直保持在50%以上，预计到2025年市场规模将增至2022年的3倍。此外，为促进数字经济和实体经济融合，通过数字化赋能推动生活性服务业高质量发展，2023年12月，商务部、国家发展改革委等12部门联合印发了《关于加快生活服务数字化赋能的指导意见》（以下简称《意见》），指出引导餐饮、零售、住宿、家政、洗染、家电维修、人像摄影等传统生活服务企业开展数字化、智能化升级改造，利用信息技术手段，提升市场分析和客户获取的能力。

从2000年开始，线上电子商务的兴起打破了零售业在地域上的限制，电商也一度成为零售行业发展的引领者。但近年来，电商领域的竞争日趋激烈，线上获客成本大幅增加，逐渐逼近甚至超过了线下门店的销售成本。因此，通过技术和商业模式的创新，打破线上线下单边发展的局面，已经成为零售行业转型的必由之路。越来越多的零售企业开始借助新技术的应用，提高员工的工作效率，降低过量的人力依赖。例如，在实体店面运维上，通过新技术应用减少重复烦琐的工作；在仓储方面，采用店仓一体化策略，降低仓储成本、缩短零售供应链。

对于许多零售企业来说，电商与实体零售往往是两个相互独立的渠道，销售和物流分别采用不同的通路，这不仅增加了管理成本，也降低了管理效率。但在数字技术的推动下，传统零售正在加速向线上线下一体化的新零售模式演进。这种新模式不仅可保持原有的销售方式，也能更加灵活地转换销售渠道，同时搭配店仓一体与供应链优化，减少了仓储与配送成本。全渠道零售带来的不仅是线上线下销售渠道的融合，也实现了线上线下会员体系的打通。如此，零售企业就能围绕实体店的覆盖范围进行会员服务优化，发掘区域消费者的喜好，提供更好的本地化服务，同时借助数据分析等技术或工具，实现真正的"千人千店千面"。不过，线上线下的融合，也让用户的消费画像、零售货品与供应链的数据呈指数级增长，而分析维度的多元化也让零售的运营越来越精细，零售业的数字化转型正变得日益迫切。

零售企业借助5G、大数据、物联网、云计算、AR/VR等新一代数字技术的深入应用，正在加快数字化、智能化转型，达成提质、降本、增效的商业闭环，快速迈进新零售时代。对于零售企业来说，数字化转型不仅是企业应对不确定的环境变化和其他因素的重要手段，也是以消费者体验为中心，重塑数字时代零售新模式的必然选择。

1. 线上线下融合、店仓一体化

在线上线下一体化过程中，线上与线下的会员体系逐渐被打通。在此基础上，零售企业正在围绕实体店的覆盖范围进行优化，尝试找出区域消费者的喜好，提供最佳的本地化服务，同时依据相关数据，调整实体店的主力商品与目标会员。

2. 全渠道与精准营销活动及全域会员的生命周期管理

针对来自各种不同渠道的VIP、付费会员等，零售企业通过AI工具及大数据分析平台描绘出各种用户的消费画像，不断给予各种活动通知与优惠。如今，零售货品与供应链的数据分析维度多样化，使得零售的运营变得越来越精细。

3. "直播＋社群"与打造超级体验店的新零售模式

"直播＋社群"逐渐成为线上零售的主流模式之一。同时，线下零售也在通过超级体验店的打造，为用户提供购买前的沉浸式体验，以增加用户对零售品牌的忠诚度。通过这种方式，零售品牌商正在围绕特定消费族群建立起有针对性的销售渠道。

4. 门店自动化、智能化运营

面对线下门店运营维护成本的持续增加，零售企业亟需通过业务的自动化来减少门店人力及运营成本，如自助结账、自动盘点、远程巡店、清洁打扫机器人、AI人工客服、各种自动环境控制设备等，甚至打造无人实体店。

5.1.3　新零售商业模式的内涵及特点

阿里研究院在2017年3月发布的《C时代　新零售——新零售研究报告》中首次详细解读了新零售商业模式的概念，指出新零售商业模式是以消费者体验为中心的数据驱动的泛零售模式。其中，"泛零售"是指零售可以与各个行业相结合，包括大文化娱乐业等；零售商的角色可以由任何人担任；零售交易过程中的对象与空间也摆脱了原有的限制；任何物品、任何地点都能成为零售过程中的要素。新零售商业模式也是对传统商业模式的人、货、场等基本要素进行重新组合，零售企业依托大数据、物联网等新技术，打破固有销售渠道的限制，打造"线上+线下"融合发展模式，为消费者提供了更多的商品种类选择权。

具体来看，新零售商业模式具有以下特点：

1．线上线下深度融合发展

通过整合线上平台和线下实体门店，实现对互联网力量与线下实体终端的有效融合，并将产品和服务销售给最终消费者，以满足顾客多元化、个性化、体验式的消费需求。在融合方向层面，线上服务平台应重点定位于销售，侧重产品销售的便利性，为消费者提供快捷下单的通道，如客户可以通过App、小程序等途径一键购买商品；而线下实体店除了承担销售职能外，更要强化个性化展示和体验、定制化产品或服务、共享仓储和物流平台的功能，以满足客户近距离感受商品的消费体验需求，加强客户对品牌的认知和认可。从实践来看，实体商业纷纷"触网上云"，线上线下消费融合脚步加快。根据商务部数据，2023年全年网上零售额达到15.42万亿元，同比增长11%，连续11年成为全球第一大网络零售市场。

2．大数据构建消费者画像

在售前环节，新零售商业模式通过营销和优惠政策，吸引新客户体验。对于老客户，新零售利用互联网技术将消费者浏览过的信息进行整合分析，定义归纳消费偏好，并根据这种偏好推送有针对性的广告和产品信息，进行引导消费。在售中环节，App等订单平台上实时显示订单信息，使消费者随时能了解到产品信息，并根据实际情况，联系平台以调整送货时间。在售后环节，消费者在购物平台对产品打分，若有相关问题可以即时在线上联系客服，退换货服务也可以快捷地在平台上申请。新零售商业模式在购物平台上已经利用大数据技术分析出消费偏好，并且根据每人不同需求更新购物页面，引导和帮助消费者更高效地选择适合自己的产品，缓解客户选购压力，提高客户满意度。例如，益丰大药房建立了"以顾客为中心"的会员体系，关联会员卡、充值卡、钱包、优惠券等信息进行用户数据管理，针对会员进行积分、优惠券等信息的营销活动，并通过分析消费者画像与消费习惯数据，针对性制定出贴近消费者需求的健康方案与产品，实现精准营销和个性化服务。

3. 搭建全渠道平台

全渠道营销作为新零售商业模式的关键因素，对新零售商业模式起着至关重要的作用。随着消费者的消费需求上升和消费方式多元化，零售商们需要开放营销渠道，做到各销售渠道相关联，扫除以往的销售渠道阻碍，从而提升顾客在各环节的购物体验。零售企业将实体店铺、服务站等有形店铺与自建网站、App应用、社交媒体、微博、微信等线上店铺进行重新组合，构建全天候、多维度的零售生态圈，促进新零售商业模式下的商品通、服务通和会员通。商品通，即全面打通线上线下产品的价格和质量，实现线上线下共享仓库，从而改善传统模式下线上线下相对割裂的状态；服务通，即将售前、售中与售后的服务全面打通；会员通，即实现线上和线下会员的融合，使顾客享受到线上线下同质的服务体验。同时，企业可以更加便捷地获取顾客相关数据信息，挖掘顾客需求，从而更好地服务顾客。例如，良品铺子以天猫、京东等主流电商平台为主，迅速扩展线上营销渠道，并根据重要程度，将门店、电商平台、社交电商、外卖平台以及自有App客户端等分别做精细化运营，打破了线下有形场景与线上无形场景的边界，真正实现了零售业态的全渠道升级。

4. 结合社交功能

社交新零售是一种基于社交网络而迅速发展的新零售模式，是一种集天网（线上）、地网（线下）、人网（社交网络）三网合一的新型商业模式。社交新零售通过设定合理的利益分配机制，激励人人分享进行客户裂变，把每一个消费者都变成销售者、客户经理、合伙人，使流量和销量呈指数级裂变。基于熟人、朋友、忠实客户及其周边流量的信任关系，社交新零售不仅决策购买效率高，还可以提高复购率和客单价，消费者忠诚度也能得到更多提升。例如，星巴克推出"星咖号"，将其作为全新的咖啡社交阵地，一方面是基于社交基因而打造的个人化强黏性的专属地，并能实现社交圈快速裂变；另一方面联动第三空间和啡快，实现线上线下咖啡社交的闭环数字化生态体系。

5. 供应链精细化、智能化

新零售要掌握"流量"，包括客流、资金流、货物流、信息流。新零售的竞争领域不仅在于为消费者提供价值（占据更宽的零售渠道），还在于为上下游企业提供价值（集成更深的供应链）。新零售的供应链管理既要借鉴传统零售供应链管理的最佳实践，走精细化路线，构筑更高效的供应链精细化管理体系，如百果园等水果新零售平台持续加强供应链的把控，构筑水果采摘、加工、运输的一整套标准体系，保障消费者能品尝到最新鲜的水果，将种植、采摘到门店销售等各环节做到精细把控，将损耗降至最低；同时强调技术创新，大数据分析、机器学习预测、运筹学优化都是能够为新零售供应链创造巨大价值的技术手段，如仓网布局的测算、安全库存水平的设置、企业主计划的优化生成、送货员的订单指派、运输线路的设计、车辆与需求的实时对接，都需要综合使用以上技术。例如，京东的太璞数智供应链解决方案涵盖了服务企业信息流、商流、物流、资金流高效流转的一系列技术产品，统称"工业履约神经科学项目"，能够将产业链上下游像"神经网络"一样紧密连接起来，将企业的供应链变成产业的供应网。

5.1.4　新零售商业模式与传统零售商业模式的不同

新零售商业模式与传统零售商业模式的差异，主要体现在技术、消费者服务、渠道、决策、运营层面。

1. 技术层面

传统零售商业模式所采用的技术大多局限于产品生产、物流配送等基础环节，而新零售商业模式则更倾向于信息技术的使用。新零售商业模式主要通过线上平台进行宣传，线下门店则通过信息技术对消费者的数据进行收集、分析和积累。在自身的线上平台进行宣传，吸引客户的同时，线下门店进行数字化升级改造，通过大数据分析、客流统计、热销商品分析、消费高峰期统计、人工智能自助服务、人脸识别等技术，实现对消费者的"消费侧面描写"。在宣传方面，企业可以通过消费者特点识别、消费者购买习惯记录、消费者停留界面时间计算、消费者年龄职业记录、消费者购买力计算、消费者购买黏性计算、消费者习惯分析，实现消费者精细化运营和精准洞察，实现平台广告和促销活动的精准营销投放，提升线上线下的客流量和销售额，实现市场上的快速扩张。新零售商业模式使用了大数据、人工智能等先进技术以及电子商务平台积累的客户数据，因此相比传统零售商业模式，它对信息技术与管理技术、人才素质的要求更高。

2. 消费者服务层面

传统零售商业模式对消费者服务的意识主要停留在线下导购服务、售后服务、物流服务等方面，线上零售则是主打消费者选择多样化、价格优惠等方面。新零售商业模式倾向于利用现有的数据和技术对不同人群的偏好、差异和层次需求进行分析，制作用户"画像"，得出分析结论，对每个消费者都执行相应的个性化服务。传统零售商业模式主要使用"物美价廉"战略，更倾向于商品价值本身，并主要依靠自身多年的运营经验或者管理者自身经验进行决策，其主观性较强，依赖于企业以及管理者本身的素质，容易出现判断失误、决策落后等现象。新零售商业模式则以大数据为依托，直接对消费者需求进行分析，为每一个消费者实现精准的"画像"，对不同的消费者群体采用量身定制的特色营销策略，或者有针对性地对不同消费人群提供其所需要的商品内容，之后再根据商品销量情况进一步优化策略，从而更精准地分析消费者需求，进而更好地、有针对性地满足消费者，达到促进消费的目的。

3. 渠道层面

传统零售商业模式核心为产品销售，主要依赖实体销售渠道，方式较为单一。线上的销售渠道较多，主要有淘宝、京东、拼多多等网购平台。而新零售商业模式则将线上线下融合，辅以优秀的物流，将消费者的选择拓宽，成为新兴的全渠道购物方式。新零售企业在销售时将消费者作为核心服务对象，同时满足消费者多项需求。大数据的基础不仅能为企业的宣传定位做出贡献，同时也能使消费者更容易获取到优质的服务。多渠道的模式实现了新零售企业逐渐由传统生产主导的供应链模式转变为消费主导的供应链模式。总体来说，新零售模式比传统商业模式、线上零售模式更不依赖某几个渠道，而是力求打造单属于自己品牌的一系列配套服务。新零售模式不再受限于实体或者网络，而是衍生出一套属于自己的生态链。

4. 决策层面

传统零售商业模式的运营往往依赖于决策者的经验进行判断，而新零售商业模式的运营则依靠信息技术，分析消费者的行为习惯，得出统计数据并进行一系列的统计分析，从分析结果来定位消费者人群的需求，从而制定更加精准有效的决策。而在企业内部管理决策方面，新零售商业模式也有着较高的信息化要求。高度信息化会使得企业的内部管理决策更加方便，沟通更加顺畅，同时也对内部控制有着更高的要求。

5. 运营层面

传统零售商业模式下，企业的经营主要依靠线下的宣传、优质价格、高质量商品、人流量大等条件进行市场的扩张，主要的收入手段来自于差价。实体商场更重视人货场中的货和场，将人的重要性放在次位，企业的总体运转围绕着商品的进货、仓储、销售等环节进行管理。新零售的商业运营模式则推行规模化经营、规范化管理，将人、货、场进行组合，主要推行线上线下结合，辅以优秀物流模式，物流成本更低。企业依靠大数据进行商品采购，使采购成本更低。其主要宣传手段不拘泥于线下或者小规模线上，而是大规模地针对用户本身进行广告投放，宣传成本更低。总体上实现规范化、规模化的运营。新零售商业模式高度规范化、规模化的运营优势在于节省成本——将商品、门店、人员等环节进行整合，依托信息化模式，使用无人售货、远程监控管理等手段，以节省成本、提高运营效率。

5.2　"消费场景+数据赋能"模式

"消费场景+数据赋能"模式强调通过消费场景导流，并利用数据赋能来满足用户需求和实现商品的精准推荐。在这一商业模式画布中，价值主张与客户关系是前端，核心资源和重要合作伙伴是后端。在新零售的实践中，KKV、居然之家等企业采用了"消费场景+数据赋能"模式。

5.2.1　模式分析

在"消费场景+数据赋能"模式中，零售企业利用消费场景作为流量入口吸引用户，再通过云端数据赋能，更加精准地满足用户需求，并实现再次的精准推荐，从而促成二次和多次交易。基于消费画像的精准服务也进一步增强了终端的吸引力。

新零售模式区别于以往的销售变革，它是大数据资源与商业逻辑的结合体。在消费升级的趋势下，新零售模式以消费者诉求为中心，为传统零售赋予了大数据的动能支撑。在线上，商家通过对大数据资源的深度挖掘与分析，对消费者在不同场景下的消费行为进行分析，了解每一位客户的行为特征和消费偏好，通过个性化的商业情境配置来满足消费者动态、多元化的消费需求。以此为基础，商家向每位客户提供个性化商品推荐，开展精准营销，提高业务转化率。

在线下，随着智能化购物设备的出现，实体店铺融入了更多科技元素。通过对门店实行数字化及智能化改造，拓展店铺的购物空间，创造多元化的消费场景以满足顾客的消费诉求。例如，零售企业可以运用大数据分析技术，全面跟踪和了解消费者的消费行为变化，如消费者最近下单较多的商品有哪些，消费者对哪些产品产生的退款退货行为比较多，消费者经常性购买产品的数量和金额有什么变化，消费者消费类型的变化等。企业应借助大数据，精准分析消费者的消费趋势，使供应商提前做好产品供给，并根据消费者需求实现场景资源的有效配置。

结合商业模式画布理论，具体来说，"消费场景+数据赋能"主要体现在以下六个方面：

（1）**价值主张**　通过打造完美的消费场景为用户提供极致的购物体验，以此吸引流量。通过数据赋能，实现更加精准的推荐和服务，进一步强化体验并导入流量。

（2）**客户关系**　与用户形成类似"亲人"的关系。首先，通过功能出色的终端吸引用户，实现相识；其次，通过数据全面了解用户，以便更好地照顾他们，实现相知；最后，随着时间推移，在持续升维的体验下更加亲近。

（3）**收入来源**　主要是商品的销售收入，以及为联营品牌商搭建消费场景的终端平台

143

上的返点收入。

（4）**核心资源**　最基础的是终端吸引用户流量以及由此产生的大数据流。前者是交易的基础，后者是算法的基础。

（5）**重要合作伙伴**　一是供应链后端的厂商同盟；二是促成实现线上线下一体化的体验物流网络的支持；三是大数据挖掘公司（部分零售企业无法实现算法，则需要找大数据挖掘公司合作完成数据赋能的过程）。

（6）**成本结构**　主要包括传统的商品进货成本、打造极致化体验的消费场景的成本，以及建立数据采集、储存、分析的大数据云平台信息系统的成本。

其中，价值主张与客户关系是前端，直接面对客户，通过前端形成收益获取。这两者也是一对相互依存、相互促进的关系：价值主张能够强化客户关系，客户关系又反过来凸显了价值主张。核心资源和重要合作伙伴是后端，通过相互协同支持前端，为前端赋能。核心资源是形成重要合作的基础，企业利用自身独有的优势去整合外部资源以形成合作生态，而合作伙伴的支持也能进一步强化企业自身的核心能力。后端的核心能力和重要合作既决定了价值主张，也决定了客户关系，并进一步产生收益：一是企业用自己的核心资源打造消费场景和数据赋能，创造极致体验和精准营销的价值主张，逐渐形成与用户直接的"亲人关系"，进而获取收益；二是企业专注于零售本身的核心竞争力，打造优质的终端场景，将数据赋能的工作交予外部的重要合作伙伴来完成。

5.2.2　相关案例

1. KKV：数据赋能的新消费场景实验

KKV是广东快客电子商务有限公司（简称：KK集团）旗下的新零售连锁品牌，创立于2015年，是主打精致生活方式的集合店。公司总部位于东莞，截至2024年2月，KKV门店数量已达421家，其中382家位于国内，39家位于印度尼西亚。

（1）**背景**　大数据揭示了Z世代的消费习惯。据KANTAR凯度中国观察的调研报告显示，Z世代虽然喜欢网络购物，但相比千禧一代的90后，他们同样热衷于线下消费。但是，Z世代的消费具有鲜明的群体特征，例如，68%的Z世代在从线上转向线下消费之前，会仔细查阅并听取别人的评价，其消费更偏向于理性，容易被KOL和真实用户"种草"再去消费。此外，IBM商业价值研究院发布的《Z世代购物者的心声》研究报告指出，Z世代更倾向于在看到某种使用场景之后进行消费，他们理想的消费场景是"城市新生活"：场景布置精美、内容丰富、可以刷新美学体验。换句话说，Z世代偏爱那些既是消费场景，同时也是聚会和体验场景的线下店铺。

（2）KKV的场景实验　从KKV的第二代店型可以看出其基于"数据与偏好驱动"的场景迭代是如何赋能新消费渠道的。

这家旗舰店在原有的基础上进一步升级了场景，结合集装箱和出行元素打造出更强烈的店铺新形象，以明黄色为主视觉，让消费者能获得更有主题感的鲜明体验。KKV第二代店在原有明黄色集装箱的基础上，打造了各种交互式出行主题场景，货架被设计成汽油桶形式，收银台被改造成高速收费站，不同的车厢则代表着不同的商品区域，如饰品区、香薰区和面膜区等，天花板和顶灯也融合了赛道元素。2000平方米的超大空间，一步一场景的极致体验感，使得KKV第二代店型更有吸引力。

KKV的选品环节可看出其中的"数据驱动"特征，KKV的选品机制采用了"买手制选品"的漏斗模式。公司内有一支背景多元化的买手团队，负责挑选市场上的新产品。每周，买手们会带着层层筛选出的产品参加公司的新品选品会，接受专业评委团的投票。筛选出来的产品会进入测试门店进行试销，销售数据达到一定标准后才进入采购白名单，进而匹配更大的流量，进行全店铺销售。也就是说，KKV店里的产品其实是由数据驱动的——产品的上架、下架不由个人决定，甚至不由CEO决定，而是由销售数据决定。所以，KKV就是一场基于数据的场景实验，它根据数据进行场景升级迭代、根据大数据选品，利用互联网思维重塑购物业态，重建人、货、场的连接。

在人的维度，KKV的主要用户群是年龄14~35岁的年轻女性，无论是高颜值的空间设计、明亮色调及彩虹色的运用，还是品类及产品的选择等，均围绕这一年轻女性群体的需求而展开。在货的层面，线上流量越来越贵、复购率难以保证、线上低价标签难有品牌效应。越来越多的新品牌走入线下，但传统百货零售业态并没有做好迎接这些新品牌的准备，因此，KKV这类面向Z世代年轻人的新一代集合店成为新品牌落地的首选。在场的层面，KKV的店面已不再是传统零售百货的购物场景，而是通过精准的选址、出色的空间设计、场景感十足的店内氛围共同打造了一个体验感和吸引力极强的场域，为消费者营造了沉浸式的购物体验，使其在边逛、边拍、边买中自然而然地完成了购物体验，并主动分享到小红书、微信等社交媒体上。

（3）KKV模式本质上是为消费者提供全新多元服务　传统店铺升级场景之上的增值价值成为新趋势。本质上，KKV通过升级新场景为Z世代年轻消费群体提供了新服务，契合了消费者的真实需求。

KKV服务的第一个特点是"颜值"。颜值包括两方面，一是店铺的VI体系，二是产品的陈列。KKV的VI体系以明黄色为主色调，在灰色为主的城市丛林中格外显眼，店铺内部以明快鲜艳的颜色进行搭配。KKV运营团队解释说："随着电商网购的普及，年轻人特意去线下购物的行为变少。但如果他们看到好看的门店，且卖的产品也不错，这种体验相对稀缺，值得拍照并发送社交媒体，他们就愿意来。"KKV通过高颜值制造了新消费时代的"稀缺服务"，为Z世代人群提供了关于美和时尚的供给切口。这种服务所能产生的核心价值就是直击新人群的"个性化需求"痛点。

KKV服务的第二个特点，也是其最核心的服务，是将品牌对用户深层需求的洞察转化为店内的产品逻辑，即这款"城市生活"App的内容。KKV的"内容"不同之处在于：在1000+平方米的店面内部，KKV会布置十余个不同主题的区域，从文具、潮玩、全球零食，再到进口酒饮、美妆、母婴、家居等。"主题区域"不是新创造，但经过选品团队的精选和设计之后，KKV的主题区域传达出一种精致、文艺同时又有烟火气的现代感。这本质上是在旧赛道里挖掘出了新供给。

（4）数据赋能的产品　KKV相关负责人表示："新代际人群的出现催生出几万个新兴的消费品牌，这些新品牌需要新的渠道来承接并应对新用户人群，KKV的价值就是将它们连接了起来。"这句话道出了KKV作为"数字化时代的品牌平台"的最大价值。

在选品方面，买断制让KKV能够对标直播电商里的超级选品平台。买断制是指向品牌供应商直采商品，同时不再收取包括进场条码费、节庆费、促销费、管理费等繁多的后台费用。这种有别于传统零售的制度降低了供应商成本，缩短了账期，使得KKV能获得更低的采购价，从而使终端产品定价更具性价比。货品所有权从供应商转到KKV，倒逼选品必须更严谨、专业，采购数量更合理，周转率更快，呈现给消费者的产品一定是当下最热销、品质更高、价格更低的好产品。同时，供应商无促销压力，无售货员、无打扰服务得以顺利推行，为消费者提供全新服务的主动权掌握在KKV手中。

与常年促销的各电商平台和传统零售不同，KKV除了开业等少数情况外不进行大促等活动，尽可能减少人为因素导致的数据失真情况，以真实的销售数据倒推店铺运营决策，这个过程运用了互联网企业的大数据思维。因此，KKV乃至KK集团表面上是线下门店，但本质上是一个基于大数据在线下场景实际运行的"互联网"产品。

（资料来源：KKV：一场始于颜值、成于数据的新消费场景实验. 倪叔的思考暗时间微信公众号. https：//mp.weixin.qq.com/s/J-XEAgCm_rmm3Km2jQLMxQ. 本书有删改）

2. 居然之家：传统卖场的数字化转型新征程

在这个充满变数的时代，数字化就是头号生产力。居然之家深谙此道，前瞻性地布局数字化，引领行业向数字化转型。2023年，公司实现市场销售（GMV）1176亿元，同比增长11.7%；实现营业收入135.12亿元，归属于上市公司股东的净利润13亿元。

（1）家居主业多维度创新，卖场智能转型营销多元化　居然之家正逐步完成从传统家居卖场向智能家居体验中心的转型升级，致力于打造"人、车、家"三位一体的智能生活新场景。2023年，首家智能家居体验中心落地北京通州，同时加速拓展智能家居品牌合作，实现了更多智能家居的互联互通。截至 2023 年末，居然之家卖场的智能家居品牌增至 1357 个，经营面积达 135.7 万平方米，销售额超 161 亿元。此外，居然之家积极采用新型营销方式，并开展多元化的营销活动促进卖场销售增长。公司在线上构建了丰富的营销矩阵，在微信、抖音、小红书等平台定期进行内容创造和直播。截至报告期末，公司全平台账号粉丝总数达到 1545.9 万，其中官方账号粉丝数为 811.4 万，总经理个人账号粉丝数为 734.5 万。

（2）三大数智化转型工具更加成熟，数智化转型成果显著　作为居然之家的数智化转型三大抓手，洞窝、居然设计家和居然智慧家均取得了较好发展，数智化转型开始结出硕果。

洞窝以"优质内容"聚合"精准流量"为核心持续提升数字化能力，加速数智化产业服务平台的建设及推广。截至 2023 年 12 月 31 日，洞窝累计上线卖场数量已达 934 家，同比增长 173.1%。入驻商户数量超过 10 万家，同比增长 101.33%。全年实现平台交易（GMV）974 亿元，同比增长 173%。洞窝 2023 年还开通了澳门站以及新加坡、柬埔寨两个境外分站，为公司国际化业务的发展奠定了坚实的数字化基础。

居然设计家（Homestyler）基于多模态大模型技术，不断优化产业和场景大模型，聚焦文生图、图生图、文生视频、图生视频的能力，提供所见即所得的装修效果图生成服务，最快 3 秒即可设计出一套 3D 全屋方案。截至 2023 年 12 月 31 日，居然设计家的全球注册用户数量超过 1477 万，同比增长 19%。设计案例数超过 3268.6 万，同比增长 18.5%。模型数量超过 1244 万，同比增长 27.4%。

居然智慧家 2023 年新开门店 57 家，全年实现销售额超过 44 亿元，同比增长 58.4%。通过构建"数字家庭大脑""数字家庭"App 两个交互中心，以及跨品牌、跨生态、跨终端的通用智能家居系统，连接手机、汽车、家电等各种智能终端设备，为消费者提供丰富便捷的智慧家居生活体验。截至 2023 年 12 月 31 日，与居然智慧家实现互联互通的合作品牌数量超过 200 家。

（资料来源："居然之家"官网，本书有删改）

5.3　"消费场景+会员营销"模式

"消费场景+会员营销"模式强调通过精心设计的消费场景吸引用户成为会员，并进一步通过会员营销策略提升用户忠诚度。在这一商业模式画布中，前端的价值主张是体验，后端的核心资源是会员。在新零售的实践中，首汽约车、印象城 MEGA 等企业采用了"消费场景+会员营销"模式。

5.3.1　模式分析

在"消费场景＋会员营销"模式中，企业致力于在终端打造独特的消费场景，利用消费场景作为端口导入用户吸引流量，进而通过会员营销来形成社群并提供优质的社群服务，以降低企业的获客成本，获得更多的忠诚客户，大幅提升复购率。该模式最大的特点在于盈利方式，虽然平台也依靠商品销售获得收益，但是更多的还是通过服务溢价方式取得附加价值。其中，社群的构建主要围绕消费场景进行，并根据不同场景提供不同种类的会员服务，通过人为传播以获得额外的客户资源。

例如，上海南翔印象城MEGA为了提升屋顶星空跑道对于周边客群的黏性，项目推出相关会员权益，消费者可以通过跑步消耗的卡路里来兑换会员积分。通过这种互动，不仅增加了消费者使用既定场景的附加价值，达到为相关区域引流的效果，同时也在无形中提升了商场会员的活跃度。爱琴海集团联动全国项目品牌开展的"嗨购节"也融入了"卡路里大作战"的相关互动。活动通过多种形式的运动挑战赛吸引消费者参与PK，从而让运动社交和购物体验相融合，促进了会员圈层的精准连接。

小程序、网上商城、微信社群、视频直播等多元化场景的出现，也成为激活会员的新途径，比如线上消费或参与互动场景所获得的积分可以在线下兑换相关权益，这样消费者便在无形中从线上被引流到线下。如果将线上的活动设置为游戏任务式关卡，还会让会员在日常生活场景中保持与商场的社交互动。同样，社群运营也提供了一种圈层场景，让同一商圈、同一品牌爱好者或同一体验关注者感受到通过商场VIP建立起的与同好人群的连接，从而更深入地代入会员身份。

结合商业模式画布理论进行具体分析，"消费场景＋会员营销"模式主要体现在以下六个方面：

（1）**价值主张**　通过打造完美的消费场景，为用户提供极致的购物体验，以此吸引流量。再通过会员营销对流量进行筛选后，进行重点的关注和服务。

（2）**客户关系**　与用户形成"类似朋友圈"的关系。通过功能出色的终端吸引用户，并在此基础上通过筛选来形成社群。在会员社群的基础上，用户之间互相熟悉、了解、交流和共享。

（3）**收入来源**　收入主要来源于商品销售，包括非会员收入和会员收入。会员方面还可以通过VIP卡充值、增值服务等模式获取服务溢价。

（4）**核心资源**　最核心的是优质的会员作为客户资源，这既是收入的来源，也是传播口碑和扩大品牌影响力的主体。

（5）**重要合作伙伴**　为了服务好会员，在产品设计、品类管理、增值服务等方面都要有差异化。因此，与供应商和设计师之间的无缝合作就显得尤为重要，他们是关键的合作对象。

（6）成本结构　一是传统的商品进货成本，二是打造极致化体验的消费场景的成本，三是对会员的服务成本。

前端的价值主张通过打造优质的场景体验和卓越的服务体验，与用户尤其是忠实用户之间建立一种亲密的"朋友圈"式的客户关系。这种特殊的客户关系也促进了对体验的满意度和容错度，从而强化了价值主张。后端的核心资源则聚焦于会员这一宝贵的流量价值，与重要的合作伙伴共同开发、共同服务、共创价值、共享收益。围绕"终端+社群"的核心资源，一方面零售商自身要做好服务和开发，另一方面要通过核心资源整合外部合作伙伴建立生态的力量，共同做好服务工作，在价值主张上打造"极致的消费体验和服务体验"，从而建立起与用户之间的"朋友关系"。

5.3.2　相关案例

1. 首汽约车：首推"场景会员"，探索全新用户服务模式

在用户需求不断细分、数字化关系不断重构的背景下，如何为用户提供更有温度的场景解决方案，是众多品牌一直在深耕探索的议题。从快递到电商，从到家服务到生活服务，以会员制为代表的消费连接关系逐渐成为主流，以会员体验为中心的服务模式，为更多核心用户带来了更好的消费体验。首汽约车在互联网出行行业中率先创新性地推出"场景会员"体系——首约PLUS会员，以餐饮、购物、教育、酒店、个人护理等全面的生态体系，开创出行新形态，以场景连接用户需求，重新定义出行领域会员新品类形态，为用户提供更精准的分层服务和更优质的出行生活体验。

（1）场景会员不止于"行"，覆盖生活全场景　首汽约车场景会员能拥有以出行为基础的核心权益，如打车出行享受9折优惠。同时，场景会员还能享受"出行+场景"的精选权益延伸，如休闲、健康、美食、差旅、教育等各项场景的生态权益。北京、上海、广州、深圳、成都5个城市的消费者先期享受场景会员的各项权益，而"场景会员"体系将在全国其他运营城市陆续上线。场景会员用户还将拥有更高品质、更高价值、更独一无二的专属服务体验，从而实现会员权益的效益最大化、体验最优化、价值最大化。

（2）"出行+生态"体系布局，会员制更加立体化　会员权益的广度代表了权益内容的辐射范围，而会员权益的深度则代表权益的价值和力度，二者综合决定了用户的购买动机和决策周期。生态场景权益在为会员带来更多优惠福利、提升用户体验的同时，也将为会员带来更多附加价值，并进一步提升平台用户的忠诚度。因此，"出行+生态"的会员体系布局，将成为企业会员制发展成功与否的关键。

在用户增量时代向存量时代转移的当下，面对消费意识增强、需求质量提高的消费

者，首汽约车突破出行领域传统的会员体系模式，创新性地推出以优质服务为导向的PLUS会员体系，通过算法来筛选消费者的需求，精准找到高价值用户的同时，实现用户分层运营，并围绕核心消费人群提供差异化、精准化、场景化的服务，为会员用户提供了更多的服务价值。尤其是联合餐饮、教育、酒店等众多生态合作伙伴，也让首汽约车充分发挥了自身的出行生态版图优势，在行业中创新性地打造了用户高频刚需场景的系统化解决方案。

在PLUS会员体系的后续运营中，首汽约车还将加大资源整合力度，并加码对用户权益的投入，不断完善会员服务体系。在提供更优惠的出行服务的同时，首汽约车也将通过全消费场景的打造，以更有价值的增值服务，构建平台与会员之间紧密的情感连接，为双方带来可持续的互动和沟通。首汽约车认为，这一出行领域的新商业模式，将实现用户和平台的双赢局面，打造可持续的正循环生态体系。

（资料来源：首汽约车首推"场景会员"探索全新用户服务模式. 中国新闻网 .https：// baijiahao.baidu.com/ s?id=1673442580318193217&wfr=spider&for=pc.本书有删改）

2. 印象城MEGA：3.0场景时代，以线下互动场景建立更深情感连接

得益于会员体系平台玩法的与时俱进，上海南翔印象城MEGA通过生态协作，在商业体验上不断探索更贴近消费者的内容，涵盖空间创新、品牌创新、服务创新等全维度。开业仅一年时间，印象城MEGA就取得了"总销售额超38亿元，总客流量近4000万人次"的极其优秀的成绩单"，并积累了50多万黏性极强的会员。

在开业的一年多时间里，上海南翔印象城MEGA围绕"一日微度假胜地"的定位，总共举办了150多场活动。几乎每一场活动，项目都能够通过清晰的定位和不同的表达方式，走进人们内心，强化与消费者的亲密关系和精神连接。当消费者对项目的感情从"关注"变为"认同"，他们的身份也将加速从"普通消费者"转化为"粉丝"和会员，为项目积累了长远发展的内驱力。

（1）价值层面的共鸣，能够"共情"的标杆活动 通过细腻的情感洞悉与多领域的跨界合作，印象城MEGA为人们创造了更为丰富的活动体验。无论是具有潮玩属性的"ViViCat梦中宇航"活动、治愈属性的"回'嘉'过年"活动，还是具有文化属性的意大利"非凡时空"艺术文化节。这些能够"共情"的活动，都是印象城MEGA项目与消费者在价值层面的情感共振，激发了大家更为深刻的品牌感知。借由人们自发的口碑传播，项目将能够触达更多目标用户。

（2）参与层面的共建，丰富会员互动活动 会员专属沙龙活动：挖掘会员角色的参与价值，通过定期邀请高粘性会员座谈及体验分享，反哺线下服务；通过持续沟通，建立彼此长期有效的情感纽带。

公益活动项目并非简单地将消费者视为流量，而是以"会员"视角进行关怀，先后开展了"夏日送清凉""益起为爱6.1行动""高端会员感恩答谢会""疫情进社区送温暖""女神节送花"等多个活动。这种注重感动、细致的情感维系，是消费者完成会员转化的价值驱动。

（3）空间场景的体验升级，全维度精细化会员服务　商场内设置儿童专属洗手间、多层主题暖心母婴室、双客户服务点位、爱宠专享服务、党群服务基地标杆等场景。多重极致服务体验功能，以精准匹配不断变化的消费方式和生活方式，为消费者提供温暖的空间和暖心的服务。

对上海南翔印象城MEGA来说，每一次线下互动除了带来短期流量与业绩，他们更希望通过多元体验场景的打造，最大限度地满足消费者的"真实体验感"；并且，通过不同属性活动的打造，完成在价值观层面的输出和互动，从而获得消费者的共鸣与认同，加深与会员更深层面的亲密关系，实现长远发展。

（资料来源：会员3.0时代，印象城MEGA如何通过深挖"会员价值"实现"商业价值"的长久发展？搜狐网.https://www.sohu.com/a/486922776_119216.本书有删改）

5.4　"数据赋能+会员营销"模式

"数据赋能+会员营销"模式强调通过收集与分析消费者数据，为会员提供更强的体验和更好的服务。在这一商业模式画布中，前端的价值主张是综合服务平台，后端的核心资源是会员和数据。在新零售的实践中，万家乐、山姆会员店等企业采用了"数据赋能+会员营销"模式。

5.4.1　模式分析

在"数据赋能+会员营销"模式中，零售企业通过会员营销提供优质的社群服务，发展一批忠实消费者，并将其转化为高黏性用户。在获取足够信息后，企业通过数据赋能为之提供更好的服务，并通过打造双边平台，运用算法高效地匹配供给和需求，进而促成交易。

大数据时代，零售企业应充分利用数据分析，不断加大数据的整合力度，增加会员享受的服务和优惠，通过会员沟通、会员互动等形式来增强会员体验。例如，很多连锁酒店通过数据的分析和整合，在会员顾客入住酒店时就能识别出其历史消费数据，并据此为会员安排满足其需求的房间类型和迎宾礼物等服务。这些服务看似非常细微，但能够给会员带来舒适的入住体验，有效提升会员的忠诚度。此外，零售企业应设计合理的增值服务方案，强调方案的个性化及连续性，从而在较长时间里吸引会员的参与，提升销售业绩。同时，通过先进的数据关联方法，对营销资源进行实时优化，提供有针对性的追加销售和交叉销售产品，以提高会员生命周期的价值。

结合商业模式画布理论，"数据赋能＋会员营销"主要体现在以下六个方面：

（1）价值主张　零售企业打造平台，在需求端整合会员并提供智慧服务，在供给端整合品牌商并提供智能推荐，运用算法打造高效匹配供需的双边平台。

（2）客户关系　与用户形成经纪关系，通过整合资源满足双边的诉求，并借助数据提供高满意度的贴心服务。

（3）收入来源　主要是平台服务收入、商品销售提成以及来自平台外部的广告收入。

（4）核心资源　生长在平台上的会员、在双方交易过程中积累的数据资产和科学精准的算法。

（5）重要合作伙伴　供给侧供应商——这是平台发展不可或缺的角色；愿意付费的第三方如广告商，他们通过平台进行广告宣传。

（6）成本结构　一是打造平台本身的成本，这可以借助于原有平台上的业务拓展（如百度）或重新打造一个平台（如拼多多）来实现；二是平台的获客成本和会员服务成本；三是构成核心竞争力的数据处理成本。

前端的价值主张是通过打造综合的服务平台，提供高效的撮合交易服务，并与用户（尤其是忠实用户）之间建立一种忠诚的经纪关系，这种客户关系也使得平台的运行更加顺畅且成本更低。后端的核心资源则主要围绕着会员和数据，通过持续地优化算法，不断提升平台的服务能力，利用流量和算法资源整合供给商，并积极发展广告商。

5.4.2　相关案例

1. 万家乐：重构会员营销全链路

广东万家乐燃气具有限公司（以下简称"万家乐"）成立于1985年，专注于改善中国家庭的热水和厨房生活，产品覆盖热水、厨电、净水、采暖四大品类，包括热水器、油烟机、燃气灶、洗碗机、集成灶、净水器、壁挂炉等。万家乐以"全球亿万家庭美好厨卫生活创造者"为愿景，致力为用户打造品质、快乐、美好的生活。

万家乐经过多年的发展，沉淀了大量的用户相关数据（包括销售和售后数据），但一直没有系统化地进行整合和梳理。在营销端，万家乐也一直使用传统线下的方式进行日常营销，存在会员系统不够完善、会员数据孤岛及部分缺失、营销体系待完善、原商城在终端效果待提升等痛点。在企业"数智化战略"和"用户＋战略"的指导下，万家乐希望实现以消费者为中心的整体服务链路升级，构建更加人性化、智能化的营销服务能力，加强品牌在客户侧的心智，全面提升万家乐品牌价值。

万家乐的数字化营销转型措施主要包括以下两个方面：

一方面，构建万家乐会员能力，实现会员业务线上化。具体措施包括：

一是打通全渠道数据，实现淘宝、天猫、京东、微信公众号、微信会员小程序等渠道的数据打通及沉淀。搭建消费者数据中台，沉淀万家乐消费者数据，实现对万家乐消费者的用户洞察，从而指导用户运营；

二是建设会员中台能力，实现万家乐会员等级的配置、权益的配置、升降级规则及积分商城能力；

三是搭建以"会员服务"为目标的会员商城，支持后台快速配置页面能力、支持虚拟商品等进行销售，围绕会员的售后服务、客服对接、新品上新提醒等场景进行构建，并支持自动化推送能力；

四是通过小程序运营后台支撑会员小程序的快速响应，实现针对前端会员小程序的各类活动、展示信息的配置端口，即配即生效，实现灵活操作以满足业务需求。后台支持配置会员能力，包括会员等级、权益、积分等，并可以查看会员的各类信息。

另一方面，基于会员能力实现数字化营销升级。万家乐以会员中台及会员标签能力、自动化营销能力为依托，通过产品资讯、品牌活动、售后服务、会员复购等环节服务场景的串联，实现客户体验的全面升级。

（资料来源：71.42%沉睡会员被激活，万家乐如何重构会员营销全链路？ https://baijiahao.baidu.com/s? id=17987429361287318568&wfr=spider&for=pc.本文有删改）

2. 山姆会员店前置仓模式，助力沃尔玛实现逆势增长

进入中国市场28年来，沃尔玛主要发展了大卖场和山姆会员店两种业态。这两大业态正在此消彼长，大卖场逐渐衰落，而山姆会员店却从第二增长曲线跃升为业务领头羊。过去五年间，尽管沃尔玛中国的整体营收持续增长，但其大卖场业态持续缩减从2018年的420家锐减到2024年的296家，关闭了近100家店铺。而蛰伏多年的山姆会员店已经接过沃尔玛中国的增长接力棒，进入了每年平均开设6家新店的加速增长期。这种业态的更迭，让沃尔玛在国内市场能够继续保持增长势头。

山姆会员店的主要举措包括：

一是以实体店为基础推行各种优惠的会员制运营模式。目前，山姆在中国拥有约400多万付费会员，在门店购物的会员可享受到优惠价格和增值服务。中国山姆提供两种类型的会员卡，一种是260元的普通会员卡，另一种是680元的高级会员卡。高级会员卡于2018年推出，主要面向家庭用户。与普通会员相比，高级会员可享受五项额外优惠，包括消费金额2%的现金奖励、每年12张免费送货券、每年8000元的私人诊所牙科护理、每年12张免费洗车券以及家电产品365天免费退货政策。会员费用已成为中产阶层身份

的一种象征，让山姆不仅是一个购物场景，更成为一种时尚和生活方式的代表。而中国山姆则通过为会员提供优质的售后服务来与客户建立牢固的关系。山姆在自己的 App 上推出打分功能，从消费者的打分中可以看出，大部分消费者对山姆提供的服务和产品是十分满意的。因此，山姆通过提供优质的服务成功地增加了用户的忠诚度和复购率。

二是建立以微信为中心的数字会员系统。中国山姆官方微信公众号于 2017 年开通，通过整合全渠道的会员数据，实现对会员信息的一站式管理，并全方位观察会员的消费习惯。山姆注册会员只有两个渠道：线下门店和微信公众号的"会员中心"。借助拥有 10 多亿用户平台以及微信小程序注册方式，消费者可以轻松完成注册。这一便利举措也极大地增加了山姆的会员数量。

三是整合数据并引流向自有渠道。中国山姆整合了微信、官网、App、京东的会员数据，从中收集有价值的信息，且通过各种服务和优惠措施将流量引流到线下门店和私域社群中。山姆还通过 App 和微信公众号激发消费者的购买欲望，这两个平台不仅是线上购买的渠道，它们还在不断创造客户需求。例如，山姆 App 的"发现"页面会定期发布菜谱，精美的图片会激发消费者购买欲望，从而直接点击链接进行购买。山姆的微信公众号也同样如此，其发布的大部分文章都是关于产品推广和营销活动的"暖文"。

（资料来源：沃尔玛中国的数字化转型如何助力逆势增长，https://mp.weixin.qq.com/s/dgiEgi2ieHzkeTBYCqIexg.本书有删改）

5.5 "消费场景+数据赋能+会员营销"模式

"消费场景+数据赋能+会员营销"模式强调场景、数据和会员的全过程协同与相互作用。在这一商业模式画布中，前端的价值主张是综合体验，后端的核心资源是企业能力。在新零售的实践中，海尔智家、徐州苏宁广场等企业采用了"数据赋能+会员营销"模式。

5.5.1 模式分析

在"消费场景+数据赋能+会员营销"模式中，零售企业利用消费场景获取流量并提供体验，通过会员营销优化服务，发展自己的粉丝社群，再基于获取的数据为终端建设和会员服务赋能，从而实现精准营销。消费场景是平台的服务终端，与消费者直接相连；会员营销保证了平台经营能力的持续，是客户渠道的主要来源；数据算法赋能则是平台提供精准营销、改善与提升平台服务能力的基石。

在该模式下，零售企业或平台以场景为流量入口，获得市场消费者的认可，并在此基础之上建设平台自有社群。同时，与大数据技术深度融合，共同实现精准营销，为场景的建设提供必要资源，进而形成一套具有层层叠加效果的三位一体新零售服务模式。

结合商业模式画布理论，该模式主要体现在以下六个方面：

（1）**价值主张**　提供有趣的消费场景、用心的数据赋能和有爱的会员服务，三个维度叠加，为消费者带来极致的升维体验。

（2）**客户关系**　与用户形成"恋人关系"，面对用户的时候，既要注重外观的吸引力，又要提供贴心的服务，更要深入了解用户的需求，从而形成亲密无间的"恋爱"关系。

（3）**收入来源**　主要来源于商品销售收入，多半可能是会员贡献的，还包括对会员提供的差异化服务的溢价收入，通过价格歧视策略充分挖掘消费者的剩余价值。

（4）**核心资源**　终端的消费场景、社群的会员体系、数据资产及算法都可以作为企业的核心资源。

（5）**重要合作伙伴**　主要是消费场景打造环节中的商品供应商和物流配送网络，而会员服务和数据赋能通常由企业自己完成。

（6）**成本结构**　一是场景打造的成本，二是对数据处理的成本，三是会员服务的成本。

前端的价值主张通过有趣、有心、有爱的综合体验，塑造稳固的"恋人式"客户关系，而这种客户关系又进一步促进了体验的升级。后端的核心资源主要由企业自身完成，对重要合作伙伴的依赖度不高，因此企业在生态体系中占有主导地位。

5.5.2　相关案例

1. 海尔智家PLUS会员：开创场景化时代会员体系

海尔智家PLUS会员是海尔基于对用户体验和行业趋势的深度洞察，以用户需求场景为中心，打造出的具有多维度、多层次、全覆盖特点的全场景会员体系，实现了从家电会员体系到场景会员体系的转变。

（1）**开创场景化时代会员体系**　在物联网时代，以用户为本，以需求至上。随着海尔智家完成对智慧家居的布局，其从传统家电制造商转变为物联网时代全球领域的生态品牌。在会员经营上，海尔智家对接品牌、生态和消费者的双向需求，构建了场景化会员的生态，即将实现全场景覆盖。

海尔智家通过大数据分析发现，其家庭用户覆盖率在80%以上，用户除了购买家电外，还会经常购买各类家庭场景和生态产品，同时对家电清洗等各种服务具有潜在需求。海尔智家PLUS会员打破传统家电会员的边界，提供的各项产品、服务、场景方面的定制化权益全方位满足了用户的各种潜在需求，从设计一个家、建设一个家到服务一个家，这三个阶段都有相对应的权益覆盖。

海尔智家用户运营总监王刚表示，从传统到数字化，用户价值传递方式和需求在不断变革与升级，海尔智家用户运营的目标就是打造极致用户体验，把价值更有温度地传递给消费者。海尔智家PLUS会员作为数字化用户运营体系的重要部分，加入了全场景能力，一张PLUS会员卡就可以解决家电用户产品、服务以及衣、食、住、娱所有问题，为用户带来全方位的有温度的解决方案。

当前互联网竞争已经进入存量时代，存量时代拼的是场景和生态以及服务的迭代能力，会员权益也要跟上消费者需求升级的步伐。海尔智家PLUS引领家电会员向场景会员、生态会员转型，开创了会员经济的场景时代。

（2）**物联网时代智慧生活一卡通**　在物联网时代，用户需要的不仅是单一的家电产品，而是满足用户需求的全流程解决方案。海尔智家推出的PLUS会员体系涵盖专享、优惠、服务三大类权益，通过专享礼品、会员专享价、优惠券、家电清洗服务优惠、专属客服五大PLUS专享特权，打通了海尔智家从家电到服务再到衣、食、住、娱全套场景和生态，为高品质会员提供全套家庭生活解决方案，省钱、省心更尊享，让用户在物联网时代享受智慧生活一卡通。

从涵盖食联、衣联、智能互联、家电清洗的专享礼品，到会员专享价、生态产品优惠券，以及有温度的家电清洗服务，每一项都可以为智慧生活赋能。海尔智家PLUS为会员带来的不仅仅是简单的物物相连，更是通过连接来创造新的生活方式与商业形态。未来，会员场景延展带来的生态价值将远远大于家电交易本身。

作为海尔智家数字化转型战略的一部分，支撑起海尔智家PLUS会员各项权益价值能力的背后是海尔智家强大的产品、生态和全场景能力。通过数字化手段，商城、营销、服务、金融、生态、海尔体验云等全维度融合，挖掘用户的潜在价值，提升用户体验。

（资料来源：海尔智家推出PLUS会员 开创场景化时代会员体系. 海尔服务微信公众号.https：//mp.weixin.qq.com/s/E2_DzQjoN3A_3Jt9qEqn5w.本书有删改）

2. 徐州苏宁广场：数字化经营升级

徐州苏宁广场是苏宁置业在淮海经济区布局的重要项目。该项目注重智慧零售核心能力建设，依托场景互联网、智慧供应链和数字化经营三大能力，创新体验型购物新模式，深入进行会员画像分析、需求预测和行为数据研究，开展个性定制、定向推送、专属服务，全面实现智慧化经营。

（1）**元宇宙概念首发，创新沉浸式体验型购物新模式**　近年来，徐州苏宁广场不断发挥其城市地标的引领作用，创新直播玩法，以会员画像为基础，深入研究直播导流新方式，加大对周边城市的消费辐射力。

2021年跨年之际，徐州苏宁广场联合徐州报业传媒集团，开展了"淮海新消费·美好无限·跨年音乐盛典"活动。该活动以10小时不间断直播的形式进行，期间有9大主播天团沉浸式逛播、总经理逛店直播加持"小狮妹"带货、虚拟AI主播"大徐"直播首秀、"HIGH 5偶像男团"空降苏宁广场、千份美食免费派发、知名书法家王国宇挥墨送福、DJ+MC全场沉浸式跨年趴、266米云端跨年倒计时灯光秀等亮点，共同引领体验型购物新方向。通过全渠道媒体矩阵的传播，当地主流媒体及广场大屏等六大平台实时转播，覆盖人群达300万，直播观看人数近90万，跨年单日客流近10万，双线销售突破1700万，成功打造了自带流量的高品质消费目的地。

随着技术应用的不断发展，徐州苏宁广场也在不断创新实践场景式直播、虚拟交互等新玩法。携手品牌商户，结合首发经济，项目已实现全场景互动云逛播。在五周年庆期间，五位"超级播"主持人以八大品类千余爆款为亮点，打造了"饕餮盛宴/美力加倍/一键试衣/就爱闪耀/元气焕新"五场创意直播，把秀场搬进手机。他们对每件单品都进行现场试穿、细节展示，让消费者在直播间就能立体化直观体验爆款单品，以实际行动推动购物中心数字化转型，打造时尚潮流的直播地标。

（2）品质生活方式进阶，引领全新消费潮流　徐州苏宁广场瞄准新中产阶级和年青一代的消费需求，持续调整升级品牌阵容，引入区域首店、高等级旗舰店、概念店等，不断革新城市商业格局，引领城市潮流。

自开业以来，徐州苏宁广场持续引入GUCCI珠宝、菲拉格慕、BALLY、MCM、Emporio Armani、HUGO BOSS、PANDORA、Michael Kors等徐州首店，以及Sisley精品店、蔚来汽车、淮海经济区周大福传承首店、淮海经济区周生生最新形象店、淮海经济区奈雪的茶首家旗舰店、NFL全国首家形象店等高规格形象店。这些店铺不仅为消费者提供了更加独特、舒适的美学享受与体验感受，对于徐州乃至整个淮海经济区而言，更促进了整个地区的消费转型。

（3）多平台会员服务，探索精准数字化会员营销新方向　在后疫情时代下，徐州苏宁广场提供更贴心、便捷化的会员服务。项目优化会员数字化经营，搭建线下会员互动智能场景，通过App/小程序、社群及广场运营管理系统，以会员消费习惯为基础，以新潮首店品牌为载体定制推广信息，实现会员精准营销的全场景管理模式。会员消费贡献率达70%，高等级会员消费占比达56%。同时，徐州苏宁广场还对停车场进行了智能化升级，增加了"寻找品牌、路线导航、我的位置"等服务，实现了反向寻车、车位引导、自助缴费等功能，进一步提升了消费者的体验。

（资料来源：徐州彭城苏宁广场：数字化经营升级. 中国连锁经营协会微信公众号. https：//mp.weixin.qq.com/s/FDrnBg5g4tBRVfuNx893Fw.本书有删改）

本 章 小 结

零售业借助5G、大数据、物联网、云计算、AR/VR等新一代数字技术的深入应用，正在加快其数字化、智能化转型，达成提质、降本、增效的商业闭环，从而快速迈进新零售时代。对于零售企业而言，数字化转型不仅是企业应对不确定的环境变化和其他挑战的重要手段，也是以消费者体验为核心，重塑数字时代零售新模式的必然选择。

新零售商业模式是对传统商业模式的人、货、场等基本要素进行重新组合，零售企业依托大数据、物联网等高科技手段，打破固有销售渠道的限制，实现"线上+线下"的融合发展，为消费者提供了更多的商品种类选择权。新零售商业模式具有以下特点：线上线下深度融合发展，利用大数据构建消费者画像，搭建全渠道平台，融合社交功能，以及实现供应链的精细化和智能化。与传统零售商业模式相比，新零售在技术层面、消费者服务层面、渠道层面、决策层面以及运营层面均存在显著差异。

新零售商业模式具有"消费场景+数据赋能""消费场景+会员营销""数据赋能+会员营销""消费场景+数据赋能+会员营销"等多种模式。

在"消费场景+数据赋能"模式中，零售企业利用消费场景作为流量入口吸引用户，再通过云端数据赋能，更加精准地满足用户需求，并实现再次的精准推荐，从而促成二次和多次交易。基于消费画像的精准服务也进一步增强了终端的吸引力。

在"消费场景+会员营销"模式中，企业致力于在终端打造独特的消费场景，利用消费场景作为流量入口吸引用户，进而通过会员营销来形成社群并提供优质的社群服务，以降低企业的获客成本，获得更多的忠诚客户，大幅提升复购率。

在"数据赋能+会员营销"模式中，零售企业通过会员营销提供优质的社群服务，发展一批忠实消费者，并将其转化为高黏性用户。在获取足够信息后，企业通过数据赋能为之提供更好的服务，并通过打造双边平台，运用算法高效地匹配供给和需求，进而促成交易。

在"消费场景+数据赋能+会员营销"模式中，零售企业利用消费场景获取流量并提供体验，通过会员营销优化服务，发展自己的粉丝社群，再基于获取的数据为终端建设和会员服务赋能，从而实现精准营销。

关 键 名 词

新零售　新零售商业模式　数字技术　消费场景　数据赋能　会员营销

章 末 案 例

清美：传统生鲜零售的数字转型之路

"在上海，每卖出两块豆腐，就有一块是清美豆腐。"在生鲜电商兴起之前，清美已经在上海扎根十几年。

走进清美产业园的豆腐车间，一条产线的工人正忙着从流水线上分拣出一盒盒豆腐装箱。第二天凌晨 4 点，清美物流车队便会把这些豆腐运送到上海各区的社区门店，其中一部分还会摆上生鲜电商的线下超市货架。在社区单元楼门口，生鲜电商的快递员按照约定的时间点上门送货。傍晚时分，饭菜翻炒的声音和香味此起彼伏，城市的烟火气融入繁华的夜色之中。

清美的绿皮物流车穿梭在城市与郊区之间，与各个生鲜、外卖平台的电动车往来交叉，构成了上海在线新经济的一道独特风景线。从田头到餐桌，从仓储到门店，忙碌的身影背后，现代数字网络技术让传统食品零售行业焕发生机，在线生鲜零售撑起了这座城市的万家灯火。

清美，不可撼动的地位背后

每天，清美产业园的农业基地都会迎来一波又一波的团队前来考察调研。"他们学不来，"上海清美绿色食品（集团）有限公司技术中心总监李立认为，不管时下的生鲜零售多么火爆，清美在社区消费者心中的地位是不可撼动的。

在李立看来，没有贯通上下游产业链的电商统统是"二道贩子"。1998 年，清美从一块豆腐开始做起，不断拓展生鲜品类，如今已发展到拥有 3000 多个 SKU 单元，4000 多名员工。

"平台性质的生鲜电商上下游很难打通，"李立自 2009 年进入清美以来，先后管理过四个工厂均是从零开始做起。这两年，生鲜电商线上线下你方唱罢我登场，只有清美一直很稳。"清美是上海滩唯一靠店养店、不融资、不烧钱的生鲜企业，企业的负债率很低。"

近 2000 亩的农业基地、300 多辆物流运输车、3000 多个品类、550 家线下门店……即使是疫情期间，清美的产线也必须保证 24 小时生产。为此，清美抽调了 400 多人的团队生产口罩，连行政人员也都亲自下到产线。这样的协同调动和执行力是其他生鲜电商无法比拟的。

围绕消费者口腹之欲的核心诉求，订单、物流、农业生产……全产业链条的数据流通，是包括清美在内的生鲜零售数字转型共同的价值指向。

在生鲜电商争相占领线下门店的同时，清美开始踏上全产业链数字化转型的道路。与电商平台数字精准营销不同的是，清美首先要打破农业生产、食品加工、物流配送、门店销售等各个环节的数据孤岛，实现订货、配送、农业生产的在线实时交互。

2016年，清美刚开始进行数字化改造的时候，技术总监闫军华的团队还不到10人。他们花费了一年时间将之前外包的系统软件功能全部替换。在此过程中，如果系统出现了波动，清美就会采取土办法——用人海战术来保证业务的不中断。

跨产业和跨部门的整体协调能力是清美与其他电商平台相比最大的优势。

数字化升级显著提高清美系统协同效率

在清美集团内部，订货端下单前会收到订货建议，下单后可以看到订货量、在途数量、仓库出库、配送阶段、门店入库等实时信息。生产销售端每天进行数据循环分析，当仓库的库存达到一定限度时，系统经过分析会将采购量、采购品类发送给采购人员。各个品类销售信息也会发送到清美农业生产基地作为数据参考，指导农业生产活动。在物流配送中，清美利用人工智能算法对500多辆物流车进行路线优化。

同时，集团高管可以在平台上看到门店、农业基地、物流配送各个系统的数据对比、分析、趋势，为集团战略决策做数据支撑。"一定是技术和业务流程结合才能真正推动产业的发展。"闫军华的技术团队主要来自互联网行业，他们面临的最大挑战是让这些互联网技术人员了解熟悉清美集团整个的业务流程。为此，信息技术部门的产品经理凌晨三四点跟着物流车送货，研发人员会连续两天和产业工人待在生产车间，以体验了解产业链各个环节人员的使用需求。

短短4年时间，在员工数量不变的情况下，清美集团的产值从开始的4.5亿元增长至30多亿元。人工成本减少和运营效率增加体现在整个产业链的各个环节：种源研发、叶菜数据模型、AI智能分析……用数字化技术改造传统农业，改造后农业亩产增长30%，增收1万元以上，用工减少50%，节水节肥35%；ERS运行系统、MES智能车间……对食品制造业进行智能升级改造，实现产量提高30%，生产效率提高15%以上，成品不良率降到0.3%以下；物流机器人、GPS定位监管全程可视化……生鲜物流智能化改造后，企业的整体配送量提高40%以上，仓配成本下降2%。

数字化只是一种工具，核心还是线下

今年，清美也开始了社区团购的尝试。与靠资本迅速扩张的生鲜电商不同的是，清美集团内部自建的物流、仓储、配送平台可以随时抽出几块进行快速组合，对线上新出现的业务快速完成模式验证。但是清美的线上销售占比很少，对清美来说，线上线下模式只是一种提供便利的辅助手段。凭借二十多年的口碑经营，清美核心销售场景还是社区周边线下门店。清美的门店销售通过社区口碑传播，品类也更加贴近生活、接近日常。二十多年来，清美从来没有打过广告，从一块豆腐、面制品到蔬菜永远保持着稳健运营，质量永远

在统一水准线，其他电商平台无法与之相比。

"我还是要强调一点"，李立最后表示，"数字化只是一种工具，目的是帮助企业加强消费者连通。"

在清美的农业基地，土壤修复、施肥、播种、收割全部实现了数据化、机械化作业。上海气象局在这里建立了观测点，清美甚至可以拿到每年夏天的台风预测。各式各样的蔬菜品种被农业专家培育出来，白色的甜椒、白色的茄子、各种颜色的花菜等新型品种将在未来丰富消费者的餐桌。如今，清美以自身的业务作为试验场，利用现代化信息技术探索适合在生鲜行业示范推广的技术解决方案。比如利用物联网芯片，从生产到门店销售进行全程跟踪。"没有一家公司实施过这样的方案，因为冷冻和潮湿的环境，生鲜行业对芯片性能有极高的要求。清美正在与一家芯片公司合作研发针对生鲜行业的芯片，目前该方案还在试验阶段。"闫军华表示。

（资料来源：清美：传统生鲜零售的数字转型之路. 科Way微信公众号. https://mp.weixin.qq.com/s/Us0bhlamzp54199apGroXg.本书有删改）

案例思考

1.结合案例谈谈清美的新零售商业模式。

2.数字技术在清美的新零售商业模式中发挥着什么作用？

复习思考题

1.什么是新零售商业模式？新零售商业模式具有哪些特点？

2.新零售商业模式与传统商业模式相比有哪些方面的不同？

3.新零售商业模式具体有哪些类别？

4.数字技术对零售企业转型具有什么作用？

本 章 实 训

1. 实训目的

（1）明晰新零售商业模式的基本概念与基本知识。

（2）通过实地调查，了解所在城市某一零售企业的商业模式。

（3）锻炼调查收集资料、分析问题、团队协作、个人表达等能力。

2. 实训内容

以小组为单位，深入所在城市的某一零售企业进行调查，收集这家零售企业的基本情况以及具体的商业模式，了解该零售企业在推行新零售商业模式过程中遇到的问题及问题出现的原因，并提出针对该企业推行新零售商业模式的建议。

3. 实训组织

（1）指导教师布置实训项目，提示相关注意事项及要点。

（2）将班级成员分成若干小组，成员可以自由组合，也可以按学号顺序组合。小组人数划分视修课总人数而定。每组选出组长1名、发言代表1名。

（3）以小组为单位，选定拟调查的企业，制定调查提纲，深入企业调查收集资料。写成书面调查报告，制作课堂演示PPT。

（4）小组发言代表在班级进行汇报演示，每组演示时间以不超过10分钟为宜。

4. 实训步骤

（1）指导教师布置任务，指出实训要点、难点和注意事项。

（2）演示之前，小组发言代表对本组成员及其角色进行介绍陈述。演示结束后，征询本组成员是否有补充发言。

（3）由各组组长组成评审团，对各组演示进行评分。其中，演示内容30分，发言者语言表达及台风展现能力10分，PPT效果10分。评审团成员对各组所评出成绩取平均值作为该组的评审评分。

（4）教师进行最后总结及点评，并为各组实训结果打分，教师评分满分为50分。

（5）各组的评审评分加上教师的总结评分作为该组最终得分，对于得分最高的团队予以适当奖励。

参 考 文 献

［1］居然之家官网．扬帆出海！居然之家数字化新征程．［EB/OL］．（2022-09-06）［2024-03-02］. http://www.juran.com.cn/atricle/1738. html.

［2］中国新闻网．首汽约车首推"场景会员"探索全新用户服务模式．［EB/OL］．（2020-07-28）［2024-03-02］. https://www.chinanews.com.cn/auto/2020/07-28/9250055. shtml.

［3］商业与地产．会员3.0时代，印象城MEGA如何通过深挖"会员价值"实现"商业价值"的长久发展？．［EB/OL］．（2021-08-31）［2024-03-02］. https://www.sohu.com/a/486922776_119216.

［4］WakeData惟客数据．71.42%沉睡会员被激活，万家乐如何重构会员营销全链路？．［EB/OL］．（2024-05-11）［2024-03-02］. https://baijiahao.baidu.com/s?id=1798742936128731856&wfr=spider

&for=pc.

［5］智慧零售与餐饮. 沃尔玛中国的数字化转型如何助力逆势增长.［EB/OL］.（2024-03-21）［2024-04-12］. http://retail-it.cn/lins/380. html.

［6］海尔服务. 海尔智家推出PLUS会员 开创场景化时代会员体系.［EB/OL］.（2021-06-04）［2024- 04-12］. https://mp.weixin. qq.com/s/E2_DzQjoN3A_3Jt9qEqn5w.

［7］中国连锁经营协会. 徐州彭城苏宁广场：数字化经营升级.［EB/OL］.（2022-10-10）［2024- 04-12］. https://mp.weixin.qq.com/s/FDrnBg5g4tBRVfuNx893Fw.

［8］科Way. 清美：传统生鲜零售的数字转型之路.［EB/OL］.（2021-08-23）［2024-04-12］. https://mp.weixin.qq.com/s/Us0bhlamzp54199apGroXg.

［9］王福，庞蕊，高化，等. 场景如何重构新零售商业模式适配性——伊利集团案例研究［J］. 南开管理评论，2021，24（04）：39-52.

［10］李文，武飞，张珍珍，等. 基于大数据能力的新零售商业模式研究［J］. 商业经济研究，2020（06）：118-120.

［11］周蓉蓉. 我国新零售商业模式的动力机制与升级研究［J］. 管理现代化，2020，40（02）：52-55.

［12］潘建林. 新零售理论文献综述：兼论四构面商业模式［J］. 商业经济研究，2019（05）：9-11.

［13］王福，长青，刘俊华，等. 新零售商业模式场景化创新的理论框架与实现路径研究［J］. 技术经济，2021，40（04）：39-48.

［14］康敏娜. 新零售商业模式创新问题研究——基于线上线下融合视角［J］. 商业经济研究，2021（13）：87-89.

［15］王婷. 新零售商业模式对审计风险的影响研究［D］. 北京：北京交通大学，2021.

［16］杨琳. 新零售商业模式下永辉超市财务绩效研究［D］. 青岛：青岛科技大学，2021.

［17］林烜毅. 新零售商业模式下企业内部控制有效性研究［D］. 厦门：集美大学，2021.

［18］范鹏. 新零售：吹响第四次零售革命的号角［M］. 北京：电子工业出版社，2018.

［19］刘旷. 新零售实战：商业模式+技术驱动+应用案例［M］. 北京：清华大学出版社，2019.

006

第6章 新零售私域流量运营

数据经济时代"新零售"私域流量发展现状

数字经济不仅推动了新兴产业的衍生和发展，更促进了传统零售行业的转型升级，为"新零售"的蓬勃发展与私域流量的精细化布局奠定了基础。随着网络消费规模的逐年上升，进一步加速了"新零售"私域流量的精细化布局。而"新零售"私域流量不仅助力数据沉淀、数据分析及数据应用，还推动了传统零售在产品、技术、运营及营销等层面的更新迭代，重塑了"人、货、场"的商业模式，提升了用户在消费端的主导权。

数据经济时代"新零售"私域流量的发展现状可以概括为以下四点：

一是数字经济赋能传统零售产能增长，助推"新零售"蓬勃发展，加速私域流量精细化布局。继农业经济和工业经济之后，数字经济基于现代信息网络及现代信息技术的深度融合，以快捷性、高渗透性、直接性、可持续性及外部经济性等特点，推动传统零售行业的转型升级，继而衍生出"新零售"发展模式，并加速"新零售"私域流量精细化布局。根据中国信通院发布的《中国数字经济发展白皮书》显示，2023年国内数字经济规模已达到50.2万亿元，对国内生产总值的贡献率达1.5%。在2016年至2023年期间，第一产业、第二产业及第三产业的数字经济渗透率均呈现逐渐上升趋势，其中，第三产业数字经济渗透率最高，2023年达到44.7%，其次是第二产业、第一产业。

数字经济从内部结构上可分为产业数字化和数字产业化两大领域，数字产业化侧重于对现代信息技术成果的转换及市场化应用，产业数字化则侧重于对传统产业的改造及优化升级。在2016年至2023年间，数字经济内部结构中对传统产业的改造、转型升级优化的产业数字化明显占据主导地位产业数字化也推动了传统零售行业转型升级、结构优化，并赋能传统零售产能增长，助推"新零售"蓬勃发展，为加速"新零售"私域流量精细化布局奠定了坚实基础。

二是网络消费规模逐年提升，加速"新零售"私域流量布局。随着数字化技术的深入发展，网络零售不断释放社会居民的消费潜能，渗透作用逐渐增强。根据国家统计局数据显示，2023年网络零售额规模为15.42万亿元，在社会消费品零售总额中占比为27.7%。

在 2016 年至 2023 年间，网络零售呈现高速增长态势，其在社会消费品零售总额中的占比不断攀升，已成为零售业增长的主要驱动力。尽管在 2020 年至 2023 年期间，网络零售增速稍有放缓且占比有所下降，但网络零售规模仍在稳步扩大。移动支付、大数据、虚拟现实等技术的革新与应用，更是从经营渠道、营销方式、用户渠道及运作模式等方面改造了"新零售"生态环境。消费移动端角色愈发突出，新零售企业纷纷探索全渠道运营模式，以加速"新零售"私域流量布局，提升用户在消费端的主导权，重塑"人＋货＋场"关系。

三是公域流量边际效益递减，"新零售"私域流量助力数据沉淀。公域流量指淘宝、抖音、B 站、小红书等平台用户共有的流量。相对于私域流量，公域流量相对容易获取，但其稳定性及黏性较差。根据艾瑞咨询对典型电商平台销售及营销费用统计数据显示，公域流量的平台销售费用及营销费用呈现逐年增长趋势，公域流量平台消费用户维护成本及获取成本不断升高，公域流量红利增长空间呈现边际效益递减趋势，零售企业面临着效用与成本的两难困境。

相对于公域流量而言，私域流量沉淀在个人渠道或品牌内，可随时随地反复触达，实现一对一精细化运营。消费者消费习惯线上化、消费用户浏览碎片化促使消费移动端角色精细化运营。由此可见，"新零售"私域流量不仅提升了用户在消费端的主导权，还通过重塑"人＋货＋场"关系，推动了产品、技术、运营及营销的更新迭代，助力"新零售"企业数据沉淀、数据分析及数据应用，为零售企业解决了红利增长瓶颈。

四是"新零售"私域流量双向赋能生态用户和品牌主，促进公域引流及私域转换。"新零售"私域流量营销强调对用户的随时及反复触达，以内容为核心，以兴趣为出发点进行内容生产吸引消费者，并进行公域引流及私域转换，进而达到沉淀用户、消费转换的营销目的。从用户端来说，朋友圈广告、公众号、抖音短视频等多种途径将用户引流至品牌私域，围绕内容推送、视频直播、微商城、小程序商城、社群运行等方式实现消费购买转换、增强用户黏性及品牌忠诚度；从品牌端来说，"新零售"企业则利用私域流量进行用户标签管理与数据分析，反哺私域流量的精细化运作，进一步提升运营效果。

（资料来源：刘飞. 数字经济时代"新零售"私域流量精细化运作探讨［J］. 商业经济研究，2022，（20）：40-43. 本书有删改）

6.1 私域流量的定义、价值和演变历程

私域流量是企业或个人自主拥有、可自由控制、免费且能多次利用，并能直接触达用户的流量资源，其核心价值在于能够降低营销成本、提升用户复购率、促进用户口碑传播等。对于企业和个人而言，构建和运营私域流量已成为当前数字营销领域的重要策略之一。

6.1.1 流量的概念及其演变

"流量"一词，在物理学中定义为单位时间内流经封闭管道或明渠有效截面的流体量。在消费学领域中，流量是企业及其产品在不同渠道中的用户人流量，从线下门店流量、电视广告流量、门户网站流量、百度搜索流量，到今天的社交媒体流量，其不仅代表着企业及其产品的热度和曝光率，也体现着互联网的发展变迁史。自2009年微博正式上线以来，社交媒体席卷中国互联网。2011年微信的出现，更是使得中国成为一个巨大的网络社会，事事离不开微信，样样都可微信。如今，公众号、知乎号、抖音、快手、小红书等诸多社交媒体层出不穷，每一个都是用户的海洋、流量的海洋。

在流量红利时代，实体企业纷纷涉足线上渠道，电商数量不断激增，网络"爆品""爆款"接踵而至。目前，流量红利主要分为三种：社群经济、口碑经济、单客经济。

社群经济中最常见的一种是微信群，它将拥有某种相同标签、相同目的的人群聚集在一起，如秒杀群、团购群等。此外，在各大平台上由博主、网红带动的经济也是社群经济之一。社群经济的优势是转化率高，关键意见领袖KOL（Key Opinion Leaders）、关键意见消费者KOC（Key Opinion Consumers）在其中起到很大的带动作用，社群成员对他们的信任会转化为对其所推荐产品的信任，从而促进购买。

口碑经济的表现形式是通过一批真实的使用客户产生口碑传播的效应。越来越多平台采用奖励政策，如"邀请新用户可获得代金券""直接返佣金"等，其目的都是引入大量流量，获得流量红利。

单客经济旨在提高单个客户的重复购买次数和利润。电商平台高额的推广费和强制促销，大大增加了商家的获客成本，而转化率却没有明显提高。于是商家开始搭建自己的私域流量池，巩固和经营自己的用户群体。

随着我国网络的普及，网民数量增长趋缓。根据第53次《中国互联网络发展状况统计报告》，截至2023年12月，我国网民规模达10.92亿，较2022年12月增长2480万，互联网普及率达77.5%，较2022年12月提升1.9个百分点；截至2023年6月，我国手机网民规模达10.76亿，较2022年12月增长1109万，网民使用手机上网的比例为99.8%。在网络人口红利慢慢减少，流量总量增长平缓的趋势下，电商总量依然在快速增长，流量竞争愈发激烈。商家为获得一批固定的、忠诚的顾客而努力，建立私域流量池由此登上舞台。

6.1.2 私域流量的定义

私域流量是指一种企业或个人可以自主控制、免费推广、重复使用、直接触达用户的渠道方式。相对于公域流量而言，它也是一种有黏性的、封闭的互联网营销工具。最为常见的私域流量有企业 App、企业小程序、企业微信号及个人微信号等。私域流量的特征主要体现在以下六点：

1. 可自主控制

私域流量的拥有者是企业及个人，他们可以不通过平台，直接与用户互动并传达信息，这大大提高了企业及个人的掌控权及话语权。而公域流量则是被平台方掌握的，更确切地说，是平台所拥有的私域流量。

2. 能免费推广

在平台上，商家想获得流量需要用户不断购买，且平台的购买价格不断提高，从而导致高额的获客成本。而私域流量的建立，使得企业及个人可以免费发布信息、推广产品，其获客成本几乎为零。

3. 可重复使用

私域流量是企业及个人所完全控制的，可以多次反复使用。通过用户运营，企业可以提高用户复购率，也可以大大降低企业成本，提高盈利能力。

4. 直接触达用户

私域流量能够使商家的信息传播与渠道渗透达到极简化水平。商家能够与消费者直接互动交流，这不仅提高了信息的传播速度和传播准确性，还能深入了解消费者需求，进行精准营销。去中间商化也使得产品价格有所下降。

5. 有黏性

私域流量需要企业及个人长期经营，在这一过程中，消费者与企业之间建立了稳定的信任和利益关系，他们认可企业的形象、价值观及产品，成为了企业的忠实消费者和粉丝。

6. 封闭性

流量的表现形式纷繁多样，最初从报纸、杂志、电台、电视等传统媒体中获取流量；互联网时代下门户网站、电商平台等成为流量的主要来源，但其本质上都是共享流量，而私域流量是封闭的，只有其拥有者即企业自身才能使用。

用户思维是私域流量的基本理念。传统的流量思维下，企业关注的是线上商店的流量大小，获得的是一次性的、无法沉淀的顾客消费行为。这种策略虽然可以使企业销售额瞬间上升，但其无法沉淀，复购率低、品牌黏性不强，对企业而言意义不大。而私域流量的拥有者以消费者为中心，通过与消费者的互动交流，分析挖掘消费者的需求，形成消费者画像，在此基础上为消费者提供个性化服务，构建起一个"人＋货＋场"的运营模式。在这一模式下，消费者不仅可以拉动销售，还可以反向指导产品研发生产，整个运营过程紧紧围绕消费者个人需求。企业以此运营获取的流量完全沉淀于企业内部，形成高忠诚度的用户群体，品牌黏性增强，复购率显著提升。

6.1.3 私域流量的价值

私域流量的价值在于企业可以获得完全沉淀在企业内部、对企业及其品牌具有一定忠诚度的消费者。在企业运营过程中，私域流量可以帮助企业解决以下三个问题：

第一，降低企业获客成本。随着流量总量增长趋缓以及电商企业的激增，企业的获客成本不断攀升，直接导致运营成本和风险的增加。即使加大线上商店曝光度和客流量的成本投入，转化率也未必能够提升，入不敷出使企业难以盈利。而搭建私域流量池，可以帮助企业获得反复使用、成本较低的私域流量，企业无需再向电商平台高价购买流量以提高曝光率。且随着消费者不断重复购买，信任度逐渐提升，这些流量的边际成本也不断降低，从而大大降低了企业使用流量的成本。

第二，重构品牌和消费者的关系。通过搭建私域流量池，企业与消费者的关系从简单的买卖关系转变为长期的互惠共赢的伙伴关系。企业以消费者为中心，通过对私域流量池的运营，可以将潜在的沉睡客户转化为真正的客户，并借助消费者的分享和推荐，提升企业及其品牌的口碑，为企业带来新的用户，实现裂变式增长，不断扩大流量池，为企业带来利益。与此同时，通过分析企业与消费者的互动交流数据，企业能够为消费者提供优质的服务和体验。在私域流量池中，消费者不仅是购买者，更是企业的顾问和产品研发设计的参与者。

第三，提升消费者价值。私域流量通过对存量用户的精细化运营，充分挖掘消费者的单客价值。企业借助IP打造、内容营销与消费者进行多次互动，建立信任关系，提升其转化率、客单价、复购率等，并促进消费者的口碑传播。

6.1.4 私域流量的演变历程

私域流量的演变历程与互联网社交媒体的发展息息相关。早在传统零售时代，私域流量的雏形就已经存在，即线下门店的忠实会员顾客。而21世纪初，中国互联网的兴起给传统零售业带来了巨大的冲击，同时也对传统的私域流量产生了一定的影响。随着社交媒体的发展，私域流量的演变历程大概可以分为四个阶段：萌芽期（2009年—2012年）、启蒙期（2013年—2016年）、发展期（2017年—2018上半年）以及加速期（2018下半年至今）。

图6-1展示了私域流量的演变历程。在萌芽期阶段，私域流量的概念还未被提出，虽

然早期使用者对私域流量的了解度和掌握度不高，但他们已经开始重视并尝试建立自己的私域流量池。2009年新浪微博上线后，很多微博大 V 开始在这个公域流量池中慢慢引流，搭建属于自己的私域流量池，并通过运营来巩固私域流量，从中获利。此时的私域流量规模小、影响力有限，其封闭性和用户黏性较低，更多停留在个人 IP 的信息分享层面，利益关系很弱，原则上来说仍没有完全与公域流量区分开。

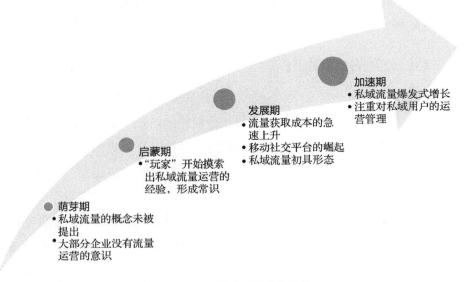

图 6-1　私域流量的演变历程

在启蒙期阶段，部分使用者开始摸索出很多私域流量运营的经验，成为早期的私域流量大师。移动互联网时代的到来以及微信的兴起，提升了私域流量的变现能力，尤其是微商的出现，大批的创业者借助微商获得了大量的收益，也使电商生态由买卖关系走向准朋友关系。此后，自媒体营销开始登上历史舞台，知乎号、微信公众号、小红书、快手等平台相继出现。在启蒙阶段，传统企业开始进入私域流量领域，此时的私域流量规模、影响力开始提升，封闭的流量池逐步产生，利益关系逐渐明晰，其变现能力大幅提升。

在发展期阶段，传统电商平台流量获取成本的急速上升和移动社交平台的崛起，共同促进了私域流量的快速发展。随着流量总量的增速放缓，流量红利逐渐消失，电商平台的流量获取价格不断攀升，导致入驻平台的商家运营成本增加。对于众多中小型商家而言，这一环境使其很难从中获利，因此纷纷开始另寻他法。与此同时，移动社交平台的崛起为这些中小型商家提供了建立属于自己的私域流量的良好平台。他们借助微信等社交生态圈，通过对社交平台的运营，急速拉近了企业与消费者之间的距离，以极低的获客成本获利。在这一成长阶段，私域流量已初具规模，封闭的流量池已经产生，变现能力得到了进一步提升。

在加速期阶段，越来越多的个人、商家和企业开始搭建自己的私域流量池，私域流量的概念也逐渐明晰。微信个人号、微信公众号、小程序、抖音号等工具成为企业、商家获取和运营私域流量的常用手段。在爆发阶段，私域流量已达到一定的规模，企业开始注重对已经建立起来的私域流量池的运营和管理，以不断巩固、沉淀和转化自己的流量。企业需要根据自身定位和目标消费者的特征，与私域流量池内的消费者保持持续的交流互动，提供优质的服务和体验，从而与消费者之间建立长期活跃的伙伴关系，不断提高消费者的转化率、品牌黏性和忠诚度。

6.1.5　私域流量的社会作用

用户在搭建和运营自己的私域流量时，需要时刻关注其在社会发展层面的影响和价值，尤其是对于企业而言。企业私域流量与社会发展的结合，可以为商业运营带来更深远的价值和意义，实现经济效益和社会效益的双赢。具体结合方式如下：

（1）价值引导　在新零售私域流量运营中，融入正确的价值观、道德观和社会责任感等思想政治元素，引导消费者树立健康、积极的消费观念和生活态度。

（2）内容融合　通过私域渠道发布的内容，如文章、视频等，适当结合思想政治主题，如诚信经营、公平竞争、社会和谐等方面的案例和理念，进行潜移默化的教育。

（3）社群互动　在私域流量的社群中，组织与思想政治相关的讨论、活动或分享，鼓励成员交流对一些社会现象、道德问题的看法，促进思考和成长。

（4）品牌文化塑造　将思想政治内涵注入品牌文化中，使品牌在消费者心中不仅代表商品或服务，更传递积极向上的思想和精神。

对企业来说，与社会发展有效地结合可以提升企业社会责任形象，展现企业不仅关注商业利益，也重视对社会和消费者的正面影响。同时这种有深度和内涵的运营模式能增强消费者黏性，使消费者更加忠诚于品牌和平台。对于消费者来说，这有助于其在消费过程中得到思想上的启迪和提升，从而培养全面发展的消费者。对于社会发展来说，商业活动能够传播正能量，促进社会和谐发展，营造良好的社会风气和消费环境。

6.2　新零售私域流量的激活

在新零售中，线上线下融合的趋势愈发明显，企业不仅通过线下门店获取顾客，还通过线上的电商平台、社交媒体、直播等渠道吸引用户。而私域流量则是将这些渠道引流来的用户进行整合和沉淀，其对于企业提升用户价值、增强竞争力和实现可持续发展具有重要意义。

6.2.1　新零售私域流量的搭建

运营私域流量的第一步是搭建私域流量。新零售商相对于传统电商，其拥有的渠道更多，通过集成不同渠道的消费者大数据，企业与消费者的联系将更紧密、更精准。因此，新零售商的消费者忠诚度、品牌黏性更高，其搭建私域流量的便利性和效率也比传统电商更高。整个从 0 到 1 的私域流量池搭建方法如下：

首先，企业可以将已有顾客引入自建私域流量池。新零售商可以利用自己已有的线上线下商店，将原有的消费者引入企业的微信公众号、小程序、自营 App、抖音号等自建账号。在原有渠道上，通过宣传等活动，企业可以以非常低的成本，快速吸引消费者加入自建账号。该方法具有成本低、用时短、效果明显等特征。尤其是当企业及其品牌自身就是私域流量时，其品牌和产品自带热度，能够吸引大量的粉丝自动加入。比较知名的自带私域流量的品牌有华为、小米等。

其次，企业也可以通过付费的方式进行引流。付费引流主要是指零售企业在电商平台和社交媒体上进行广告投放，增加曝光率。该方法最主要的特点是利用公域流量，即其他企业已有的私域流量，以付费的方式迅速获得流量。虽然该引流方式非常快速、便利，但其不仅需要投入高昂的成本，且所获得的流量转化率低、黏性低。目前最为常见的付费引流方式就是直播带货，利用直播间关键意见领袖的影响力快速吸引大批顾客。

最后，企业可以利用员工 IP 化引入消费者。员工是企业的第一批顾客，其对企业的了解远远超过其他顾客，因此，企业应充分利用现有资源，将每个员工打造成一个 IP，通过员工个人社交账号的宣传分享，不断辐射。该方法的成本最低，相较于大型社交媒体、电商平台、关键意见领袖等，员工的影响力最弱，获得的客流量更多的是亲朋好友，但由于其与亲朋好友之间特殊的信任关系，这些新加入的消费者的转化率比较高。

6.2.2　新零售私域流量激活的概念及目的

新零售私域流量激活是指零售企业通过内容营销、促销活动等吸引流量池内的用户，促使其与企业产生互动交流等行为的整个过程。私域流量激活的主要目的是让私域流量池内的消费者成为有效的私域用户。获得新的消费者并搭建私域流量池很重要，但在此之后如何激活这些消费者，从而提升私域流量质量和私域用户转化率，是企业面对的关键问题。否则，私域流量就形同虚设，起不到任何作用。

有效用户是指那些与企业之间存在交流互动的消费者，这很大程度上需要企业主动出击，基于对消费者需求的把控，进行精细化的内容触达，传递对消费者有吸引力或是有用的价值，才能引起消费者关注，不断与消费者互动交流。与之相反的就是沉默用户，即那些长时间未有效跟进、零互动的消费者，而致使其沉默的原因较为复杂，企业无法一一对应获知沉默缘故。对于沉默用户，企业需要付出更大的努力，通过内容营销、促销活动、宣传活动等不同的方法引起消费者的再次关注。

小资料

手机银行用户：唤醒沉睡客户的必要性

如今，使用手机银行已经是大势所趋，甚至有部分银行还推出了专门的信用卡App，如招行的掌上生活App。2018年底，招行正式宣布完成该行全国网点的"全面无卡化改造"项目，成为国内首家实现网点全面无卡化的银行。此举标志着银行业已经从"卡时代"迈入"App时代"。

手机银行的月活率已经成为当前各大银行都十分重视的数据，但手机银行拥有着不少的沉睡客户。这类客户通常都经历过这么一个阶段：新客户→待留存客户→活跃客户→潜在沉睡客户→沉睡客户。

通过以上流程可以看出，无论是老客户还是新客户，在加入手机银行后都会有一段活跃期。因此，接下来银行在移动端如何维护这类客户就显得尤为关键。但在现实中，手机银行却因为运营不到位，导致了一批又一批的沉睡客户，甚至还将原有的留存客户推出门外。由此可见，当务之急是唤醒沉睡客户。

（1）沉睡客户占据手机银行客户的比重不容忽视

据数据统计，截至2023年6月，我国互联网理财客户规模达5.5亿，较2022年底增长10%。互联网理财逐渐成为80后、90后人群的理财习惯。随着手机银行发展的潮流趋势，手机银行客户与互联网理财客户的范围逐渐重叠，其中沉睡客户就占据了手机银行客户的较大比重。因此，唤醒这类客户定能为银行带来不少的业务量。

（2）唤醒沉睡客户的成本比拉新成本低

手机银行中大部分的沉睡客户是已经办理过该行业务的人，或者是有兴趣在该行办理业务的人，这意味着这类客户对于这所银行已经产生了信任感和依赖性。显然，银行拿下这类客户比盲目去拉取新客户的成本要低，能达到事半功倍的效果。而拉新则需要耗费大量的时间和精力，并且还要跟同业相争，那还不如将更多的时间和精力用于唤醒沉睡客户。

（3）有利于银行业务的展开

沉睡客户本就是银行的潜在客户，甚至可能是潜在的优质客户。在相对较低的成本下唤醒沉睡客户后，银行从业人员只需花费少量的时间和精力进行维护，久而久之便可能获得意想不到的回馈，这更有利于推动银行业务的展开。在银行进入无卡时代后，维护移动端客户的重要性并不亚于维护卡片客户。

（资料来源：唤醒沉睡客户三步法. https://baijiahao.baidu.com/s?id=1648833455756883765&wfr=spider&for=pc. 本书有删改）

6.2.3 激活私域流量的三步骤

如图 6-2 所示，企业可以通过以下三个步骤激活用户：

1. 让用户了解企业及产品

在建立私域流量池之后，企业需要让新用户尽快了解自己是一个什么样的企业，自己的产品是什么样的。这是企业与用户建立联系的第一步，同时也是筛选用户的过程。新进入的用户对企业及其产品的认知还停留在表面，需要进一步加深了解，包括对企业本身、企业搭建的账号平台、企业产品的了解。当用户认为其产品不符合自己基本需求后，就会自动退出。

为了让用户更好地了解企业及产品，现在很多企业都会为新用户提供新手引导。当用户进入自营平台后，会有弹窗跳出来，通过图文、视频等形式向用户介绍企业、展示产品，并指导用户熟悉平台功能。此外，许多企业还会设计一些创意任务，并通过奖励的形式吸引用户。用户在不断点击"下一步"的过程中，对产品的基本情况已经有所了解，也就能很快判断这款产品对他有没有用，是不是符合他的需求。同时也能尽快消除新用户使用产品或平台时的陌生感。

2. 让用户感知价值

激活用户的关键是要让用户感受到价值。企业可以通过让用户体验产品和服务，提升其感知价值。对于新零售企业而言，其核心目标就是通过整合优化所有渠道，为用户提供一致的无缝隙购物体验，从而进一步提升顾客对企业的好感度，增加其与企业间的互动交流，促使其购物行为的产生，提高私域流量的转化率。

在购买的整个阶段，包括搜索阶段、购买阶段、售后服务阶段，消费者都能够在新零售企业中获得优质的服务。在搜索阶段，消费者能够在不同平台上获得全面的产品信息；在购买支付阶段，消费者能够根据自身需求选择合适的平台完成支付；在售后阶段，消费者又能体验到优质的售后服务。整个过程中，新零售企业需要为每一位消费者建立起消费者画像，进行精准化、个性化的营销活动，让消费者感觉这家企业及其产品是很有价值的，值得继续消费，而且还会向其他人推荐。

无论是实体产品还是虚拟产品，让用户尽早感受到产品的便捷和价值感是激活用户至关重要的一点。

3. 让用户做出关键行为

让用户做出关键行为是激活用户的最终目标。新用户越早了解产品并开始深入使用产品，其成为有效用户的概率就越高。具体的关键行为包括：对于外卖平台而言，就是希望新用户尽快点外卖；对于百度网盘、知乎等会员制平台而言，则希望新用户快点成为会员；而对于新零售企业而言，则希望新用户快点购买产品。简而言之就是希望消费者尽快消费。

为了实现这个目标，企业和商家会基于对用户消费心理、消费行为的洞察以及对大数据的分析来实施一系列策略，包括内容营销、限时促销等。

图 6-2　私域流量激活三步骤

6.2.4　新零售私域流量激活的方法

不同企业所搭建的私域流量平台不同，包括微信小程序、企业微信账号、小红书账号、抖音账号等，其激活的具体表现形式可能有所不同，但策略是大同小异的。以下介绍三种主要策略：

1. 内容营销

内容营销指的是以图片、文字、动画、视频等介质传达有关企业的相关内容信息给客户，从而向用户传递有价值的信息，刺激消费者产生购买行为，实现网络营销的目的。优质的内容营销不仅能够传达企业及产品信息，还能够牢牢抓住消费者的眼球，通过有趣的精准营销吸引消费者，甚至与消费者建立更多共同性。

内容营销不仅能激活私域用户，还是企业长期经营用户、留住用户的方法之一。

2. 社交策略

借助社交关系来激活新用户是一种有效的策略，在社交商业时代被越来越多的企业和商家所采用。

社交关系本身是中强关系、熟人关系，具备一定的信任基础。企业可以借助关键意见消费者的影响力，借助员工的社交圈，在相关社交媒体平台上宣传企业及其产品。推荐人的影响力、消费者的信任以及从众心理会激发消费者使用企业产品，产生购买行为。最常见的社交平台有微信朋友圈、小红书、微博等。

此外，通过在社交平台给消费者点赞、留言、建立讨论交流区，与消费者建立社交互动关系，都是激活私域用户较为通用的方法。

3. 活动促销

活动促销的目的是通过优惠让利刺激新用户了解、体验、购买企业产品。其形式多种多样，包括新用户福利、新用户任务、新用户专享特价商品、会员限时体验等。

当新用户刚进入小程序或App时，会收到一定额度的红包福利。一来让用户觉得有福利，提升其对企业的好感度；二来这些福利往往设有有效期，需要在规定时间内用完——这能促进用户购买。只有新用户使用产品或平台后，才有可能真正认可产品或平台，成为有效的用户。

小 资 料

罗振宇创办的"得到"App：如何激活用户

"得到"App自2016年上线以来，已运营近8年时间。通过各种策略的运用，该平台的私域用户数量已超3870万。

首先，在"得到"App上线前，"罗辑思维"公众号便通过付费会员制的形式，积累了一批核心用户。当"得到"App正式推出后，该公众号进一步将这群高质量用户引流到App中，很好地解决了早期种子用户获取的问题。

其次，"得到"App通过常见的"新人大礼包"，以及区别于其他学习服务平台的"课程均可任选5节免费体验""电子书均可在任意位置免费试读10%"等策略，降低了用户的决策门槛，让其能够以低成本体验到完整的服务，并对产品形成初步的价值认知。

另外，"得到"App免费专区的"罗辑思维""邵恒头条"和"李翔商业内参"等内容也给了用户即使不付费也想打开App的理由，这有利于培养用户的使用习惯和依赖性，进而促进用户的留存和活跃度。

在搭建用户激励体系方面，相比物质奖励，"得到"App更侧重于对用户进行精神和情感激励，通过"学分计算、学习时长记录、阶梯式勋章获取"等机制，激励用户保持积极主动的学习兴趣，持续、深入地使用App，将更多的数据沉淀到产品中，以此搭建用户迁移成本，形成产品护城河。

（资料来源：用户运营策略分析报告. 得到App. https://www.sohu.com/na/433893134_114819. 本书有删改）

6.3　新零售私域流量的留存

对于新零售企业来说，私域流量的留存至关重要。留存的私域流量不仅能够帮助企业形成稳定的客户群体，还能形成竞争对手难以轻易复制和夺走的资源。同时，它为企业提供了可预测的收入来源和市场基础，有助于企业制定长期的战略规划和投资决策。无论市场环境如何变化，拥有稳定的私域流量留存都意味着企业有一定的保底业务量和客户基础，能够在面临外部冲击时提供一定的缓冲。

6.3.1　新零售私域流量留存的定义

私域流量留存就是将企业或个人从公域板块承接的流量，通过有效的营销手段转化成有黏性的活跃私域用户，即一段时间以后用户还会继续使用企业的产品及服务。用户留存率是评估企业用户黏性的重要指标。提高企业私域流量的留存率是一个长期性的建设过程，需要企业进行长期的运营和用户经营。

优质内容的输出是私域用户留存的关键因素。用户能够长期留在私域池内，是其感受到了该私域对他的价值，一是私域平台推送的优质内容能够吸引用户阅读，让用户感受到趣味性价值；二是优质内容能够帮助用户解决问题，包括使用产品过程中遇到的问题，让用户感受到实用性价值；三是优质内容能够使用户获得购物优惠，让用户感受到实惠性价值。

小 资 料

- -

瑞幸咖啡：私域社群运营

瑞幸咖啡是一个典型的以LBS分层模式（围绕地理位置数据而展开）去建立私域流量池的企业。他们根据用户的地理位置授权来进行后续的私域流量建设、社群运营等一系列工作。

用户在App或小程序上添加企业微信个人号后，首席福利官会发送一个入群指南，直接通过用户的定位生成对应的社群二维码。每更换一个定位后，社群二维码会随之改变。用户扫码进入社群后，瑞幸咖啡就开始了私域社群运营的道路。

瑞幸咖啡的社群运营主要以发送优惠券、提高用户下单的频率为主。社群运营的节奏也主要是和用户的三个时间点结合起来：早餐、中午的饭后茶点以及下午茶，中间穿插着种草和直播环节。

（资料来源：深度拆解瑞幸咖啡私域运营. https://baijiahao.baidu.com/s?id=1716603457651703243&wfr=spider&for=pc. 本书有删改）

6.3.2　新零售私域流量留存的三个阶段

私域流量留存的不同时期，企业的关注点也有所不同，需要采用不同的用户留存策略。用户增长专家布莱恩·鲍尔弗强认为，用户留存可以分为三个阶段：初期、中期、长期（如图6-3所示）。

图 6-3　私域流量留存的三个阶段

1. 留存初期

留存初期决定了用户后期是否会继续购买或使用企业的产品或服务。很多用户在完成一次产品购买和体验以后，就成了"僵尸粉"，即虽然仍关注企业私域账号，但与企业之间零互动，更别说打开私域平台。因此，该阶段对于用户留存至关重要。

用户留存初期更像是用户激活的延伸，因为该阶段主要是想办法提升用户的活跃度，保证他们继续使用产品或服务。如果在这个阶段用户没有从产品或服务上获得足够的价值感，他们很可能会选择离开。因此，企业可以增加用户留存初期的投入，确保用户认识到产品或服务对他们的价值。

不同私域平台，用户留存初期的时间标准不同。这主要是由于不同私域平台的属性不同。对于App而言，用户很有可能是因临时需要使用而下载，当使用完成后为了不占手机内存而快速卸载，也有可能在一次使用后体验不到价值所在而卸载。因此，App的留存初期很短，一般在一天左右。对于社交私域平台而言，该私域平台所依附的是拥有公域流量的社交平台，这些社交平台一般用户量和普及率非常高，如微信、微博，绝大部分移动用户是这些社交平台的长期使用者，而私域平台作为社交媒体的一小部分，如微信群，并不占用用户的手机内存，并且存在一定的社交作用，所以其会有一定的留存时间，一般在一到两周。当用户认为该私域平台没有价值或感到受到打扰时，就会选择退出。而对于电商平台而言，留存初期通常是三个月。此外，不同产品的生命周期也会影响留存初期的时间。对于食用品，其留存初期一般是一到两天；对于日常生活快消品，如卫生纸、洗衣液

177

等，留存周期一般是一到两个月；对于手机等电子产品，其留存周期一般为二到三年。企业可以根据产品特点和用户的行为习惯来确定留存初期的时间。

2. 留存中期

进入留存中期后，多次的体验使用户对企业的产品和服务较为熟悉，此时，企业需要将重心放在培养用户的产品或服务使用习惯上。通过频繁的内容营销、宣传推广，保持其产品及服务的曝光度。高曝光度能加深产品在用户眼中的存在感，提高用户使用频率。企业也可以通过促销等优惠活动吸引用户不断产生购买行为，从而培养用户使用产品的习惯。持续的高曝光率和促销活动意味着大量的成本投入，因此，在该阶段企业需要不断地投入成本进行营销宣传。

此外，为了培养留存中期用户的产品使用习惯，企业需要了解一定的互联网用户心理学，并将这些知识应用于用户运营上。

3. 长期留存

要长期留住用户，让用户持续使用产品或服务，企业和运营团队还需从产品和服务本身出发，不断为用户带来更大的价值。

新零售互联网企业可以定期推出一些新产品或新服务，让用户获得更大的价值。消费者的需求会随着时间的推移而产生变化，一成不变的产品终会被淘汰。私域流量池的建立为企业提供了大量的消费者数据，这些数据是企业研发的重要方向。消费者不仅会购买产品和服务，还可以反向指导生产与研发。消费者的大量数据是企业研发的重要方向，为运营的优化与供应链的重塑提供了条件。因此，企业可以通过公众号、小程序矩阵等多个板块完成数据沉淀，从而引导研发，形成清晰的用户画像，精准把握不同群体的消费习惯，从而推出高质量的、满足消费者新需求的产品。

长期留存阶段，企业仍需要时刻关注长期留存用户的活跃度。长期留存用户已具有一定的用户黏性，企业营业收入中有相当一部分来自长期留存用户的消费支出，因为他们对企业十分重要。而在竞争激烈的商业环境中，对长期留存用户暂时的忽视很有可能导致其成为竞争对手的新用户，因此企业不能忽视对长期留存用户的运营管理。

6.3.3 提高私域流量留存率的策略

提高私域流量用户留存率的策略大致可以分为以下五类：

1. 改进产品

产品的优化升级是企业关注的重点，也是提升投资回报率最具成本效益的措施。优质的产品能够吸引用户，提升用户感知价值，并增强用户黏性。在数字化赋能时代，新零售企业可以充分运用不同渠道的集成数据，分析用户需求，持续改进产品或服务，以吸引消费者不断购买。此外，在原有产品的基础上进行改造升级，不仅能发挥出产品的二次价值，还能凭借其已有的市场曝光率，降低企业投资成本，提升企业投资回报率。

产品改进可以从产品外观设计、产品性能、产品质量等方面入手，如增加产品颜色、优化外观、增添功能等。目前，大部分企业都在运用这一策略，如苹果公司的 iPhone 系列手机，每代都会对外形设计进行微调，推出新的手机颜色，并提升或增加手机的功能属性等，从而吸引大量"果粉"频繁更换自己的手机。

除了实物产品，应用 App 也在不断迭代升级，如从 1.0 升级到 2.0、3.0 等版本。

2. 推出新品

新产品的推出是高利润与高风险并存的一种方式。它可能会成为下一个"爆款"，吸引新老用户使用，也有可能推出即消失，埋没在众多新品中。

推出的新产品根据其实现的目标不同，可以分为三类：

首先是革命性产品的推出。这类产品并不是为了满足消费者已有的需求，而是致力于发掘消费者新的、往往未被注意到的需求。该类产品通常具有时代革命性，如智能手机的诞生，它不仅改变了消费者的生活方式，而且让第一个推出它的企业，成为"第一个吃螃蟹的人"，高风险与高利润并存。这类革命性的产品往往十分罕见，并且从推出到被大众接受需要经历一个较长的时间过程。然而一旦被市场接受，它所带来的利润将是巨大的。

其次是满足消费者已有、但尚未得到满足的需求点的产品。这类产品较革命性产品能更快地被消费者接受，其风险性相对较低，如洗碗机。每次在动手洗碗的时候总想着如果有个机器来帮忙就方便多了，洗碗机就是看到了消费者的这种需求点而推出的，并且受到了更多家庭的喜爱。

此外，更多公司推出的产品是满足那些消费者已有的且基本得到满足的需求点。这类新产品在市场上最为常见。虽然市面上已经存在类似的产品，但是企业还是会深挖各种细小点，做出稍微的改变以区别于竞品，例如汽车。目前市场上奔驰、宝马、奥迪等众多品牌的汽车几乎已经满足了消费者的需求，然而，像华为这样以手机、通信业务而被大众所熟知的企业，也开始涉足汽车行业。这类新品牌的推出往往伴随着激烈的市场竞争，因为市场相对已经比较成熟。

3. 培养用户

用户是需要培养的。养成一个稳定的使用习惯能够非常有效地留住用户，进而增强用户的黏性。

经营用户是养成习惯的关键环节。用户熟悉产品并养成使用产品的习惯是一个渐进的过程。在这个过程中，企业需要围绕用户，以提升用户黏性为目标，持续不断地进行用户经营。企业可以通过循循善诱的引导方式，帮助用户加深对产品的了解，提升用户对企业及其产品的满意度，从而促使其形成持续使用产品的习惯。

在经营用户的过程中，企业要时刻关注用户消费行为态度的变化，及时发现问题点，并快速做出有效反应。如沉睡用户，他们会慢慢地降低产品的使用频率直到最后完全停止使用，但是他们并没有卸载或者完全放弃产品。对于这部分用户，企业要及时探究其行为变化的原因，并采取相应的措施加以解决，也可以采用一些通用的方法唤醒他们，如提供奖励、社交激活等。因此，除了做好对用户的培养外，企业还需要加强对员工的培训，尤其是与用户直接交流互动的在线客服人员，要培训他们快速反应和灵活处理问题的能力。

4. 提高服务

在消费升级的新零售时代，现在的用户消费过程已不单单是"买产品"的过程，同时也是一个"买服务""买体验"的过程。企业想要留住用户，就必须满足他们的新需求，这就对企业服务用户的能力提出了更高的要求。

在新零售时代，零售企业要通过全渠道整合，打通线上板块、线下板块和社交板块，为用户提供一致且无缝隙的购物体验。优质的服务体验能够增加用户与品牌的黏性，提升品牌的溢价能力。新零售企业可以从渠道选择自由度、渠道服务透明度、服务关联性和服务一致性四个方面出发，提升自身整合能力，为用户带来优质的服务体验。

5. 促销活动

定期举办促销活动是企业和商家吸引用户和留住用户的常用策略。

在举办促销活动时，企业需要找一个合适的缘由，这样更符合用户的消费心理。具体而言，可以结合某些节日或特殊时刻来举办促销活动，例如企业周年庆。以特殊节日为由举办的促销活动不仅不会损害品牌形象，还会让消费者感觉优惠力度大、机会难得。这也是为什么现在类似七夕、父亲节这样本来影响力甚微的节日也开始被商家重视和炒作起来的原因——因为他们需要促销的理由。此外，中国还出现了"双十一""双十二""618"这样的购物节，其背后都是利益在驱动。

6.3.4 私域流量的留存方式

以下介绍几种常见的留住用户的方式：

1. 积分留存

为了留住用户并提升用户的活跃度，很多企业喜欢采用积分体系，即当用户完成消费或指定任务时，可以获得一定额度的积分。

积分体系可以设置多种积分活动，如连续签到送积分、邀请好友送积分、购物好评送积分、消费金额换算积分等。此外，还可以设置一些有趣的游戏，如支付宝的蚂蚁庄园——其利用用户的碎片化时间完成一些简单的小任务从而获得饲料。一些小游戏还与公益活动相联系，用户可通过公益活动增加消费，从而获得更多的积分换取公益活动。

积分的可获利性能够提升积分对用户的吸引力。积分留存的关键是要完成一个从积分累积到购物消费的闭环。当用户积累了一定的积分后，这些积分被用来兑换奖品，或在消费时被折算成现金，这样积分留存才算是发挥了作用。因此企业在设置积分体系时需要充分考虑任务的可达性、奖品的诱惑性等。如果积分任务很难，用户很少能达成，久而久之就会对其失去兴趣；又或者完成积分积累后的奖励并不吸引用户，那么用户完成积分积累的兴趣也会大大降低。

2. 签到留存

签到留存也是目前企业留存用户常见的方法之一。

用户通过每日签到增长经验值，提升自己的段位等级，从而获得很多的福利或权利。这个方法与积分留存类似，都是一个从积累到获得奖励的闭环过程。企业可以设置一个合适的时间段，比如连续坚持打卡三周就能上升一个等级。三周是一个不长不短，比较适中的时间段。用户通过三个礼拜的时间能够养成坚持打卡的习惯，这样做的好处是可以增加用户黏性。除此之外，企业还可以把一些吸引人的活动放在签到页面，比如拼团、秒杀以及粉丝福利等，这样做可以增加用户的留存时间，从而刺激消费。

3. 内容留存

内容留存是指内容营销。企业不断地向用户关注的微信公众号、小程序、App 等私域平台内推送消息，通过界面或菜单中的内容吸引用户，达到让用户长期停留的目的。企业甚至可以通过内容向用户传达其产品理念、企业价值观等，与用户达成共识，让他成为真正的忠实用户。这些内容可以是文字、图片、视频，也可以是赏心悦目的页面布局等，它们的共同目的是吸引用户，为用户提供价值。

内容留存的关键是通过价值留住用户。

4. 社群留存

社交化社群的突出优势是企业与用户的直接交流互动，在社群中用户接收信息最为高效。企业想要通过与用户的交流互动提高用户的活跃度、提升用户的留存率，关键还是要重视对社群的运营和维护。作为社群的载体之一，微信群是目前社群运营和维护常用的载体和工具。

具体而言，运营和维护社群时需要做好以下几点：

其一，社群定位要明确。企业建立社群时，首先要明确所建立的社群具体是一个什么样的社群、为哪些用户提供服务、要为群成员提供哪些价值。准确的定位有助于企业找到目标用户，传达目的性明确的群消息。

其二，群名称要规范。无论是社群总名称，还是微信群名称，都要规范化。正确的名称可以让用户对该群的主要目的一目了然，并基于此确定是否要加入该群，因此群名称也起到了一个很好的初步筛选效果。

其三，社群要有社交互动。社交互动是社群存在的基本功能之一。企业需要通过持续的社交互动，来提升社群内用户黏性。社交互动，可以在微信群里定期发布一些活动信息，如品牌周年庆、国庆节时企业所推出的一系列活动，也可以定期推出一些拼团活动。这些活动不仅可以提升用户的参与度和黏性，还可以塑造仪式感。但是交流互动需要适度并注意礼貌，避免过度打扰社群成员。

其四，社群要制定规则。有群体存在的地方就需要规则的约束。社群成立之初就要制定一些明确的规则，让成员遵守，并且随着运营需要不断完善规则。规则对于社群来说，起到支撑和保障作用，有了规则，社群的管理才能井然有序。否则一旦出现问题，在相关规则缺失的情况下，对社群成员的奖惩就没有依据，效果也不佳。

▶▶ 小 案 例 ◀◀

小米公司的社群营销

1. 小米社群的构建

用户满意是小米在进行客户关系管理（CRM）时的核心理念，这也是在当前互联网背景下，现代营销中其他企业想要从客户中受益所必须遵守的一条基本原则。因此，小米公司为了在保持老用户的基础上积极开拓新用户，就必须要注重提高消费者的满意度、完善企业的服务体系、注重消费者的购物体验，以及与用户之间形成良好的沟通闭环。

在小米虚拟品牌社群的建立上，小米公司为了区别于竞争对手的社群营销策略，不断地创新自己品牌社群的内容，调整营销策略，不断地整合线上用户参与到线下活动，创办了爆米花、同城会和小米学院等一系列线下活动。同时，小米也积极发展了小米论坛这样的主要线上交流平台，使用户切身感受到与自己息息相关的事情，更能吸引社群成员在社群中进行高质量的参与和积极的讨论。

2. 小米社群中互动空间的构成

在构建小米品牌社群的过程中，用户是核心，也是最基本的参与者。在互动的过程中，企业也要积极地参与其中，为小米的粉丝提供愉快的消费体验与互动环境。企业在设定社群营销策略时，需要分别从品牌、企业、用户三个方面进行考量。在成员与品牌之间的互动关系中，企业要明确了解成员对于品牌的喜欢与热爱，依托品牌而开展有关于用户的体验活动。在成员与成员之间的互动关系中，企业应当注重培养核心领袖，核心领袖会分享品牌相关的信息、商品的信息以及自己的观点和意见，潜移默化地影响其他的社群成员。在成员与企业之间的互动关系当中，其主要的活动内容是让成员们自发地形成团队，与企业进行良性的沟通与交流。在成员与产品之间的互动关系中，要让成员多参与到产品的设计、改进、开发和后期的调试当中去，使得成员对产品提出更多的意见。

（资料来源：浅析小米公司的社群营销. https://www.docin.com/p-2872652875.html. 本书有删改 ）

6.4 新零售私域流量的转化

私域流量的成功转化能够给企业带来最直接的经济收益，为企业提供持续的资金支持，帮助企业扩大市场份额，这也是企业构建私域流量的目的所在。此外通过分析转化过程中的数据和反馈，企业可以优化产品、服务以及营销等运营策略，从而提升整体运营效率。

6.4.1 新零售私域流量转化的定义

私域流量的转化是指私域流量池内的用户购买并使用企业产品或服务的过程，这一过程实现了私域用户的价值。将客户关系转化为企业销售收入，是企业用户关系运营的落脚点，也是私域流量构建的目的。

新零售企业的销售收入如果用公式来呈现，可以表示为：销售额＝流量×转化率×客单价×复购率。流量、转化率、客单价、复购率的提升都会促使销售额增长。因此，要提高私域流量的转化，实现企业销售收入增长的目标，可以从这四个方面入手（如图6-4所示）。

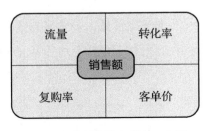

图6-4 销售收入增长四方面

流量，通常指进入店铺的消费者数量。随着互联网的普及，流量总量增长放缓，逐渐呈现饱和状态，流量红利也随之消失。因此，通过扩大店铺流量提升销售额的成效逐渐减弱。

转化率，就是入店的消费者购买商品的人数比例，线下也称为成交率。转化率高意味着企业所拥有的流量中，有很大一部分能够实现变现，成为企业的真正用户。提高转化率是实现私域流量转化、增加企业销售收入最常见且最快速的方法。

客单价，是指一个消费者一次购买商品的数量和所花费的金额。每个购买企业产品和服务的用户，其购买的数量和金额存在差异，购买的金额和数量越大，其为企业带来的销售收入越多，私域流量的转化效果也就越明显。相对于转化率，提升客单价的难度有所上升。

复购率，是指消费者再次购物的概率。我们将购物两次及以上的顾客称为老客户或回头客。复购率越高，意味着消费者为企业带来的价值越大。这也是企业在实现私域流量转化过程中最重视的方面，同时也是实现难度最大的方法。

我们可以将这四部分想象为一个漏斗，上面入口大，下面出口小。漏斗的第一层是企业建立的私域流量池。进入漏斗的消费者中，只有一定比例的人会购物，此时漏斗就开始收紧，这部分称为"转化率"。而购物的消费者中，购物的数量和金额存在差异，这部分称为"客单价"，这时漏斗再次收紧。消费者购物后，整个购物环节已经完成。但部分消费者还会进行二次甚至多次购物，这便是"复购率"。

6.4.2　新零售私域流量转化的方法

目前，新零售企业所用到的最常见的私域流量转化的方法有以下五种：秒杀、预售、分销、促销和推销。

1. 秒杀

秒杀是一种限时抢购活动，其运用基于消费者的稀缺心理。秒杀活动通常根据商品属性、定位、价格、活动目的等，灵活运用限人、限时、限量、限价等组合策略。

低价和快速是秒杀活动的主要特征。企业设置秒杀活动的主要目的有两个，一是提升用户活跃度，二是清理库存。由于价格比较低，该活动并不能使企业获得巨大的利润，甚至可能亏本。并且，频繁的秒杀活动不利于企业品牌形象的塑造。因此，秒杀活动更适合在某些特定的节假日举行。

2. 预售

预售是指提前销售还未到货的产品。对于用户而言，预售产品代表新品，生产日期很新鲜，并且预售期的价格更优惠。对于企业而言，产品预售能够提高活动的热度，并可根据预售情况准备合适的库存，从而大大降低风险和损失。

预售也是饥饿营销的一种，商家通过大量广告促销宣传，引起顾客的购买欲，并通过预售等手段，提高用户的购买欲和期待值，有利于为未来大量上市销售奠定客户基础。目前，许多企业都采用这种方法，如苹果公司。

3. 分销

分销是指建立销售渠道，通过多渠道打开销售市场。在新零售时代，新零售企业不断拓宽销售渠道，并对各渠道进行打通，让消费者能够自由选择购买产品和服务的渠道。

随着互联网社交网络的发展，消费者在零售业态中的参与度不断提高，让消费者成为分销商，发挥消费者的价值，成为很多企业选择的新趋势。分销商与企业相比，分销商与消费者的距离更近，交流沟通更方便频繁，其他消费者对其信任度和好感度相对更高，因此分销商的说服力和销售效果相对更为显著。此外，该模式下，企业和消费者是双赢的关系。对于企业来说，该分销渠道可以以较低的投入成本换取更多的产品信息的传递、分享和商品的使用评价。对于消费者来说，其不需要付出经济成本，通过社交分享，便可以获得收益。

4. 促销

促销是最常见，企业使用最频繁的一种活动，其活动的形式很多，包括买一送一、满减活动、打折活动、支付有礼等。

商家在使用促销活动时需要控制好节奏，并有一定的理由。当商家频繁搞促销活动时，消费者可能会对其原本的零售价产生怀疑，也可能会对产品的质量产生怀疑，从而影响企业的品牌形象。因此，许多商家选择在周年庆、节假日、换季的时候搞促销活动，一来有正当的理由，防止形成不好的品牌形象；二来节假日的客流量增多，商家可以通过薄利多销的方法，让出部分利益，获得更大销量。

随着互联网时代的发展，促销的形式更加多样。直播促销的形式被越来越多的商家所采用，通过淘宝、京东、微博等平台，企业自己主导或联合一些知名带货博主进行直播带货，其成效较为显著。

5. 推销

推销是指企业推销人员通过传递信息、说服等技巧与手段，确认并激活顾客需求，进而用适宜的产品满足顾客需求，以实现双方利益交换的过程。以往，企业主要依赖地推、电话推销等传统形式来实现推销目标。然而，在社交时代，微博、小红书、微信等社交平台的发展为推销带来了更加多样化的方式。

目前很多企业选择关键意见领袖（KOL）和关键意见消费者（KOC）为其产品进行推广宣传。KOL与KOC性质类似，他们都有一大批固定的粉丝群体，了解产品的各种属性，并且具有一定的影响力和话语权。

6.4.3 不同产品的成交策略

不同产品由于其性质和特点的差异，公司对于其营销定位也有所不同。

1. 引流产品

引流产品是指那些能给企业和商家带来客流量的产品。企业和商家一般会将用户刚需、使用频率高的产品作为引流产品，并通过低价策略来吸引流量。

引流产品的利润空间通常在0~1%之间，而折扣空间则在30%~50%之间，因此，商家通常会设置几款引流产品，一来可以引流，二来也可以控制引流的成本。当然，为了提升引流和转化的效果，引流产品要根据季节进行调整。

当然，引流产品除了吸引流量，通常还起着赢得用户好感、暗示用户的作用。也就是说，商家通过牺牲几款引流产品的利润来赢得用户对它的认可和好感，其利用的是用户"爱屋及乌"的消费者心理，即当用户对企业的一款产品及其服务产生良好的购买和使用体验时，他们会进一步认为企业的其他产品或服务也具有同样水平的质量，从而增加对其他产品的购买可能性。因此，企业不要忽视引流产品的质量和品质。引流产品是企业的形象代表，反而要更重视。

2. 爆款产品

爆款产品是指那些高流量、高曝光量、高转化率的产品。爆款产品也能达到一定的引流效果。

爆款产品的存在对企业来说具有重大的意义和价值。爆款产品采取的是薄利多销策略，虽然其成交率和销量都很高，但因为价格亲民，因此利润率并不高。但是企业一直在努力通过宣传推广的手段打造爆款产品。一来爆品可以提升企业知名度——爆款意味着高流量，企业可以运用策略将爆品带来的流量转化为对企业及其他产品的流量；二来可以激活用户——爆品可以有效利用消费者的从众攀比心理，激活用户购买；三来可以提升用户活跃度——爆品的热度会吸引大量用户交流讨论、分享购买使用经验等；四来爆品可以提高企业的成交额。

爆款产品适合走口碑营销路线，通过忠诚用户的社交口碑进行传播。在营销时，可以通过限时限量、饥饿营销等方式吸引用户的关注、引爆销量。

▮▮ 小 案 例 ▮▮

小米的爆品战略

在过去的十年间，小米不仅运用自身的爆品模式成功打造了手机产品，还推出了小米移动电源、小米手环、小米空气净化器等一系列爆品。在这个过程中，小米总结了打造爆品的四项关键能力：

（1）洞察未来：赋予产品"明天属性"

打造爆品时，首先考量的是产品是否具有"明天属性"。什么是"明天属性"？就是为用户提供代表先进趋势、令人向往的全新体验，而且用户一旦体验过就难以割舍，比如智能手机。正因为人人都向往，所以爆品拥有强大的自传播力。以儿时的电视为例，那时候谁家买了电视，都会门庭若市，引得大家争相观看。我们常常说爆品自带流量、拥有强大的自传播力，原因就在于它的"明天属性"，让人心生向往。

（2）洞察用户：精准取舍，满足核心需求

这一点有两层含义。首先，要切中用户未被满足的需求，将产品做到极致，甚至大大超出用户的预期。其次，做产品本身的取舍。从产品定义上看，爆品的第一法则就是做减法，少即是多，只专注解决用户最迫切的需求，并将这一需求做到极致。比如小米在打造第一款扫地机器人时，就只专注"扫得快、扫得干净"这一核心功能，其他如拖地等功能先暂时搁置。而在品类选择上，小米也是做到精准取舍，致力于满足80%用户的80%需求，集中力量解决最大基数用户的核心痛点。

（3）创新实现：重组技术和供应链资源

在产品的精准定义之外，爆品要做到超预期，还需要大量的独特创新，而这些创新需要通过对技术和供应链资源的重组来实现。比如，小米在打造充电宝时，率先引入来自笔记本行业的18650电芯资源和铝合金一体外壳工艺；小米台灯则借鉴并改良了笔记本电脑的转轴工艺，从而带来了更优雅、舒适的阻尼感和提升数倍的开合寿命。而对供应链资源的理解和把握则来源于团队开阔的技术视野、深厚的研究功底以及持之以恒、坚持不懈的信心。

（4）精准触达：直击目标用户

找到用户需求、打造出超过用户预期的产品，再给出令用户惊喜的价格，是否就意味着产品能成爆品了呢？其实还差一点，那就是把产品直观、充分地送达给目标受众。这就需要有高效的营销方法和销售渠道。小米的"铁人三项"模式中的新零售渠道正是基于这一考量：利用新媒体矩阵建设用户社区，将信息和产品快速、便捷地传递给用户。

其次就是在产品语言上直击目标用户。团队在产品定义和研发环节就要将自己转换成"小白模式"，即确保用户在没有指导的情况下，也能凭直观感觉学会使用和体验产品。

（资料来源：雷军亲述，一文讲透小米爆品模式. https: //baijiahao.baidu.com/s?id=17452675734044126258&wfr=spider&for=pc. 本书有删改）

3. 利润产品

利润产品则是为了盈利。

不同客单价的利润产品在成交方式上存在一定的差异。客单价较低的利润产品适合线上销售，而客单价较高的利润产品则更适合在线下门店销售。这是因为客单价较高的产品，如果仅放在线上销售，由于缺乏直观的体验，用户下单率往往并不高。在具体操作时，新零售企业可以引导用户先在门店体验利润产品，然后选择在线上下单或在门店付款。

为了在平台大促或企业自行促销时有一定的调整空间，利润产品可以预留5%~20%的折扣空间。为了使引流和盈利达到最优化，企业和商家可以将利润产品和引流产品搭配起来进行销售。

6.5 新零售私域流量的裂变

在完成流量获取、流量激活、流量留存、流量转化这几个私域流量池搭建的重要环节后，如何让私域流量池的规模不断扩大成为私域团队运营的重要任务。

6.5.1 新零售私域流量裂变的定义

"裂变"是指通过一个点或几个点进行分裂和复制，以达到扩容的目的。私域流量的裂变是指企业采取一定措施激发老用户向社交圈的朋友推荐产品和服务，新加入的用户再向其社交圈的朋友推荐产品和服务，以此方式不断扩散，持续获得新用户，达到裂变效果。

私域流量裂变具有以下四个特点：

第一，获客成本低。整个裂变过程主要是借助种子用户的社交网络进行分享和推荐，从而裂变出其他用户。只要裂变的活动留存设计得当，该获客成本几乎为零。

第二，传播范围广，速度快。裂变的传播方式就像细胞的分裂，一个变两个，两个变四个，能够呈指数级增长。随着其裂变基数不断扩大，增长速度也不断提高。

第三，持续性。裂变是一个持续的过程，只要裂变营销开始，其传播便会持续进行。此外，企业提供的优质产品和服务，以及展现的良好品牌形象，也能自发地促使其裂变的产生，并持续进行。

第四，转化率高。裂变主要是利用朋友之间的熟人关系进行推广。朋友的互动交流较为频繁，且相互之间有较高的信任感。熟人推荐的产品在质量和价格上往往能够得到新用户的信任，并且能够快速下单。

6.5.2　新零售私域流量裂变的类型

私域流量的裂变根据用户的主动性，主要分为两种：一是老用户通过对企业产品和服务的体验，基于对产品和服务的满意度，主动通过口碑传播达到的裂变效果；二是企业给予一定的诱饵刺激，老用户基于贪利心理，被动传播企业产品和服务信息，以获得给定奖励。

1. 口碑传播

口碑传播是用户自发的、最原始的一种裂变类型，其效果较好。实现口碑传播的前提是企业产品和服务质量超出用户的预期。在新零售时代，通过提供优质的服务和体验，提升用户满意度，促进用户口碑传播变得越来越重要。

口碑传播分为线下传播和线上传播。线下的口碑传播通常是通过面对面地向对方介绍产品和服务，线上传播则是基于社交网络进行。线下传播中，传播者与接收者之间的关系更为紧密，且传播的信息准确度较高；而线上传播有可能出现信息解码失误等干扰因素，因此线下传播的效果通常要好于线上传播。但线上传播相比于线下传播，其效率更高、速度更快。

2. 诱饵传播

在促进私域流量裂变的过程中，更多的企业选择通过奖励的方式，诱导老用户对企业的产品和服务进行分享，从而扩大私域流量规模，达到裂变的效果。

按照奖励的内容，诱饵传播可以分为三种：一是物质奖励，即用户将产品分享推荐给朋友，并在完成一定任务后，就可以获得红包或代金券；二是产品功能奖励，即用户分享以后，可以使用更多的产品功能；三是服务奖励，用户分享推荐以后可以享受特定的服务，如免除广告的权限。

按照奖励的对象不同，诱饵传播可以分为两种：一是单向奖励，即在用户分享推荐后，只有用户本人可以获得奖励；二是双向奖励，老用户和新用户在完成一定任务后都可以获得奖励。现在更多的企业倾向于采用双向奖励的方式，其可以让新老用户都受益，使新老用户都有动力购买产品。

6.5.3　新零售私域流量社交裂变策略

目前比较常见的新零售私域流量社交裂变的策略有借势裂变、裂变红包、储值裂变、邀请有奖裂变。

1．借势裂变

借势裂变是指借助IP、热点的势头来裂变。企业根据目前网络上的热门事件，快速形成营销方案，并借助该热点吸引大量用户，简单的说就是蹭热度。其优点是成本低、效果好，但要求企业能及时反应，快速行动。

企业在选择热点事件时，需要全面评估该事件的性质。并不是所有的热点事件都能够借势，有的热点事件较为轻松愉快，偏娱乐性，适合作为借势对象，而有的热点事件则比较严肃。企业选择错误的热点可能会适得其反，为企业带来危机。此外，与热点事件相对应的营销方案的优劣性也会使借势效果出现两个相反的结果。

2．裂变红包

用户消费后，可以获得企业的红包或代金券的奖励，用户可以自己领取红包或代金券，也可以将它分享、赠送给社交圈中的朋友。

裂变红包的"游戏规则"是企业能否实现用户裂变的关键。企业需要根据产品的市场定位、目标人群的需求、用户的消费习惯以及企业的预期目标，制定特定的裂变红包营销方案，吸引消费者的眼球。同时，企业在设置"游戏规则"时，也需要考虑游戏任务的可达性、奖励的吸引力等因素。

▮▮ 小 案 例 ▮▮

连咖啡的"福袋"

连咖啡起家时，背靠微信生态这个移动互联网时代的社交霸主。为了低成本获客，连咖啡联合微信平台推出了"福袋"，其中含有多种福利，如满减券、优惠券、兑换券等，用户只需将其分享到朋友圈，即可由20人领取，其中还包括四张免费咖啡券。借助这一策略，连咖啡迅速扩大了自己的私域流量池，并取得了"双十一"单周100万杯、"双十二"单日40万杯的业绩，而连咖啡的"口袋咖啡馆"在一周内开馆数便超过了100万。

（资料来源：殷中军. 引爆私域流量池：新零售时代如何低成本实现爆发式增长 [M]. 北京：机械工业出版社，2020. 本书有删改）

3. 储值裂变

储值裂变是信用卡主副卡形式的移动端衍变。具体运营原则就是在用户的账户中绑定家人、朋友的手机号码后，亲朋好友便可以直接使用主用户账户的储值金额进行消费。淘宝账号的亲情号码就是运用了这一原理。储值裂变策略不仅可以利用原有老用户吸引新用户，还可以有效提升账户的消费频次。

▰▰小 案 例▰▰

神州专车

2016 年，为了刺激用户消费，神州专车举办了多次充返活动。但这带来的问题是，很多用户的账户储值额太高，自己用不完。怎么办？这时候神州专车推出了一个策略，即亲情账户。

亲情账户一经上线，便效果惊人。神州专车在仅用平台 App 和微信公众号两大渠道进行推广的情况下，在 10 天内平台便新增了 118 万用户。除了获得了大量私域用户外，产品上线后总的用户账户消费金额高达 2000 多万元，远远超过预期。这一营销方法帮助神州专车节省了千万元的传播费用。

神州专车的这次活动带来了多重效益：一是增加了用户社交圈的亲朋好友体验神州专车的机会；二是亲朋好友的参与促进了消费；三是社交圈的口碑相传帮助神州专车迅速传播了口碑和扩大了影响力。

（资料来源：殷中军. 引爆私域流量池：新零售时代如何低成本实现爆发式增长 [M]. 北京：机械工业出版社，2020. 本书有删改）

4. 邀请有奖裂变

邀请有奖裂变是指老用户将产品链接信息分享给朋友，通过邀请新用户下载应用、注册账号等任务，双方可以分别获得一定的奖励。该活动策略被很多企业所运用，而微信等社交平台的普及为老用户的分享邀请提供了平台支持。

邀请有奖牢牢抓住了用户的行为心理学原理。一是利用了老用户与新用户之间的熟人关系——出于对朋友的礼貌和帮助朋友获得奖励的动机，新用户会毫不犹豫地接受邀请并完成任务。二是利用了新用户对获得奖励的期待——完成老用户分享的应用任务后，不仅老用户能够获得奖励，新用户也能够获得奖励。

本 章 小 结

　　私域流量是指一种企业或个人可以自主控制、免费推广、重复使用,并能直接触达用户的渠道方式。它是相对于公域流量而言的一种具有黏性、封闭的互联网营销工具。私域流量的价值在于企业可以获得那些完全沉淀在企业内部,对企业及其品牌有一定忠诚度的消费者。在企业运营过程中,私域流量可以帮助企业降低获客成本、重构品牌和消费者的关系,以及提升消费者价值。

　　新零售私域流量池从0到1的搭建过程包括私域流量激活、私域流量留存、私域流量转化、私域流量裂变四个环节。零售企业通过内容营销、促销活动等手段吸引流量池内的用户,促使其与企业产生互动交流等行为,从而激活私域流量,让私域流量池内的消费者成为有效的私域用户。同时,企业会根据私域流量留存的初期、中期、后期制定不同的策略,以增加企业用户的黏性,保持私域用户的长期活跃度。私域流量的转化是企业用户关系运营的落脚点,也是私域流量构建的目的。企业可以从提高用户流量、转化率、客单价、复购率四个方面出发,加快将客户关系转化为销售收入。最后,通过激发老用户向社交圈的朋友推荐产品和服务,新加入的用户再向其社交朋友推荐产品和服务,以此方式不断扩散,持续获得新用户,达到裂变效果。

关 键 名 词

　　新零售　私域流量　用户经营　内容营销　社交营销　精准营销　私域流量激活　私域流量留存　私域流量转化　私域流量裂变

章 末 案 例

孩子王:企业微信私域流量运营深度解读

　　从2015年开始,孩子王就意识到了存量用户的重要性,并开始着手构建自己的私域流量池。借助App、线下门店、电商等多个渠道的流量沉淀,孩子王很快形成了一套基于数据化的独有经营模式。在短短数年间,孩子王就成长为母婴零售领域的佼佼者,拥有近400家线下门店,付费会员超过3000万,年交易规模也突破100亿。这样的成绩显然与孩子王的私域流量运营策略密不可分。在孩子王看来,经营好客户关系远比卖东西更有难度，但却更有价值。

针对用户的精细化运营是整个私域流量运营的核心所在，而孩子王在这一方面的独特优势主要体现在以下三个方面：

第一，千人千面的用户标签。孩子王每家门店每年都要举行 1000 多场活动，另外，各种线上活动也是持续不断。在这个过程中，孩子王会不断收集用户与母婴相关的各种信息，如宝妈的孕期、孩子的年龄等，并将孩子的年龄从产前到 14 岁细分为 9 个阶段。依据这些收集到的信息，孩子王会给用户打上统一制定的、对应的标签，包括常规属性、消费相关、消费偏好等 200 多个标签。最后，再借助营销工具，根据用户所处的阶段和对应的属性标签来推荐解决方案，实现千人千面的精准营销。

第二，员工顾问化的专业人设。在孩子王，所有的一线员工不再是常规的门店导购，而都是经过国家认证的育儿顾问专家。他们拥有丰富的育儿经验，可以为孕期妈妈提供孕期知识咨询，为新手妈妈提供育儿经验指导，并持续分享原创育儿经验内容，成为用户心目中的"老师"和"专家"。

第三，贴心到极致的深度服务。为了巩固与用户间的情感联系，孩子王专门提供了实时在线的深度服务，只要用户有需求，孩子王就会把服务做到极致。有一个真实的例子发生在 2018 年 6 月的深夜，当时有一位宝妈乳腺炎发作，急需专业人员催乳。孩子王的两名育儿顾问在微信上得知消息之后，立刻驱车前往 87 公里外的用户家中，帮助这位宝妈解决了问题。

这一系列与用户之间的信任互动，使得用户的付费行为自然而然地产生。

在企业微信和个人微信打通之前，孩子王的私域流量运营基本都是在线下门店、官方 App、个人微信、小程序商城上进行。但当两者打通且企业微信的功能得到不断强化之后，孩子王也意识到其中的价值，开始大力布局基于企业微信的私域流量运营。

下面，我们将通过具体案例，深入挖掘孩子王是如何进行企业微信私域流量运营的。

第一步，渠道引流。

作为自我定义为"一家数据驱动的，基于用户关系经营的创新型新家庭全渠道服务平台"，孩子王对于自己的渠道搭建还是很上心的，不仅拥有多个微信公众号、视频号、小程序商城，还有官方 App 等。因此在私域流量运营的第一个环节，孩子王的引流渠道还是很多的：

（1）微信公众号矩阵推送

目前孩子王比较重要的公众号渠道有两个，而且每篇活动头条推送的阅读量都在 2 万至 5 万左右，还是相当可观的。用户关注公众号的瞬间，就会收到活动的链接推送，以及可以领取的各类福利。

除此之外，公众号的菜单栏也是各种活动的入口，以及用户想要获得的服务。

（2）官方App

孩子王的第二个重点引流渠道就是它的官方App，目前App的全网下载量已接近7000万，月活跃用户数量也有150多万，这对于一个垂直零售App来说，是很难得的。

通过引导或者已经下载过App的用户，第一时间就能看到活动的海报，然后参与进来。由于在App上难以进行一对一私聊等运营动作，因此把App上的用户导入到企业微信后，就可以有针对性地进行更精细化的运营。

（3）官方小程序商城引导

第三个引流渠道是孩子王的微信小程序商城，因为有些客户不喜欢在手机上下载太多App，更倾向于使用小程序商城这样的方式——小程序的日活跃用户数量能达到40万。

小程序商城除了有活动参与的入口之外，还有专门引导用户扫码添加企业微信好友进"福利群"的链接。

（4）微信视频号

除了上面这些比较常规的渠道之外，孩子王也没忽视近年来比较热门的微信视频号。借助拍摄好的生活视频和明星广告片，孩子王直接把活动链接放在了评论置顶的位置，平时喜欢刷视频的用户，就能通过这个渠道参与进来。

（5）邀请有礼引导用户裂变

最后一种引流渠道就是通过邀请有礼的裂变方式，借助老用户的朋友圈、微信群来进行引流。

第二步，流量的承接。

孩子王用来引流的渠道不少，但是做私域流量的承接其实就只有一个企业微信。以往许多企业在用个人微信做流量承接的时候，为了降低运营风险，或者节约运营成本，会把用户直接都拉到微信群里。这样做的后果就是，许多进群用户在觉得无法获得对自己有价值的东西之后，很快就退群了，而企业因为没有加上好友，导致这些用户都白白流失了。而在这里，所有用户都是先加上孩子王的官方企业微信为好友，再邀请进群。因为企业微信的用户承载量大且几乎不用担心封号问题，效率很高。即使进群用户很快退群，也可以通过企业微信一对一地触达他们。

除了上面这些，孩子王还在邀请用户入群这个环节，增加了一个十分有意思的动作——同时提供三个群供用户选择：特价秒杀群、育儿无忧群、孕妈大家庭。用户完全可以根据自己的实际情况和需求进入不同的群，而孩子王的社群运营人员也可以根据群属性的不同，设定更为精准的运营动作。

另外，在社群运营过程中，孩子王还通过具体活动对用户进行再一次的私域沉淀，将购买特定商品的用户添加到另一个企业微信号。也就是说，这些再次扫码加企业微信好友的用户，变得更精准，画像更清晰，便于后续的运营转化。

第三步，运营转化。

到了运营转化这个环节，孩子王所有的动作基本都是在企业微信群里进行的，但同时也用到了朋友圈和短信等传统通信渠道。

（1）短信提醒用户领取专属福利

当用户点击活动链接并留下自己的电话信息，但是没有进行后续的操作时，孩子王就会专门挑选时间发送短信以降低用户流失率。

（2）朋友圈推送

由于用户都添加了"客服小助手"的企业微信号，因此会不定期地接收到其发送的朋友圈内容，里面除了一些常见的好物推荐之外，还有一些比较有趣的限时抽奖活动。对于一些不爱看社群消息的用户来说，朋友圈是一个不错的触达方式。

（3）好物推荐

在孩子王的社群里面，几乎涵盖了与宝妈或者孩子相关的所有用品，包括日用品、衣物、食品等。随时都会有各种好物的推荐，并配以现场实物图片。而且大部分商品都是以秒杀或者拼团的优惠方式出现，提高付费转化率的同时，也可以让实惠的口碑传播出去，从而吸引更多的用户参与进来。

（4）专属活动抽红包

孩子王的微信群里还会不定期分享一些特定的活动，用户既可以领取优惠券购买商品，买完之后还可以添加专属的企业微信号参与抽红包活动。一方面，优惠券的时限可以提高用户的消费积极性，另一方面就是便于后续更精细化的用户运营。

（5）游戏抽奖

微信群里还设置了一些游戏互动环节，用户参与之后有机会获得指定的奖品。同时，领奖的时候，用户还需要添加孩子王小助手的个人微信，相当于再次为个人微信导入流量。

第四步，裂变增长。

在裂变增长这一环节，孩子王的玩法也不少，以下分享四种策略：

（1）邀请助力领现金

相比优惠券，现金永远更具吸引力。用户需要签到打卡才能获取一定额度，如果邀请好友助力，则可以增加额度，满10元即可提现。这是许多企业用来做增长的常规玩法。

（2）下单分享领红包

孩子王的用户每完成一个订单后，如果分享到群或朋友圈，就可以领取不定量金额的红包。这种方式可以很好地激励用户不断下单消费以获取红包。在红包领取页面，设置一个十分明显的"孩子王官方福利群"引导海报，目的就是将这些因红包而来的新用户导流到私域池中。

（3）朋友圈集赞有赏

朋友圈集赞其实是一个用户操作成本比较低，但是对企业并不实惠的增长方式，因为无法保证那些点赞的用户都看过文章，更不用想着把他们沉淀到私域中了。不过使用优惠券作为奖励的方式，无需投入太多成本，却可以扩大品牌的影响力，以及增加用户的消费，这还是有价值的。

（4）免费领券

邀请好友助力领取优惠券，现在也成了许多企业做增长的标配方式。孩子王在这里，主要运用了两种方式：其一，通过拼团抢神券的方式，用户和助力好友都可以获得优惠券；其二，通过邀请好友砍价的方式，只有砍完价，用户才能获取优惠券，而助力的好友若想获得优惠券，则需要重复相同的操作。

（资料来源：3000万＋付费会员的孩子王，企微私域运营深度解读. https://baijiahao.baidu.com/s?id=16959239957716036544&wfr=spider&for=pc. 本书有删改）

案例思考

1.孩子王在私域流量引流、留存、转化、裂变过程中具体运用了哪些方法？
2.新零售企业应该如何搭建私域流量池？其关键要素是什么？

复习思考题

1.什么是私域流量？私域流量的演变历程具体是怎样的？
2.私域流量的价值是什么？搭建私域流量的必要性有哪些？
3.私域流量从0到1的搭建过程包括哪几个步骤？每个步骤具体需要做什么？
4.结合实例，谈谈私域流量池搭建过程中遇到的主要难题。
5.谈谈你对零售企业私域流量搭建未来发展趋势的认识。

本 章 实 训

1．实训目的

（1）明晰新零售私域流量的基本概念与基本知识。

（2）通过实地调查，了解所在城市某一零售企业私域流量搭建的实际情况。

（3）锻炼调查收集资料、分析问题、团队协作、个人表达等能力。

2．实训内容

以小组为单位，深入你就读高校所在城市的某一企业进行调查，收集这家企业的基本情况，了解企业搭建私域流量池的策略、成效以及面临的难题，并提出针对该企业有效搭建私域流量池的建议。

3．实训组织

（1）指导教师布置实训项目，提示相关注意事项及要点。

（2）将班级成员分成若干小组，成员可以自由组合，也可以按学号顺序组合。小组人数划分视修课总人数而定。每组选出组长 1 名、发言代表 1 名。

（3）以小组为单位，选定拟调查的企业，制定调查提纲，深入企业调查收集资料。写成书面调查报告，制作课堂演示 PPT。

（4）各小组发言代表在班级进行汇报演示，每组演示时间以不超过 10 分钟为宜。

4．实训步骤

（1）指导教师布置任务，指出实训要点、难点和注意事项。

（2）演示之前，小组发言代表对本组成员及其角色进行介绍陈述。演示结束后，征询本组成员是否有补充发言。

（3）由各组组长组成评审团，对各组演示进行评分。其中，演示内容 30 分，发言者语言表达及台风展现能力 10 分，PPT 效果 10 分。评审团成员对各组所评出成绩取平均值作为该组的评审评分。

（4）教师进行最后总结及点评，并为各组实训结果打分，教师评分满分为 50 分。

（5）各组的评审评分加上教师的总结评分作为该组最终得分，对于得分最高的团队予以适当奖励。

参 考 文 献

［1］薛可，余明阳. 私域流量的生成、价值及运营［J］. 人民论坛，2022，（Z1）：114-116.

［2］薛可，余明阳. 私域流量：未来商家竞争的重要领域［J］. 青年记者，2022，（15）：5.

［3］吴倩倩. 新媒体矩阵下出版机构私域流量池的搭建及留存［J］. 出版广角，2021，（20）：66-68.

［4］苏郁锋，周翔. "直播电商" 情境下数字机会共创机制研究：基于数字可供性视角的质性研究［J］. 南开管理评论，2023，（01）：1-20.

［5］刘飞. 数字经济时代 "新零售" 私域流量精细化运作探讨［J］. 商业经济研究，2022，（20）：40-43.

［6］胡籍尹. 私域流量视域下社交电商模式创新路径［J］. 商业经济研究，2022，（09）：87-90.

［7］付蕾. 基于4C营销理论的社交电商私域流量培育策略探讨［J］. 商业经济研究，2021，（24）：90-92.

［8］殷中军. 引爆私域流量池：新零售时代如何低成本实现爆发式增长［M］. 北京：机械工业出版社，2020.

007

第7章　新零售物流

新零售背后的物流新助力

新零售作为传统零售业的进化与革命，使得行业原有的供应链和物流体系必须进行相应的改变。面对这一行业变革，众多拥有全新技术和运作模式的物流企业应运而生并发展壮大，成为一股推动新零售不断深化发展、不可忽视的力量。同时，新零售模式作为一种创新的商业实践，与国家法律法规和绿色发展理念高度契合。它通过科技赋能，优化供应链，减少资源浪费，提升物流效率，不仅保障了消费者权益，还极大地促进了交易的便利性。新零售的智能化、个性化服务不仅增强了消费体验，还推动了绿色环保的生活方式，为构建和谐社会贡献了力量。

随着大数据、人工智能等技术手段对传统线下零售生态的赋能，除了典型的零售业态外，还不断催生出新型的电子商务网络零售业态，包括传统的电商零售模式、社交性销售的拼购模式、直播带货新模式等。零售行业因此进入了以大数据驱动及渠道融合为特征的新零售时代。在新零售模式下，消费者需求的多样化和交付场景的差异化对物流服务水平提出了更高的要求。传统的"全国仓网+快递""城市仓+落地配"模式正在向全渠道物流支撑体系——配送中心集中配送+门店即时配送模式转变。因此，由共享配送中心将区域内线上线下的需求货物进行合并，统一配送到各个门店，然后再由门店负责将区域范围内（不超过5公里）的线上消费者的订单进行即时配送（例如外卖模式），这成为目前最主流的新零售物流运作模式。

1. 大型电商企业主导的大型平台类物流企业的崛起

大型电商企业如阿里巴巴、京东、苏宁等都纷纷在物流体系建设上投入巨资，物流已成为电子商务竞争的核心战场之一。2013年，阿里巴巴携手多家物流企业共同组建了菜鸟网络，实施物流整合战略，建立了包括园区、城配、快递、菜鸟联盟等布局模式，致力于打造全产业链的供应链平台，并建立自营物流体系。京东、苏宁则分别通过整合物流公司、自建仓库、并购快递企业等方式积极搭建物流平台，提供物流解决方案和供应链服务，以提高运营效率，进而增强消费者的购物体验。顺丰公司通过独立、自主、自营的运营模式不断做大做强，也成长为大型物流运营平台之一。

2. 末端即时配送物流服务的发展

所谓即时物流，即货物不经过仓储和中转，直接从端到端的送达服务。服务品类包括外卖、生鲜直送、商超配送等。即时物流是末端物流服务的进化，以"极速"和"准时"为特征。如以盒马鲜生为代表的"餐饮+超市"的新零售业态，由于其线上与线下融合、门店与物流一体化运营，物流服务上提供新鲜的生鲜商品即时配送，因此产生了对即时快递服务的巨大需求市场。外卖是典型的 B2C 类型的即时配送服务，具有服务订单相对集中和固定的特点。由此可见，即时快递平台和零售商家的合作正推动着零售格局的变化和发展。

3. 新型第三方物流的服务模式创新

由于零售物流 2B 业务往往具有高频和稳定的特点，因此催生出一批新型专业城配物流企业，如唯捷城配和凯东源城配等。这类公司通过业务模式和服务产品的创新，加上全新的信息系统能力的助力，为新零售提供了更高效和优质的物流服务。以凯东源城配为例，它除了专注于仓配一体和统仓共配模式外，还根据新零售的需求特点为客户提供了有针对性的物流服务，并且为社区团购新零售模式提供个性化服务。

总之，新零售的出现重新定义了人、货、场的关系，对物流体系提出了全新的要求，由此孵化和带动了全新零售物流服务的诞生和发展。

（资料来源：新零售背后的物流新助力：零售供应链数字化专题（五）. https://www.163.com/dy/article/G4TM3O2A0530UFIR.html. 本书有删改）

7.1 新零售物流的内涵和特征

新零售的崛起，不仅颠覆了传统零售模式，更对物流行业进行了深刻的重塑。作为新零售生态中不可或缺的一环，新零售物流的内涵与特征直接关系到新零售模式的成功与否。在这一转型浪潮中，物流的角色不再仅仅是商品从生产到消费之间的简单传递者，而是成为了提升消费体验、优化供应链效率、实现全渠道融合的关键力量。新零售物流的内涵，在于其以消费者体验为核心，借助大数据、云计算、物联网等现代信息技术，实现了物流要素的升级与重构，推动了物流服务的智能化、个性化和高效化进程。而新零售物流的特征，则集中体现在以消费体验为中心的服务导向、物流体系的全面智能化升级，以及全渠道供应链的无缝对接与一体化管理。这些特征共同铸就了新零售物流的独特魅力，也为物流行业的未来发展指明了方向。

7.1.1　新零售物流的内涵

什么是新零售？阿里研究院把新零售界定为以消费者体验为中心的数据驱动的泛零售形态，未来的纯电商和纯零售是不存在的，而是线上+线下+物流的新零售。"新零售"这一概念一经提出便引起了社会各界的高度关注，之后又衍生出"无界零售"等概念。美国联邦也认同线上、线下、物流及高科技的有效融合是新零售的核心。在实践领域，形成了以亚马逊的无人零售Amazon Go项目，以及阿里巴巴的VR购物"BUY+"等为代表的新零售项目。物流，作为新零售布局中的核心环节，关乎新零售的未来发展。

新零售的概念包含两个关键特征：一是以消费者为中心；二是以数字化为核心驱动力。在传统零售时代，消费者更关注的是产品本身的功能，现如今逐渐演变为从产品消费过程中获得的体验。消费者需求的改变倒逼着企业重构零售模式，主要包括构建全新的供应链。在数字化的驱动下，企业一改传统的由内至外的供应链运营模式，创新供应链各个环节的运营实施，实现价值链体系的转型升级，这对物流行业提出了更高的要求。

在传统零售时代，物流企业只需要发挥货物运输的作用，与零售企业是两个单独的个体。然而在新零售模式下，原有的物流运作模式并不能满足现有零售企业的发展需求，零售和物流需要实现高度合作。事实上，很多零售新业态已经将"物流前置"作为其核心业务领域，例如盒马鲜生的线下店仓一体化、线上App以及实体店3公里范围内30分钟配送服务，旨在突破末端配送"最后一公里"难题的菜鸟驿站，以及引进小D无人车、OCR识别技术的德邦快递等。这些实例都证明了一点：新零售的发展离不开新物流的支持。

为了应对新零售时代的市场变革挑战，传统物流在不断革新中走向多态共生的"新物流"时代。如图7-1所示为物流行业的演变路径。新物流本质上是基于对物流要素的升级

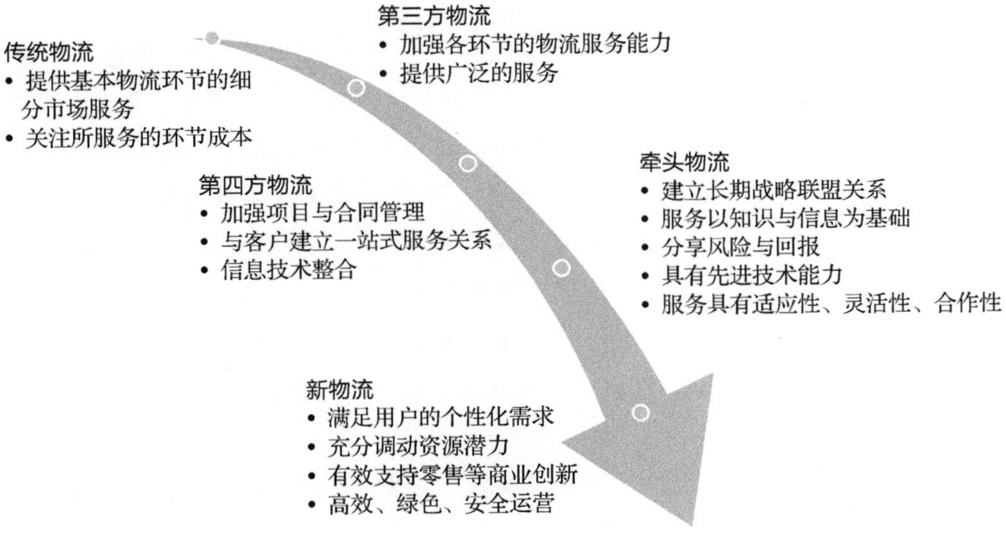

传统物流
- 提供基本物流环节的细分市场服务
- 关注所服务的环节成本

第三方物流
- 加强各环节的物流服务能力
- 提供广泛的服务

第四方物流
- 加强项目与合同管理
- 与客户建立一站式服务关系
- 信息技术整合

牵头物流
- 建立长期战略联盟关系
- 服务以知识与信息为基础
- 分享风险与回报
- 具有先进技术能力
- 服务具有适应性、灵活性、合作性

新物流
- 满足用户的个性化需求
- 充分调动资源潜力
- 有效支持零售等商业创新
- 高效、绿色、安全运营

图 7-1　物流行业演变路径

和重构,以大数据、云计算和物联网等信息技术为支撑,实现供应链各节点及合作伙伴之间的共享与协同。新零售物流是新零售业态和新物流业态基于大数据、云计算和物联网等信息技术高度合作的产物,具体体现在以下两个方面:

1. 即时配送+店仓一体化模式

随着新零售模式的逐步推进,消费者对于物流的要求不断提高,尤其是在即时性和服务性方面。为了满足市场需求,企业通过即时配送+店仓一体的新零售布局,为消费者提供更快速、更优质的物流服务。新零售物流将原来的以"天"为单位的物流速度提升到以"小时"或者"分钟"为单位,实现了物流速度的升级迭代。店仓一体化作为实现即时配送的一个支点,通过门店前置仓的功能搭建了一个30~120分钟的即时配送圈,极大地提高了物流效率。

2. 智慧供应链

不同于传统的物流供应链,新零售物流供应链以大数据、人工智能等先进技术作为重要支撑和保障。盒马鲜生就是通过门店和线上销售数据预测不同区域的畅销品或爆品,因此各个地区的盒马鲜生在商品品类分配上存在明显差异。新零售物流利用数据精准洞察需求变化,引导供应商企业快速、准确地制订计划和进行决策,并及时调整生产节奏、控制库存平衡,从而实现智慧化的供应链管理。

小 资 料

- -

盒马鲜生新零售物流

盒马鲜生在短短时间内就在市场上积累了一定的口碑,这得益于其独特的新零售物流运营模式。在采购方面,盒马鲜生采用"原产地直采+本地化直采"的策略;在配送上,坚持"门店3公里范围内30分钟送货上门"的原则;在支付方面,不同于传统的超市,盒马鲜生允许消费者通过门店App实现边逛边结账的结算方式。线下门店统一采用电子标签,上面显示了商品名称、价格和对应的二维码,用户可以通过盒马App扫码实时查看产品信息,将产品加入购物车。门店只支持线上支付,这一举措帮助盒马鲜生掌握线下消费数据,实现大数据下的精准营销。总体而言,盒马鲜生通过线下门店、物流以及线上App的有机结合,实现了超市功能+餐饮功能+物流功能+企业与粉丝互动的新零售模式,为用户提供了一站式消费新体验。

(资料来源:盒马鲜生:新零售催生零售供应链革命. 中国管理案例共享中心. http://www.cmcc-dlut.cn/Cases/Detail/4436. 本书有删改)

7.1.2　新零售物流的特征

谈及新零售，一个绕不开的话题便是其背后的物流体系——新零售物流。这个概念背后蕴含着怎样的变革与创新？它又是如何成为新零售战略中不可或缺的一环？从消费者的角度来看，新零售物流所带来的不仅仅是更快的配送速度和更便捷的购物体验，更是对传统零售物流模式的一次全面升级。在这场由技术驱动、消费引领的变革中，新零售物流正以前所未有的姿态，重塑着我们的购物环境。那么，新零售物流究竟有哪些独特之处，值得我们深入探究呢？

1. 以消费体验为中心

新零售模式的核心在于以消费体验为中心，其最大的特点是"线上＋线下＋物流"的深度融合。新零售物流作为"新零售"与"新物流"的结合体，更加重视消费服务体验，致力于提高货物送达客户手中的效率。新零售物流最大的特点是"即时配送＋店仓一体"，这源于新零售时代下的消费者需求升级，他们希望得到更快的配送速度以及更好的配送服务，甚至期望逆向物流的完善以优化售后服务和提升消费体验。即时配送的优势在于其效率高，而店仓一体的模式则省去了配送中转的环节，显著缩短了配送时间，为消费者提供了更便捷、高效的服务。在新零售时代，越来越多的消费者选择网上购物、实体店购物后线上配送等购买方式，逆向物流成为这类消费者进行退换货或返修时经常使用的业务。

2. 物流体系智能化

根据中商产业研究院发布的《2024—2029年中国智慧物流市场调查与行业前景预测专题研究报告》，2023年中国智慧物流行业市场规模约为7903亿元，较上年增长12.98%。分析师预测，2024年中国智慧物流市场规模预计将达到8546亿元，市场主要集中在自动分拣设备、智能快递柜、全品类AGV等。新零售物流不同于传统物流，它具有多样化、碎片化的特点，这对物流服务的时效性提出了更高的要求。新零售物流通过大数据、人工智能驱动的管理模式，采用先进的无线射频识别以及设备自动化技术，数据化管理仓库，物流体系逐渐走向智能化。沃尔玛是新零售物流体系智能化的代表之一，它通过建立中央数据处理系统，对门店经营情况进行全面的数据化管理，其中包括商品库存、订单需求量、商品销售量等。通过数据处理与分析，沃尔玛能够在短时间内为门店补货，并预测市场需求状况的发展变化趋势，为企业决策提供参考，同时减少因决策失误带来的损失。

3. 全渠道供应链一体化

在新零售模式下，线上渠道和线下渠道不再是孤立存在的个体。新零售的发展驱动着各种销售渠道与物流的深度融合。在此背景下，传统的单渠道零售模式逐渐向全渠道零售转型。阿里巴巴之所以能够在新零售时代独占鳌头，正是因为它建立了一个高效协同的供应链体系，实现了物流、商流和资金流的高度融合，完成了全渠道布局。例如，其旗下的生活服务渠道饿了么、电商渠道淘宝、线下渠道盒马鲜生等。只有整合供应链的各个环节，实现全渠道供应链一体化，才能充分发挥新零售物流的优势。

小 资 料

良品铺子的全渠道布局

　　新冠疫情对不少企业造成了严重冲击，而位于疫情中心武汉的良品铺子却实现了逆势增长，正是因为实施了全渠道布局战略。除了开设线下门店、自营官网和App外，良品铺子还与饿了么等生活渠道、天猫等电商平台、微博等社交渠道开展合作。一是通过O2O的方式吸引流量，扩大门店的辐射半径；二是通过线上B2B的方式拓展渠道范围，增加销售额。当然，渠道的增加也给良品铺子带来了两个问题：如何有效整合多渠道平台？如何精准开展互联网线上业务？杨红春董事长认为，再难也不能放弃全渠道战略。于是，他决定调整渠道发展方向——建立以用户为中心的深度融合的渠道网络，打通不同渠道之间的壁垒。随着良品铺子的全渠道布局战略不断深化和发展，据良品铺子发布的2023年年度报告及2024年一季度报告显示，2023年良品铺子实现营业收入80亿元人民币，归母净利润1.80亿元。

　　（资料来源：逆势增长，渠道为王：良品铺子疫情下的全渠道建设. 中国管理案例共享中心. http://www.cmcc-dlut.cn/Cases/Detail/6616.

　　良品铺子发布2023年财报：门店总数升至3293家，线下收入增长4.02%. 21财经. https://m.21jingji.com/article/20240426/herald/8352677a0daa65853d83273ebdabf2df.html. 本书有删改）

7.2　新零售物流的逻辑架构和发展模式

　　新零售物流的崛起，不仅是对传统物流的革新，更是基于其独特的逻辑架构与发展模式。前者为新零售物流的运作构建了框架与基础，后者则为其指明了前进的方向与路径。两者相辅相成，共同推动了新零售物流的创新与发展，为消费者带来了更加便捷、高效、优质的物流服务体验。

7.2.1　新零售物流的逻辑架构

　　根据国内外相关研究成果以及新零售、新物流的发展现状，本书构建了如图7-2所示的新零售物流的逻辑架构。总体上，新零售物流的逻辑架构分为三层：一是数据分析层；

二是决策应用层；三是实现目标层。其中，数据分析层主要是通过人工智能、大数据、物联网等新兴技术为新零售物流提供数据分析支持，实现对人、货、场的重新构建；决策应用层主要是根据重构要素，确定新零售物流的具体应用方式；实现目标层则明确指出了新零售物流发展的最终目的。

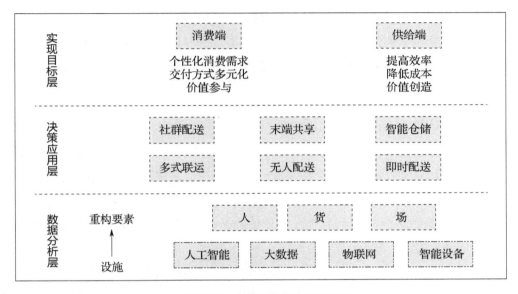

图 7-2　新零售物流的逻辑架构

1. 数据分析层

数据分析层的基础是人工智能、大数据、物联网以及智能设备的应用。AI 即人工智能，Big Data 即大数据，我们将二者简称为 AB 战略，另外物联网的建设则成为不可或缺的基础设施。物联网是指通过全球定位、红外感应、各种传感技术、视频识别等技术或装置，实现物品之间的互联互通，在特定协议下进行信息交换和通信，从而实现智能化定位、识别、跟踪与管理的智能网络系统。新零售物流通过应用这些新技术可以实现感知、互联以及智能三大能力。例如，在购物环节，智能设备可以根据消费数据、个人特征、消费偏好等基础信息进行深度加工处理，通过模型算法为消费者制定定制化、个性化的营销和服务策略；在配送环节，物联网技术则能够实时采集、分析和共享供应链上的消费者数据、商家数据等，为客户提供更快速、准确的服务。

接着，我们把这三种能力应用于新零售场景中。不同于电商时代仅包含人和货两个元素，"人""货""场"这三个元素在新零售业态中缺一不可。人即消费者，新零售物流以消费者体验为核心，通过基础设施获取的感知能力建立消费者画像，以便实现精准营销和差异化服务。因此，以消费者数字标签为基础的"会员"制度在新零售时代逐渐普及。当会员走进门店的那一刻，智能设备就可以立即捕捉客户信息，从而实现用80%的精力去服务20%的高价值客户的目标。货即价值，包括商品的吸引力、数字化程度以及内容与服务，直接关系到卖什么、卖多少的问题。例如，以时尚休闲百货为主的名创优品主打"优质低价"的核心理念，奉行"简约、自然、富质感"的产品设计理念，着眼于消费者的感知，打造高品质、高效率、高科技、低成本、低价格、低毛利的产品。场即新零售全渠道，消费场景不再局限于线上或线下，"所见即所得"逐渐成为现实。

由此可见，新零售物流是数字驱动下以客户需求为导向，通过数据分析层采集和分析消费者数据、厂家数据、商家数据等，从而获得消费者需求信息、供应商供求信息、配送信息等，并基于这些数据进行科学决策。

2. 决策应用层

决策应用层是基于数据分析层提供的客户需求、商品库存以及物流数据，构建而成的，这一层具体体现在社群配送、末端共享、智能仓储、多式联运、无人配送、即时配送等多个方面，主要作用包括：确定最佳仓储位置，规划最优配送路径；实现智能化物流仓储和配送方式；实时追踪货物，并且及时反馈物流信息给客户及商家；直接追溯货物产地，销售环节透明化。

京东、饿了么等公司已经实现了无人配送与快递小哥的协同配合，从而达到了经济与效率的最优平衡；苏宁在多元化零售场景下，以"业务+技术+仓储"的模式构建了多样化的仓储模式，并且同菜鸟等第三方平台实现了物流末端共享，提供更优质、更高效、更专业的物流服务。生活服务平台美团也相继推出了美团优选、低价拼团等服务，实现了社区运营及社区仓储配送，产生了良好的社区服务效果。

3. 实现目标层

在这里，我们不禁有个问题：数据分析和决策应用是为了什么？这个时候，我们要明白新零售物流的"新"是指什么，是新手段、新工具，但其核心目标始终不变，即同时满足消费端和供给端的需求。

（1）**满足消费者个性化、多元化需求** 在新零售时代，消费需求不断升级，每个消费者都渴望获得个性化、差异化的服务。通过大数据、云计算、物联网等技术手段收集基本信息，重构新零售时代的"人""货""场"三大核心要素，使得物流方式更具灵活性、及时性、科学性，商品服务更具个性化、差异化。以客户需求为导向，已经成为新零售物流时代的核心要务，为此我们必须立足于"人""货""场"的重构，加快新零售与新物流的融合，共同构建全新的智慧供应链体系。

（2）**实现交付方式、交互方式、交付场景的多元化** 新零售时代具有碎片化、多样化、数字化的特点，除了线上+线下+物流的高度融合外，还融入了大数据、物联网等新兴技术，这不仅颠覆了传统商业逻辑，还推动了其重构，使得用户体验不断升级改造，交付方式、交互方式、交付场景也日益多元化。精准供应成为新零售时代的一大特征，人脸识别等新支付方式崭露头角，成为新零售时代的主流趋势；无人商店、AR体验等则成为其区别于传统零售的显著特征。

（3）实现价值参与和价值创造　海尔集团创始人张瑞敏曾言：企业经营能力的评价标准在于其拥有的价值顾客数量以及这些顾客所带来的价值高度。由此可见，新零售物流的核心目标是价值顾客形成的顾客价值。第一，新零售提供了多元化和碎片化的购物方式，新零售物流实现了不同消费渠道之间的无缝对接，简单来说就是"线上+线下+物流"。第二，云计算等技术的应用让实时追踪货物物流信息状态成为可能，甚至可以追溯到产地等信息，消费者拥有价值参与的机会；第三，新零售物流缩短了消费者与商家、物流企业之间的距离，消费者更愿意参与到产品设计等环节中，甚至投资成为创业合伙人。第四，数字驱动下的新零售物流达到了降本增效的效果，例如通过精准营销、即时配送达到零库存等目标，很多以前只能依靠人工完成的工作可以用系统、AI代替，大大提高了效率，从而实现了价值创造。

小资料

美团背后的物流逻辑

美团布局了三大新业务板块：美团优选、美团买菜、美团闪购。早在2018年7月，美团便正式推出了闪购品牌；2019年1月，美团App正式上线，它作为一个生活服务自营App平台，主打买菜和提供配送服务；2020年，美团全面进入社区零售赛道，成立美团优选。美团2021年全年营收达到1791亿元，同比增长56%，这一显著增长离不开其背后的物流逻辑。美团优选和美团买菜背后是成熟的仓配网络。根据美团公司的年报数据，该公司的仓配网络已经覆盖了全国30个省份的城市和农村地区。闪购和外卖业务的背后是成熟的即配网络——由总数超500万的骑手组成，他们具有极高的配送时效和极具优势的上门交付能力，是当下最强大的终端履约体系。2022年，美团物流持续扩张，其仓配网络覆盖全国更多城乡区域，即配网络骑手超600万，助力营收创新高。2023年，美团进一步深化物流布局，优化配送效率，巩固市场地位，推动业务全面发展。正是背靠这两大物流逻辑，美团才得以实现从送同城到送全国，从送外卖到送万物的业务跨越。

（资料来源：美团"巨亏"背后的物流版图：骑手成本682亿，单日订单量破5000万. https://new.qq.com/rain/a/20220418A044MU00. 本书有删改）

7.2.2　新零售物流的发展模式

新零售物流的发展模式正引领着物流行业的深刻变革，不仅推动了物流行业的转型升级，还促进了零售业的创新发展。它打破了传统零售与物流之间的界限，实现了线上线下的深度融合与无缝对接，为消费者带来了更加便捷、高效、个性化的购物体验。同时，新零售物流的发展也为商家提供更多的增长机遇与市场空间，推动了整个零售行业的繁荣与发展。

1.　客户导向模式

新零售产生的牵引力来源于消费升级，即消费购买力提升和个性化、多样化消费需求凸显。消费者对新零售物流提出了更高的要求，他们不再局限于购买更多的优质商品，而是希望在消费过程中体现自己的追求，获得个性的商品和服务，以及优质的体验。

新零售物流必然要以客户为核心，以市场需求为原动力。基于客户消费行为特征建立的消费者画像数据，不仅可以指导新零售企业制定合理的营销策略，还可以建立以客户为中心的需求链数据，打造一条科学预测、高效的智慧供应链。

不同于传统的B2C模式（以生产企业为中心，实行标准化、大规模流水线生产方式，终端面向消费者，供应链之间缺乏协同效用），新零售模式下的C2M模式以客户需求为导向，基于客户画像重塑生产链和供应链，以满足消费者需求的变化。

但值得注意的是，市场是瞬息万变的，用户的需求也是时刻在变化的。例如，新零售模式下的订单模式的升级，从到店消费模式到B2C订单模式，再到到家模式，其背后的新物流需求也在发生变化。物流服务于商流，新零售订单模式的变化背后是物流模式升级的支撑，如到店拿货、当日达、次日达等，正是新零售物流发展模式为了满足消费者需求的表现。

2.　更好的商品：产地直采＋生鲜直达＋产品溯源

随着消费渠道和人们生活习惯的改变，网购生鲜成为了越来越多人的选择。通过智能设备简单操作，当日或次日就能送达。生鲜电商的核心服务是提供稳定且标准化的生鲜产品，直接联系产品源头和消费者，最重要的是农产品的标准化和供应链的整合。例如，消费者在生鲜电商上下单3千克的土豆，他收到的就应是3千克的土豆，否则消费者会感觉受到被欺骗，缺斤少两、品质参差不齐。要做到这一点，生鲜电商就需要直接联系上土豆供货商，即产品溯源，在农产品供应商上游实行标准化，真正做到产地直采、产品溯源。

生鲜直达不仅满足了消费者对于产品品质的要求，还能在短保质期内销售出去，增加农产品的价值。对于生鲜物流，最大的痛点在于昂贵的包装、配送成本及耗损成本，因此也衍生了相关的生鲜物流模式。例如，顺丰物流的顺丰优选，作为物流企业推出了物流电商模式，基于自身完善的物流配送能力，为客户提供生鲜产品，服务质量得到消费者的一致认可。食品供应商自身建立供应链和仓储，不仅保证了食品安全，还提高了运输效率。线下超市如盒马鲜生等，在发挥自身线下零售优势的同时，结合新物流能力推出生鲜平台。

可以看出，产地直采—生鲜直达—产品溯源的新零售物流模式具有以下三点作用：第一，大型物流企业可以构建全球化物流网络，实现强大的资源整合能力；第二，产地直采的方式可以将全球各大优质低价的农产品推向全球市场，减少中间商赚差价；第三，实力型物流可以为农产品品质提供品牌背书，得到消费者的认可。

3. 更好的体验：逆向物流＋售后服务

什么是逆向物流？广义上的逆向物流是指废弃物的减少、循环、替代使用、处置等与物流相关的活动。它是由商家推动的，费用由商家与第三方物流公司集中结算，双方的沟通需要强大的 ERP 系统支持。简单来说，电脑维修、退货等从客户手中回收坏的、使用过的产品到处理的过程就是逆向物流。

要完成逆向物流并给客户提供极致的售后服务，最重要的就是 ERP 系统的应用。它包括三大功能：财务管理功能、供应链管理功能以及生产管理功能，是更高效、便捷的新零售物流服务的强大支撑。

4. 更优质的供应链：全渠道整合＋智慧配送＋末端物流

不同于传统物流，新零售物流具有碎片化、多样化、即时配送、店仓一体等特点，这也相应地增加了物流成本。新零售物流是新零售业态和新物流业态基于大数据、云计算和物联网等信息技术高度合作的产物。新零售物流供应链不仅需要满足消费者对于产品本身的要求，更要满足消费者对于全渠道产品与服务的整合性要求。因此，新零售物流的价值不再是提供简单的产品或服务，而是整合两者形成满足消费升级的解决方案。

新零售物流时代的线上、线下渠道不再是割裂状态，只有整合供应链的各个渠道，才能更好地为客户提供有效的服务，如图 7-3 所示：

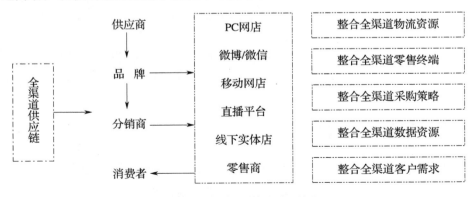

图 7-3　全渠道供应链一体化

末端物流，即"最后一公里"，是新零售模式下全渠道供应链的重要节点。随着《关于推进乡镇运输服务站建设加快完善农村物流网络节点体系的意见》的发布，加快建设县、乡、村三级农村物流网络节点体系已成为当务之急。在此背景下，新零售物流推出了店仓一体、社区仓/微仓、众包物流、设立快递自提点以及智能快递柜等末端配送形式，通过与快递企业、电商平台以及第三方平台的合作，有效解决了"最后一公里"的配送难题。

小 资 料

生鲜电商

（1）什么是生鲜电商？

生鲜电商的三大构成要素：可以完成在线订单完整闭环功能的电商平台；主营以蔬菜、水果、肉禽蛋为代表的生鲜商品；生鲜商品的销售占比超过总品类的50%。

生鲜电商的核心服务：提供稳定、标准化的生鲜产品，同时支持产品溯源地的同步追踪。

生鲜电商平台的代表企业类型：自建生鲜标准化体系，包括盒马鲜生、叮咚买菜等；外包生鲜标准化体系，包括多多买菜、美团优选等。

（2）生鲜电商市场

2022年，我国生鲜电商市场规模达5601.4亿元，同比增长20.25%。同年的生鲜电商行业渗透率为10.28%，仍处于较低水平。

（3）生鲜电商目标用户需求

及时性需求：1小时内完成订单履约；价格较高，满足时下饮食需求。

价格性需求：次日完成订单履约；价格便宜，以价格为导向的需求满足。

品质性需求：2日及以上完成订单履约；品质高，物品稀有，以品质为导向的需求满足。

（资料来源：生鲜电商：最近处处惹人爱的生鲜电商是什么？ https://www.woshipm.com/it/5300648.html

预见2023：《2023年中国生鲜电商行业全景图谱》https://new.qq.com/rain/a/20230529A02Z3E00.本书有删改）

7.3 新零售物流配送模式

在新零售模式下，零售企业正逐步由单一渠道向"线下体验+线上购买"的多元化模式转变，这对新物流提出了更高的要求：第一，更注重用户体验。不同于传统物流只需要把货送到即可，新零售模式下的消费者对用户体验、个性化需求十分看重，因此对物流配送的要求也更加复杂。第二，配送效率高要求。新零售下的消费者购物行为具有碎片化、多样化的特点，零售商的产品销售也呈现出"小批量、多次数"的特点，传统的"打单—拣货—发货"的物流配送模式已经无法满足当下消费者对高效配送的要求。因此，"最后一公里""门店3公里范围内30分钟送达"等配送模式深受消费者欢迎。第三，企业要降低物流成本。"线下体验+线上购买"的新模式为零售商带来了大量的线上订单，进而增加了配送量，使得物流成本成为新零售商竞争的一大阵地。

传统电商平台配送大部分以远距离配送为主，传统零售平台以近距离配送为主，而新零售平台大多是在同一城市进行配送，且十分注重配送效率，包括"即时配送""门店3公里范围内30分钟送达""生鲜配送"等。

传统零售通过以往的数据和经验来预测消费者需求，进而采购商品。但随着消费升级以及市场环境的改变，这种方式已难以准确洞察消费者的需求。新零售以顾客的订单为需求进行采购和存储，这不仅大大降低了采购风险，也间接促进了新零售物流配送模式的发展。

7.3.1　自营配送模式

自营配送模式是指新零售企业自行筹建并组织管理物流配送的各个环节，涉及零售企业内外部货物的配送。这要求新零售企业需把握和控制自身的供应链和分销渠道，合理规划物流管理流程。自营配送模式是将原材料的采购、配送以及生产进行一体化管理，以减少因不合理采购造成的损失（如库存过多、资金占用），从而实现零距离、零库存以及零运营成本的目标。然而，由于自营配送模式对企业自身物流能力的要求特别高，因此通常只有大型集团公司或者连锁企业会采用该模式，例如京东、美团等。

对于新零售企业而言，实现自营配送模式的方式就是前置仓+店仓一体+即时配送。在仓储数量方面，不是越多越好也不是越少越好，而是应作为供应链与渠道的结合点，既要响应消费者对配送速度的要求，又要备足库存以应对不时之需，关键在于找到恰当的平衡点。

1. 前置仓

前置仓主要布局在一二线城市的社区周边，目标消费人群以一二线城市的白领为主。这些消费人群对便利性要求高、生活节奏快、注重消费体验。前置仓的特点在于"抢占生鲜领域的最后几公里"。首先，在社区周边设立前置仓离消费人群距离近，配送效率高；其次，相较于门店，前置仓具有运营成本低的优势。

前置仓的代表企业之一是叮咚买菜，其在采购上主要采用供应商直供和成批采购的方式，配送上则以前置仓模式为主，整个产业链的流程如图7-4所示。叮咚买菜从品牌供应商处直接采购，大大缩短了采购路径，有效控制了冷链配送的成本，且易补货。此外，通过团购＋分享＋地推的组合策略，在社区内快速推广。叮咚买菜的前置仓位于社区周边一公里内，商品由仓中心统一加工之后运至前置仓，消费者下单后，叮咚买菜的自有物流团队会在30分钟之内将商品配送到家，极大地响应了前置仓消费人群的即时消费需求。

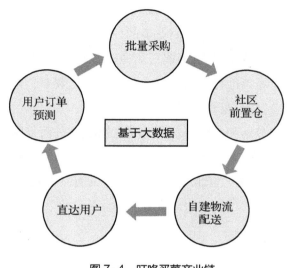

图7-4　叮咚买菜产业链

资料来源：亿欧、海通证券研究所

值得一提的是，叮咚买菜会根据以往的订单数据来预测未来订单趋势，并基于用户画像进行精准推荐。同时，其物流系统也引入了智能技术，智能规划最优配送路径，实现了低滞销和低耗损。

2. 店仓一体

店仓一体的布局主要集中在一二线城市，采用门店与线上销售相结合的方式。通常，大型店铺会采用店仓一体模式，产品SKU数量众多，门店员工需要接受综合培训，这对企业的人员管理能力要求非常高。店仓一体的核心优势在于，门店业务和电商业务之间可以快速切换，显著降低人力成本，有效提高人力效率，既能满足高效配送的需求，又能为消费者提供更优质的消费体验。

实行店仓一体模式的零售企业代表是盒马鲜生，它拥有小型的"生鲜超市"门店，这些门店同时也是线上配送的仓储中心，以门店周边3公里之内的用户作为消费人群。这类用户既可以在App上下单后享受送货到家服务，也可以选择到店消费。

盒马鲜生的供应链体系如图7-5所示。

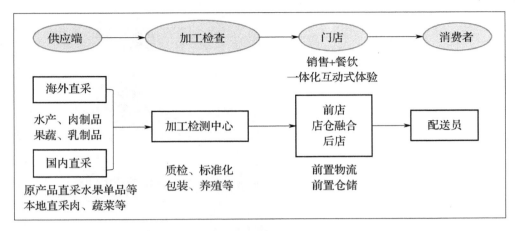

图 7-5　盒马鲜生的供应链体系

7.3.2　第三方配送

第三方物流配送，即将物流业务外包给供应商和需求方之外的第三方进行配送，其中包括采购、储存和配送等环节，具有减少固定资产、规避经营风险、集中精力于核心业务以及提升业务竞争力的优点，但是这对专业物流公司的信息化水平要求非常高。当前，新零售模式下的零售企业主要采用的第三方配送模式包括外卖平台配送和快递企业的同城配送。

1. 外卖平台配送

传统的外卖流程是，买家通过电话下单，商家收到订单信息开始备餐，之后由商家的送餐员送餐，最后订单送达到消费者手中。这个过程仅涉及商家和买家这两个主体，理论上高效可行。然而在现实生活中，商家还要兼顾堂食和其它事务，没有过多的时间来处理外卖业务，并且这对商家的送餐员数量要求较高。送餐员数量过多会在订单量少时会造成人力浪费，送餐员过少则无法满足高峰期的送餐需求。

如今，各商家纷纷入驻外卖平台，外卖平台点外卖的流程如图 7-6 所示。这里最大的特点是商家不再孤军作战，外卖平台提供了一个集中的展示区，同时也为商家提供了运营支持，包括各种推广活动等。另外，外卖平台不仅负责配送业务，还开发了客服业务，作为除商家和买家之外的第三方对外卖业务进行仲裁和监督。对于商家来说节省了大量的人力成本和时间成本，对消费者来说，可以在一个渠道集中反馈订单情况，对产品的供应和品质更加放心。

这里，我们主要强调的是外卖平台的第三方配送服务。外卖平台会招聘大量兼职或全职外卖员，当商家有订单需要配送时，外卖员可以在平台上接单，将货物按照最优路线送到买家手中，从中赚取配送费。

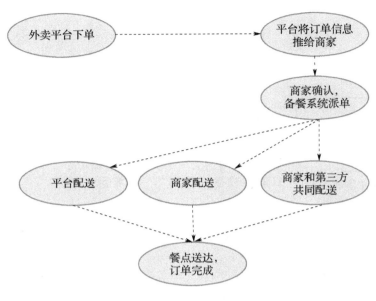

图 7-6　外卖平台流程

这种模式既有优势也有劣势。优势在于满足了商家和买家对时效性的要求，而且大多数情况下能够保证充足的运力。但是，一旦遇到恶劣天气等极端情况，充足的运力和时效性可能无法得到保证。另外，随着外卖人员数量的增多，可能会出现培训不足即上岗的现象，难以保证配送服务质量。

2. 快递企业的即时配送

即时配送不同于传统物流的仓储和中转环节，是指直接从端到端完成即时性送达服务。传统快递企业的物流方式是，先揽件到网点，然后送到分拣中心，之后再送到网点，最后配送到用户手中。这种方式环节烦琐，不符合当下消费者对于即时物流的需求。基于这种背景，快递企业纷纷加入即时配送的战场。

顺丰推出了同城急送、即刻送、夜配这三项业务，已经覆盖了中国内地50多座城市，并承诺3公里内平均30分钟送达、5公里内平均60分钟送达。根据相关数据，顺丰的同城业务收入已达到上亿元。同城配送，也被称为"最后一公里物流"，是指在城市内A到B之间的物流配送，特点是追求速度和效率的最大化。

圆通推出含即时配送、同城限送和省际限时三款产品的计时达业务。其中，即时配送主要是为客户提供3公里内20分钟内送达的精准化产品定制服务。目前，圆通已经全面覆盖五大经济板块的核心城市。

中通主打的是当天件的业务，开辟8小时同城区域当天件绿色安全通道；韵达和申通则提供当天件即日达服务，即当天取件、当天送达。

7.3.3　共同配送

共同配送是指企业为了在一定区域内提高物流效率，与其他企业（或第三方平台）合作进行配送，也被称为共享第三方物流服务。共同配送存在两种形式：一是，一个配送企业对应多家用户，统筹安排配送的时间、次数、路线等进行全面配送；二是，在送货环节上，一辆车承载多家用户的货物，按照用户的要求分批运送到相应的接货点。

驹马科技的总裁陈梨表示："我认为关键是要大家一起找到共同的发力点、共同的利益和价值，共同完成城市共配每个环节的落地。"在新零售背景下，共同配送的核心在于共享。菜鸟的配送业务由政府出面搭台，自身负责运营业务支持，在共享的背景下让农村用户享受到跟城市一样的村村通服务以及稳定的准时送达服务。

代收代派是共同配送的主要表现形式之一，是一种可以提高快递流转效率的资源共享方式，例如智能快件箱、社区团长、公共服务站投递等。共同配送在解决"最后一公里"问题上不断提升渗透速度和强度。

共同配送的本质是通过作业活动的规模化来降低成本，从而提高物流资源的利用效率。无论是整合、共享、合理分配资源要素，还是建立责任明确、公平统一的机制要素，都需要共同配送平台具备高度的思维和能力。

小 资 料

新零售物流配送新风向：叮咚买菜的创新实践

叮咚买菜（DDL）在最新发布的财报中宣布，公司实现了历史性的首次年度盈利，这一成就标志着公司在竞争激烈的生鲜电商市场中迈出了坚实的一步。据华尔街中文网的报道（https://wallstreetcn.com/articles/3709659），此番盈利的背后，是叮咚买菜在多个关键领域的深刻变革与精细优化。

盈利亮点：叮咚买菜在Non-GAAP标准下，不仅实现了年度盈利，更在连续五个季度中保持盈利态势，展现出稳健的盈利能力。这一成绩的取得，是公司在过去几年持续努力与转型的结果。

其背后的主要推动因素包括：

1.供应链深度整合：叮咚买菜加大直采比例，减少中间环节，提升供应链效率与商品品质，同时开发自有品牌商品，提高毛利率。

2.运营成本优化：公司通过市场与业务调整，退出部分亏损区域，优化前置仓布局，有效降低了履约成本，提升了运营效率。

3.商品结构调整：叮咚买菜聚焦高毛利、高需求的商品品类，如预制菜、特色生鲜等，优化商品结构，满足消费者多元化需求。

4.用户体验升级：公司致力于提升用户体验，通过提供快速配送、优质服务等措施增强用户黏性，提高复购率。

5.技术创新应用：叮咚买菜利用大数据、人工智能等技术手段，优化供应链管理，提升运营效率，同时精准洞察用户需求，提供个性化服务。

（资料来源：叮咚买菜首次年度盈利，冬天里的生存考验. https://wallstreetcn.com/articles/3709659. 本书有删改）

7.4 无人配送

《上海市促进在线新经济发展行动方案（2020—2022年）》明确指出，加速发展无接触配送是十二个聚焦发展的重点领域之一。无人配送在新零售模式的推动下，从新物流风口演变成新的浪潮，这与其在疫情期间发挥的重大作用密不可分，无人配送已成为互联网巨头和资本追逐的新焦点。但是外界对无人配送也存在质疑，无人配送究竟是资本推波助澜的噱头，还是技术和零售融合的必然趋势？

7.4.1 为什么要无人配送

解决"最后一公里"问题的关键在于平衡配送效率、配送安全和配送服务质量，其根本挑战在于配送标准化的难度。如今市场上常见的解决方案有设置社区自提柜、社区便利店自提、送货上门等，虽在一定程度上解决了服务质量和货物安全问题，满足了消费端的需求，但是供给端的配送成本也相应地增加了。为了降低供给端成本，必须通过更加智能化的手段来优化物流配送方式，从根本上解决"最后一公里"的问题。

另外，餐饮零售外卖市场急速膨胀，为应对这样的市场需求，物流配送需要更多的人力投入，而物流行业的骑手流动性强，工作强度高，就业不稳定且人力成本高。在这样的背景下，无人配送成为新零售时代市场的迫切需求。

最后，我们经常可以看到这样的新闻：外卖小哥为了保障配送速度，在配送过程中违反交通规则等不合规行为频发，给骑手自身和他人带来了巨大的安全隐患。无人配送不仅可以提高末端配送的效率，还可以缓解骑手的压力，减少不合规的配送问题。

7.4.2 无人配送及其相关概念

无人配送是指以机器代替人工或人工协作的方式进行物品配送，配送过程中没有或者几乎没有人工的参与。这种方式不仅能够有效降低末端配送成本，提高配送效率，还能更好地满足用户对配送的要求，从而提升顾客满意度。

根据应用场景，无人配送可分为室内配送和室外配送两类，如图7-7所示。

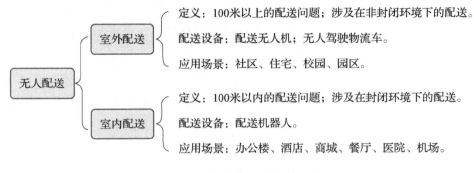

室外配送
　定义：100米以上的配送问题；涉及在非封闭环境下的配送。
　配送设备：配送无人机；无人驾驶物流车。
　应用场景：社区、住宅、校园、园区。

无人配送

室内配送
　定义：100米以内的配送问题；涉及在封闭环境下的配送。
　配送设备：配送机器人。
　应用场景：办公楼、酒店、商城、餐厅、医院、机场。

图 7-7　无人配送应用场景分类情况

资料来源：前瞻产业研究院整理

7.4.3　无人配送的现状

近年来，无人配送作为物流行业的新兴趋势，正逐步从概念走向实际应用。在快递配送领域，申通快递已在全国10个省份试点应用无人配送车，这些车辆单次可装载约600个快递包裹，满电续航约120公里，搭载了L4级别的自动驾驶系统。据申通相关负责人介绍，无人配送车的应用可将中转网点到社区网点的运输成本降低约50%。

京东与智行者、行深智能等企业合作，其无人配送车已经进入实验性部署阶段；苏宁也对其无人车——卧龙进行了路测实验，其中包括自动识别路标、通过红绿灯路口、自主规划路线、返回充电、避开障碍物等功能。

从这些新零售巨头企业纷纷下场进入无人配送赛道可以看出，无人配送车将陆续出现在校园、社区等场景中。无人配送在快递、外卖、商超零售等场景中的价值正在被验证。例如，美团和饿了么占据了外卖市场95%的份额，这是驱动阿里巴巴等巨头抢占无人配送市场的直接诱因。外卖行业属于典型的劳动密集型产业，人工成本居高不下、客户服务需求上升等边际成本都在影响着企业的盈利状况。无人配送正好可以降本增效，降低配送的边际成本。另外，阿里巴巴等互联网巨头占据了90%以上的电商市场，也需要建立起自己的物流无人配送体系。商超领域也有大量企业在无人配送领域进行布局。

无人配送的发展也离不开新冠疫情的影响。在特殊时期，无人配送担起了配送物资、室内消毒等重任。疫情防控期间，无人配送车为医院、小区、商业区配送了大量的医疗及生活物资，例如美团在北京顺义区投放无人配送车，为居民提供无人送菜服务。

然而，当前无人配送仍面临着以下几点挑战：

无人配送基于我国自动驾驶技术的研发能力之上，目前仍处于试验阶段。在复杂道路等特殊场景中，无人配送车还无法应对即时事件。同时，其生产和维修成本居高不下，相关制造产业链也不完善，无法通过规模化生产来降低生产成本。

另外，国内缺乏相关法律来明确无人配送车的监管范畴，对其属于机动车还是非机动车没有明确规定。无人配送车在道路事故中的法律责任主体也不清晰，目前还游离于交通监管之外，存在巨大交通隐患。

尽管如此，无人配送的市场前景依然广阔。国际咨询公司麦肯锡预测：未来十年，80%的包裹交付将采取自动配送方式。届时，无人配送市场将成为一个万亿级的大蓝海市场。

小 资 料

麦肯锡：关于未来城市配送的全面展望

麦肯锡列举了20种可以缓解商业交通导致拥堵的现实可行且具灵活性的方法：通过减少街道上的商用车、提升效率并且改变配送时间，有效减少拥堵和污染，降低商业活动的配送成本，让客户可以体验更便捷的服务。

（1）如何控制货运造成的拥堵和污染——城市集散中心（UCC）

UCC一般位于市中心外围，供应商和零售商可以将订单发送至此处，之后货物被整合以减少配送次数。目前，大多数进入市区的卡车并未满载，是有空间容纳更多货物的。UCC的运行使得卡车可以被最大限度地装载，从而减少了进入市区的车辆数量。与传统方式相比，这种方法可以提高车辆利用率、降低人工成本，并减少运输里程。

（2）夜间配送

出于住宅区噪声问题、高昂的夜班人工费用、客户的意愿，以及在非工作时间签收问题的考虑，目前夜间配送的实践案例尚且有限。但是如果配合快递柜和卡车消声设备等其他措施，这些问题都是可以解决的。市中心通常会禁止大型卡车日间通行，而两辆夜间大型卡车可以运载相当于七辆日间小型配送车容量的货物。另外，由于夜间道路相对不拥堵，卡车的平均速度还可以提高50%。

（3）拼载配送

拼载配送的技术门槛低，基础设施需求少。运送者因车辆得到更充分利用和更高密度的配送点（higher "drop density"）而受益，货物无需通过仓库这一环节即可直接取件，从而减少了30%的配送里程。麦肯锡估计，如果加以充分利用，在城市区域拼载配送可以降低超过25%的配送成本和30%的机动车排放。

（4）快递包裹柜

快递包裹柜通常安置在住宅楼、超市、办公楼和购物商场附近，用户可以通过手机收到的取货码进行取件。客户可以选择包裹投递的地点，并享受随时取件的便利；快递员则可以减少投件的总次数和无效投件的次数，从而节省配送时间、里程和机动车排放。如果在发达且密集的城市得以充分利用，快递包裹柜可以减少60%的人力劳动时间和35%的配送成本；同时，由于快递柜通常被安置在人流量大的区域，这一举措可以将机动车排放减少至70%。

（5）自主地面移动车柜（AGV货柜）

自主地面移动车柜可以简称为"自动驾驶快递柜"，它可以实现门到门配送服务，或者停在指定位置通知客户来取件。这一产品目前尚未投入使用，但一旦启用，它将能更高效地移动货物并降低人工成本。麦肯锡估计AGV货柜可为每个包裹减少50%的配送成本；尽管AGV货柜比普通配送小货车更小，要运送相同量的货物AGV货柜需要行驶更多次，但其潜在效益仍值得期待。

总之，政府应该充分理解并且重视城市配送问题，与企业合作打造现代化配送体系；企业也应该积极配合相关监管部门，开发新产品和新服务模式。

（资料来源：麦肯锡．关于未来城市配送的全面展望．https://www.iyiou.com/analysis/20190621103424．本书有删改）

7.5 社区配送

社区物流，作为城市生活脉动中不可或缺的一环，它以社区为细致划分单元，以家庭为基本服务触点，深度聚焦于居民日常生活的核心需求——生活用品的供给与优化。这一物流模式，以其高度的集约化和定制化服务为鲜明特色，直接触达城市社区商业的末梢与居民生活的细微之处，实现了商品从供应商到社区店铺乃至居民家门口的"无缝对接"，真正诠释了物流链中的"终极百米冲刺"——"真正的最后100米"。

社区配送，作为这"最后100米"的践行者，其重要性不言而喻。它紧密关联着社区居民的日常生活，承载着满足居民基本且多样化生活需求的重任。从新鲜的生鲜产品，到温馨的日常起居用品，再到便捷的家用电器，乃至居民生活所需的其他物品，社区配送以全方位、精细化的服务，确保每一件商品都能准确无误、及时高效地送达至居民手中。

这一过程，不仅是物流效率与精准度的展现，更是对居民生活质量提升的重要贡献。社区配送以其独有的灵活性与亲和力，构建起一座连接商家与消费者的桥梁，让物流的便利渗透至社区的每一个角落，为城市居民的生活增添了更多的便捷与舒适。

7.5.1　社区配送模式

根据取件方式的不同，社区配送可以分为消费者自提和送货上门两种方式。

1. 消费者自提

这种配送方式最大的优势在于，消费者可以根据自己的时间去指定地点提取货物，在时间上具有很大的自由性。消费者自提方式共有三种：社区设立自提点、智能自提柜和第三方代收平台。

目前，已经有多家快递相关企业建立了自提点，例如美团优选。自提点作为一种新型业务，结合了快递和仓储功能的特点，深受用户喜爱。

智能自提柜则结合了快递、仓储和新技术功能于一身，一般设立在小区楼栋下，配送人员将货物放进自提柜中，并给消费者发送取件信息。用户只需要在合适的时间前往自提柜，按照取件信息拿取货物。这种方式既给了用户取件最大的时间自由，又避免了用户不在家导致的二次派件现象。此外，自提柜全天24小时在线，十分贴合用户需求，从而提升满意度。

第三方代收平台模式下，由固定的站点接收来自不同地方的货物，之后统一分发，主要存在于社区、校园等场景，例如菜鸟驿站。

2. 送货上门

送货上门是点到点的配送方式，快递员把货物送到用户预留的地址，由消费者面对面进行签收，过程中提供现场验货服务，这在一定程度上大大提高了消费者满意度。然而，这个过程需要和用户电话或短信联系确定合适的时间，可能会立即送，也可能重新约定时间，又或者一直没办法约定好双方的时间，具有一定的弊端。

可以看出，不同的配送方式都有自身的特点和适用性。

7.5.2　社区配送存在的问题

随着新零售业态的迅速崛起与持续繁荣，社区配送作为这一生态体系中的关键枢纽，正面临着前所未有的复杂挑战与机遇。这些挑战不仅深植于物流配送的技术革新与管理优化之中，更广泛涉及企业的战略定位、市场布局的精准性，以及如何高效满足消费者日益多样化的需求。

1. 作业难度大

随着新零售模式和新零售物流的发展，居民用户对物流服务的要求不断提高。社区环境复杂、社区人员复杂、居民购买的产品品类复杂等，都对社区物流配送提出了更高的要求。例如，越来越多的居民不愿意自己到超市或者菜市场购买生鲜、生活用品等，而是选择在线上生鲜平台下单，由平台送货上门或者放在小区自提点，下班后直接拿取货物。生鲜产品在运输过程中需要保鲜和冷冻，否则到达用户手中可能会腐烂。而且，越来越多的居民希望把生鲜蔬菜、牛奶等直接送到家门口。由于社区人员、环境的复杂性，可能会产生多次重复配送的现象，导致社区配送作业难度大、效率不高。

社区配送的货物具有批量小、次数多、品类复杂的特点，许多参与社区配送的物流企业原本的软硬件条件，比如信息系统、物流网络等，都较为一般，在面对社区配送的复杂情况时，不能很好地适应。如果要进行社区配送，他们需要在众多方面进行改进，面临的挑战是很大的。

2. 投入风险大

虽然当下新零售物流发展水平不断提高，但其对社区物流的参与度并不高。部分参与到社区物流的企业没有充分考虑到社区配送的特点，还是以一般快递企业的配送模式进行运营，虽然扩大了市场规模，但由于用户分散的特点，传统的配送模式增加了企业的成本。企业因此不得不从其他方面降低成本以弥补，比如降低配送的服务质量等。而且，企业进行社区配送的前期投入一般是比较大的，如果经营情况不是很理想，很容易造成利润低下甚至亏损，长此以往将产生企业不能收回投资的情况。

3. 网点选址难

网点选址需要考虑到经济性原则、协调性原则、适应性原则、战略性原则等。对于社区配送中心来说，大量的成本在于房屋购买或租赁、设备购买等，这些都需要在配送点与用户之间的地理位置、运输的便利性上进行考虑。网点选址的目的是为了给客户提供更好的服务，最重要的是以客户的需求为出发点，最终目的是提高客户的满意度从而增加企业的经营利润。

7.5.3 如何解决社区配送"最后一公里"难题

为应对社区配送"最后一公里"难题，物流企业需加强技术创新与管理优化，制定科学合理的运营策略与市场布局，同时注重提升客户服务质量与满意度。只有这样，才能在激烈的市场竞争中脱颖而出，实现社区配送的可持续发展。

1. 自由选择末端配送方式

根据社区配送的不同模式，基于用户不同的需求选择特定的配送方式。优质的末端配送方式可以提升用户满意度和物流服务质量。社区居民的需求主要包括日常消费品、生鲜类产品和非消耗产品三大类。

日常消费品具有小批量、多品种和高频率的特征，相应的消费者的需求是及时配送，对配送时间具有敏感性。那么社区配送方式可以选择放在自提点，用户可以根据自己的需求安排收货时间。

生鲜类产品的配送需要全程低温、对供应链的设施要求高，并且此类产品的保质期短，对配送时效要求极高。因此，社区配送此类产品要求快速响应需求，可以采取送货上门的配送方式。在配送前，配送员用电话或者短信与客户取得联系，确定好客户在家的时间，在规定时间内快速地将货物送到客户家中。

非消耗产品是消费速度快但使用寿命长的产品，是社区居民生活中常见的，但不需要时常补充或者更换，例如电器、电子产品等。非消耗产品的配送可以选择放在智能自提柜或者采用代收的方式。若是贵重的电子产品等可以放在自提柜，既可以保证货物的安全还可以给用户足够自由的时间拿取货物；若是一般的产品，可以采取代收的方式。

2. 智能＋共享

虽然社区配送的业务量迅速增长，但是依然存在很多问题。归根结底，还是自动化、智能化、信息化水平不高，没有形成统一的配送标准。社区配送是解决"最后一公里"难题的关键，因为在配送过程中，电商、快递企业直接和用户接触，用户对服务的感知愈发强烈。目前，各大企业普遍认为共享互联是解决社区配送"最后一公里"问题的最佳办法。智能＋共享可以优化配置资源，发展智慧社区和智慧城市。

小资料

新玩家涌入，货拉拉冲刺上市

2023年，同城配送市场迎来了前所未有的繁荣景象，新玩家的接连入局和老牌企业的积极扩张共同绘制出一幅热闹非凡的行业画卷。其中，货拉拉作为行业的领头羊，其上市进程更是吸引了业界的广泛关注。

2023年初，腾讯率先在同城配送领域发力，通过微信小程序推出了"门店快送"服务，并在广州、深圳等城市进行内测。随后，该服务迅速扩展至北京、上海等12个核心城市，顺丰同城作为合作伙伴，为其提供了即时物流支持，共同构建本地生活服务新生态。与此同时，滴滴货运也不甘落后，上线快送业务，接入了达达快送、闪送、UU跑腿等多家服务商，进一步加剧了市场竞争。

在这一背景下，货拉拉作为同城配送市场的佼佼者，持续巩固其市场地位并寻求新的发展机遇。3月，货拉拉宣布在深圳、上海上线跑腿业务，并承诺在一段时间内对骑手实行"0抽佣"政策，此举吸引了大量骑手的加入。紧接着，货拉拉向港交所递交了上市申请，上市主体定名为"拉拉科技控股有限公司"，高盛、美银证券、摩根大通担任联席保荐人。据招股书披露，货拉拉在 2022 年的全球货运 GTV 已达 67.15 亿美元，用户及订单数量均实现了强劲增长，稳居全球最大物流交易平台之列。

除了货拉拉外，其他企业也在积极谋求发展。满帮集团通过整合旗下短途货运品牌，推出了新的同城货运品牌"省省"，进一步发力同城货运市场。而顺丰同城则通过出售非核心资产，聚焦核心业务，以期在同城即时配送领域取得更大竞争优势。

随着新玩家的不断涌入和市场的日益成熟，政策监管也日趋严格。北京市委网信办等部门对多家同城配送平台进行了专项治理，重点整治 App 违规收集个人信息等问题，并要求企业限期整改。这一系列举措不仅规范了市场秩序，也提升了行业整体的合规水平。

展望未来，同城配送市场将继续保持快速增长的态势。随着技术的不断进步和应用场景的不断拓展，无人配送、智能调度等新技术将逐渐得到普及，为行业带来更加高效、便捷的配送体验。同时，企业间的竞争也将更加激烈，只有不断创新、优化服务，才能在激烈的市场竞争中立于不败之地。

（资料来源：2023 同城配送十大事件　新玩家接连入局　货拉拉寻求上市. 网经社文摘. https://user.guancha.cn/main/content?id=1169838. 本书有删改）

7.6　闪送服务

在当今这个分秒必争的快节奏时代，时间被赋予了前所未有的价值。无论是紧急文件的快速传递、惊喜礼物的准时送达，还是生活必需品的及时补给，我们渴望这些需求得到满足。然而，传统物流的缓慢步伐常常难以满足这些迫切需求。正是在这样的背景下，闪送服务以"即刻送达"为鲜明旗帜，迅速席卷都市生活的每一个角落，成为现代人追求高效、便捷生活的得力助手。它不仅极大地缩短了物品传递的时间，更在无形中提升了我们的生活质量，让每一刻的等待都变得更有意义。

7.6.1　闪送服务及其相关概念

闪送是一种摒弃传统模式的新型快递服务，主打一对一的专人直送，实现点对点式的限时送达。当下人们的生活节奏越来越快，"电脑落在家里来不及回去取，急需给朋友送上一束节日鲜花……"这样的生活场景屡见不鲜。同样是即时需求引发的即时配送，传统的快递公司并不能提供"一对一"式的个性化配送服务，即便是顺丰等提供的同城配送业务，也难以完全满足此类配送需求。

整个闪送服务过程中，只有一位闪送员专门负责从取件到送达的流程。不管客户在城市的哪个位置，需要配送哪种物品，都可以在微信、App或者闪送官网上发起闪送服务订单。系统会自动将订单信息推送到相应的闪送员手机上，闪送员会在系统限时以内，将货物安全快速地送到收件人手中。客户甚至可以发起代排队、代买等业务订单。

从时效上看，虽然闪送服务主打的也是同城急送的业务，但又有所不同。顺丰同城等服务通常采用一对多模式，即同一个快递小哥需要同时配送多个物品或送达到多个消费者手中，虽然可以保证在短时间内就可以收取到货物，但是客户依然需要排队等待快递小哥，排队顺序也要按照距离远近来定。那么，对于距离较远且着急的用户来说，闪送服务的时效性显然更高。闪送是一对一式的配送服务，从闪送员接到订单之刻起就开始配送服务，直至送达之前不会受其它订单的影响，因此具有极高的时效性。

苹果公司在今年也推出了"闪送"服务，由各地的Apple Store负责将多款产品在2~3小时内送达客户。在很早之前，苹果公司就在研究如何把Apple Store作为"仓库"来利用。现如今，美国已经拥有了270家左右的Apple Store，很好地实现了"闪送"服务。

小 资 料

闪送背后的喜怒哀乐

西风作为闪送员，四年来接到了很多自己难以理解的订单。有一次，他跨越大半个北京为客户送一堆旧袋子，运费高达56元，远远超过了袋子本身的价值。

"焦虑"是闪送员在工作中最常感受到的一种情绪。

有时因为合同写错了一个字，闪送员会在送到一半时被叫回去换一份新的文件；有时还要陪送件人一起忍受客户的反复无常。

订单中也藏着人情世故的无奈。有一个鲜花闪送订单，下单的男士或许是想跟女孩道歉或者追求对方，嘱咐闪送员说一些好听的话，让他自由发挥。他绞尽脑汁想出了几句"台词"，然而当他到门口时，女孩却没有给他开口的机会，看到花就说："帮我拿走处理了吧。"

闪送员也会短暂地踏入别人的生活，见证他们的相遇和离别。闪送员张扬就曾遇到过这样一件事：一位老太太在清明时节交给他一壶酒，让他代为洒到山上和湖里，以祭奠离世的老伴。老太太因为年纪太大没办法走远路，所有的思念都凝结在那壶酒里。

也有一些时候，闪送员会遭遇冷眼和不公平的待遇。

很多闪送员都表示，从事这一行后，他们逐渐学会收敛起自身的锋芒。用一位闪送员的话说，以前碰到事情能气上半天，现在却只会气五分钟了。

（资料来源：我在北京做闪送，看见了这座城市的喜怒哀乐. https://new.qq.com/rain/a/202111 08A0639600. 本书有删改）

7.6.2　闪送服务的商业模式

多数快递公司及自营零售配送企业均采取成本导向策略，基本上都是一个快递员或外卖小哥收满一车的货物，再将其送到跨城或者同城的消费者手中，部分货物还要经过分拣中心处理才能发出。这一过程对消费者来说费时、对企业来说费力。相比之下，"一对一"物流配送服务面临用户下单时间与地点的不确定性，以及个性化需求下订单信息与服务要求的多样性。为什么即便巨头企业拥有大量的资金和技术可以支持这些服务，却鲜少涉足闪送服务领域呢？其商业模式及底层逻辑是什么？

解答此问题需关注三个方面：用户需求、经营利润及比较优势。

1. 用户需求

在新冠疫情、新零售模式升级及新物流发展等多重背景下，消费者对零售的需求发生了巨大的变化。居家隔离期间，人们对商超、生鲜、医药等线上零售品类及对外卖与同城配送市场的需求激增，共同推动了闪送服务的发展。

但从客户角度出发，这些都不是真正推动闪送服务发展的诱因，最大的诱因还是消费者对优质服务的需求。一方面，用户端分布零散，消费需求更加个性化和多元化，面对这样的市场，传统的B2C的配送模式无法下沉到需求端，自然不能拥有长久的有效市场竞争力。另一方面，平台、配送员与用户之间的矛盾不断出现，配送员因多单配送混乱、超时等问题被投诉的场景时常发生，导致利益受损。

闪送服务的核心在于提供一对一高品质服务，既满足了消费端离散性、个性化及即时性需求，同时在B端的应用场景中也游刃有余。例如，销售人员给客户递送合同等紧急文件时，同城快递的拼单模式极可能因配送不及时或丢件而影响工作进程，而"一对一"配送服务不仅可以加速文件送达，还保证了运输的安全性。

2. 经营利润

人力成本一直都是新零售物流的最大痛点。闪送服务的背后是共享经济的思维，以共享人力的方式解决高成本的问题，同时通过规模效应来增加闪送员的收入。

对于闪送服务来说，B端是伪需求，真正的需求在于C端。据闪送副总裁杜尚骉所述，中国300万人口以上的城市大概有180多个，加起来大约有5亿的人口，去掉年龄小的和年龄大的人口，5亿人口中可能有60%的人会使用闪送服务，即可能会有3亿多人使用，这个数量十分可观。

随着闪送用户的增多，平台口碑的逐步建立，预计会有更多B端商户主动寻求闪送服务。

3. 比较优势

相较于传统快递、美团、京东等企业，闪送的"一对一急送"模式具有显著优势。首先，该服务主打急他人之所急，想他人之所需。同时，面对有需求的B端企业用户，闪送在满足C端用户需求的同时，通过提高服务半径来降低商家运营成本，从而提升B端企业的收入。其次，闪送员的工资、福利都有所保障，在配送过程中不会因为多个订单混乱而抢时间等，避免了很多不必要的事故出现。最后，闪送服务更是把"快"和"安全"履行到配送环节始终。

7.6.3 闪送公司

在创业初期，于红建（现任闪送联合创始人兼执行总裁）面临着物流市场上几大巨头的激烈竞争，在创业的瓶颈处徘徊。他进行了一系列的市场调研和假设分析，最终发现同城即时速递的市场还未饱和，效率优先的需求还未被满足。相较于传统的同城快递以降低成本为主，于红建打出了时效性与安全性的标签，并据此提出了"一对一急送"的服务模型。随后，他带领团队验证了这个模型的可行性。

在验证过程中，于红建仅采取了三个关键步骤。第一，制作一个下单页面；第二，投入了几百元进行关键词广告推广；第三，接听客户的电话了解他们的需求，随后将信息传达给闪送员，由闪送员不限任何方式按时送达。最初的整个过程都是由人工操作，没有任何技术支持。

也正是这看似简单的三步，让红建捕捉到了市场的切实需求——1小时快速送达。闪送服务的时效性和安全性可以有效地帮助客户解决燃眉之急，为客户节省更多的成本以创造更大的价值。因此，客户愿意付费，甚至愿意支付更高的价格。

闪送服务上线后仅3个月，就成功获得了400万美元的A轮融资。在8个月内，用户量实现了每周20%的增长，"一对一急送"也成为了闪送公司的标志性产品。

如今，闪送已经覆盖了全国200多个城市，拥有上亿用户和100多万名闪送员。

自创立之初，闪送一直致力于真正帮助用户解决各种"急、忙、懒、难"的需求。由于每个闪送员全程只服务一单，也保证了物品的安全性和时效性。经过多年的发展，闪送基于大数据、人工智能等新技术优化了接单服务。

闪送之所以能从顺丰、三通一达的包围中突围，一方面是因为它成功抓住了即时配送的市场空白，另一方面是它抵制住了其他诱惑，坚守了一对一专送的模式。如今的闪送已经建立起了一定的规模壁垒、技术壁垒和品牌壁垒。能对闪送构成威胁的是那些相关领域的巨头，如顺丰的同城急送、京东的达达快送等。

对于这些巨头而言，闪送的规模壁垒和技术壁垒并非不可逾越，因为他们也有能力在短时间内实现。唯一不同的是闪送的品牌壁垒，品牌定位不同给消费者的印象也不同，而一个品牌不可能同时占据多个印象。对于闪送来说，它已经开始初步形成"急送找闪送"的消费者认知。如果闪送能继续在这方面深耕细作，那么在这个垂直领域保持领先地位还是很有希望的。

小资料

闪送：龟速IPO背后的即时物流巨头

闪送，作为同城即时物流领域的佼佼者，其IPO之路可谓一波三折。最终在中国证监会的备案下，正式迈出了赴美上市的重要一步。尽管在即时配送行业的竞争中，闪送一度被视为先行者，但其IPO的推进却显得相对迟缓，错失了成为行业第一股的先机。

1. 公司背景与早期发展

闪送成立于2014年，由薛鹏等人在北京创立。公司成立之初便以"最快的快递"为口号，专注于提供同城一对一急送服务。凭借精准的市场定位和高效的服务质量，闪送迅速在市场中站稳脚跟，并吸引了大量用户。2014年3月，闪送服务正式上线，第一个试点城市便是北京。随后，闪送App于次年推出，进一步明确了"1分钟响应、10分钟上门、60分钟送达"的服务标准。

2. 融资历程与市场竞争

自成立以来，闪送凭借其独特的业务模式吸引了众多投资者的青睐。公司完成了多轮融资，背后的投资机构包括鼎晖投资、天图投资、顺为资本等知名机构，以及王思聪旗下的普思资本。然而，随着市场竞争的加剧和资本寒冬的到来，闪送的融资步伐在2021年后明显放缓。尽管在最后一轮融资中获得了1.25亿美元的资金支持，但此后便再无新的融资消息传出。

与此同时，即时配送市场的竞争日益激烈。达达集团、顺丰同城等竞争对手纷纷上市，美团、京东等互联网巨头也加速布局即时配送业务。这些企业不仅拥有庞大的用户基础，还具备强大的技术实力和资金支持，给闪送带来了巨大的竞争压力。

3. 业务扩展与服务创新

面对激烈的市场竞争，闪送并未停下脚步。公司不断拓展服务场景和应用领域，从最初的文件证件、鲜花蛋糕等物品速递服务，逐渐扩展到生鲜食品、电子产品等多个领域。此外，闪送还推出了定制化服务方案，如高考准考证紧急递送、医疗物资优先配送等，进一步满足了用户的多样化需求。

在服务创新方面，闪送也进行了积极探索。公司利用大数据和人工智能技术优化订单匹配和路径规划算法，以提高配送效率；同时，通过物联网技术实现对闪送员和配送车辆的实时监控和管理，确保服务质量和安全。

4. IPO之路的坎坷与挑战

尽管闪送在业务上取得了显著成绩，但其IPO之路却充满坎坷。早在2020年，公司就曾传出上市的消息，但受疫情等因素影响，上市计划被暂时搁置。直到近期，中国证监会公布的信息显示，闪送已获得美股IPO备案，拟在美国纳斯达克交易所发行不超过5750万股普通股。然而，在IPO过程中，闪送仍需面临诸多挑战和考验，包括补充关于搭建境外架构及返程并购的合规性材料、说明公司股份变动及主要股东情况等。

5. 未来展望

尽管IPO之路充满挑战，但闪送凭借其独特的业务模式、庞大的用户基础和持续的技术创新，仍有望在即时物流领域继续保持领先地位。未来，随着即时配送市场的不断扩大和消费者需求的日益多样化，闪送有望通过进一步拓展服务场景和应用领域、提升服务质量和效率等方式实现更快发展。同时，公司也将积极应对市场竞争和监管挑战，为股东和投资者创造更大的价值。

（资料来源：闪送，龟速IPO https://www.thepaper.cn/newsDetail_forward_28197184. 本书有删改）

本 章 小 结

传统零售时代下，物流企业只需要发挥货物运输的作用，与零售企业是两个单独的个体。然而在新零售模式下，原有的物流运作并不能满足现有零售企业的发展，需要零售和物流实现高度合作。新零售物流的特征在于其"店仓一体＋即时配送"的模式以及智慧供应链的运用，通过智能算法充分融合线上和线下的消费场景。当消费者在线上完成购物后，平台把订单信息智能分配给配送人员，并优化配送路线，将货物在短时间内安全地送到消费者手中。

新零售物流以客户需求为核心，基于用户体验重构供应链，以先进的信息化系统为支撑，以城市共配中心为节点，通过统一仓储和共同配送实现城配物流的集约化运营，为客户提供更高质量的商品和更优质的服务体验。

新零售下的消费者购物行为具有碎片化、多样化的特点，零售商销售产品也呈现出"批量小、次数多"的特点，新零售物流配送模式有效地回应了消费者新的物流配送服务需求，包括自营配送、第三方平台配送和共同配送等多种方式。与传统零售和传统物流不同的是，新零售物流具有店仓一体、前置仓、即时配送等注重时效性和安全性的特点。

新零售模式对新物流提出了更高的要求，新零售的发展也促进了新型配送方式的出现，再加上5G、人工智能等物联网技术的发展，衍生出了无人配送、社区配送以及闪送服务。"最后一公里"物流配送服务一直是新零售物流时代最大的痛点，但是社区配送、智能自提柜、自提点等新型配送方式有效地解决了这个问题。未来的新零售物流一定会是更智能化、更技术化和更自动化的物流配送模式。

总之，新零售模式打通了零售商、供应商和用户之间的数据壁垒，重新定义了人、场、货之间的关系，从而对物流体系提出了全新的要求，新零售物流也因此诞生和发展。新零售物流必须考虑全渠道物流需求的整合，在提升物流服务水平的同时，有效降低库存和配送成本，更好地助力零售企业满足消费者的购物需求和体验需求。

关 键 名 词

新零售物流　新零售物流配送模式　店仓一体　前置仓　智慧供应链　社区配送　无人配送　闪送服务　即时配送　最后一公里

章 末 案 例

宝洁公司新零售物流应用

近年来，美国的企业物流面临着一系列新的市场环境挑战：第一，企业经营全球化扩大了物流和供应链的覆盖范围，急需全球性物流服务；第二，市场的多变性以及客户需求的个性化与多样化趋势，要求物流配送服务适应企业内外部的环境变化；第三，企业间的竞争逐渐从产品竞争转移到服务竞争，物流作为企业的"第三利润源泉"，需要降低成本以提升企业的竞争力。在这样的市场环境下，不断涌现出 P&G、Dell、Cisco、IBM、Wal-Mart、MacDonald 等成功的企业物流与供应链管理模式。

宝洁公司，作为全球最大的日用品生产商之一，其产品包括洗发、护发、护肤用品、化妆品、婴儿护理产品、妇女卫生用品、医药、食品、饮料、家居护理及个人清洁用品等，总部位于美国俄亥俄州辛辛那提市，全球员工数量近 110000 人。

在西班牙的 Mataró 地区，宝洁公司拥有一个生产基地，主要负责制造洗衣、漂白用品和一种解暑饮料。20 世纪 90 年代初，出于快速响应市场变化与成本评估的综合考量，宝洁公司选择 Excel 为其提供一套解决方案来保持其市场竞争优势。Excel 在宝洁生产园区附近建立了一个 22000 平米的配送中心，内置全自动化库房设备和 9 条通道，主要服务于整个西班牙市场。同时，通过采用最先进的条形码技术和仓库管理系统，将货物的数据传输到库房终端，从而控制生产作业。最终，宝洁公司通过数字化+机械化的模式实现了传统仓库向自动化仓库再向信息化仓库的螺旋提升，通过配送中心无缝化的订单对接与物流服务对接，实现高效率的供应链系统赋能。

目前，零售商向宝洁公司订购健康美容用品，诸如 Per 香波和玉兰油洗液等，如果他们在 30 天内向公司付款的话，就有资格获得 2% 的现金折扣。而对于订购诸如 Ivory 或 Zest 牌的肥皂，以及 Duncan Hines 糕饼配料或 Hawaiian Punch 等食品饮料的零售商，则需要在 10 天内完成付款才能获得同样的折扣。

在新的物流系统运作流程中，不同类别的产品之间将不再有任何的区别。无论是订购 Crisco 酥松油脂、Crisco 牙膏，还是 Charmin 卫生纸，通过跨品类的信息数据整理分析，宝洁公司能够得出最优仓配结合方案，确保任何库存与订单的峰谷都不影响其化妆品、香料、快销品的品牌效应。

此外，在新的计划下，付款期限将从零售商收到商品时起算，而不再是从产品离开宝洁公司的仓库时起算。这将为所有的零售商提供额外的付款时间。然而，对于购买健康美容用品多于食品的零售商来说，获得折扣的支付时间平均略少一些；与此相反，超级市场却享有多几天的支付时间。宝洁公司还自主设计了一种基于购物习惯的物流反馈系统，以鼓励零售商订购其整车产品。

在新的物流系统运作中，零售商还可以订购单一品种的整车货物。对于不想订购整车货物的小型零售商，他们可以选择与其他小型零售商拼车，但必须支付溢价。宝洁公司正在向其零售商传达这样一个信息：虽然他们其中一些人必须付款以获得折扣资格，但人人都将获益，因为这将减少货票数量，并降低库存。根据合作零售商的反馈，通过改变付款和装运条件，宝洁公司将有望减少这些公司 25% 至 75% 的货票数。对于零售商来说，搬运与配送宝洁公司的每票货物的成本在 35 至 75 美元之间。

根据北美知名咨询公司估算，长期来看，宝洁公司通过其新零售物流系统的优化，可以实现自身营销与服务成本一定幅度的削减。在此之前，每个月需要由宝洁公司员工手工修正的订货比例高达 25%，也就是平均 27000 次，这些冗余环节也大大增加了物流运作成本与库存成本。

（资料来源：宝洁公司新零售物流应用案例. https://zhuanlan.zhihu.com/p/387521840. 本书有删改）

案例思考

1.结合案例谈谈宝洁公司如何应用新零售物流模式？

2.传统的零售企业如何升级供应链，才能促进企业新物流升级？

1.什么是新零售物流？新零售物流具有什么样的特点？

2.什么是新零售物流的逻辑架构？其发展模式是怎样的？

3.新零售物流配送模式有哪些？

4.什么是无人配送、社区配送和闪送服务？具有哪些特征？

5.谈谈你对新零售物流模式下供应链的认识。

1. 实训目的

（1）明细新零售物流的基本概念与基本知识。

（2）通过实地调查，了解所在城市某一零售商物流配送服务的实际情况。

（3）锻炼调查收集资料、分析问题、团队协作、个人表达等能力。

2. 实训内容

以小组为单位，深入所在城市的某一零售商进行调查，收集这家零售商企业的基本情况、物流配送的成效与困扰，并提出针对该企业如何提升物流配送服务的建议。

3. 实训组织

（1）指导教师布置实训项目，提示相关注意事项及要点。

（2）将班级成员分成若干小组，成员可以自由组合，也可以按学号顺序组合。小组人数划分视修课总人数而定。每组选出组长 1 名、发言代表 1 名。

（3）以小组为单位，选定拟调查的企业，制定调查提纲，深入企业调查收集资料。写成书面调查报告，制作课堂演示PPT。

（4）各小组发言代表在班级进行汇报演示，每组演示时间以不超过10分钟为宜。

4. 实训步骤

（1）指导教师布置任务，指出实训要点、难点和注意事项。

（2）演示之前，小组发言代表对本组成员及其角色进行介绍陈述。演示结束后，征询本组成员是否有补充发言。

（3）由各组组长组成评审团，对各组演示进行评分。其中，演示内容30分，发言者语言表达及台风展现能力10分，PPT效果10分。评审团成员对各组所评出成绩取平均值作为该组的评审评分。

（4）教师进行最后总结及点评，并为各组实训结果打分，教师评分满分为50分。

（5）各组的评审评分加上教师的总结评分作为该组最终得分，对于得分最高的团队予以适当奖励。

参 考 文 献

［1］杨春玲，师求恩. 新零售环境下物流发展动因、模式及升级路径［J］. 商业经济研究，2021（15）：96-99.

［2］黄雨珊，李钢，金安楠，等. 社区化新零售末端物流网络的对接与优化——以深圳市盒马鲜生与菜鸟驿站为例［J］. 地理研究，2021，40（09）：2542-2557.

［3］张晓芹. 面向新零售的即时物流：内涵、模式与发展路径［J］. 当代经济管理，2019，41（08）：21-26.

［4］刘阳阳. 新零售背景下我国智慧物流的特征、问题及发展路径［J］. 商业经济研究，2019（17）：14-16.

［5］符瑞光. 大数据与现代物流深度融合下的新零售模式分析［J］. 商业经济研究，2018（23）：73-75.

008

第8章 社交新零售

拼多多上市启示录：社交新零售的未来

从一家普通的拼团购物小程序，到成为一家GMV过千亿，市值约340亿美元的美股上市公司，拼多多的发展速度确实令人瞩目。在拼多多的自我介绍中，它将自己定位为"社交电商领导者"，这个定位可谓名副其实。在过去三年间，拼多多主打拼团特价的功能，并依托小程序和微信的流量优势，实现了高速增长，已经成为仅次于淘宝和京东的第三大电商平台。拼多多的成功源自两个方面的创新。一方面，拼团的游戏化设计或者说基于不确定性而进行的功能设计，是吸引和驱动用户加入的重要原因之一。另一方面，社交关系带来的信任背书也是重要的原因。通过社交关系链进行分享的最大好处就是，用户建立信任的成本非常低，尤其是在三四线城市，仍然以熟人关系为主的社会结构下，社交关系的驱动就显得更加重要。在新零售时代下，社交和多样化的营销功能成为增长的新引擎。

在流量红利已消失殆尽的传统电商平台，流量的成本只会越来越高，而社交提供了新的可能性与想象空间。特别是90后、00后消费能力异军突起，社交又是这个时代人群身上最明显的标签，社交电商的增量市场可能远大于现有传统电商的存量市场。而多样化的营销功能，包括拼团、砍价、秒杀等，都让拼多多在粉丝转化、会员留存、复购与裂变上拥有更强的能力。拼多多的拼单分享功能，会自动向用户推荐添加通讯录好友，通过该社交功能，用户可以实时分享自己的交易动态，还可以关注好友的拼单信息，这无疑是拼多多在自家平台上对私域流量的有效尝试。用户通过拼小圈二维码，可以在更大范围内建立社交关系。这种社交属性使电商平台直接形成了"圈子"，通过买家自身的好友圈，把某款商品的受众范围直接扩大，提高人们吸纳信息的效率，甚至促成交易。

拼多多借助移动社交媒体和策略创意，突破时空限制，获得快速传播，其根本目标是建立用户连接，实现分享裂变。这种营销技术充分利用了社交网络的力量，借助腾讯QQ和微信庞大的流量推动作用，广泛利用朋友、亲属之间互相分享的力量为其进行传播，吸引更多人的关注。另外，用户在拼团过程中，建立了大量的拼团砍价社群，不断重复购买，形成了强大的循环生态。拼多多正是基于对人性的深度洞察，通过拼团的社交裂变以及游戏化运营来获取用户、留存用户，在短期内实现了疯狂式的传播。

此外，拼多多的用户70%为女性，65%来自三四线城市，而来自一线城市的客户仅占7.56%，这与京东的用户群体形成了鲜明对比。这部分用户对价格敏感，乐于分享，也愿意为了小额折扣在自己的社交圈里转发"砍价拼团"的信息。拼多多的高速增长，与其在微信体系内的社交裂变有密切关系。结合这些特点，我们可以推测，拼多多的典型使用场景可能是这样的：一位三线城市的用户，在同学群或亲友群中，看到拼多多的拼团链接，以较为便宜的价格购买一份她正好需要或不用花很多钱能买到的东西。

当我们认识到这一点，也就能够理解在拼多多上所发生的一系列现象。拼多多首页列出的商品分类共有21个类目，包含有服饰，家电，日用，家纺，美妆，手机，海淘，充值等多种商品。但是从销量记录中能够看出的是，占据拼多多销量的主力仍旧是日用百货，家纺，服装及与日常生活紧密相关的电子数码产品。价格通常不超过100元，大多数也是不太知名的品牌。由此，我们也就能够明白为什么拼多多的直接竞争对手并非淘宝或京东，而是在三四线城市广泛存在的日用百货、家纺、服装等实体市场，这也算是某种意义上的降维打击。

社群是实现裂变的基础，特别是在二三四线城市。对于大多数服装行业企业或零售商而言，二三四线城市才是其核心市场所在，因为二三四线城市的市场总量远高于一线城市，且社交关系也远强于一线城市。例如，一个小事件在一个县城半天就能传遍，而在北上广深，即使是发生在自己身边的事情都未必知道。拼多多是将原来广泛存在于三四线城市的线下市场搬到了线上。

在过去，产品从生产厂商到达消费者手中需要经过层层代理，这其中就需要大量的人力物力投入。而现在，只要依靠很少的人、几台电脑，就能高效地实现商品信息和实物的传输。在这个过程中，拼多多找到了一个商业机会，并且迅速崛起，成为一家上市公司。作为零售企业同样如此，传统零售商由于缺乏互联网化、信息化和数据化的能力，导致经营成本高昂、效率低下，而通过对新零售小程序等互联网工具的应用，能够获得更多的客流、留存更多的客户，并不断提高复购率，从而形成更多的社交裂变，推动企业快速发展。

社交新零售的趋势已至，如何把握变革的脉搏，升级传统零售的业态模式？如何融入新零售，以数据化驱动企业的运营？如何玩转社交，让流量增长源源不断？这些问题值得我们进行深入的思考与探索。

（资料来源：拼多多上市启示录：社交新零售的未来. https://www.sohu.com/a/244702862_747767. 本书有删改）

技术改变日常生活、消费、娱乐的浪潮，其规模与影响力前所未有。零售行业较先受到影响，在各个可能的机会里寻求创新生态的极限体验。瑞幸咖啡在短短20个月内闪电上市，网红直播女装48小时即从工厂出货，Costco上海开业首日因人潮涌动而被迫暂停营业，李佳琦1分钟售出5000支口红……在大数据、物联网、支付聚合、人工智能等新技术和消费升级的双重驱动下，零售行业的变革正在激发更多消费端和供给端的创新升级。而"新零售"的概念，比起马云在2016年云栖大会上首次提出时，有了更多的诠释和实践。如今，创新也不再力求瞬间"颠覆"，更追求一种"一日潜移默化，又一日见微知著"式的渗入。

结构主义人类学家列维·斯特劳斯早在十多年前就曾指出，在现代社会，我们不再通过口头传播去了解过去——这需要与人进行实际接触，而是通过各种各样的中介——与绝大多数同代人进行沟通。虽然我们的沟通手段大大地丰富了，但交往同时也变得不那么真实了。90后、00后正在成长为最有购买力的一代。他们身上有很多标签——"千禧一代""Z世代""数字原住民"等。这种人际交往的不真实感在这一代年轻人中尤为突出——他们深谙互联网环境下娱乐、社交、消费的新游戏规则；他们形成各种圈层文化的同时，也有着各自独特的孤独感；他们不买账传统"说教式"的营销方式，那些能让他们产生"这就是我"的心理共鸣的内容才能融入他们的圈层。

在流量日趋瓶颈的当下，如何占领这一代年轻人的心？现在，时钟拨到了"社交新零售"这一刻。

8.1　社交新零售的定义和本质

从2019年开始，新零售迎来了前所未有的发展，众多业界大鳄前赴后继地扎堆新零售。从王健林与马化腾"牵手"共逛万达，到拼多多的赴美挂牌与云集成功上市。如今的新零售大有星火燎原之势，巨大的市场发展潜力吸引着无数行业竞相涉足，也促使越来越多的传统零售行业纷纷转型新零售。传统零售行业之所以纷纷入局新零售，是因为其存在的固有缺陷，包括时间和空间的局限性、物流链的复杂性、无法满足消费者的个性化需求等，使得传统零售无法适应当今的网络时代，必然会在新旧迭代中被人们遗弃。而且互联网的发展也极大地改变了人们的消费习惯，消费者习惯于网购，追求享受型消费、个性化服务等，这样的消费升级也催生出了巨大的买方市场，为新零售提供了肥沃的土壤。

随着国民经济稳中向好，为扩大居民消费能力创造了有利条件，加之有效政策和消费活动的双轮驱动，消费空间不断拓展，城乡消费潜力持续释放，为经济发展注入源源不断的动力。在这一背景下，企业唯有抓住新零售的风口，构建以消费者为中心的经济模型，将线上与线下融合打造双重机制的商业模式，才能够充分挖掘市场的无限可能，提升企业的零售效率，赢得广阔的市场红利。然而，随着人口红利逐渐消失和消费体验升级，我国零售业正面临新一轮洗牌。"社交+电商"理念正成为挖掘潜在高效、低价流量、促进零售业发展的新趋向。小米、拼多多、抖音等平台上涌现出越来越多的"社交新零售"实践者和创新者，正推动着零售生态向更高层次、泛多元化演化。

到底什么是社交新零售？在深入探讨和实践社交新零售之前，我们必须先理解社交新零售的定义和本质。

8.1.1　社交新零售的定义

社交新零售分别包含社交和新零售两大版块，想要了解社交新零售，首先就需要先了解社交和新零售的定义。社交，是指社会上人与人的交际往来，是人们运用一定的方式（工具）传递信息、交流思想，以达到某种目的的社会各项活动。新零售，即企业以互联网为依托，通过运用大数据、人工智能等先进技术手段并结合心理学知识，对产业链进行升级改造，进而重塑业态结构与生态圈，实现线上线下及物流深度融合的全新零售模式。而二者相结合产生的社交新零售，便是通过融合线上线下，改造产业链，并利用社交渠道进行销售推广或资源整合的一种新零售拓展形态。它在新零售的基础上，植入了社交属性，其显著特点为：先交谈、再交心、最后达成交易。

在社交新零售模式下，商家不再单一，通过资源整合，许多商家或个人将成为整个产业链中的某一环。同时消费者也不再是单纯的购买者，更是产品的推广者和利益的分享者。综上所述，"社交新零售"是电商平台基于"新零售"的发展前景，对"人""货""场""圈"等元素进行重塑和定义，并由此衍生出的全新商业模式。它以社群为基础建立"关系链"，以利益激发人们的"分享欲"，通过社交赋能实现流量裂变，促使线上与线下平台相互融合，推动零售服务向全渠道、多场景化升级。具体而言，服务商通过大数据挖掘、分析和发现相同或相似消费群体的需求，利用品牌活动等赋能零售，通过社交媒介及场景聚集一批忠实会员或共同经营者，参与私域空间的所有流通营销活动，从而使服务商和消费者都能获得最大化的经济效益和社会效益。

8.1.2　社交新零售的本质

"社交新零售"围绕消费者和经销商两个维度展开，以"人、货、场"三要素为核心，融合社交元素，实现更低成本的获客、更高效率的零售以及更低成本的运营。社交新零售的本质是什么？就是八个字——"人为核心，效率至上"，在以客户为核心的前提条件下，用尽一切手段全方位无死角地提高效率。

当前时代，传统零售行业受到来自社交新零售的强大冲击，线上与线下的深度结合将是未来商业模式的必然趋势。马云曾说："线上、线下和物流相结合，才会产生新零售。"

百度将新零售定义为依托互联网，利用大数据、人工智能等先进技术手段，升级改造商品生产、流通、销售流程，重塑商业结构和生态系统，深度融合线上服务、线下体验和现代物流的全新零售模式。在消费升级的背景下，消费者的主权意识逐渐觉醒，他们希望以更低的价格和更快的速度获得更多的选择。因此，企业必须降低成本，提高效率，以满足客户的需求。新零售产品必须是线上线下同质同价的。例如，如果你想购买商品，你可以在商店或网上购买，你买的商品的质量和价格是一样的，这样的品牌被称为新零售。拥有线上线下渠道，实现线上线下商品、品质、价格一致。这样做的直接好处是，客户的消费习惯变得理性，无需为购买渠道纠结。线上和线下同质同价的商品是否就是新零售？不完全是，还有社交化！左手社交化，右手新零售。社交新零售无处不在，哪里有人，哪里就有社交，例如朋友圈、小程序、直播、微信群等。

社交新零售的重点在于社交，简单来说社交就是社会交往。人是群居动物，无法脱离群体而独立存在。社交新零售的核心就在于以人为中心，建立人与人之间的必然联系。从某种角度而言，社交新零售的崛起是一种必然的趋势。在物质匮乏、供不应求的时代，商品是商业模式的核心。随着经济的飞速发展，人们生活水平日益提高，供给关系发生了变化。在供大于求的新时代，人们拥有了更多的选择权，人开始成为商业模式的核心，以人为中心的社交新零售由此应运而生。以人为中心，围绕消费者需求进行产品的创造、营销，这种全新的交易模式让流量更精准、销售更容易裂变。品牌要学会营造各种营销场景，实现产品与消费人群高效连接，如内容营销，通过打造高质量的内容场景，优质内容能迅速引起客户的共鸣，品牌要深耕其中，掌握制胜之道。品牌的成功源于口碑，所以在产品尚未触达消费者之前，品牌要进行大量的社交互动，与消费者先建立印象连接，缩短他们与品牌的感知距离。通过打造亲友的"真实体验"，能更快树立品牌的口碑，好酒也怕巷子深，多次与消费者进行社交互动，先交流，再交心，最后实现交易，达成 1+1>2 的效果。"无社交、不成交"，社交新零售较之传统零售，更加趋向"以人为中心"的零售本质。品牌应回归本质，掌握未来的制胜之道。社交新零售是一种横向发展模式，这意味着其影响力将持续扩大，拥有庞大的人群基础和大量的忠诚客户。当前的社交新零售主要是基于客户消费、分享和推荐行为，形成了裂变效应。未来，商业将进入一个无边界时代，先社交后交易的时代已经到来，因此不要固守过时的思维模式。

8.2　社交新零售的价值

社交新零售作为一种新兴的商业模式，需要充分研究其对客户与企业的价值以及影响，以便对其进行更好的理解与把握。总体而言，社交新零售对客户以及企业均展现出显著的价值。

8.2.1 社交新零售对客户的价值

对于客户而言，社交新零售带来的价值是显而易见的，不仅可以提升整个购物过程的效率及体验；还可以依托社交新零售的红利，购买到低价高质的产品或服务，并利用社交新零售平台的新模式转变身份，深度参与到整个零售过程中，为自己创收。

1. 便捷消费，提升体验

随着生活节奏的加快以及新冠疫情的持续影响，"宅经济"得到了迅猛发展，传统的购物方式因占据更多的时间和空间成本，以及外出所增加的安全风险等因素而逐渐失去客户的青睐，足不出户就能购买到商品和享受到服务的新消费方式受到客户的极力追捧。同时，重点商圈和一刻钟便民生活圈建设同步推进，线上线下消费的融合化体验感更强。在社交新零售商业模式中，客户不仅可以利用互联网技术快速了解与产品相关的信息，还能通过社交网络的传播效应以及信息透明化，结合朋友或社交网络中的其他客户的评价，进一步降低买到伪劣产品或不满意产品的概率，这极大地提升了客户购买产品或服务过程中的体验。

2. 方式转变，提升效率

互联网的快速发展使得很多人成为了"低头党"，在坐地铁、吃饭和聊天的过程中人们都在关注着社会各个领域的商品信息。大数据、人工智能、物联网等数字技术赋能生活服务场景，即时零售、直播带货等新零售业态蓬勃发展。随处可见的商品信息点开就能直接购买，让我们时刻保持着购物状态，过去是客户在找商品，现在是商品根据客户的习惯和需求主动找到客户。并且平常在淘宝或京东等购物平台挑选产品的过程中，可能需要从其他客户的评价中来判断该产品的质量以及是否适合自己，在这过程中耗费了大量的时间以及精力，导致购买效率较为低下。而在社交电商平台进行购物，因经过朋友或熟人推荐，有一定的信任基础，极大地缩减了挑选产品所耗费的时间与精力，因此购买决策的效率得到提升。

3. 人为核心，物美价廉

随着社交新零售时代的到来，客户的需求不再纯粹只通过购买行为来实现，社交新零售的社交属性就决定了企业要对客户进行深度关注，对客户的需求进行深入了解。因此，企业逐渐从以产品为核心转移到以客户为核心，客户逆向引导生产方式的模式逐渐成为主流，这意味着客户将能以更低的价格购买到更高品质的产品。一个更加丰富、更高品质的消费市场正在更好地满足人们对美好生活的追求。

4. 增强信任，增加收入

社交新零售借助社交网络，通过人的圈层与社群，锁定相似的群体，提供精准的、有温度的个性化定制服务。由于固定圈层或社群成员之间彼此熟悉且信任程度高，因此带来的风险较小。除此之外，客户还可以与社交新零售企业进行合作成为企业或平台的分销商，不仅可以节省购物费用，还可以通过社交分享来赚取一定的报酬。

8.2.2　社交新零售对企业的价值

对于企业而言，社交新零售不仅可以帮助企业实现精准引流与拓展销售渠道，还可以提升企业的零售效率，降低企业的运营成本与风险，树立良好的企业品牌形象。

1. 精准引流，及时推广

社交新零售发展的关键在于人和人之间的沟通交流，每个人都有属于自己的社会关系网络，社会关系网络之间存在着交叉与重叠，其内在的联系错综复杂，所以个人的影响力可以在很大程度上影响着产品的销售。例如，一个人在淘宝或京东等购物平台购买了一种商品，之后将该商品发布到朋友圈，有兴趣的好友会购买所推荐的产品。企业在不需要额外推广的情况下就能够实现产品的销售，节省了大量的产品推广时间、客户管理时间以及推广费用。除此之外，社交的核心是人和人之间的相互信任，在信任的基础上才能够更好地进行产品的推广销售。社交新零售的购物圈是依托某种社交工具在熟人之间产生的一种信息交流，企业通过社交能够实现购物产品的即时推广，在发展的过程中实现客户的裂变扩张。

2. 渠道广泛，模式多元

企业可以依托多元化的社交场景拓宽销售渠道，通过社交场景的应用和小程序的自由开发，企业可以将产品的销售和营销服务管理转移到线上，并通过独特的社交场景来完成裂变式发展。常见的规模化推广宣传方式包含交互推广、拼团推广、红包奖励推广、分享返券推广等，通过以上这些方式能够强化品牌宣传的积极主动性，从而使得商品信息内容能够在更为广阔的范围内得到传播。

3. 提升效率，保障质量

无论是新零售还是社交新零售，两者都围绕着"人、货、场"来提升效率，而社交新零售企业在服务过程中融入更多且更专业的社交服务，以满足客户对高质量服务的需求，最终达到提升零售效率和提高客户满意度的目的。例如，小米在线上板块布局小米商城、小米有品，线下板块布局小米之家，社交板块布局有品有鱼。同时，小米又将智慧仓储、智慧物流等融入新零售，满足偏远地区的客户对产品即得性的需求，提升商品的流通效率。通过实现线上、线下互通，使消费者体验成为核心，围绕线上线下的人、货、场三要素成为资源整合的关键，从线上、线下以及社交等多维度提升零售效率，提高客户体验满意度。

4. 降低风险，树立口碑

社交新零售企业可以将消费者转化为分销商，使其成为合作伙伴，借助他们的社会关系网络来进一步拓展社交渠道。如此，企业便可以以更低的运营成本来进行市场开拓以及客户关系管理。随着运营成本的降低，企业所承担的风险自然也就减少了。同时，社交零售企业通过技术与社交赋能进行按需定制，企业的无效库存大幅减少，实现库存与消费者需求的精准匹配，化解了企业发展所面临的库存问题，极大地降低了企业运营风险。除此之外，社交新零售企业可以充分利用社交网络的传播效应，来获得客户对产品与服务的反馈及建议，针对性地对其进行优化与升级，研发出更符合市场需求的产品与服务。在与客户互动的过程中，企业做到了尊重客户，努力倾听客户的需求，无形中可以树立企业的社交口碑，并通过社交网络的宣传，塑造了良好的企业品牌形象。

8.3 新零售的社交化策略

传统电子商务的发展已步入成熟期，企业不得不面对行业"红海"的厮杀和洗礼，社会零售业态竞争正式进入"下半场"。站在"社交+新零售"的行业风口，在碎片化的时间段内，迅速抓住消费者的核心痛点，契合社交营销场景，创造条件让商品与客户进行直接对话，成为企业转型发展的必然选择。社交新零售的这一概念的兴起，开始是由很多的企业及民间组织提出的，其实更倾向于社交电商的新零售化。但经过长期思考和研究，不难发现社交新零售的出现其实是多方演变、进化的结果，即新零售的社交化、社交电商的新零售化、传统零售的社交新零售化。新零售社交化的典型企业，如小米、星巴克、蒙牛、屈臣氏、瑞幸咖啡等，在转型的过程中巧妙地将社交元素融入企业的发展和运营中，借助社交网络裂变效应，扩大自己的消费者群体及社交渠道。

8.3.1 充分发挥已有优势，利用社交赋能零售

星巴克、蒙牛以及屈臣氏等新零售品牌在市场中已占据一定的市场份额并拥有相当程度的知名度，其品牌、仓储、供应链、数据资源、物流以及线下门店等资源是这些新零售品牌的优势所在，但这些新零售品牌在社交板块方面却存在着明显的短板。基于品牌现有的优势资源，加以充分利用并融入更多的社交元素是这些新零售品牌在转型过程中可以进行尝试的一个路径。

蒙牛在进军社交新零售时，将其所具备的实体渠道等相关优势与社交元素充分融合，"人、货、场"得以重构并且使得信息流、资金流、物流等变得更加高效与便捷，极大地提升了消费者的体验性与即得性。同时，蒙牛通过充分挖掘社交渠道的价值，借助社交网络实现低成本获客，并将消费者转化为自己的分销商，使之成为企业和商家的合作伙伴，从而拓宽了蒙牛的社交渠道。这些分销商在服务客户时会融入更加人性化以及社交化的元素，将已有的线上与线下优势与社交板块相结合，进一步拓宽了服务的边界，提升了服务质量与顾客的体验感，实现了社交新零售的成功转型。

又如星巴克，将原有的"第三空间"理念升级为"第四空间"，即生活空间、工作学习空间、线下零售门店与线上零售平台。星巴克的这一做法打破了渠道之间的壁垒，实现了全渠道互通互联，让消费者享受无边界的全域消费、服务以及体验，以此来增强线上板块的布局。除此之外，星巴克通过与Facebook、LinkedIn、Twitter等社交媒体实施战略合作来实现自己的社交战略，与这些社交媒体上有一定粉丝数量的关键意见领袖建立合作关系，达到快速高效接触粉丝的目的。通过社交网络围绕客户制造话题并与之进行互动，增加了客户黏性，借助社交网络广泛传播品牌的口碑，扩大品牌的社交影响力。在中国市场，星巴克在布局新零售的基础上也同步实施了社交化战略。星巴克宣布与腾讯达成战略合作，正式推出社交礼品体验"星巴克用星说"，成为中国首家在微信上推出社交心意传递体验的零售品牌。基于微信的社交属性，中国的顾客可以选择喜欢的星巴克好礼，并在分享给朋友时通过添加特别话语等来送出祝福。这一举措让客户在星巴克中国的"第四空间"环境下能够享受更多的社交互动、更有温度的情感联系，以此来增强客户的黏性与忠诚度。通过这一合作，星巴克在中国市场进一步强化了线上、线下、社交三大板块的连接，拓宽了"第四空间"的服务范围，利用社交赋能零售，成功转型为具有鲜明社交属性的新零售品牌。

8.3.2　全渠道化升级，拓展社交渠道

在新零售时代背景下，传统的单一渠道零售模式正逐步转型为多渠道融合的新零售模式，基于人工智能、云计算和大数据等信息技术的支持，线上线下的全渠道融合打破了原有线上与线下的边界，实现了以消费者体验为核心的人、货、场的重构。这种全渠道融合的新零售模式预示着，未来零售商可以通过多样化的零售渠道与消费者进行更深层次的互动。消费者则可以依据自身的消费习惯、消费需求以及其他实际情况，在线上、线下与社交渠道间自由转换，实现各渠道间的无缝衔接，从而满足休闲、娱乐、购物、互动等综合体验性需求。为此，新零售企业可以通过结合企业业务架构进行全渠道化升级，建设智能新零售平台，实现线上线下渠道场景化、客户数字化、营销智能化的社交新零售模式。将

大数据、云计算、人工智能等技术融入新零售企业的生产、流通、交易和售后环节，结合高效新物流与仓储供应链提升整体传输效能。与此同时，在线上线下融合全渠道化升级的基础上，新零售企业应积极融入社交思维，充分发挥社交网络的效能，利用社交网络的优势以低成本获客，并将其转化为分销商来拓展社交渠道。

独角兽企业、母婴品牌孩子王，是国内母婴领域领先的家庭全渠道服务商品牌，其拥有线上、线下两个服务平台，以及连锁门店、直购手册及电子商务三大渠道，是母婴领域的全渠道新零售典范。孩子王作为新零售品牌中的独角兽，是如何进行全渠道化升级以及拓展社交渠道的呢？

孩子王在2015年12月召开全渠道战略峰会，正式对外推出其线上线下全渠道的战略布局。并于同一时间上线官方App商城。随着移动互联网发展，母婴行业的参与者一直在尝试线上线下融合。线下的母婴实体店积极开拓线上App，而线上的母婴垂直电商或母婴平台电商也开始设立线下店铺。相比竞争对手，孩子王不是简单的线上线下的叠加，而是利用自己线下大店和线上全面数字化的优势，开展线上线下进行深度融合的全渠道经营。这种做法在提升经营效率的同时，也全方位多样化地满足了顾客需求，增加了顾客黏性。线上线下融合的全渠道服务为顾客提供了更便捷的客户体验。由于线上线下数据互联互通，顾客可以在任何时间、任何地点，根据自身需求在各种场景下选择最舒适的购物方式，并随时随地与实名育儿顾问进行点对点的育儿问题咨询，真正实现了购物的无边界，服务的无边界，客户需求的无边界满足。孩子王最新一代的G6智慧门店，更深入地布局了线上线下融合的全渠道购物体验。只要顾客进门时扫码签到，门店的当日活动信息以及结合顾客消费习惯的商品推荐就会通过后台被推送给顾客。专属育儿顾问在收到顾客到店的通知及消费信息后，方便为其提供更为精准、定制化的服务。

除此之外，孩子王在全渠道化升级的基础上还积极拓展社交渠道来丰富渠道结构的多样性。一方面，孩子王借助社交网络来获客拉新，让客户通过分享实现低成本裂变新客户。例如，孩子王与滴滴打车达成战略合作，举办拼团活动，客户通过分享拼团链接组成5人团后，可以用1元的低价购买到滴滴的打车优惠券。这一活动在帮助滴滴打车裂变新客户的同时，也让孩子王借助社交网络实现了新客户的裂变。另一方面，孩子王通过上线"妈妈赚"项目，借力于社交网络来裂变新客户与新渠道。"妈妈赚"项目采用邀请制的形式，客户必须邀请新客户才能成为会员。当客户花费299或者399元购买指定商品后，可以成为平台的经营者。项目采用这种形式不仅可以使客户自购省钱，还可以通过分享拉新来赚取一定的金额奖励。孩子王借助与滴滴打车合作以及"妈妈赚"项目，大力拓展社交渠道，并利用低成本的社交网络大力发展自己的客户及合作伙伴。

8.3.3 社群体系建设，发挥客户智慧

随着现代媒介技术的不断发展，人与人之间的交互方式发生了革命性的变化，推动着复杂社交网络的演化。在高度复杂化的社交网络中，粉丝的参与度显著提升，进一步推动了粉丝社群以及粉丝经济的高速发展。社群是基于人与人之间的社交关系链，通过人与生俱来的社交和群居属性，让线下社交在线化的同时使得社交与企业影响力的传播变得更加高效。社群的发展颠覆了企业与品牌的传统商业核心逻辑，形成了全新的社群经济发展模式，零售社群能够促进生产者与消费者之间的融合，借助社群口碑与社交平台进行营销，以及通过场景化手段重塑消费者的购买行为。

随着客户流被严重分化，一个企业或者一个新品牌，要想通过社会力量来抢占认知高地，引爆公众情绪，就要在原有的渠道基础上，通过社群来集结那些具有共同消费需求的消费者，以精准掌握消费者的真实需求，实现线下、社群和网络空间的客户交互的一体化。以社交新零售的业态之一———社区团购为例，食享会、十荟团、松鼠拼拼等品牌以社区为单位，通过"社群+宝妈"的模式在线上建立微信群，将受众聚拢在一起，并招募社区宝妈、小区便利店店长进行关系维护，从而构建消费者与品牌的关系链，实现消费者与产品的高效连接。社群运营为产品商品化提供了人际关系基础，从而加速了商品的流通。

零售社群聚集了互联网上大量真实需求的消费者，根据消费者的消费习惯、消费需求和社会资本进行分类，与消费者进行全方位的精准互动，借此提高社群品牌；并在社群互动中，增强消费者对品牌的依赖感和信任感，刺激消费者的情感忠诚度，激发出他们的强大购买力。零售社群经济的消费模式高度重视体验至上，因为社群的重要特征就在于情感体验及价值认同，因此体验消费尤为重要，只有良好的体验才会产生某种认同和价值。"社交新零售"建立在粉丝经济、会员经济和熟人经济的社交营销基础上，必须为粉丝、会员和专属社群提供一对一服务，增加会员等级福利和增值服务。具体而言，可以通过以下措施来进行社群体系建设：充分利用"粉丝"的情绪资本，借助品牌和偶像为商品增值；抓住"会员"的社会价值，引导他们参与零售交易与互动；放大"熟人"的造血作用，激发他们主动搜索并带动更多人消费。社群经济的打造，应围绕品牌客户进行社群经济体系建设，深度运营客户社群，将客户转化为品牌资产，最终打造围绕客户的生活平台，实现零售效率的提升。

跻身世界500强企业行列中的小米，通过线上、线下以及社交三方渠道的充分融合，使其在社交新零售行业中成为领军品牌。小米能取得如此巨大的成功，与其独特的经营理念以及销售模式密切相关。小米以深谙粉丝经济之道而著称，其粉丝经济的核心基础是社交网络。通过建立起一整套和粉丝互动的机制，小米依靠米粉的参与不断改进产品与服务，提高顾客的忠诚度，而体现小米这种独特经营理念并成为与客户互动平台的正是小米

社区。小米社区是小米为米粉打造的互动交流平台，共有资讯、论坛、酷玩帮、应用等几大板块，从创立之初推出首款MIUI操作系统时，小米就从小米社区中的多个论坛筛选出100名极客级别的客户与研发工程师团队进行交流互动，共同致力于MIUI操作系统的研发。继MIUI系统研发之后，设计团队借鉴成功经验，设计了"橙色星期五"的开发模式。在这种模式下，每期都有十多万客户表达自己对研发系统功能设计的喜好并对其进行投票，给予了客户共同参与的体验感。除此之外，小米的新产品还会通过"酷玩帮""应用"等板块进行测评，通过绝大多数客户的公测、使用、评测以及反馈等环节，帮助小米的设计与研发团队找到现有产品或系统所可能存在的一些问题以及不足，不断优化产品功能与客户体验。正因为这种与客户进行互动沟通的模式，小米才能及时挖掘客户的真正需求，推出能让客户拥有更好体验的产品与服务。在小米社区里，除了企业与客户可以进行互动之外，小米还大力推动社区里的客户之间的互动。客户之间可以对具体产品进行讨论，也可以聊生活、谈论情感等。通过一系列的交互活动，提高了社区的黏性，传播了产品的口碑，还在客户间建立起朋友关系。客户获得良好体验的同时，企业的价值也得到了实现。小米与客户的社交互动不仅集思广益，充分发挥了客户的智慧，而且当客户的建议得到重视并被采纳时，客户能感受到自己在小米整个设计、研发与生产过程中的重要性。这极大地提升了客户对小米的好感度与忠诚度，为小米后期进军其他领域奠定了良好的群众基础。与此同时，小米利用米粉的社交分享与传播，一方面节约了营销成本，另一方面也达到了小米品牌及产品所期望的影响力目标。综上所述，小米通过小米有品、小米商城与小米之家打通了线上线下渠道，突破了时间与空间的局限性。而小米社区这一社交板块则让小米能充分借助社交网络，在小米的运营和服务中融入更多的社交元素以及游戏化玩法，赋能与拓宽全渠道并扩大品牌的社交影响力。

小资料

瑞幸咖啡的社交化策略

瑞幸咖啡（luckin coffee）是由神州优车前首席运营官钱治亚于2017年创立的咖啡品牌。该品牌秉持高性价比理念，借助新零售模式革新咖啡的消费体验。品牌创建后的短短3个月内，已经在北京、上海开设了70家门店。在公司成立不到4年的时间内，瑞幸咖啡已经在全国开设了3898家直营门店，几乎覆盖了所有已开业城市的核心区域，累计交易客户数超过4000万。

在营销手段上，瑞幸咖啡主要采取的是社交裂变拉新的创新模式，利用首批种子客户带动新客户的裂变式增长，传播个体通过社交平台分享，达到最低成本和最大限度地获客成果。获利和分享是瑞幸咖啡的社交裂变营销成功的关键要素，

"第一杯咖啡免费"很容易激起顾客的尝试欲望，将他们引入社交裂变的营销循环中。这种通过分享后再获利的方式极大地激励了新客户与老客户的主动尝试，并给企业引进更多的客户群体，让瑞幸以较低的成本同时拥有了额外的推广人群（新老客户）和更具规模的潜在客户（新老客户的亲友）。而亲朋好友的介绍对潜在客户来说更具影响力和真实性，使裂变营销一环扣一环，紧凑有效地进行下去。瑞幸咖啡也正因为采用这种社交新零售的模式，得以在新零售的浪潮下成为咖啡界的一匹"黑马"。

（资料来源：沈逸菲，郑蓓，宗怡敏，等."新零售"模式下咖啡行业的营销模式对比分析——以星巴克和瑞幸咖啡为例 [J]. 现代商业，2020，（29）：17-18. 本书有删改）

8.4　社交电商的新零售化策略

社交是指个体与个体之间通过相互往来，进行物质与精神交流的社会活动；而电子商务则是指基于信息技术，以商品交换为核心的商务活动。电子商务曾一度被资本所追逐、吹捧，成为资本界的"香饽饽"。然而，随着流量红利的逐渐殆尽以及获客成本的持续飙升，电子商务也面临着前所未有的困境。而在此时，移动社交的蓬勃发展与其流量价值的突显，自带流量基因的社交与电子商务相结合的新商业模式为企业进一步挖掘流量红利与降低获客成本提供了良好的解决方案，社交电商应运而生。

社交电商是指电子商务平台与社交化平台（微信、微博、小红书等）相结合所形成的商业模式，买卖双方可以利用社交平台进行交易。社交电商的本质是以消费者为核心的消费需求升级的双边市场平台，连接了消费者、电商企业和社交平台三方利益体。不同于传统的电子商务，社交电商并非只是简单地依靠社交化平台，而是基于消费者所信任的消费环境为消费者创造更加个性化与多样化的场景购物选择。社交电商的高效获客与裂变能力吸引众多企业加入，云集、贝店、蜜芽、拼多多、每日一淘等社交电商平台以社交起家，借助分销等模式迅速发展壮大，用低成本的运营方式发展出庞大的客户群以及社交渠道。

在新零售化成为趋势的今天，社交电商同样面临着挑战以及战略方向的调整，如何将社交电商新零售化以及应采取哪些策略加快其新零售化的过程值得我们深入思考。新零售化的典型社交电商，如拼多多、蘑菇街、云集、每日一淘等，在借助社交网络裂变自己的消费者及社交渠道的同时，将新零售化的元素融入其中。

8.4.1　精准化营销，利用新技术赋能社交

互联网由消费领域、虚拟经济向生产领域、实体经济深度拓展，制造业向数字化、网

络化、智能化加快转型，互联网创新发展与新营销交汇，数据驱动、软件定义、平台支撑、个性化定制、体验式消费、分享制造等新模式新业态层出不穷。数字化已成为中国经济的引擎，正重构消费场景。社交电商的发展一定是创建在大数据基础上的，社会化媒体每天产生的海量非结构化数据，是典型的大数据系统，具备很高的商业价值。随着语音图像识别、移动定位服务、人工智能等技术的日趋成熟和大规模应用，社交电商应基于大数据、云计算技术分析消费者的浏览记录、购买意愿和行为等相关个人属性和信息来绘制消费者需求画像，进而根据需求洞察开展精准营销和精准定制，提升生态系统交易效率、降低交易成本。当互联网逐渐演变成为一种基础设施的时候，如果企业依然将互联网看成社交电商新零售的驱动力，那么只会把社交电商新零售的发展带到互联网的怪圈里。社交电商新零售想要寻找新的发展点，必须通过新技术来驱动。社交电商平台应广泛采用大数据、人工智能、物联网、区块链以及虚拟现实等新技术驱动平台走向更远的未来。通过深度参与到产业链当中，以新技术赋能的方式来打造社交电商新的利润增长点，借助新技术赋能社交来实现盈利而不仅仅是简单的流量撮合，这才是未来社交电商新零售可以走得更加长远的关键所在。

新兴数字化技术的发展，成为驱动拼多多营销模式改变的"助推器"。拼多多凭借移动社交媒体和别具一格的策略创意，使其产品与品牌信息得以在复杂多元的社交网络中深深"烙印"在客户的记忆中，突破了时间与空间的限制获得快速传播，究其根本目的是深入人心、建立客户链接，实现分享裂变；其本质是有效放大和再现寄生在移动社交网络上的口碑传播。这种营销模式充分利用了社交网络的力量，形成强大的循环生态，通过社交裂变以及游戏化运营来获取客户、留存客户，短期内实现了疯狂传播。

伴随着数字化需求的重塑，传统电商人找货的模式早已满足不了客户的消费需求，因此拼多多对推荐算法进行了深入应用，希望能凭借智能推荐来构建社交场景，实现由人找货到由货找人的转变，简化了购物流程并提升了购物体验。从精准搜索到智能匹配和精准推荐，拼多多被认为是典型的"低端颠覆式创新"：利用数字技术升级满足低端需求，进而推动供给侧与需求侧升级，重构供需生态。以数字技术驱动的互联网消费，正在带动电商、零售向更深层次的变革。在需求端，拼多多利用大数据、云计算分析等新兴数据技术来分析所掌握的大量客户浏览记录、购买行为等相关数据，绘制客户需求画像并根据这些画像发现不同客户之间的多种需求，进而开展精准营销与精准定制。在供给端，以客户数据为支撑的新生产计划有的放矢地针对目标消费群体，可更精准地预判销量规模并相应调整工厂产量，实现柔性生产。数字化的另一优势在于提高生产决策效率，缩短决策周期。

目前，这种由社交电商平台将客户数据传递给工厂，让工厂按需生产再由平台提供流量支持的方式，得到了各家平台的力推，也是工厂数字化转型不可错过的机遇。拼多多利用数字化技术赋能社交电商平台的案例表明，云计算、物联网、数字化、人工智能等新技术已经渗透到社交电商领域，利用最适合的新兴技术来进行社交电商的新零售化，才能最大限度地发挥自身的核心竞争力，有助于长期稳定经营以及未来领先发展。

8.4.2　强化供应链管理，有效降低运营成本与风险

供应链管理是指在满足一定的客户服务水平的条件下，为了使整个供应链系统成本达到最小而把供应商、制造商、仓库、配送中心和分销商等有效组织在一起来进行的产品制造、转运、分销及销售的管理方法，主要包括计划、采购、制造、配送和退货五大基本内容。供应链管理的实质是如何平衡需求与供应之间的矛盾，具体来讲就是如何以最小的运营成本，满足最大的客户需求。每个企业都有各自所拥有的特点以及区别于其他企业的核心竞争力，社交电商的快速发展对企业供应链的协同能力提出了更高要求，实现企业的产品制造、供应和销售的过程最优化则显得极其重要。与集中式电商平台相比，移动社交电商在供应链管理中应更加注重精益化管理，从具有独特个性的小众产品出发，投入资源打造上游供应链体系，与之形成长期合作关系，降低产品的联合开发成本。与此同时，下游出现新的规模经济时，上游要采用集约化的方式解决供应链（包括货源和履约等）问题，提高整个体系的效率。供应链全链条的保障能力使不同平台的购物体验产生差异，因此，社交电商企业一定要与上下游合作伙伴保持良好且稳定的关系，追求最小化产品采购成本，最快化产品供应速度，最优化产品质量，在有效且快速满足客户需求的同时尽可能地减少库存积压。这也是社交电商未来竞争中形成壁垒的核心要素。

创立于2017年的贝店作为贝贝集团旗下社交电商平台，成立不到两年时间，就通过"社交 + 供应链 + 大数据"的模式创新成功晋升为电商行业独角兽。贝店之所以能在短短两年之内成为电商行业的独角兽，与其高度重视供应链的管理以及供应链模式的创新密切相关。贝店通过精选商品、自创品牌、低价销售与社交化分享传播，实现消费者、店主以及供应链的三方连接，能将精选出来的好货送达消费者手中，围绕社交互动，内容分享的电商新生态正逐步形成。

一方面，贝店开创S—KOL—C的创新模式，S是大供货商，KOL指关键意见领袖，C为顾客，贝店依托于这种供应链创新模式突破了阻碍制造商、供应商、分销商、客户与市场需求之间互动的无形壁垒，利用各方资源获取的畅通性优势和社交分享的便捷性来实现客户获取、客户触达，为客户提供真正物美价廉的好商品。例如，贝店从最初的产品设计和选品过程就让关键意见领袖和普通客户参与探讨，提供建议和联合开发，同时让客户从第一步就参与到产品的生产和流程环节中。这种做法可以高效触达下层客户，并且能更好地把握品牌投放，也可以使品牌传播做得更好。

另一方面，贝店筛选掉所有中间环节，实现平台与优质工厂直接建立深度的合作关系，确保工厂的优质好货能够直接送到消费者的手中。贝店打造了"新制造——厂牌500"项目，以三年时间为期限通过产品支持、品牌支持、运营支持的实际行动，扶持约500家覆盖各种产品品类的优质工厂，为入选工厂提供流量、运营思路、数据分析、C2M反向定制、品牌口碑打造、客户供需模型建立等配套资源。经过项目扶持计划及工厂优选与数以千计的优质工厂发生业务往来、形成长期合作关系，降低了产品联合开发的成本与库存积压的风险，提高了供应链链条的保障能力。

然而，与贝店形成鲜明对比的则是曾经的电商黑马——淘集集。淘集集如何从电商黑马走向破产，其中的原因可能很多，但供应链管理的混乱是导致其最终走向破产的关键原因之一。不同于拼多多通过爆品的形式，把原本过剩的产能输送到那些注重性价比的客户手里，淘集集把商品利润压到了极致，却没有优化供应链的管理。商品质量低下、售后难、物流慢等问题的集中爆发，极大地破坏了客户在服务过程中的体验，使得客户群体发起集体抵制。没有客户的支持就没有现金流，淘集集最终因资金缺口宣告破产。通过对破产的深层次原因分析就会发现，也许勒死这匹拥有1.3亿客户电商黑马的不是资金链而是供应链。因此，强化社交电商的供应链管理，减少运营成本与风险在社交电商平台与新零售的融合过程中扮演着非常重要的角色。

8.4.3　加强差异化业态融合，拓展多元运营模式

社交电商模式不断创新，按照流量获取方式和运营模式的不同，目前社交电商大致可以分为拼购类（如拼多多、苏宁拼购）、会员制（如贝店、环球捕手）、社区团购（如兴盛优选、松鼠拼拼）、内容型（如小红书、蘑菇街）、直播型（如抖音、快手）五大类。其中拼购类、会员制、社区团购和直播型的社交电商均以强社交关系下的熟人网络为基础，通过价格优惠、分销奖励等方式引导客户进行自主传播；内容型社交电商则起源于弱社交关系下的社交社区，通过优质内容与商品形成协同，吸引客户购买。

1）拼购类社交电商是基于社交关系的团购低价和分享导向型电商，通过聚集两人及以上客户，以社交分享的方式组团，客户组团成功后能以比单人购买时更低的价格购买商品。在市场定位上，拼购类社交电商以低线城市价格敏感型消费者为主；在营销方式上，拼团模式引导客户分享，降低获客成本，以丰富的活动提升客户的黏性；在商品定位上，弱化搜索、反向推荐、直连工厂，打造低价"爆品"；在购物流程上，不设明显的购物车功能，商品页面直接下单，所有商品包邮，极简化购物流程；在商家服务上，低门槛，运营简单，扶持中小商家。典型企业：拼多多、苏宁拼购、京东拼购等。

2）会员制社交电商指在社交的基础上，以S2B2C的模式连接供应商与消费者，实现

商品流通的商业模式。分销平台上游连接商品供应方、为 B 端店主提供供应链、物流、IT 系统、培训、售后等一系列服务，再由店主负责 C 端商品销售及客户维护。会员制社交电商通过模式设计，包括分成拉新体系、商品销售返佣、会员成长制度，构建了自发式的拉新推广模型、封闭的会员体系，会员的黏性和忠诚度也显著高于普通电商平台。典型企业：贝店、环球捕手、爱库存、花生日记等。

3）社区团购型电商是以生鲜品类、家庭消费需求为切入点，消费者通过微信与团长交流、下单，从而获得低价商品的电商模式。从模式上看，社区团购也属于 S2B2C 电商的一种，主要有三方参与：社区团购平台提供产品、物流仓储和售后支持，团长（通常是宝妈或社区便利店店主）负责社群运营、商品推广、订单搜集和最终的货品分发。社区居民加入社群后，通过微信小程序等工具下订单。典型企业：兴盛优选、你我您、松鼠拼拼等。

4）内容型社交电商是指以消费者为中心，分销商创作的内容通过社会化媒体传播，以触发消费者体验和购买并最终实现销售为目标的社交电商模式。内容型社交电商的客户群体有着明显的共同标签，会因为共同的兴趣爱好或需求痛点集结在一块。他们通常价值观相近，转化和复购的能力也较强可以对其进行有针对性的营销，针对其共同的痛点和生活场景输出容易激发互动传播的内容。然而，内容型社交电商的运营门槛较高，对内容的运营要求严格，需要有持续不断的高水平的内容输出能力。为此，企业需要搭建自己专业的内容团队，做好个人定位、经营策略、营销推广。典型企业：小红书、蘑菇街、小红唇等。

5）直播型社交电商通过主播在短视频直播过程中向粉丝群体推荐产品而完成商品销售，通过提升电商流量转化、粉丝运营、IP（知识产权形象，人设）打造和优质创意视频内容来提高转化率。典型企业：抖音电商、快手电商、淘宝直播等。

社交电商不断创新最终演变出了这五种模式，根据消费群体以及消费需求的不同，它们所能实际应用的场景虽然存在着一定的差异，但同样也存在着无法分割的内在联系。基于此，社交电商在新零售化的过程中应对这些差异化的业态进行融合，拓展多元化的运营模式，通过多种运营模式的融合来满足复杂多变的消费需求以及适应不同的消费场景。

小资料

蘑菇街、小象优品、小红书示范社交电商"新零售"个性玩法

自马云在阿里云栖大会上首次提出"新零售"概念以来，该理念已经得到充分的扩展和广泛的实践。随着阿里、苏宁、京东三大电商巨头纷纷布局新零售产业链，蘑菇街、小象优品、小红书等新型社交电商也在新消费的大环境下突围而

出，在改变传统零售形态的同时，持续输出兼具社交与新零售双重属性的多元化的商业形态。马云提出的"新零售"，本质上是数据驱动的人、货、场重构，即企业以互联网为依托，通过运用大数据、人工智能等先进技术，对商品的生产、流通与销售过程进行升级改造，进而重塑业态结构与生态圈，并对线上服务、线下体验以及现代物流进行深度融合。京东和苏宁则分别称其为"无界零售"与"智慧零售"。

2018年蘑菇街打造的"超级试衣间"MOGU STUDIO受到广泛关注。它引入SAKKAS、AOSO、USSED等品牌，复刻各种穿搭情景，集合潮流新款，加上造型摄影团队、硬件配置和软性服务，同步打通线上海量内容，将蘑菇街的线上时尚导购社交属性与线下场景内容打通，实现对线下时尚零售场景的重构。

特点鲜明的新型电商小象优品在新零售的实践中，也备受瞩目。小象优品集"海淘+分期+社交+比价"于一体，上线来一直受到年轻人青睐。小象优品依托母公司的创新科技，通过新零售模式打通国内电商线上平台及线下物流等多渠道资源。线上与天猫、淘宝、京东、苏宁、国美等国内电商巨头直接打通，消费者可以在平台上完成产品比价，并直接在小象优品上下单购买价格最优产品。线下部分，消费者所购产品由各大平台物流直接发货，确保到货时间。打破各平台壁垒，为消费者节省挑选商品时间及价格成本，提升购物体验和消费质量，成为小象优品的新零售方式。

成立于2013年的小红书，已成为各大商家和品牌的必争之地，而小红书社区的口碑影响力也已经从线上迈向线下。目前，小红书已经开始布局新零售产业链，现已上线门店POI详情页面。在小红书笔记中，客户可以添加位置链接，并可以直接点击查看详情。丰富的旅游、探店、健身等相关的线下生活方式内容和分享笔记，正在刷新零售行业的定义和行业面貌。

在互联网进入下半场的今天，尽管有人感叹"人口红利已经消失"，但从蘑菇街、小象优品、小红书在新零售和新消费领域的表现上，不得不承认，打通平台的新零售行业红利还远远没有穷尽。电商的飞速崛起离不开新零售时代的特性，多平台融合、技术和数据的赋能，为社交电商带来流量最大化、坪效最大化、供应链最优化。

（资料来源：蘑菇街、小象优品、小红书示范社交电商"新零售"个性玩法. https://www.fromgeek.com/latest/240147.html. 本书有删改）

8.5　社交新零售的关键环节和实施路径

社交新零售企业运营的内在逻辑以及在转型过程中的关键环节，可以用AARRR模型来进行解释。AARRR模型是一个客户转换的漏斗模型，如图8-1所示，主要包括五个部分，并分别对应客户决策心理地图中的不同增长阶段："A"——Acquisition（获取客户）→ "A"——Activation（客户活跃度）→ "R"——Retention（客户留存率）→ "R"——Revenue（实现营收）→ "R"——Refer（自传播）。

企业在运营实践中，可以采用AARRR模式来实现低成本、高效率的获客拉新。企业应重视模型中这五个关键部分以及相对应的具体实施路径，对关键环节以及实施路径的贯彻程度决定了企业在社交新零售浪潮中的即时战斗力。

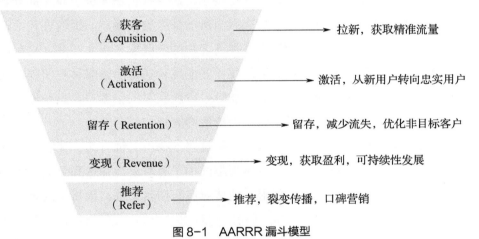

图8-1　AARRR漏斗模型

8.5.1　获取客户（Acquisition）

客户作为企业在发展过程中最重要的资源，是企业生存与发展的"土壤"和"空气"。获取客户是AARRR模型的第一步，获取并利用客户反馈的信息，对研究如何加强企业竞争力来促进企业的可持续发展至关重要。获取客户，顾名思义就是拉新，企业通过社交网络使客户首次接触产品或服务，来建立有效的客户接触点，进而实现低成本获客。在社交新零售时代，大量获取客户是零售环节的起点，同样也是关键节点。这里的客户包括消费者以及具有消费者与经营者双重身份的分销商。

在获取客户阶段，企业可以通过为产品与服务嵌入引人入胜的故事来激起客户的兴趣引发客户的关注，以客户初衷为出发点，对个性化、定制化的产品和服务进行不断挖掘与拓展，并结合营销工具将产品与服务做到极致。另外，为了获取广泛的社会关注，企业可以将产品与服务进行多渠道推广来整合流量，从而吸引感兴趣的种子客户。渠道的多元化为企业获客拉新提供了多样化的途径，这些渠道大致可以分为付费渠道、免费渠道以及其他大体量渠道等。付费渠道主要包括社交和线下广告、搜索引擎营销、小众博主以及会展营销等；免费渠道主要有邮件营销、内容营销和社区推广等；大体量渠道则通过在线广告、病毒式传播、销售以及搜索引擎优化来拉新。企业应根据自己在市场中的定位以及自身产品特性，来选择能够以较低成本获取高价值客户的渠道，同时，应优先考虑大体量渠道和免费渠道。

8.5.2 提高客户活跃度（Activation）

企业在经过获客阶段后，与客户的关系还比较疏远，此时客户并未与企业形成较强的黏性，客户往往会因为没有感受到产品与服务的价值、不知道如何操作以及糟糕的消费体验，而在首次接触之后便选择不再与企业进行接触，这导致企业无法提高这部分客户的复购率，并且会损失这部分客户可能通过社交网络所能带来的新客户。提高客户活跃度可以理解为对客户流量的转化，如何激活客户并提高客户的活跃度是企业在获客之后所需要重点考虑的问题。只有有效地提高客户的活跃度，才能继续探讨后续的客户留存、流量变现以及自传播裂变，否则通过前期的多渠道传播等手段所获取的新客户，只是停留在分析报告上的客户规模数字，而无法成为对企业产生价值的客户。

企业若想激活客户和提高客户的活跃度，关键在于找出关键行为，让客户迅速了解产品或服务价值。一方面，企业可以通过对感兴趣的种子客户进行筛选和分类，利用大数据分析技术来明确细分个体的真实消费需求、消费习惯与消费个性，为特定的客户构建与连通社交关系链；另一方面，企业可以通过利用优质内容文案、设置UGC平台、游戏和新人活动等方式来赋能场景营销，与客户直接对话，使其成为社交与零售环节中的主导者，从而提高客户的活跃度以及分享欲。

8.5.3 提高客户留存率（Retention）

相信很多企业都有这样的经历：客户来得快、走得也快，也就是我们常说的缺少"客户黏性"。客户留存作为AARRR模型中的重要一环，是企业实现营收的前提和基石。如果客户留存没有做好，即使客户获取和激活都做得非常好，最后客户也终将流失，徒劳一场。客户留存并不只是狭义的次日留存，而是指企业在交易后仍然能够通过某些机制与客户保持长期互动。在开展一系列市场活动并经过一段时间以后，仍然留下来并经常回访的客户才是真正留存的客户群。客户回访的周期可以是一天、一周、一个月甚至更长，留存的时间越长，所带来的现金流和利润就越高。客户参与度是个体的参与程度，用来衡量客户关键行为的多少，参与的客户包括超级客户、核心客户和消极客户。客户留存率则代表总体情况，即有继续消费行为的客户数量与总体客户数量的比值。提高留存率的目的是防止客户流失。客户体验差、商家频繁骚扰以及产品热度减退均是导致客户留存率低的重要原因，这需要企业在优化产品服务的同时持续引导黏性客户。

相较于传统企业，社交新零售行业的突出特点是分销商集消费者、服务者与合作伙伴多重角色于一身，大部分分销商由消费者转变而来，分销商既是消费者也是服务者，其更了解客户的心理与需求特点，在向客户销售产品时，更能使客户对产品及服务质量满意，从而提高客户的留存率。除了社交新零售本身所具有的优势之外，企业还可以通过客户分层、会员积分体系和社群体系的建设来提高客户留存率。在客户分层方面，如果产品覆盖客户量过大，不同特征的客户在相同需求上也会有细分的差异化需求，单一的服务无法满足所有客户，这时候找到有明显需求差异的客户特征进行客户分层，再提供与之匹配的服务，就能提升新客户使用服务的比例和使用后的满意度，进而提高客户的留存率。例如，小红书发现新客户中低龄客户的留存率比较差，通过研究他们的使用行为，发现他们在搜索动漫头像、明星内容等方面的需求没有得到满足。小红书就去安排运营团队做该部分内容的补齐，以此来提高低龄客户的留存率。在会员积分体系方面，无论传统零售业还是新零售业，都应十分重视会员积分体系的建设。会员积分体系就是为产品引入积分的概念，通过积分奖励，鼓励客户完成一系列的操作，同时提升客户的活跃度和留存率。在会员积分体系中做得比较好的如蚂蚁金融的积分体系，它鼓励客户通过支付宝进行消费。再比如淘宝的会员积分体系，它鼓励客户在淘宝上购物以获取积分，积分可以兑换一定的奖品，这样就增强了客户对淘宝的黏性，客户的留存率大大提高。在社群体系建设方面，基于社交网络的社群经济的发展，打破了原先的生产消费逻辑。现在的生产者和消费者密切相关，消费者可以与生产者直接对话沟通，生产者也可以直接了解和掌握消费者的真实需求。那些具有共同消费需求的消费者集结成社群，社群功能被无限放大，打通了生产和消费的环节，将二者融为一体，这样的"产销合一"的经济形态充分体现了零售社群经济让消费者充分参与的特征。例如，小米手机通过小米社区让粉丝参与其研发、生产和销售的全过程，极大地调动了粉丝的主动性，不仅能发挥客户群策群力的智慧来为小米出谋划策，同时也让粉丝充分感受到了自己在小米整个发展过程中的重要性，极大地提高了粉丝的忠诚度以及留存率。

8.5.4　实现营收（Revenue）

在经历获客拉新、激活客户以及客户留存阶段之后，企业面临的挑战是如何将客户所带来的流量进行策略性地变现来增加收益。简而言之，客户即流量，流量可转化为收入。当企业的客户规模达到一定程度，且客户质量与忠诚度得到提升时，企业便可以通过客户所带来的流量实现盈利。基于客户利润的计算公式（客户利润=客户生命周期价值－获取客户成本）可知，企业若想实现客户利润的最大化，需要充分挖掘客户生命周期的价值，并最大限度地降低获取客户的成本。

一方面，企业可以通过销售商品、提供广告服务等传统方式获取利益；另一方面，企业也可以利用在私域流量方面的优势，吸引平台或商家入驻，形成规模效应，充分挖掘客户的生命周期价值并降低企业的运营成本，来实现企业营收。例如，拼多多以平台吸引商家入驻，通过让利实现共赢。目前，已有100余万商家入驻拼多多平台。此外，拼多多发起的低价团购策略，在客户间形成了规模效应，不仅极大激发了客户的持续购买行为，还降低了单位产品的运输成本。据企鹅智酷数据显示，约40%的客户因价格优势而选择拼多多平台。但低价并不代表缩减盈利空间，优化产品供应链管理是拼多多模式成功的坚实保障。此外，拼多多携手公益计划向客户供应优质产品，无论是贫困地区的特色农产品还是特价秒杀的母婴频道，都能通过引发客户共情而实现营收。平台通过优质推荐和销售排行榜来向客户提供相关信息，更好地帮助客户进行购买决策，而具有推广需求的商家则需要为此支付相关费用。拼多多通过微信来实现裂变增长，大幅度降低了社交成本，成本的缩减为其拓宽了盈利空间。

8.5.5　自传播（Refer）

客户自传播又被称为裂变传播，是整个AARRR模型的最后一环。所谓的客户自传播是指企业将产品和服务做好来满足客户需求，打造客户口碑并通过客户的社交关系链形成口碑裂变。实现客户的裂变传播，才能带来客户的低成本增长，进而实现客户群体的爆发式增长。客户自传播具有一些显著优势：一是获客成本低。企业的产品与服务在满足客户需求之后，客户自发在自己的社交圈中进行分享，降低了企业的运营成本，实现了低成本获客拉新；二是传播效果佳。利用客户庞大的社交关系链，客户的自传播能够精准找到目标客户人群实现精准传播，减少了在搜索传播目标群体时的时间以及成本损耗，能使传播的范围和效果实现最大化；三是客户忠诚度更高。不同于以往企业利用广告等传统渠道来获取客户，这种通过客户自传播的社交渠道进行的企业产品与服务的推广，建立在客户间的信任基础上，这种口碑裂变减少了客户在使用企业产品和服务过程中的顾虑与感知风险，极大提升了客户的忠诚度。

客户推荐方式主要包括口口相传、补贴推荐、朋友邀请和病毒式传播。拼多多迅速扩张的客户群得益于老客户的口碑分享推荐。老客户向亲朋好友分享产品链接的动力在于，自己在享受优惠价格的同时，亲朋好友也可从中获利，拼多多便以低投入高产出的方式完成了品牌的推广。拼多多利用优惠低价和砍价免费拿等活动促使客户不断拉新，老客户在成功获利的同时，拼多多客户推荐的K因子也在爆发式增长。依托微信社交平台，拼多多开创了社群化电子商务的先河，拼多多优惠群、砍价互助群和红包助力群也应运而生。微信群的建立使得客户推荐不再局限于熟人之间，这种循环裂变式的客户增长效应被发挥到了极致。此外，企业还可以通过烧钱补贴、热搜新闻等方式提高品牌和商品的知名度和影响力，裂变式收割市场。从自传播发展而来的付费会员和优质买手，利用去中心化社交网络吸引新的平台客户，形成良性循环。

小资料

快手如何利用AARRR模式实现营收?

快手，即北京快手科技有限公司（下文简称"快手"），旗下拥有短视频、直播、快手小店等业务。快手的口号是"拥抱每一种生活"，彰显了其对每一种生活的尊重及对每一个个体的理解。截至2020年上半年，快手的中国应用程序及小程序的平均日活跃用户数突破3亿。此外，快手已于2021年2月4日成功进行IPO，快手科技在香港IPO定价为115港元/股，IPO募资总额达413亿港元。AARRR模型对于企业客户增长尤为适用，而快手也正积极采取一系列策略，以获取客户、激活客户、留存客户、促进客户传播并最终实现营收。

（1）获取客户

在2020年春节期间，快手发放了10亿元现金红包，吸引观众下载快手App，并在观看春晚的同时等候主持人发布抢红包口令参与活动。在2021年春节之际，快手"梅开二度"，与山东卫视、安徽卫视、东南卫视等10家省级卫视春晚达成合作，开展"瓜分21亿元现金"活动。这些春节档的宣传活动让多数从未接触过快手的人们迈开使用快手的第一步，成功实现大批量的客户获取。

（2）激活客户

企业在获取新客户后，若不及时激活会面临客户流失的风险。为此，快手设置了新手引导功能，在客户第一次打开快手时会弹出"上拉""点赞"等指引手势，帮助客户快速学习使用快手App。不仅如此，快手的"PUSH机制"也是激活客户的重要方法。快手会根据客户的大致地理位置推送本地区的短视频，引导客户打开并完成首次使用体验，实现客户激活。

（3）留存客户

快手会追踪与客户身份关联的数据，如客户ID、设备ID、使用数据、搜索历史记录、粗略和精确位置信息等，用于第三方广告、营销、定制个性化产品，更好地贴合客户的使用习惯。此外，快手也为每日登录并且完成"规定动作"（如刷满一定时间的短视频、发表评论、转发收藏等）的客户发放一定数量的金币和"曝光券"。金币达到一定数量后可以兑换抵用券提现，而"曝光券"则是快手创作者客户的"挚爱"。创作者们使用曝光券能够大幅度提升其作品的曝光度，从而获取更多的观看量。

（4）客户传播

快手短视频的"分享"功能为其开辟了客户传播的有力途径。例如，客户刷到一个有趣的短视频并且通过快手App内的分享功能分享给同事、朋友、亲戚甚至是群聊等，就实现了传统意义上的"口口相传"。"口口相传"是以客户的关系网、朋友圈为导向，基于私域流量的最为传统的客户推荐方式，同时因为关系网而产生的群体间信任度存在，也是最适合快手的传播方式。此外，快手抓住人们"薅羊毛"的心理，开创了独特的"红包推荐"机制。当老客户通过独一无二的邀请码邀请新客户加入快手后，双方将同时获得一定数额的现金红包，这大大激发了客户的推荐积极性。

（5）实现营收

截至2020年9月30日，快手App以及小程序的平均日活跃用户数为3.05亿，且每位日活跃用户的日均使用时长超过86分钟。其月活跃用户数达7.69亿，其中26%为内容创作者。除此之外，快手电商板块交易额达到了2041亿元人民币。快手营收总收入不断创下新高，至2020年，其营业总收入已达到587.8亿元人民币。

（资料来源：吴东方，何小琳，胡美娥. 基于AARRR模型的快手客户增长策略分析［J］. 现代商业，2021，（32）：19-21. 本书有删改）

本 章 小 结

社交新零售是指通过融合线上线下，改造产业链并利用社交渠道进行销售推广或资源整合的一种新零售拓展形态。它在新零售的基础上植入了社交板块，强调"先交谈、再交心、最后完成交易"的流程。社交新零售作为一种新兴的商业模式，颠覆了以货为中心的传统思维模式，以消费者体验为中心重构零售三要素，实现了从"货—场—人"到"人—货—场"的转变。除此之外，与以往零售模式不同的是社交新零售不仅能为企业带来价值，其给消费者所能带来的价值也同样显著。

在社交新零售的浪潮下，传统零售企业、新零售企业、社交电商都面临着如何搭乘社交新零售的"顺风车"，实现符合自身发展的社交化与新零售化转型的问题。企业业务结构以及所拥有的资源、优势也各不相同，这也就决定了在转型过程中所能采取的策略也不尽相同。其实在社交新零售转型的过程中，只需牢牢把握其中的关键环节与实施路径，就能将转型过程中所面临的风险降到最低，在社交新零售的浪潮中脱颖而出的可能性也会大幅提高。

社交新零售　新零售社交化　社交电商新零售化　社交渠道　全渠道　消费商　社群
AARRR模式

社交新零售新玩法：舒客的跨界社交营销

舒客是成立于2006年总部位于中国广州的一个种类齐全的专业口腔护理品牌，主要经营牙膏、牙线、漱口水、口气清新剂等产品。舒客一直坚持专业优质的品牌文化，而且一直秉承有品牌文化价值的营销理念。通过人气高涨的明星品牌代言和各种跨界花式的社交营销手段，舒客不断扩大经营规模，稳固其在专业口腔护理领域的领导地位。

在2019年春节期间，舒客与其品牌代言人一同参与"明星盛典"营销项目，并发起了"爱我，就为我打call"活动，品牌及其代言人的粉丝共同通过平台为明星打榜助力。最终，舒客与品牌代言人获得最高的热力值支持，成为屈臣氏明星盛典榜单TOP1，亮相纽约时代广场12块屏幕，并向全球观众及粉丝带去新年祝福。舒客通过跨界社交联动，以品牌代言人粉丝群运营、热力值社交裂变传播等传播方式，共同打造"爱我，就为我打call"的微博话题。活动期间，该话题的曝光量达3268万，阅读量达1267.3万，辐射300万明星粉丝社群，引发了明星粉丝圈的热烈讨论，实现了高流量的聚合与转化。

舒客凭借明星与粉丝的跨界社交效应，为品牌赢得了较高的关注度与讨论度，这样的营销方式让舒客的销售量不断递增。另外，舒客还与屈臣氏联手，为屈臣氏开发了独家定制款——舒客声波电动牙刷F1，产品一上线便受到了众多年轻顾客的喜爱。根据销售额、复购率、人均消费三项综合指标的评选，舒客成功跻身95后线上牙膏十大品牌之列。舒客通过线上平台的"明星流量传播+定制产品+促销推广"活动闭环，展现了其创新的营销创意和渠道推广策略，实现了高流量的有效转化，快速聚合品牌粉丝自发的口碑传播，构建了平台、粉丝、品牌三方的营销闭环新模式，为业界带来了一次创新且有效的零售模式尝试。舒客通过各种花式社交营销玩法，持续打造一系列的高流量社交话题互动，引爆粉丝的活跃关注并实现口碑的裂变传播，使舒客在口腔护理领域的规模不断扩大，成为行业的领导品牌。

（资料来源：看舒客如何"玩转"跨界营销. https://www.http://www.jpm.cn/article-78433-1.html. 本书有删改）

案例思考

1.舒客是如何通过跨界社交营销来实现口碑的裂变传播的？企业在进行社交新零售转型的过程中，能借鉴舒客的哪些做法？

2.跨界社交营销作为一种新兴的营销模式，其具备哪些优势？同时，可能会带来哪些风险？

1.什么是社交新零售？社交新零售具备哪些价值？

2.在社交新零售的浪潮中，企业进行转型面临着哪些风险？所能采取的策略有哪些？

3.结合你所了解的社交新零售的实例谈谈你的感想。

4.随着5G、VR以及AR等技术的兴起，谈谈你对社交新零售未来发展趋势的认识。

1. 实训目的

（1）明晰社交新零售的基本概念与基本知识。

（2）锻炼调查收集资料、分析问题、个人表达、团队协作等能力。

（3）通过实地调查，了解所在城市某一企业进行社交新零售转型的实际情况。

2. 实训内容

以小组为单位，深入你就读高校所在城市的某一新零售企业进行调查，收集这家企业的基本情况、开展社交新零售的成效与困扰，并提出针对该企业进行社交新零售转型的建议。

3. 实训组织

（1）指导教师布置实训项目，提示相关注意事项及要点。

（2）将班级成员分成若干小组，成员可以自由组合，也可以按学号顺序组合。小组人数划分视修课总人数而定。每组选出组长 1 名、发言代表 1 名。

（3）以小组为单位，选定拟调查的企业，制定调查提纲，深入企业调查收集资料。写成书面调查报告，制作课堂演示 PPT。

（4）各小组发言代表在班级进行汇报演示，每组演示时间以不超过 10 分钟为宜。

4. 实训步骤

（1）指导教师布置任务，指出实训要点、难点和注意事项。

（2）演示之前，小组发言代表对本组成员及其角色进行介绍陈述。演示结束后，征询本组成员是否有补充发言。

（3）由各组组长组成评审团，对各组演示进行评分。其中，演示内容 30 分，发言者语言表达及台风展现能力 10 分，PPT 效果 10 分。评审团成员对各组所评出成绩取平均值作为该组的评审评分。

（4）教师进行最后总结及点评，并为各组实训结果打分，教师评分满分为 50 分。

（5）各组的评审评分加上教师的总结评分作为该组最终得分，对于得分最高的团队予以适当奖励。

参 考 文 献

[1] 齐鹏程.“社交新零售”驱动下我国传统电商转型发展策略 [J]. 江苏经贸职业技术学院学报，2021，（02）：22-26.

[2] 姜志敏. 门店＋电商＋社交＝社交新零售 [J]. 中国药店，2020，（08）：50-53.

[3] 苗龙. 复杂社交网络下的零售社群经济体构建 [J]. 商业经济研究，2020，（08）：40-43.

[4] 陈莹. 价值共创视角下虚拟品牌社区构建分析——以小米社区为例 [J]. 经济研究导刊，2016，（19）：55-57.

[5] 朱焕焕. 浅谈社交电商的过去、现在和未来 [J]. 蔬菜，2022，（07）：1-9.

[6] 赖红波. 数字技术赋能与“新零售”的创新机理——以阿里犀牛和拼多多为例 [J]. 中国流通经济，2020，34（12）：11-19.

[7] 周旭霞. 社交电商平台赋能新制造的探索与实践——以杭州贝贝集团为例 [J]. 杭州科技，2022，53（03）：42-45.

[8] 周劲波，位何君. 基于 AARRR 模型的客户增长策略研究——以拼多多为例 [J]. 山西经济管理干部学院学报，2020，28（01）：11-16.

[9] 陈迪，钟景清. 跨界社交下零售企业营销创新策略 [J]. 商业经济研究，2020（05）：72-75.

009

第 9 章　无人零售

无人零售店"黑科技"满满，但核心竞争点并非"无人"

近来，无人零售店悄然兴起。无人零售店中应用到了许多先进的科技，这些科技能够对消费者产生吸引力并提供极大的便利，同时也为企业带来了潜在的利益。但是，任何新事物的发展都免不了经历曲折，无人零售店也不例外，在这种先进事物的背后，同样隐含着诸多层面的问题。

1. 零售业智能自动化是未来趋势，无人零售店"黑科技"满满

说到无人零售店，我们应该关注的重点是它可能预示着未来零售业的趋势以及其中蕴含的先进科技。无人零售店如此受到青睐，归根结底是因为零售业智能化的大趋势不可阻挡。毕竟它能大幅削减人力成本、提升效率、营造现代感，而这些都是商业的核心追求。

要实现真正的无人零售，还是要依靠科技。那么，现有的无人零售店中都包含了哪些先进的科技呢？实际上，不同的无人零售店用到的科技也是略有差别的。

（1）Amazon Go

Amazon Go 的操作过程可简单归纳为：人脸识别确认顾客身份、摄像头识别确认商品、手势识别判定商品状态、用户购买轨迹跟踪。从中可以看出，Amazon Go 主要运用了计算机视觉、图像识别及深度学习等一系列智能技术。

（2）BingoBox（缤果盒子）

BingoBox 致力于为高端社区居民提供更高品质的生鲜及便利服务。其最大特色是店内无任何工作人员，顾客扫码完成实名认证后进入，之后选择商品，将选好的商品放置在收银台检测区，检测区会自动生成收费二维码，顾客通过移动支付方式结算之后即可离店。

从购物流程中可以看出，BingoBox 主要用到了 RFID（射频识别）标签识别技术，其本质相当于一台巨型的自动贩售机。

（3）淘咖啡

淘咖啡是阿里巴巴旗下的首个无人零售店，其购买流程有些类似于 Amazon Go，通过连接淘宝获得入场码，开始购物。如果是处于点餐区，顾客头顶上还会出现等待时间。

淘咖啡开张之前，蚂蚁金服技术实验室的工程师们曾进行过一次关于防盗的内测：将店内商品放在包里或裤兜中，拥挤在一个货柜面前。结果显示，这些被"偷盗"的商品也能被识别并且自动扣款。蚂蚁金服技术负责人表示，这套技术方案是计算机视觉和传感器感应的混合体，还叠加了非配合生物识别技术以降低误判率。

以上几家无人便利商店基本囊括了这一行业中现有的技术，颇有些"黑科技"的范儿。尽管无人零售店符合未来发展趋势，并能为各方都带来一定的利益。但是，此种模式仍存在缺陷。这种缺陷不只源于技术方面的不成熟，更源于操作门槛高及核心竞争力的缺失。

2. 技术不成熟操作门槛高，无人零售核心竞争力并非"无人"

在 Amazon Go 中，商品的形状规格相对而言较为统一，这从侧面说明了技术对于不同规格的商品识别困难，显示出识别技术的不成熟。此外，技术上的缺陷与投入成本过高，使 Amazon Go 难以实现进一步扩张。比起 Amazon Go，淘咖啡还多了一步支付步骤。而且，淘咖啡中的饮料区要完成支付仍需多位工作人员配合，并非完全实现了"无人化"。

随着技术的发展，不少火车站都在进站口应用了人脸识别技术。但是，许多人都有多次"刷脸"失败的经历，一次次重来让人非常焦急。还有在银行办理某些业务时同样需要"刷脸"，这个更加明显，就算你是按照要求露出了额头、耳朵，并且正对着镜头，也还是存在验证失败的可能。

当然，以上两种场景对身份要求极为严格，所以大家也能理解。但是，如果在零售店遇到了这样的情况，就很容易让人失去耐心。没人愿意在零售店中投入过高的时间成本，大多数人的选择都会是直接离开，转而去另一家传统零售店。

这还可以延伸至操作成本层面。降低操作门槛需要相当长的一段时间，并且人们对于操作成本高的事物，往往会产生一种敬而远之甚至是排斥的心理，这也会在一定程度上对无人零售店的进一步发展形成阻碍。

更为重要的问题是，无人零售店在防盗方面也并不能做到尽善尽美。

其实，无人零售店的核心竞争力并不在于"无人"。无人零售店归根结底还是零售行业，因此对于消费者而言，丰富与优质的商品才是最为重要的。因此，无人零售行业最核心的价值不在于"无人"，而在于商品。技术则用来提供更优质、更高效的服务，从而为消费者带来更好的购物体验。不可否认，自动化和智能化是零售行业未来发展的大方向。但现阶段在技术、成本等诸多方面仍存在许多问题，因此在实际操作中可能需要"人工服务＋自助服务"的形式作为过渡。不过，无人零售店模式代表着技术与消费趋势的升级，其蕴藏着的潜力仍不可小觑。

（资料来源：无人零售店"黑科技"满满，但核心竞争点并非"无人". https://www.tmtpost.com/2686136. html. 本书有删改）

9.1 无人零售的定义、分类和特征

数据驱动下的新零售以体验为核心，随着零售行业人工成本的不断上升，无人零售成为新零售的一种新形式，也成为未来零售发展的方向。其实在早期，具有"无人"特点的零售形态便已初现端倪，如教学楼等场所常见的无人售货机，但是无人零售发展到现在，已经形成了更为丰富的业态。本节将从无人零售的定义、分类和特征方面进行概述。

9.1.1 无人零售的定义

准确地讲，无人零售是一种以去人化为目标的零售形态。什么是零售形态？从工业革命发展到信息化革命，零售业也在经历着革命，其中的零售形态包括百货商店、连锁商店、超级市场、电商等。在此期间，机器设备逐渐替代了营业员的工作，出现了无人售货机等机械化设备，之后慢慢形成了一种更细小的零售形态，这也是无人零售的雏形。因此，无人零售是一种长期与其他零售形态并存的商品交付方式。

从广义视角来看，无人零售是指在没有营业员、收银员以及其他商店工作人员的情况下，由消费者自助进行进店、挑选、购买、支付等全部购物活动的零售形态。从狭义视角来看，就目前而言，无人零售主要指的是"面对面"无人，即无人值守。指的是以开放货架、无人售货机、无人便利店和无人超市为主的实体零售中无人值守的部分，其中无人超市目前主要处于内测阶段，尚未大规模推广。虽然无人值守，但背后的管理仍然需要有人负责，只是人员的角色和职责有所变化，前端人员主要负责配货、理货和清洁等工作。

9.1.2 无人零售的分类

目前的无人零售可以实现"无人"（无人值守），也可以"少人"（少量管理员），或者灵活切换。从广义视角来看，无人零售还包括原有零售业态中的"邮（寄）购""电话购物""电视购物""电子商务"等。当前，我国无人零售业态主要分为三种：无人售货机、无人货柜（架）和无人便利店。

1. 无人售货机

无人售货机又被称为自动贩卖机、自动售货机，可以通过自动化设备满足消费者在无人值守的情况下自助购物的需求。无人售货机出现的时间较早，目前覆盖的品类较多，主要以标准化产品为主。国内典型企业如友宝，主要放置在楼宇公共区域等半封闭式场景。早期的结算方式以投递纸币或硬币为主，消费者完成结算后，商品即会出现在取货口。随着移动支付、信息识别等新技术的发展，自动售货机行业发生了巨大的变化。在结算方式上，不仅可以通过投币的方式，还可以使用微信、支付宝等网络支付方式；在商品种类上，所覆盖的商品品类越来越丰富，但依然主打食品类商品，除了预包装食品之外，还有现制现售类食品，如鲜榨橙汁、现煮的面条等。此外，图书、日化用品等也加入到自动售货品类中，为消费者带来了更多新鲜体验。

无人售货机有三大优势：首先，从字面上就能明白，无人售货机是不需要营业员的，因此能够大大节约人工成本，尤其是在当前人工成本十分昂贵的新零售时代；其次，无人售货机是一种具有可移动特点的机械化设备，作为末端经营形态，一定程度上可以直接忽略沉没成本的投入；最后，无人售货机可以24小时营业，营业时间大大超过便利店等经营形态，充分满足消费者的购物需求。

2. 无人货柜（架）

无人货架又称开放式货架，出现的时间相对较晚，主要在2016年12月之后开始迅速爆发，例如，小e微店在全国已经布下了1500多个网点。无人货架实质上就是无人值守零售在办公室的场景化演绎，通过在白领办公室等封闭式场景下设置开放式货架（可即拿即放，无阻隔），放置目标人群日常工作中刚需的产品（如零食、饮料、水、日用品等），仅需几平方米空间，拿货扫码即可支付享用。

然而，地推成本、运营成本、供应链成本、货损等问题成为致命因素，最终在不足一年的时间内，大量无人货架运营公司撤点、倒闭、转行。仍在维持经营的企业主要得益于已有的强大的供应链积累，但也大幅调整了投放策略，严控成本。尽管无人货架在公众视野中的热度有所下降，但行业仍在发展中。

之后，出现了开放式无人货架的增强版——无人货柜，即通过展示柜、冰箱等形式售卖商品。消费者使用手机扫描货柜门上的二维码，并且通过微信免密支付或支付宝免密支付的授权，才可以打开上锁的柜门。从货柜中拿出商品并关上柜门之后，商家会自动识别消费者购买的商品，自动完成扣款结算。

相比于无人货架，无人货柜的成本大幅增加，是无人货架的数十倍以上，这对经营模式产生了很大的影响。无人货柜需要采用重力感应技术、RFID技术、机器视觉技术等，这些都离不开大量的成本投入。零售业的终端形态多样，场景也是五花八门的，无人货柜是否能大量普及，取决于场景需求和经营需求。总之，无人货柜是介于无人货架和自动售货机之间的一种形态。它增加了一道门，降低了货损；但开放选货仍存在安全隐患。未来如何发展，仍需拭目以待。

3. 无人便利店

从字面上理解，无人便利店类似于店内无导购、销售等人员的超市或便利店。消费者在进店前，需要通过手机进行实名认证或授权，才可以打开封闭的店门。进店之后，消费者可以自由选择商品，最后在收银处自动结算。一般而言，无人便利店一次只能容纳一名消费者进入。

我国无人便利店在2016年12月之后开始进入爆发式增长期，但是真正火热起来还是因为国外的Amazon Go和国内的淘咖啡。从区域分布来看，原本传统便利店以北上广深为核心区域，而无人便利店已经开始逐步向全国典型城市铺开。以缤果盒子为例，截至2017年11月底，其已在华北、华东、华南、东北、西北、西南等地布局，覆盖北上广深、大连、西安、兰州、重庆等多个城市。

当然，无人便利店对技术的要求特别高，其中包括门禁系统、商品识别技术、行为识别技术、安防监控技术、收银系统以及电气系统等。无人便利店在未来肯定是一种经营形态，但也许当前的时机并不合适，还有很多问题需要解决。不过，这种尝试让行业变得更加理智，也是激进后的回归。

9.1.3　无人零售的特征

传统零售中的"人""货""场"三要素是以"货"为核心，围绕"场"进行布局，人到场买货。无人零售重构了"人、货、场"之间的关系，以"人"为中心，"货"与"场"紧紧围绕着"人"这一要素进行布局，强调人在场景中的价值与消费体验的品质，并以此来提升零售效率。

总的来说，无人零售基于人工智能、大数据等新兴技术重构了"人、货、场"三要素之间的关系，充分呈现出客户、商品、技术和场景融合的整个体验过程。

当今中国无人零售行业主要呈现五大特征：其一是降成本，无人零售减少了零售门店收银员、导购员的工资成本以及店长培训费用。其二是重体验，通过技术手段对传统零售升级改造，实现门店无需排队，即拿即走的便捷购物体验。其三是多场景，全时段营业，全面覆盖各类生活及工作场景，缩短与消费者的距离，精准触达消费者，场景包括社区、地铁等交通枢纽、办公室、商业区等地点。其四是大数据，集合客流数据、商品数据、消费数据、金融数据等各方面数据，分析并应用于实体经营。其五是提效率，通过数据的结构化应用，实现坪效提升、生产供应链优化，确保信息、资金、货品的高效流通。简而言之，无人零售以降低人工成本为主要切入点，在重视消费体验、拓展零售场景的同时，通过运用多种技术手段实现大数据的收集、分析与应用，并最终实现消费流程的全面数据化以及整个产业链的智能化升级与效率提升。

小资料

人工智能推动无人零售崛起

凭借人工智能技术的优势，并结合国内全球领先的移动支付环境，无人零售作为新零售的实践样本，受到了广泛关注。无人零售旨在利用视觉识别、传感器融合、深度学习算法等技术，让顾客能够自主完成选购、结账等操作，实现无人值守。无人零售具有非常迅猛的增长前景，以及庞大的市场，预计到2022年，市场交易额将超过1.8万亿元，用户规模将达到2.45亿。目前，无人零售主要采用四种实现方式：RFID标签或者条形码、自助机器人、机器视觉和多传感器融合。

"淘咖啡"集商品购物与餐饮于一身，采用人脸识别技术，用户通过手机淘宝扫码便可进入无人零售店，离店前通过"支付门"会被自动扣款。"淘咖啡"存在的问题是高度依赖网络，其使用的RFID标签会限制商品的材质和数量，并增加成本。"缤果盒子"和普通的便利店类似，采用人脸识别技术，用户在关注微信服务号后可进入，离店时扫描RFID标签自助收银。其面临的问题有RFID的技术缺陷，并且自助收银台影响购物体验。"F5未来商店"像一个升级版的自动售货机，能够提供便利商品和鲜食，用机械臂实现自助加工烹煮，最后用户在微信商城支付。不过熟食商品种类较少，还存在机械故障的风险。深兰科技"TakeGo"无人便利店需要用户扫手进门，注册掌静脉，无需使用手机App，通过快猫机器人跟踪抓取动作进行购买行为识别和商品识别，出门直接扣款。但是对在店购物人数有限制，在遮挡等特殊场景下的识别率较差。

"Amazon Go"需要用户下载App，扫码进门，通过人脸识别和多传感器（包括RFID、压力感应、音频识别、视觉识别）计算有效购物行为并进行商品识别，识别精度高，但是系统人数过多会引发故障，并且由于RFID和感压层板的局限，商品的距离太远会影响追踪的准确性。

京东无人超市从2016年初开始布局，到实现商品"拿了就走"，主要应用了卷积神经网络、深度学习、机器视觉、生物识别、生物支付等人工智能领域的前沿技术和多种传感器相结合，除了集成以上智能、互联的技术外，未来还将从金融、供应链、物流、商品运营、用户运营五大方面进行全面升级，赋能品牌商，通过大数据挖掘和分析，搭建一个消费者、品牌商、分销商交互共赢的新平台。

总之，无人零售店各具特色，并且可规模化复制，应用于更多场景。在节省人力成本的同时，可以跟踪顾客购物行为，帮助经营者优化店面设计，调整商品摆放位置，制定更好的经营策略。无人零售店也面临着挑战，如商品类型多、同一品类内差异小、样本不均衡等问题；复杂的遮挡和光照环境也会增加商品识别的难度；传感器识别能力和物品追踪算法水平欠佳，会增加技术人员的投入和物流的工作强度。

无人零售在精准营销中也发挥着重要价值，利用无人零售店的数据，可以跟踪某件商品的销售情况，统计该商品的浏览次数和消费次数，分析该商品面向的人群，确定该商品是哪部分消费者的关注热点。同时，通过基于人脸识别的轨迹跟踪和身份认证，可以定向分析消费者的停留时间和购买行为，生成个性化的客户画像标签。对供货商来说，商品消费群体分析和商品生命周期跟踪可以作为生产决策的依据。同时，通过这些数据还可以预测未来消费者对某个产品的需求，实现个性化的产品定制。而对零售商而言，分析客户关注热点和客户购买行为，可以帮助商店不断进行升级改造，并优化广告投放的精准度，最终提高客户对商店的忠实度。

无人零售有望对运营效率、选址灵活性以及后端供应链的数据支持等多个环节带来巨大影响。目前，无人零售还处在初期阶段，是对零售业进行自我补充和优化的一种形式。随着人工智能技术的发展和成熟，会驱动整个零售系统的资金、商品和信息流动不断优化，在供应端提高效率、降低成本的同时，在需求端实现便捷、高效的全新购物体验。

（资料来源：曾祥云. 人工智能推动无人零售崛起［J］. 企业管理，2017，（11）：94-96. 本书有删改）

9.2 无人零售的发展现状和成因

随着应用技术不断成熟，无人零售的发展也在逐步增长。其发展现状主要体现在以下三个方面：其一是中国零售市场规模庞大，线上增速放缓，线下开始回暖；其二是快消零售渠道以中大型商超为主体，便利店是核心增长点之一；其三是中国无人零售市场规模突破性增长。究其原因，无人零售发展的驱动因素主要包括零售市场竞争激烈，技术驱动降本增效和传统线下零售亟待转型，不断尝试创新升级等方面。

9.2.1 无人零售的发展现状

1. 中国零售市场规模庞大，线上增速放缓，线下开始回暖

2015—2019年中国社会消费品零售总额持续增长，2019年中国社会消费品总额达40.8万亿元，2020年受疫情影响社会消费品零售总额下降至39.2万亿元，但2021年中国

社会消费品零售总额恢复增长，达44.1万亿元，2022年社会消费品零售总额为44万亿元，与2021年总体持平，2023年社会消费品零售总额47.1万亿元。而中国网上零售总额在2015—2021年持续增长，2021年网上零售总额达13.1万亿元，2022年网上零售总额为13.8万亿元，2023年网上零售总额为15.4万亿元。

线上渠道是推动中国零售市场增长的首要引擎，但线下市场依然是主体，在社会消费品零售总额中占到85%以上比例。整体来看，线下市场依然是不可忽视的重要领域，尤其在网络零售的市场培养（包括网络支付行为等）已经成熟、线下零售不断向互联网化、智能化、线上线下一体化转型的大势下，各大巨头及创新企业开始探索新业态，线下市场将迎来新的爆发。

2. 快消零售渠道以中大型商超为主体，便利店是核心增长点之一

从整体零售渠道来看，以快速消费品为例，首先，大型商超依然是市场主体，占比60%以上，超市和小超市实现了微增长但增长率呈现下降趋势，大卖场已呈现负增长。其次，电商始终保持高速增长，但其渗透率仍然较低，未来市场占比有望继续攀升。最后，线下市场中，仅便利店的增长率超过10%，目前便利店的销售额占中国整体零售市场的比例较低，但显示出了长期的乐观增长趋势，未来几年，便利店形式对于中国市场的重要性将愈加凸显。

3. 中国无人零售市场规模突破性增长

近年来，线上零售增长趋缓，线上流量红利逐渐消失，获客成本渐高，零售转型迫在眉睫，无人零售就是一种线上+线下的新尝试。另外，我国迅速发展起来的无现金支付也为无人零售的发展提供了极大的便利。

目前，无人零售市场主要包括无人售货机、开放货架和无人便利店三种形式。其中无人售货机市场较为成熟，而开放货架和无人便利店则主要集中在2017年开始爆发，并且均处于发展初期。无人售货机主要依托安装量进行测算，截至2017年11月底，无人售货机存量将达到40万台左右，整体市场规模约180亿元。开放货架主要依托办公室场景，以企业数量为基准进行估算，截至2017年11月底，无人零售市场中开放货架累计落地约2.5万个，整体市场规模突破3亿元。无人便利店累计落地约200个，2017年全年市场规模约4000万元。

总体上，我国无人零售行业发展迅速，如图9-1所示。自2017年起，无人零售行业开始"起飞"，市场规模高速增长。在落地形式上，无人零售覆盖的品类越来越多，但目前无人售货机仍是主流渠道。

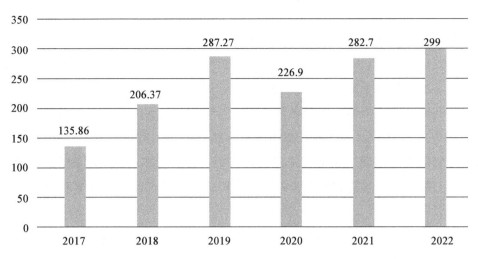

图 9-1　2017—2022 年中国无人零售市场规模（单位：亿元）

资料来源：华经产业研究院整理

小资料

2020年中国无人零售行业市场现状及发展趋势分析

自2020年初的新冠疫情暴发以来，"无人"服务逐渐渗透至我们生活的方方面面，包括无人货柜、无人店铺、无人咖啡零售机、自助收银等。2016年亚马逊第一家无人体验店Amazon Go开业，创行业先河。随后，国内商家迅速跟进，一时间无人零售迎来风口。

1. 线上零售增长趋缓　转型迫在眉睫

随着互联网技术的不断进步，我国网络零售市场发展迅速，网上零售额逐年增长，2019年为10.63万亿元，2020年上半年为5.15万亿元。但从增长率来看，近年来网上零售额增长速度持续放缓，增长率从2014年的50.8%下降至2019年的18.0%，2020年上半年仅为7.3%。线上流量红利逐渐消失，获客成本增高，转型迫在眉睫，而无人零售就是一种线上+线下的新尝试。

2. 无现金支付稳定增长　为无人零售提供便利

无人零售重要的一环是自助收银，而近年来我国发展迅速的无现金支付为无人零售提供了极大的便利。2014—2019年，我国移动支付交易规模持续保持两位数的增长速度，2019年交易规模为347.1万亿元，同比增长25.1%；2020年一季度，移动支付交易规模为90.8万亿元，同比增长4.8%。同时，网络支付用户规模也在不断扩大，截至2020年3月末，用户规模达到7.68亿人，网络支付使用率达到85.0%。

3. 无人零售市场规模保持高速增长　无人售货机仍是主流

我国无人零售整体发展迅速，2014年市场规模约为17亿元。自2017年行业"起飞"后，市场规模便高速增长，2018年约为198亿元，预计2020年将超过300亿元，2014—2020年的年均复合增长率达到68%。从落地形式来看，无人零售发展至今覆盖的品类越来越多，但目前无人售货机仍是主流渠道，占据85%的市场份额。

4. 技术和需求驱动未来零售加速"无人化"

尽管无人零售经历了从狂热到冷静的过程，但市场对无人零售的未来仍持乐观态度。传统零售业属于劳动密集型行业，人力成本较高。根据中国连锁经营协会（CCFA）调研数据显示，目前在便利店费用支出中，职工薪酬占比超过一半，第二大费用支出则是房租。相比之下，无人店在房租以及人工成本方面均有所优化——面积较小的无人店在一定程度上节省了房租开支，同时省掉了部分店长、店员等培训成本和薪酬开支。

此外，在门店运营成本不断上升的背景下，零售商也更愿意在技术上加大投入，积极推进数字化转型。例如，目前零售商对人工智能技术的支出不断增长，2019年约为19亿美元，预计2022年将增长至50亿美元。无人零售是技术、资金、供应链等多方面的结合体，随着技术投入力度的不断加大，零售业相关技术将日益完善，这将加速整个零售行业的"无人化"进程。

（资料来源：前瞻产业研究院.《中国无人经济市场前瞻与投资战略规划分析报告》. 本书有删改）

9.2.2　无人零售发展的驱动因素

1. 零售市场竞争激烈，技术驱动降本增效

原本竞争激烈的传统线下零售，由于国内电子商务蓬勃的发展和市场新进者（新物种）的涌现，给资产厚重的实体零售企业带来了更大的冲击。在线上线下产品、价格差异不断缩小，并且租金、人工、物流等成本居高不下的背景下，最终零售业态若要实现利润空间的提升，成本效率和用户体验亟待优化。

目前主流的线下零售企业，其人工、场地租金成本尚未造成对利润的大幅度侵蚀，但却有持续增长趋势。在整体增长放缓的大趋势下，人工成本最终一定会成为一个待解决的痛点，将来的"人"也一定会越来越"贵"，如果从这个方向考虑就有必要去解决它，那么未来的新零售则会附带自动化、无人化的场景属性，懂你想要什么，提前准备好自动化生产和运输，并朝着终极的"智慧化"目标努力。

2. 传统线下零售亟待转型，不断尝试创新升级

面对中国经济结构加快调整，消费者需求在电子商务、移动支付的普及以及智能技术发展的推动下变得更加多样化、复杂化。为此，传统零售企业也在不断尝试着转型升级，主要包括三种转型模式：一是与技术提供商合作开发，如娃哈哈与快猫合作的无人便利店；二是与电商巨头合作创建新零售生态，如百联集团与阿里巴巴合作的针对中高等收入人群的精选超市；三是自主创新探索新增长点，如世纪联华推出的对标年轻人综合消费的鲸选App。

随着实体经济回暖，线下实体零售创新成了主流趋势。借助网点布局贴近消费者的优势，无人便利店、无人售货机、开放货架成为了切入点。虽然无人售货机业态发展时间较久，但由于应用技术、支付方式及消费习惯等因素的限制，直到2016年底，各类型无人零售创新企业才开始大量涌现，"无人"成为零售创新升级探索的新风口。

3. 线上流量红利渐失，线下拓展成新增长点

网络购物市场整体来看，品类布局、区域布局甚至跨境布局都已经相对完备，而近年来用户流量红利也逐渐消失，用户增长驱动的模式面临挑战。新零售业态成为电商入侵线下市场的切入点之一，如阿里巴巴的淘咖啡及盒马鲜生、京东的无人便利店等。

4. 消费者结构变迁，高购买力人群崛起

消费者是产品和服务的使用者，如何获取消费者"芳心"成了时下零售参与者最关心的问题。一方面，在第六次人口普查中，80、90后人群约占30.6%，年龄分布在11~30岁之间，2017年这批人群年龄分布在18~37岁之间，是消费领域的主力军。另一方面，中等收入人群持续扩大。新时代消费者不再只关注商品价格，而是对产品提出了一系列个性化、高品质的要求，并且分享和社交意愿更加强烈。

5. 移动支付普及，加速线下零售业的数字化转型

互联网时代用户消费趋于碎片化，为满足用户便捷化需求，移动支付较PC端拥有更大优势，普及程度较高。2016年中国移动支付在第三方支付中交易额占比已超过70%。移动支付为线下实体经济，尤其是零售行业注入了新的生机与活力，主要表现为促进线下实体商业运营、营销及用户管理的数字化转型。

6. 资本青睐，助推无人零售市场发展进程

从无人售货机、开放货架与无人便利店这三个赛道整体来看，2017年无人零售的融资金额总量较大，资本市场对无人赛道有所青睐，推动了国内无人零售市场发展的进程。具体来说，无人售货机领域有7家企业进入A轮（及A轮之后）融资，除友宝一家已上市企业外，还有天使之橙、饭美美、甘来等；无人货架领域有8家企业进入A轮（及A轮之

后）融资，包括每日优鲜便利购、领蛙、小e微店、哈米等；无人便利店领域有4家企业获得融资，分别是便利蜂、F5未来超市、缤果盒子和小麦铺，相较于另外两个赛道来看，这些企业都处于融资初期轮次。

7. 智能技术发展与结合，消费体验升级

智能技术的发展是零售行业升级转型的重要推动力，目前市场中的技术流派主要分为三种：二维码技术、RFID标签识别技术以及人工智能。二维码及RFID技术主要应用于支付结算环节，优化收银环节人工成本和结算效率，但随着人工智能技术的不断完善及在多环节的应用，未来人工智能将会成为主流技术，为消费者带来更佳的消费体验。

8. 宏观政策向好，推动零售业态创新转型

国务院及各省政府均出台相应意见支持实体零售创新转型，尤其重视创新技术在推动传统零售创新转型上的作用。无人零售作为零售创新业态获得了商务部的密切关注。目前，政府已推出一系列政策支持行业的转型和业态的创新。

9.3　无人零售产业链分析

无人零售定位于零售产业链的中段，并且呈现出多业态融合的趋势，传统零售商、电商和品牌商分别借助其在渠道、运营、技术和品牌上的优势入局。无人零售的产业链具体可分为上游的硬件设备和技术供应商、中游的无人零售业态的运营企业和下游的相关应用场景。从整体上来看，产业链上游的新技术应用推动了无人零售产业的快速发展，在资本市场的驱动下，产业链的中游呈现了龙头企业强势入局和初创企业创新发展的局面，随着新技术的应用和资本的加持，产业链下游的应用场景也越来越丰富。

9.3.1　产业链上游

在产业链上游，移动支付是其核心技术之一，我国第三方移动支付的发展水平较高，例如二维码、虹膜、NFC、人脸识别等支付方式的兴起给消费者提供了非常高的便利性。根据艾瑞咨询统计的数据，我国第三方移动支付的交易规模持续扩大，其中二维码支付的普及率远超其他几种支付手段，二维码支付具有高效、低成本、便捷和支付场景多元化的优势。

并且，人工智能、语音交互技术等新技术的发展也为无人零售的发展提供了重要动力。例如，TakeGo无人便利店通过识别顾客手掌毛细血管结构，实现了消费者"扫手进门"的便捷体验。顾客进入便利店之后，通过使用计算机视觉技术监测和识别商品，让消费者可以"拿了就走、支付宝自动扣款"。

9.3.2 产业链中游

在产业链中游，无人零售运营企业的主力军是众多的初创企业。在资本市场的助力下，初创企业往往能够通过技术创新或模式创新吸引消费者的目光，推动着无人零售市场的进一步发展。但受制于运营体系建设的粗放和缓慢，很多企业仍存在依赖传统商超的供应链的问题。

无论是无人便利店，还是更加接近消费者的无人便利货架/货柜、无人售货机，无人零售都通过缩短与消费者的物理距离，来激发消费者的购买欲，使得商品消耗高频化，这就要求补货频率变高，补给周期变短。而支付技术也让无人零售企业掌握了大量的消费数据，企业可依据消费数据得出了不同商品的补货频率、补货量等更细致和具体的补货要求。这也表示无人零售企业的物流供应链交付需求更加个性化，而且无人零售的网点也呈现分散且数量多的特点，这些因素都对介入无人零售领域的企业提出了更高的要求。企业在抢点位、拼速度的规模扩张的同时，应注重对后台资源，包括大数据、供应链、仓储物流体系等的高效利用。目前，部分企业已经着手通过自建、联合、并购等手段，打通线上线下、台前台后资源。

9.3.3 产业链下游

在产业链下游，当前无人零售的应用场景还局限于人员流动性大或人口集中的区域，例如地铁、办公楼、学校、医院等。根据艾瑞咨询的统计数据，无人售货机是消费者体验无人零售模式的主要形式。

与无人零售行业关联最密切的是其上游行业，主要包括信息技术行业、智能运输行业、零售产品行业（日常用品、食物等）等。近年来，无人零售行业上游行业的技术更新不断加快。

9.4 无人零售商业模式

无人零售的营收前期以商品差价为主，后期拓展至广告收入、数据变现等模式。具体而言，无人零售企业收入来源以销售商品赚取差价为主，并且通过规模化运营提高议价能力降低采购成本。此外，从加盟商获取加盟费的商业模式也已经开始推行。无人零售发展至中后期，企业数据更为庞大，其盈利模式将随之产生更多的想象空间，以互联网思路开展营销服务、数据变现等都是比较成熟的可参考模式。

据艾瑞咨询观点，无人零售运营商在初期需要提升议价能力，如通过规模化运营降低商品进价以提升利润；从长期来看只有实现规模化运营，运营商才能获取更多广告收入并实现数据的变现。目前来看运营商规模化运营的方式主要有两种：一是建立大规模的自营店，这需要大量的资本投入；二是大力发展加盟模式，这需要更强的管理运营能力。

目前市场上主要存在四种无人零售模式：

第一，无人售货机模式。早期的无人售货机主要售卖饮品，产品种类和功能属性都相对单一。然而目前已经升级到智能无人售货机，这类售货机不仅规模大，产品品类丰富，而且运用了移动支付、语音识别、物联网等新技术，它们可以获取用户及产品数据从而实现精准营销。

第二，自动结算系统模式。传统零售的收银系统是一个长期存在的痛点，耗时耗力。自助结算系统成为零售商喜闻乐见的收银方式，大大提高了收银效率。消费者挑选完商品之后，可以到自助收银台通过扫描商品的二维码自行结算，但结算全靠消费者的自觉，所以这种方式依然需要工作人员值守。

第三，RFID标签模式。RFID（无线射频识别）技术是将RFID标签贴在商品上，商品在经过一个区域可以自动被感知，从而被识别。这与当前的收银员扫描过程类似，只是RFID技术能实现远距离（30米内）批量识别，这样的话只要设立感应装置（出口），任何经过该出口的商品都能被识别。这套解决方案在技术上相对来说已经比较成熟，但成本很高，所以商用方面并不是很普及，只在珠宝等奢侈品行业有试水。此外，RFID标签也存在雷雨天气和液体箱内感应困难等缺陷。

第四，机器视觉智能识别系统模式。不同于前三种模式，它是AI技术发展到一定阶段的产物，Amazon Go就运用了此类技术。消费者在进入超市后，入口处首先会进行人脸识别，超市内的货架上装有摄像头、红外传感器和压力感应装置，它们都是为了用来感应消费者选择了什么商品以及放回了多少商品，同时店内还装有麦克风，用来判断消费者的位置。这些信息都会通过系统传输到商店的信息中心，离店时传感器会扫描顾客购买的商品并进行自动结算。

总体来说，无人零售模式满足了当下消费者日益增长的对美好生活的需求。

小资料

2022年，无人零售究竟是如何涅槃重生的？

新零售概念自提出以来，无人零售的各种应用一直是其中重要的组成部分。虽然无人零售在1.0时代曾经遭遇过严重挫折，但是伴随着技术解决方案的进步和新冠疫情的影响，无人零售的价值得到了重新评估。

虎嗅智库通过系统研究与市场调研，深入总结了无人零售1.0时代折戟沉沙的关键原因，并且对正在复苏的新一代无人零售从技术和模式等不同角度进行了拆解。虎嗅智库认为，由于不同业态在底层技术方面达成了共识，今年以来，无人零售正在涅槃重生，走进2.0时代。为此，虎嗅智库发布了《无人零售2.0时代——AIoT无人零售应用发展研究》。

无人零售的初衷是通过打造新物种，重塑一个以数字化为底层逻辑的新业态。关键在于，新业态至少要实现人、货、场某个环节或者某些场景的真正数字化。

这一商业模型的蓝本来自亚马逊公司。亚马逊推出的Amazon Go旨在实现门店与消费者的双赢：门店可以降低人力成本，而消费者可以免于排队结账的烦恼，获得类似电商购物的便捷体验感。

1. 无人零售在1.0时代为何遭遇失败?

虽然亚马逊只推出了无人店这一种业态，但是在我国大陆地区，第一代无人零售主要有三种业态：无人售货机、无人货架、无人便利店。从2017年开始，无人零售被视为新零售的重要方向之一。但是在现实发展中，第一代无人零售遭遇了重创。

从2017年初到2018年下半年，仅仅两年，中国无人零售行业1.0阶段的大部分项目就走完了整个从生到死的过程。这种大起大落和资本之手不无关系。据不完全统计，创投圈在无人零售赛道总投资超过460亿元，但回报却寥寥无几。到2018年下半年，这一赛道的大部分创业公司或退出市场或转型。除了无人售货机外，无人零售1.0对于新零售的探索，留下的更多是失败教训，这也严重打击了业界对于无人零售发展的信心。

第一代无人零售留下的核心教训包括：

首先，技术不能代替零售功能；其次，风险投资错误地照搬互联网玩法与创业者对赌；再次，管理缺乏系统性思维，不断挑战人性；最后，新技术的应用没有真正实现降本增效。

2. AIoT重启无人零售

从2018年底到2020年，市场上关于无人零售行业的研究几乎停滞。这在一定程度上反映了行业的景气度。但是无人零售的技术服务商和部分品牌仍旧存在于市场中。近年来随着疫情的反复，无人零售重回大众视野。标志事件是2022年友宝在线提交招股书。

此时的无人售货机已经发生迭代。随着科技水平的进步，智能货柜的市场占比正在逐步提升。友宝在线的智能货柜机型占比已经超过50%。所谓智能货柜，是结合使用了生物识别、信用支付、物联网技术的新型售货机型。

智能货柜的核心变化在于，通过AI+物联网技术实现了"即拿即走"的购物体验。而这一套方案也同样适用于无人便利店。

和智能货柜相比，无人便利店虽然整体解决方案更为复杂。但是由于整个经济形势和消费习惯的变化，使得实体零售企业"兼容"无人店的需求比以往更为迫切，特别是在提倡24小时营业的便利店行业。

在具体的解决方案方面，虎嗅智库重点研究了两个应用案例：

案例一：上海云拿科技通过提供智能IoT升级、无感支付、SaaS服务、数字化零售应用、数据增值服务等一站式解决方案，提供"拿了就走，无感支付"的新型购物体验。目前采用这套技术解决方案的零售商包括罗森、好德等中外知名便利店品牌。

针对中国零售市场的实际情况，云拿基于交易确认这一核心环节，强化了商品的识别准确性和敏捷性，实现了前后台打通的商品全链路数字化解决方案，保证了交易的便捷和安全。这套方案的挑战在于，科技含量高，前期资金投入较大。

案例二：深圳友朋智能商业科技有限公司通过底层的安卓系统、移动支付和云服务等商业基础设施以及已日趋成熟的语音语义和人脸识别等技术，将这些设施和技术集成起来，开发出一款全新的智能硬件产品。

由于技术的进步，当下整个智能货柜的成本（以每日优鲜便利购为例）不足3000元，是原来无人售货机的十分之一，几乎相当于一个智能手机的价格。而商品的丰富度和体验却大大增加。

需要强调的是，由于微信支付分的推出，在智能货柜领域，用户的识别被进一步简化。智能货柜的技术发展重点和无人店类似，同样聚焦于商品的准确识别。

3. 无人零售2.0时代来临

当基于AIoT的无感支付开始被普遍应用时，今天的无人零售行业相对于1.0时代，在技术解决方案层面已经发生了质变，可以被称为无人零售的2.0时代。

无人零售2.0时代有以下几个主要特征：

①技术方案出现共识。即以基于AIoT的无感支付解决方案作为通用方案，大到无人便利店，小到智能货柜，都以此为蓝本。

②应用场景接近全场景。如今，无人零售正在覆盖从高频到低频、从开放到

封闭的多种场景。现在看来，无人零售唯一没有吃透的大场景，反而是社区场景。

③技术服务商与零售应用商各司其职，形成技术链上下游关系。无人零售1.0的时代，新入场者都把自己当成了零售商。而在2.0时代，像云拿科技、友朋这样的公司虽然自己也有部分终端，但是更加专注于技术和解决方案的迭代。

在中国，虽然整体劳动力成本较低且人口基数依旧庞大，但是年轻一代愿意在零售餐饮等劳动密集型行业承担繁重日常工作的人数正在减少。这也意味着国内零售业同样面临无人可用的危险。从长期趋势看，未来无人店的普及是不可逆转的。在门店存续期间，人力成本将长期存在。无人店虽然一次性投入较大，但是长期来看，会迎来成本下降的拐点。

对于无人零售的未来发展，虎嗅智库认为，当下的问题是如何以"无人"为抓手，进一步提升商家内部的管理效率和运营效率，同时能够真正帮助零售商提升差异化能力。

（资料来源：虎嗅智库. 无人零售2.0时代——AIoT无人零售应用发展研究. 本书有删改）

9.5 无人便利店

9.5.1 无人便利店与传统便利店的共同点

无人便利店与传统便利店的共同点主要体现在用户对鲜食的高需求上。具体而言，据无人便利店用户调研显示，无人便利店用户最常购买及潜在用户最希望购买的品类主要集中在饮料、零食、日用品及鲜食等，88.7%的无人便利店用户表示通过无人便利店满足三餐等常规需求。

在鲜食方面，虽然鲜食的毛利高，但它对于前端设施（温度控制等）和后端供应链（通常需要一日三配）要求也更高。7-11中国的消费者调查显示，7-11用户最需要购买的商品类别包括店内料理、乳制品、饮料、好炖、饭团寿司、面包、零食等，其中除乳制品、饮料、零食外，均为速食/鲜食类商品。消费者对鲜食购买黏性较高，并且通常会顺带购买饮料、零食和日用品。速食/鲜食类商品在销售额和毛利中的占比分别达到42.9%和46.6%，但相较于常温和冷冻商品，烹饪面包和沙拉需要温度为5摄氏度管理并一日三配，便当、饭团和面包需要温度为20摄氏度管理并一日三配。

9.5.2 无人便利店与传统便利店的差异点

无人便利店与传统便利店的差异点主要体现在成本结构和运营模式上。

短期来看，无人便利店在房租、人工上均有所优化。参考中国连锁经营协会关于便利店的公开数据，2014年中国便利店销售额增长3.8%，毛利增长2.2%，而同期人工成本增长5.1%，毛利与销售额、人工成本的增长率相比明显较低，说明主营业务成本增长较快，导致企业毛利空间被压缩。传统便利店面临两高一低（房租成本高、人工成本高、毛利空间持续下降）的问题。2016年最新数据显示，便利店租金上涨7.0%，与2014年相比房租上涨明显，未来仍将保持此态势。无人便利店对于房租与人工成本均有所优化，面积较小的无人便利店一定程度上节省了房租开支，而选址社区的无人便利店也通过物业协议等方式降低了租金。人工成本方面，无人便利店省掉了店长、导购员与收银员的培训成本和工资开支。

长期来看，无人便利店与传统便利店均需平衡成本与利润。从实际运营的角度来看，无人便利店前期建设需要考虑硬件设施、配套软件、许可证获取等，并且需要针对企业定位和用户场景化需求设置相应品类，完成初步的选址和选品。随着无人便利店技术的成熟和市场竞争的加剧，后期无人零售会逐渐与传统零售趋同，均需面临点位争抢、客流争夺、品类选择、价格竞争等问题，成本控制仍是盈利的关键。艾瑞咨询认为，无人便利店本质上还是零售，虽然在场景和体验上有所优化，但与传统零售一样，都需考虑成本与利润的平衡。

无人便利店与传统模式成本整体无异，仅前期投入较低。通过对比典型传统便利店与无人便利店差异较大的几项成本，成本投入项有增有减，初期总投入额相对较少。另外，对于加盟模式，传统便利店需投入约40万~60万，远高于无人便利店10万~30万的投入。艾瑞分析认为，在理想状态下，无人便利店单店初始投资额较低，可以有效降低门店试错成本。但是，无人便利店在技术开发与系统迭代上投入的大量成本也会大幅提升成本总额。

9.5.3　无人便利店投资回报分析

1. 前期投入以技术投入为主，长期来看技术投入可控且可优化

无人零售技术成本投入主要集中在早期。目前，与技术相关的硬件设备、识别技术、运营管理方面都还存在一些问题，但长期来看，产品和技术的小幅迭代耗费成本可控，且具备优化的可能性。以RFID为例，RFID标签初期应用成本较高，单价约0.5元，但目前RFID标签单价已降低至0.1元左右，未来或将降至更低水平。艾瑞分析认为，无人零售以技术手段赋能传统零售，随着市场整体技术水平的提升和升级，相关成本会逐渐降低。

2. 典型无人便利店在技术、店铺面积、商品品类上差异较大

目前各家无人便利店在应用技术、占地面积、落地选址、毛利水平方面均有差异。通

过对市场上门店数量较多的无人便利店进行分析总结：

1）大部分无人便利店占地面积在30平方米以内，除便利蜂和F5未来商店等；

2）平均毛利水平约为25%，并且有高于30%的无人便利店企业；

3）较多应用RFID标签技术，如怡食盒子EATBOX、天虹WELLGO及早期的缤果盒子等。

3. 无人便利店一般日均销售额达到800元即可实现盈亏平衡，投资回本约需1年

以15平方米、采用RFID标签技术的无人便利店为例，单个门店日销售额达到每天800元左右时即可实现盈亏平衡，此时坪效为2.0万元/平方米/年，约为小型超市（2016年红旗连锁坪效1.2万元/平方米/年）的两倍。当然，由于模式间差异较大，坪效不具有直接对比的意义。在无追加投资的情况下，从第8个月起，无人便利店开始为投资者带来价值，回收初始投资约需1年（典型无人便利店企业投入均在10万元左右，回本周期在10~14个月不等）。艾瑞咨询认为，以项目期60个月（5年）来看，无人便利店项目投资回收时间相对较快，约为总项目期的五分之一，项目有一定的投资潜力。

9.5.4 无人便利店典型企业分析

1. 淘咖啡

（1）**项目简介** 2017年7月8日，淘咖啡2.0版本由阿里巴巴集团在杭州首次推出，是一家无收银员的实验性咖啡店。该项目由新零售技术事业群天猫技术团队与蚂蚁金服技术团队合作开发，通过人工智能和物联网技术实现了顾客购物即拿即走的便捷体验。在活动当天，作为阿里实验室筹划已久的"无人零售计划"中的第一个应用场景，"淘咖啡"接受了消费者的现场测试。据内部压力测试显示，在占地200平方米的零售店里，这套系统能够支持50个人同时在店购物，授权支付额度为每人每天5000元。整个流程涉及到会员账号打通、商品链路和支付三块技术方案。

"淘咖啡"的系统主要采用了骨骼分析、眼动追踪、深度决策算法、多模态识别等技术手段。在"淘咖啡"，每位进店客人都会被单独辨别，每一个商品都是数字化的商品，每一个订单都是一个数字化的订单，而支付则是通过电子支付完成。当消费者第一次进店时，需要打开"手机淘宝"应用，扫码获得电子入场码，并通过闸机开始购物，此后不用再掏出手机。

（2）**门店设置** 占地面积约200平方米，是集商品购物、餐饮于一身的新零售空间。店内包括货架（设置触屏桌面虚拟货架）、餐饮区、休闲区等部分，餐饮区和休闲区面积比较大，货架商品以淘宝内部的公仔、玩偶和文创产品为主。

（3）**企业优势**　拥有阿里集团的零售支持与技术支持。

（4）**战略目标**　以赋能零售商为目标，采集线下消费者行为和商品轨迹。

（资料来源：https://t.qianzhan.com/caijing/detail/200430-63977871.html）

2. 京东X无人超市+无人便利店

（1）**项目简介**　2017年10月17日双11启动会上，京东智能门店技术、X无人超市和无人便利店首次公开。X无人超市由X事业部负责、无人便利店由京东新通路事业部负责，首店均位于京东集团总部。无人便利店背后的D-Mart智能门店解决方案由京东AI与大数据部自主研发，可输出成熟且模块化的技术方案，能够针对现有的线下实体店进行低成本的升级改造。

京东的无人便利店和无人超市采用了人脸识别和RFID（无线射频识别，后续转为摄像头＋传感器识别）技术来开启智能化的大门。无人便利店的门口设有一台平板电脑，用来实现人脸识别并采集用户身份信息。用户只有先绑定京东账号并开通本店的免密支付功能，才可以在店内完成一系列购物流程。京东在每个货架上都装有智能传感器和人脸识别摄像头。智能传感器设于货架底部，用户在货架前拿走商品后，会触发智能感应器及人脸识别摄像头，实现人货绑定。此外，智能货架也可独立完成补货提醒、陈列监管、价格管理、促销管理和智能推送等多种功能。当选好了商品之后，用户可以把它们挨个放在智能结算台上完成付款步骤。在京东无人超市购物时，用户可以把商品装在口袋、书包、手提袋等任何地方，然后"大摇大摆"地走出闸门。当用户走出通道时，人脸识别、智能摄像头、智能价签等技术会帮助用户从绑定的京东账号完成付款。

（2）**店面设置**　X无人超市占地面积约60平方米，总SKU约300个，包括休闲食品、水果、日用品、办公差旅用品等，不限制进店人数；无人便利店占地面积约36平方米，门外设置人脸识别仪器、智能广告牌及店内热力分布显示屏。

（资料来源：https://t.qianzhan.com/caijing/detail/200430-63977871.html）

小资料

中国式无人便利店

近年来，国内零售行业在互联网浪潮的冲击下不断蜕变，而作为线下重要的流量入口之一的便利店领域更是浪潮汹涌。在先后经历了电商时代和O2O时代的洗礼后，便利店终于在新零售时代（尤其是2017年的无人零售热潮中）迎来了爆发，成为零售变革的主力军。

1. 无人便利店发展概览

目前，无人便利店在中国已遍地开花，阿里巴巴、京东、大润发、永辉等零售业巨头皆已入局这一领域。纵览国内外无人便利店的发展形态，大体可以分为以下三种类型：

第一，现存时态：基于自助收银的初级无人便利店业态。

①机器扫码式自助收银——欧尚上海店（海信盒子）；

②消费者主动扫码式自助收银——24鲜fresh上海店（口碑自助结账）。

第二，主流时态：基于物联网的中间式无人便利店业态。物联网这一概念并不新鲜，目前在零售业的应用主要基于RFID和传感器技术。当前无人便利店市场的主流玩法是以缤果盒子和EAT BOX为代表的RFID自助收银＋报警防盗式解决方案。

第三，未来时态：基于人工智能的终极无人便利店业态。以亚马逊、淘咖啡、take go为代表的人工智能派认为随拿随走的购物体验才是无人便利店的最终形态，而只有人工智能技术才能实现对消费者和商品的精准识别以支撑随拿随走的购物体验。

2. 无人便利店价值分析

无人零售在微观层面是自助收银的一次进步，是零售行业效率的一次重要提升；而在宏观层面上更是零售行业关于零售未来业态的一次探索，其重要意义不言而喻。

①顾客购物体验的极大提升：智能化、免排队、24小时营业可满足紧急购物需求；

②便利店人力成本大幅降低：解放了收银员和导购员；

③便利店系统化带来的管理便利：实现高度系统化管理，包括门店盘点、门店库存管控等，有效提升线下门店管理效率；

④可移动，试错成本低：避免选址错误带来的租金和装修成本浪费，试错成本较低；

⑤线下到线上的流量入口：线下扫码以进行消费者身份识别，其实是线下到线上流量转换最为直接有效的方式，在线下流量弥足珍贵的今天，其重要性不言而喻；

⑥可观的广告收益：线下便利店可露出的广告位（便利店中可植入视频媒

体）；线上入口中可露出的广告位；

⑦巨大的数据价值：无人便利店通过科技手段便于收集消费者在选品、购买、支付过程中的各类数据，便于实现对消费者的精准分析，产生巨大的数据价值。

3. 产品层面的无人便利店系统解构

无人便利店作为零售店的一种，其在系统层面与传统零售系统大同小异，下面将从产品层面将零售系统分解为三个层面：消费者接触端、门店后台管理和总部后台管理。

消费者接触端：无人零售是互联网、物联网、人工智能技术在门店的落地（取代了传统双屏 POS 收银），包括消费者到店识别、无人收银、门店防盗等应用；

门店后台管理：无人零售去除了门店人力，因此会在门店店务管理、POS 管理模块得到较大的精简；

总部后台管理：无人零售与传统零售并无太多区别，大都在传统进销存的基础上新增了部分软硬件结合模块（如商品关联 RFID 标签）和门店监控模块。

经过系统地拆解分析，我们发现无人便利店与传统零售最大的区别在于消费者到店模块，无人便利店通过新兴技术的应用，彻底重构了消费者到店、选品、支付、离店的全购物流程，重塑了消费者的购物体验。其在门店后台和总部后台的门店管理模块与传统零售并无实质性的区别。

4. 结语

无人零售行业在国内现已衍生出多种模式：无人便利店、无人货架、无人售货机等。从场景出发，无人货架会长期存在（但绝非主流），无人售货机只是技术不成熟时态下的中间形态，而无人便利店才是未来无人零售的主流形态。随着技术的不断进步和市场的逐步成熟，无人便利店有望在未来发挥更加重要的作用。

（资料来源：无人零售综合分析系列（一）：中国式无人便利店. https://www.woshipm.com/it/805479.html. 本书有删改）

本 章 小 结

近年来，无人零售店悄然兴起。继上海、杭州之后，北京也出现了无人零售店。除了阿里巴巴、永辉、苏宁等零售巨头纷纷涉足无人店领域之外，还有一些企业也在为新零售做各种尝试。那么，无人零售的背后究竟依赖哪些技术支撑呢？

无人零售店的核心竞争力并不在于"无人"，其本质仍属于零售行业。对于消费者而言，丰富与优质的商品才是最为重要的。因此，无人零售行业最核心的价值不在于"无人"，而在于商品和技术。而人工智能和大数据在实体零售中的应用和变现，通过人工智能来解放人力，使店员得以从简单重复的劳动中解脱，转而从事更有价值和创造性的工作，从而提升门店的整体运营效率。

关 键 名 词

人工智能 无人零售 传统便利店 无人便利店 无人售货机 无人货架 移动支付 快消零售 门店 客流数据 联合补货策略

章 末 案 例

无人零售走向终局？

每日优鲜倒下的余震尚未消失。2022年11月28日，北京商报记者调查发现，每日优鲜曾收购的"在楼下"社区无人售货机已经停止运营，目前已有其他公司接手了每日优鲜便利购的部分设备。但同时，每日优鲜便利购也身陷拖欠员工薪资、设备资产纠纷等问题中。六年时间过去，无人零售赛道光环殆尽，剩下的玩家依旧在社区、写字楼等各类场景中寻找盈利出口。无人零售到底还能坚持多久？

"在楼下"已关停

当每日优鲜在为出售无人零售业务换得现金周转时，其于今年1月收购的"在楼下"无人售货机似乎成了双方交易中的牺牲品。2022年11月28日，北京商报记者走访多个社区发现，"在楼下"无人售货机已经停止运营，部分柜内的货品被清空，加盟等服务电话也已关闭。

据了解，"在楼下"无人售货机背后的运营主体为北京在楼下科技有限公司，该公司成立于2017年。2022年1月，北京在楼下科技有限公司由北京每日优鲜便利购电子商务有限公司全资持股。这意味着每日优鲜的便利购业务能借此扩张至全国9个城市，点位超过1万个。

然而，在2022年7月每日优鲜危机逐渐显现时，旗下经营正常的无人零售业务便利购难以置身事外，转而成为每日优鲜"救火"变现的棋子。每日优鲜签订了业务及资产转让协议，将便利购自动售货机相关的业务和资产，包括北京便利购、济南便利购及其他相关于公司拥有的所有资产和专利出售给第三方，总价为 1800 万元现金。而截至当年年度报告日，交易购买方仅向每日优鲜支付了 460 万元现金，另向每日优鲜供应商和员工支付了 320 万元~1800 万元现金并未完全到账。

"每日优鲜依然拖欠工资，最近才开完庭。"一位已离职的便利购员工表示，如果很长时间仍未发工资，每日优鲜会被强制执行并可能变卖便利柜。根据过往媒体报道，每日优鲜便利购业务被收购时，公司还有 1.4 万台设备，其中在运营的有 8000 台左右。

设备已有新团队接手

另一方面，北京商报记者注意到，每日优鲜便利购微信公众号上推送的最新文章显示，经过两个月的震荡和调整，公司已组成全新团队，由深圳友朋智能商业科技有限公司（以下简称"友朋智能商业"）控股。

公开资料显示，友朋智能商业成立于 2017 年 3 月，其经营范围包括自动售货机、商用智能售货柜产品与技术研发等。

对于收购每日优鲜便利购业务一事，一位友朋智能商业内部人士向北京商报记者表示，公司收购的是每日优鲜便利购的设备资产，并不涉及承担员工薪资拖欠的问题。"每日优鲜要把设备这类资产交到我们的仓库里确认，我们才会付钱。但每日优鲜存在资产丢失问题，也有部分设备资产被供应商扣留在仓库里，目前针对这些资产问题，每日优鲜也在立案处理中。"

上海申伦律师事务所律师夏海龙认为，判定收购方是否应承担被收购公司存在的欠薪问题，主要是看被收购公司的主体是否发生变更。若每日优鲜便利购的被收购方式为新股东资金注入，那么其仍要承担员工欠薪问题。但如果每日优鲜便利购被注销，那么员工劳动关系的主体也会变更为收购方，收购方就需要承担每日优鲜便利购遗留的债务等问题。

因此，每日优鲜便利购与友朋智能商业双方着重以设备资产交易为主，未涉及到公司主体变更。

"每日优鲜便利购卖掉资产后能获得一笔收入，也能尽快偿还员工薪资，因此建议离职员工尽快申请仲裁。"夏海龙表示。

那么，每日优鲜是否有针对便利购员工的欠薪补偿计划？"在楼下"无人售货机资源是否也会被打包折现？对此，每日优鲜相关负责人未向北京商报记者回应。

社区收支难以平衡

有业内人士认为，较之柜体，收购方看重的是每日优鲜便利购的 8000 多个点位，从而省下了一笔地推人员的市场开发成本。据一位从业无人零售的工作人员透露，柜体主要分为无人售货机及无人便利柜两类，部分企业会通过加盟代理的形式扩店，加盟费在 8 万~15 万不等，由公司派人跟踪辅导选址并进行培训。

去年3月，"在楼下"相关负责人曾向北京商报记者表示，2020年"在楼下"在北京新增200个点位，经营优化后使得单个点位盈利增长217%，并且去年整体无人售货机业务保持了正向现金流。同时，柜机还新增了蔬菜、鲜食等品类。

然而，当疫情常态化，人们的购物渠道恢复往常后，无人便利柜的社区生意又变得冷清起来。"在社区投放需要考虑能遮风挡雨且带电源的位置，而且要向小区物业交几百元的入场费，电费另算，因此经营效果并不理想。"另一位从业无人便利柜业务的资深人士坦言，封闭式环境的销量要好于社区这类开放式场所，毕竟无人便利柜品类的丰富性无法与社区周围的商店相比。

为了解决社区无人便利柜SKU受限问题，北京商报记者在走访时发现，一家名为"智惠家生鲜供应"的无人便利柜还叠加了社区团购业务。据了解，目前该便利柜已经入驻北京100多个小区，主要售卖水果、饮料品类。"居民在微信群接龙预订商品，次日中午之前可来便利柜旁自提。"在朝阳区某小区现场售卖商品的工作人员表示，无论在社区摆摊还是投放设备，都得跟物业打点好关系，"具体费用不太清楚，但肯定不低"。

尚未走出融资依赖

社区生意扩张不易，使得企业着力在写字楼等室内场景寻找突破口。"顺丰的无人便利柜业务'丰e足食'入驻是免费的，如果销量不错，还能为入驻的公司提供每月100元左右的电费补贴。顺丰的扩张逻辑主要是为增加企业客户的黏性。而元气森林在小超市等投放无人便利柜，主要是为宣传饮料新品，并提升供应商进货的积极性。"上述资深人士向北京商报记者介绍道。

据行业媒体《物流指闻》报道称，截至2022年11月，"丰e足食"的智能柜点位近8万台，覆盖全国46个城市。在8月时，其营收达到1.2亿元，同比增长120%。

但业务高速增长的背后仍需要大量融资输血。公开资料显示，在2022年2月，"丰e足食"宣布获得3亿元融资，这距离其上一次融资还不到一年时间。而每日优鲜便利购被收购前，曾在2017年完成两轮融资，融资金额累计1.97亿美元，约合13.47亿元。连现已关闭的"在楼下"无人售货机在2017至2019年间也获得了四轮融资。

曾经的资本宠儿如今已难见踪影。据上述资深人士透露，便利蜂的无人便利柜项目在今年4月已经关停，而小e微店在去年时就已停止扩张。

而终于走出残酷洗牌的无人零售企业友宝曾两度冲击资本市场。2016年2月在新三板挂牌上市后，于2019年3月摘牌。2021年2月，友宝又终止了创业板上市。2022年5月，友宝向港交所递交招股书。根据招股书数据，2020—2021年，友宝累计亏损近14亿元。对此，其解释为疫情对无人售货机及迷你KTV客流量及销售活动造成了负面影响。

零售电商行业专家、百联咨询创始人庄帅认为，无人便利店的未来需以差异化的商品组合为出发点，塑造无人便利店的价值核心，这也是决定无人便利店能否长远发展的关键因素。现阶段市场尚未有大规模集成发展企业，行业仍有较大发展空间。

"无人零售存在明显的前端点位扩张与后端供应链建设不匹配的问题，尤其是一些新进入零售业的企业，加强供应链能力尤为重要。"零售业专家胡春才认为，温差产品、自有商品、定制商品及IP联名产品是无人便利打造差异化商品组合的重要抓手。同时，无人便利店应通过以单品管理、用户管理、单店管理为核心的精细化运营，优化运营管理效率，降低运营成本，提升即时零售的市场竞争力。

（资料来源：北京商报．https://epaper.bbtnews.com.cn/site1/bjsb/html/2022-11/29/content_482014.htm．本书有删改）

案例思考

1.案例中"每日优鲜"发展过程中存在哪些挑战？

2.无人零售行业的未来机遇主要体现在哪些方面？

复习思考题

1.无人零售的起源是什么？

2.什么是无人零售？目前无人零售的平台有哪些？

3.结合具体的无人零售平台，分析并阐述其优缺点。

4.阐述人工智能技术对无人零售行业的影响。

5.谈谈你对无人零售未来发展趋势的个人看法。

本 章 实 训

1. 实训目的

（1）掌握无人零售的基本概念与基本知识。

（2）通过实地调查，了解所在城市某一无人零售平台的运行情况。

（3）培养学生收集资料、分析问题、团队协作、个人表达等能力。

2. 实训内容

以小组为单位，深入你就读高校所在城市的某一无人零售平台进行调查，收集这个平台的基本情况、现阶段存在的问题及效果，并针对该平台未来的发展提出相应的建议。

3. 实训组织

（1）指导教师布置实训项目，提示相关注意事项及要点。

（2）将班级成员分成若干小组，成员可以自由组合，也可以按学号顺序组合。小组人数划分视修课总人数而定。每组选出组长1名、发言代表1名。

（3）以小组为单位，选定拟调查的无人零售平台，制定调查提纲，收集特定平台资料。写成书面调查报告，制作课堂演示PPT。

（4）各小组发言代表在班级进行汇报演示，每组演示时间以不超过10分钟为宜。

4. 实训步骤

（1）指导教师布置任务，指出实训要点、难点和注意事项。

（2）演示之前，小组发言代表对本组成员及其角色进行介绍陈述。演示结束后，征询本组成员是否有补充发言。

（3）由各组组长组成评审团，对各组演示进行评分。其中，演示内容30分，发言者语言表达及台风展现能力10分，PPT效果10分。评审团成员对各组所评出成绩取平均值作为该组的评审评分。

（4）教师进行最后总结及点评，并为各组实训结果打分，教师评分满分为50分。

（5）各组的评审评分加上教师的总结评分作为该组最终得分，对于得分最高的团队予以适当奖励。

参 考 文 献

［1］曹裕，许容良，胡韩莉，等.无人零售业态下自动售卖机联合补货策略研究［J］.中国管理科学，2021，（11）：179-190.

［2］李亚兵，夏月.新冠肺炎疫情下零售企业商业模式创新风险识别与评价［J］.统计与决策，2021，（02）：163-167.

［3］邹靖，鲍懿喜.可供性视角下无人零售商店的用户体验要素探析［J］.装饰，2019，（10）：112-115.

［4］曾祥云.人工智能推动无人零售崛起［J］.企业管理，2017，（11）：94-96.

［5］Lin C Y.Understanding consumer perceptions and attitudes toward smart retail services［J］.Journal of Services Marketing，2022，36（8）：1015-1030.

010

第10章 新零售行业的未来发展趋势

引 例

挑战：新零售的现状如何？未来又会如何？

近年来，阿里、京东、腾讯等互联网巨头为了争夺定义权而竞相提出新零售的概念。那么新零售的现状究竟如何？其未来前景又将如何？

自马云提出新零售概念至今，已经过去两年零七个月。在这段时间内，中国零售业发生的变化比前十年加起来还要大。我们见证了盒马鲜生和超级物种等新模式的涌现与拓展、零售餐饮化的兴起与普及、无人零售的爆红与衰落、行业内部在选择发展方向上的迷茫与探索、便利店业的跨界混搭与野蛮扩张等新景色。

在宏观层面，整个零售业可谓热闹非凡，但在微观层面，新零售业态的运行现状却并不乐观。以永辉云创为例，其财报数据显示，2017年永辉云创亏损2.7亿元。永辉集团董事长张轩松透露，由于开店规模迅速扩大，永辉云创今年预计亏损扩大到六亿至七亿元。

盒马鲜生被誉为阿里巴巴新零售的"1号工程"，除了其首家店——上海金桥店号称单店盈利之外，官方再也没有宣称过有门店开始盈利。由于盒马门店属于重资产投入，自建配送队伍履约成本高，再加上这两年门店扩张力度大，有业内人士分析，盒马要实现盈利可谓任重道远。

而以无人便利店、无人货架为代表的无人零售业态，在经历了快速扩张、并购整合、裁员关站之后，业界也开始反思其商业逻辑的合理性。

"新零售"概念的决定性因素究竟是什么？

根据国际经验，随着人均GDP的提高，消费结构与消费品类会呈现阶段性调整。2015年我国人均GDP已经达到8000美元，我国的居民消费升级正式步入快车道。与此同时，我国消费主体也在发生变化。美国知名研究机构ComScore的统计显示，中国大陆25岁~34岁主力消费人群占据总人口比例早已超过30%，居世界平均水平之上。这些消费人群所受教育和成长经历与旧消费人群不同，从而形成了不同的消费心理和消费需求：他们更加注重品质与服务，追求个性化、新鲜刺激多样化、高品质、体验式消费，由此引领了一波个性化、多样化消费需求的兴起，这也间接对生产商的产品提出了更高的要求。

因此，在技术进步与消费升级"双轮"驱动的特定时代背景下，新零售应运而生。新零售、新商业以雷霆之势席卷中国的背后是消费迭代后国内商业及零售生态面临重构、发展模式及经营方式需要重审、市场竞争更需创新。企业不能坐以待毙，只能积极主动地去迎接挑战。

面对未来，企业新零售之路的引路路标又在何处？以下为几点建议：

1. 首先进行科学认知创新与试错

周鸿祎认为，只要试错的成本在企业可以接受范围之内，一切创新皆可尝试。而日本首富、优衣库创始人柳井正则认为创业是"一胜九败"。用上述观点来审视包括盒马鲜生与超级物种在内的各个新零售业态的创新。可以说，它们都在自己能够承受的范围内进行试错。在这个过程中，中途掉队或者倒下很正常。

2. 数字化不可逆

新零售的本质是实体门店互联网化，在这个过程中零售企业的数字化成为最核心的要素。零售业转型升级的步伐不会改变，企业数字化要从简单的业态创新和顾客数字化向内部流程与供应链的数字化迈进。这是真正提升企业运营效率的办法，需要下一番功夫，成效慢但非常有必要，好的企业都会走这一步。

3. 整合零售资源，实施全渠道发展策略

针对更加注重消费体验和购买效率的消费群体，零售商要精准定位目标客户，并对其购物的路径偏好和全部零售渠道进行全方位的仔细研究，进而根据各种零售渠道的特征，制定相应的销售策略，并利用全方位的渠道间的协调效应，为消费者提供更多便捷、安全的购物体验，同时也有助于零售商获取更多的利润。

4. 核心在于消费者的选择

不管是曾经火爆一时的O2O，还是现在的新零售，这是商业变迁、消费升级必须经历的过程，区别之处在于服务消费者的方式不同和技术的升级，但唯一不变的都是以消费者为核心，不断地进行服务升级，使消费者得到更好的体验和服务。

（资料来源：新零售的现状如何？新零售的未来前景又如何？https://www.chinairn.com/hyzx/20190505/164511764-2.shtml，本书有删改）

国家发展和改革委员会发布的《"十四五"扩大内需战略实施方案》强调，必须坚定实施扩大内需战略，准确把握国内市场发展规律，充分发挥内需拉动作用，推动我国经济平稳健康可持续发展，因此我国零售业的未来发展至关重要。目前，我国新零售发展已经进入了一个全新的阶段，越来越多的企业和消费者更加了解新零售的概念，并愿意参与到

新零售的运营和体验中。其中，相关技术的发展、经济的提升和消费者变化的需求都为新零售注入了新的活力。

从基础技术角度来看，云计算、物联网、大数据、人工智能、智能互动设备和虚拟现实技术等与新零售高度相关的技术迅速发展。根据市场研究机构Canalys发布的报告显示，2023年第四季度中国大陆云基础设施服务支出同比增长22%，达到97亿美元，占全球云支出的12%。而2023年全年，中国云服务市场总体增长16%，高于2022年的10%，预计到2026年，中国云基础设施市场规模将达到847亿美元。同时，中国物联网市场规模很可能将在2026年达到2940亿美元，复合增长率（CAGR）为13.2%，继续保持全球最大物联网市场体量。此外，行业分析机构IDC 2022年发布的《全球增强与虚拟现实支出指南》中预测中国AR/VR市场IT相关支出可能在2026年增长至130.8亿美元，成为全球第二大单一国家市场。技术的不断发展进步使得新零售企业能够利用大数据分析消费者需求，并实现物流的快速响应，同时在线下店铺和网络平台中利用VR等技术为消费者提供更好的体验。

在经济环境方面，国家统计局发布的数据显示，中国社会消费品零售总额于2020年受疫情影响有所降低，但在2021年又重新恢复增长。2023年，社会消费品零售总额471495亿元，比上一年增长7.2%。而在2024年的1月至6月，社会消费品零售总额为235969亿元，同比增长3.7%。同时，全球电商平台仍在蓬勃发展，并呈现出渗透率不断提升的态势，随着市场竞争的不断加剧，线上线下相结合的新零售模式成为零售企业转型的新方向。

从消费者需求来看，随着经济的发展，消费者的购买力得到了较大提升，这使得消费者更加关注高品质、多品类、购买性强的产品。同时，消费主体更加个性化，他们在消费的过程中相较于以往的群体更加注重心理的满足和个性的展现，同时他们也希望能够在一家商店内购买到多样化的商品，并能在线下实体店内切身体验与产品风格匹配的多元化场景。这样的新需求是传统零售企业和电商平台无法完全满足的，因此零售企业需要引入新的模式以提高自身在市场中的竞争力。

目前，国内外许多行业巨头纷纷入局新零售领域，新零售行业前景广阔。未来，新零售将会在行业内部深入发展，在行业外部寻求多领域扩张。此外，新零售国际化也是不可逆转的趋势。

10.1　新零售行业纵深发展

尽管新零售行业在中国发展时间较短，但发展态势迅猛。2016年"新零售"的概念被首次提出，2017年新零售市场的规模就已经达到了389亿元。2023年，中国新零售市场的规模呈现出显著增长。根据相关数据，2023年全年中国社会消费品零售总额达到了471495亿元，同比增长了7.2%。其中，网上零售额为154264亿元，同比增长11.0%，实物商品网上零售额为130174亿元，同比增长8.4%，占社会消费品零售总额的27.7%。随着新零售商业模式的不断发展和用户消费习惯的改变，新零售市场在未来仍有巨大的增长潜力。新零售如何实现持续高速发展？关键在于不断深化新零售模式独有的优势。这就对新零售行业内部的纵深发展提出了要求，新零售企业必须对物流效率、营销内容、社群建设、产品选择等重要环节进行深入研究和变革，以此在不断变化的复杂零售市场中获取竞争优势。

10.1.1 物流数据化：供应链由线性向网状转型

在新零售时代，建设完善的物流体系是所有零售企业的重要课题。在传统的零售业中，供应链通常是由前端到后端、由上游至下游的线性和树状模式，这导致供应链整体效率较低，无法及时响应消费者的需求。新零售企业则致力于通过将物流数据化的方式使供应链由线性向网状转型。企业通过大数据、物联网、人工智能算法分析得到最优的路径和最合理的人力、物资分配方式，实现了供应链各环节数据的有效实时同步和共享，极大地提升了物流的效率（如图10-1所示）。

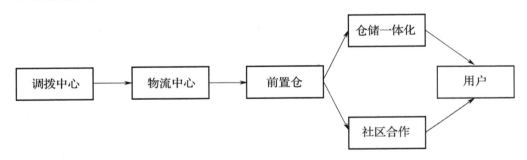

图 10-1　新零售物流网络图

物流体系对于生鲜新零售企业来说尤为重要。阿里巴巴旗下的盒马鲜生从生鲜原产地进行采购，并与当地供应商达成长期合作，以降低供应链风险并随时根据自身需求对供应商的商品进行调整。同时，盒马鲜生坚持加强对大数据的应用，将商品订单、商品批次等物流内容数据化，实现对配送人员进行的智能调度，以提升供应链效率。此外，盒马鲜生坚持打造个性化定制采购，借力"大数据选品"和"买手制"为消费者提供个性化定制服务。盒马鲜生的供应链生动体现了新零售企业供应链呈现网状、依赖大数据等技术的特点。

//小案例//

85%订单隔日送达，良品铺子智能物流系统提升服务质量

近年来，良品铺子开始进军国际市场，力求为全球消费者带去最优质的零食。据悉，2019年双11期间，良品铺子的零食已成功销往美国、加拿大、意大利等22个国家。那么，良品铺子是如何将零食准时且快速地送到全球消费者手中的呢？良品铺子有着自己的方法——打造智能物流系统。

1. 天下物流，唯快不破，85%以上订单实现隔日送达

随着市场和消费客群的需求升级，配送及时已经成为多数消费者的"硬"需求。这加速了仓储和物流的升级与变革，要求从自动化仓储、运输、拣选、分拣、逻辑控制等诸多方面进行技术升级。在此背景下，良品铺子着手打造智能化物流中心，重点服务华中地区，同时辐射全国，缩短运输环节，提升运输效率。

为提升物流效率，良品铺子持续大手笔软硬件投入仓储、物流和信息化系统的建设。目前，良品铺子物流中心已成为全国物流标准化联盟试点单位，4A级物流企业。良品铺子通过布局中心仓、区域仓、门店（仓）的三级仓储，广泛在全国13个主要城市布仓，辐射华中、华东、华南、华北、西南、西北、东北等地区。这些仓库与订单的距离均不超过500公里，方便供应商就近送货。得益于这样的仓库分布，良品铺子可以实现全国85%以上的订单能够在隔日送达用户手中。

2. 降低出错率，智能物流中心准确配送

良品铺子通过信息化和数字化改造，让物流系统变得更加智能，从而提升准确配送率，降低出错率。例如，良品铺子的华中物流中心是一个典型的食品流通型物流中心，讲求快速进出与周转，商品拆零出库量大，整零合一存储。凭借具备智能算法的管理系统，良品铺子物流中心根据各区域的商品属性和分拣需求进行统筹规划和布局。通过操作精准高效的智能设备，针对性地解决了大、中、小件订单的不均衡和场景复杂等问题，实现了物流综合处理能力的有机匹配和全面提升。

除此之外，良品铺子智能物流中心还引入自动化立体库、万向分拣机等自动化、智能化设备，以及物流管理相关软件等，软硬件充分结合，形成高效和谐的一体化作业模式。在技术应用及流程管理方面，良品铺子物流中心应用整托托盘立库、指环+平板电脑拣选、复核分拣机、出库高速分拣机及多层输送系统等技术，已具备多区域多门店快速配送的作业能力。

3. 合纵连横，携手第三方物流，为客户提供最佳体验

除了借助信息化系统和仓储建设布局之外，良品铺子还以开放的心态与京东物流、饿了么等第三方物流携手合作，一切只为客户第一时间品尝到美味零食，获得最佳体验。

2018年12月，京东物流与良品铺子正式达成战略合作。京东物流将向良品铺子开放其覆盖全国的仓储物流网络，并为其提供更高效、更优质的供应链一体化服务。针对良品铺子遍布全国的2000多家门店，京东物流将提供仓间调拨，库存打通等服务，将良品铺子在线下门店、O2O、线上渠道的商品库存进行统一管理。这不仅大幅提升了其库存周转效率，也显著提升了良品铺子的现货率。尤其是在大促期间，京东物流缩短了良品铺子的入仓周期，保障其在日益升级的电商购物节的背景下能灵活调配货源和物流资源。

在良品铺子的高端战略之下，高品质、高颜值、高体验以及精神层面的享受构成了高端零食的核心本质。而越来越智能化的物流体系，无疑为这一战略提供了强有力的支撑。

（资料来源：https://baijiahao.baidu.com/s?id=16593196814599141136&wfr=spider&for=pc，本书有删改）

10.1.2 营销内容化：场景消费推动用户体验升级

随着消费升级趋势愈加明显，单纯的电商平台购物或线下实体店购物已经无法满足消费者日益增长的多元化需求。消费者对场景的生动性和购买方式的便利性的要求上升到了一个新的高度。在新零售的趋势下，零售商不再局限于以语言、画面、视频等方式展示产品，而是以线下实体店为载体，通过构建场景化的展示形式，更加直观地向消费者展现产品的多样特性。

1. 关注实体店场景设置

实体店往往会根据产品的使用场景、突出优势、外形风格、新兴技术、品牌文化、现场服务等设计多种场景，使得消费者在浏览和参与的过程中多角度了解产品和品牌。此外，新零售企业还定期举办品牌主题活动，利用趣味游戏引导消费者深度参与，进一步增强消费过程的体验性、趣味性，促进消费者对品牌忠诚度的提升。同时，新零售企业不断将VR和AR互娱技术融入线上线下体验中，利用日益成熟的技术为消费者打造科技感十足的体验，增加了化妆品虚拟试色、模拟购物车等娱乐场景，进而提升消费者的新鲜感，助力产品和品牌的推广。

2. 采用"生活方式"式营销

零售业在经历了"大"时代之后，又逐渐回归了"小"时代。这里"小"的概念并不意味着零售业规模的缩小或成本的降低，而是指消费场景的聚焦。消费场景既要来源于生活，又要高于生活，这样才能更好地引发消费者的共鸣。其中，消费领域的升级方向主要聚焦于"生活方式"领域，这是新零售营销内容化的进一步体现。

生活方式涵盖了消费者的社会关系、消费模式、娱乐方式和穿着风格等多个方面，也反映了消费者的态度和价值观，与消费者的物质和精神需求深度关联。消费升级正是生活方式更新进化的结果。因此，未来的新零售企业应重点关注消费者目前的生活方式，并采用顺应这类方式的营销手段和内容。此外，零售企业可以进一步提出新的生活方式理念，并通过产品设计、实体店展示等形式展现这种生活方式。引导消费者参与其中，从而增强消费者对企业文化的认同感。

小 资 料

新零售店面布局的生活化与场景化

新零售将"人、货、场"有机结合，通过传递感知、创造体验和客户交流，将传统的"卖商品"进化成为"卖生活"。店面布局生活化、场景化，注重消费者的体验、交流和参与已经成为新零售业态的重要特点和标识。以银泰House Selection为例，其店内布局包括咖啡吧、书吧、家居样板间等，整体呈现为一个集体验与购物于一体的家居空间，消费者可以对场景内所有满意的商品直接下单。

消费者对盒马鲜生实体店的第一印象大都认为这只是个超市，逛一会儿就发现它实则是一个"泛饮食"的场景化布局，为顾客带来关于"吃"的极致新鲜体验的新零售店。

极客未来在其官网宣传的就是互动体验、试玩教学、一站式购物的零售模式，推出了自主开发的共享酷玩平台，在原有新实体零售体验的基础上延伸出共享经济模式，"强调使用权，淡化拥有权，让使用比拥有更有价值"，实现消费者、商家、品牌的三方共赢。

（资料来源：鲁效伟. 移动互联经济下新零售的特点、发展趋势及启示 [J]. 商业经济研究，2018，（8）：3. 本书有删改）

10.1.3　消费社区化：多元选择时代凸显社群文化作用

当前零售市场竞争激烈，消费者也因此拥有更加多元的选择。然而，消费者在面对琳琅满目的产品时往往很难迅速做出选择，这导致消费者选择产品的时间不断增加，为其带来了诸多烦恼。同时，出于对产品质量、安全性等方面的考虑，消费者不愿意选择自己没有尝试过的产品或市场上的新品牌。在双重因素的作用下，消费者往往更倾向于信任熟人或兴趣相似者的推荐，因为这样既节省了比较和选择的时间，又能够通过他人的反馈情况确保产品质量。新零售企业应关注消费者的这一习惯，并针对性地开发以社区和社群为载体的促销方式，达到缩短消费者决策路径的目的。

目前，以社区和社群为基本单元的商业系统正蓬勃发展。企业通过媒介接触点、终端店铺与线上社群三方的结合，打造新零售方式。这类零售企业针对不同社区、社群的人群进行消费者画像、标签匹配，并辅之以数据分析技术，实现广告和产品信息的精准投放。同时，零售企业还通过搭建信息管理系统，快速完成订单处理、库存管理、采购、分拣、配送、支付结算等环节，确保供应链各环节的精准衔接与高效响应。信息管理系统的搭建也有利于加速信息收集、品质管控等过程，进一步确保消费者满意度。此外，新零售企业不断洞察社群中消费者的需求，并长期通过线上和线下的方式与社群消费者进行深入沟通，打造兼具功能性、情感性和时代价值性的产品，进一步推动消费者对品牌的了解，增强消费者对品牌的忠诚度。

小 资 料

社区、社交、社群电商概念区分

社区的概念最早由德国学者滕尼斯提出，是指由一定数量居民组成的、具有内在互动关系与文化维持力的地域性生活共同体。而后美国芝加哥学派在开展社区研究时，赋予了社区行政区域的概念。

如表10-1所示，通过对不同定义进行比较，我们可以认为社区不仅是一种平台，它更体现了多元主体的参与，表现为地方政府、社区居委会、各类社会组织、社区居民共同参与，他们携手共同推进社区建设与发展活动。而社群指的是基于数字化浪潮、公共领域与私人空间界限愈加模糊的社会大背景下，于互联网空间里诞生的虚拟化组织。这类社群根据不同的属性，往往呈现出科层性强、分工明确以及具有排外性等显著特点。

表 10-1　社区、社交、社群电商概念对比分析及运营要点

	社区电商直线式	社交电商裂变式	社群电商爆炸式
定义	基于位置的商业模式，以周边社区居民为服务对象	基于个人的社交关系进行转化（单品爆款、营销任务），并对转化进行识别和激励	基于习惯和共同的特征区分受众群体并进行精准营销的过程，侧重于与群体的交流及专业知识分享

（续）

	社区电商直线式	社交电商裂变式	社群电商爆炸式
特征	1.距离消费者近，可信度高，便利性强； 2.以家庭消费为主； 3.购物、餐饮、服务一体化； 4.注重互动体验	核心：信任和高佣金	1.聚集：线上知识、资讯分享及线下活动、聚会； 2.类别：品牌、产品、服务、氛围、人脉
场景	到店：扫码购、现场预订、美味三步骤、服务预约、新鲜预售； 到家：闪电送、快速送、预约送、周期送、服务预约； 共享空间：智能售货机、无人店及无人货架、快闪店、办公室小店	链接实体店铺：实体店铺为消费者提供信誉保障； 链接导购：链接合作店、创客、微商等，通过多种方式导流	交流：专家在线、知识问答、话题、圈子、活动； 分享：分享者、分享内容形式、分享激励（物质及精神）
运营要点	1.选品、营销、价格等接地气，贴近居民生活； 2.强调服务和及时配送	1.裂变机制：口碑分享页面、推荐奖励机制、口碑推荐场景； 2.裂变形式：利益裂变、促销裂变、游戏裂变、自发裂变	1.用户参与、种子用户裂变； 2.通过专业优质内容输出建立消费者的信任； 3.提供与社群匹配度高的商品和服务

（资料来源：https://www.sohu.com/a/444356994_120057219. 本书有删改）

10.1.4　选品宽泛化：多品类策略提高客户满足感

传统零售业认为，零售商在进行门店管理的过程中必须注重品类管理，且需要更加注重商品组的选择而非单品的选择，以此帮助零售企业在激烈的竞争中吸引消费者。品类管理创始人布莱恩·哈里斯博士（Dr.Brian Harris）认为，顾客在选择零售门店时，相较于单品，他们更加关注商品组合。例如，假设顾客有购买酒类的需求，那么在不同商店酒类单品质量差距相对较小的情况下，顾客更加倾向于首先对比不同零售商店间所有酒类产品的性价比，并以比较的结果为依据选择购买地点。因此，品类管理思想认为，零售商应注重基于客户需求和购买行为的商品分组管理，商品品类可以被分为商铺主打的目的性品类、顾客刚需的常规性品类、多为冲动性购买的便利性品类等。鉴于企业资源有限，零售企业必须合理分配资源，通过打造爆款品类吸引消费者前往，以此带动其他品类的消费。但在注重顾客需求的新零售时代，能够最大程度满足消费者需求的零售企业才能赢得更多忠诚客户，传统的品类管理模式已难以帮助企业在竞争激烈的市场中获取竞争优势。

新零售企业在品类选择方面，最应注重的应是客户的需求而非产品的品类本身，零售商应当更加关注与客户的交流和对客户的维护。同时，新零售企业可以通过数据收集整理深入挖掘客户需求，利用智能化盘货系统筛选爆款产品，根据消费者需求保留多品类爆款产品，使消费者可以在一家店铺购买到全品类的高质量商品，这极大地提升了购物的便利性，增强了消费者对企业的满意度和忠诚度。

此外，在供应链技术不断进步的背景下，新零售企业得以快速对商品品类进行调整，能够提供的品类也更加宽泛。因此，新零售企业将持续选择在本国和全球范围内广泛选品，为消费者带来多元、新颖且高质量的消费体验。

10.1.5 全程智能化：新零售发展的必由之路

新零售行业未来的纵深发展与智能物流、内容营销、社区消费和品类选择息息相关，然而更重要的是将智能思维融入零售的全流程中，实现从采购到售后的全程数字化、无边界、可视化和全渠道。

1．数字化

近年来，大数据、人工智能、VR、AR 等技术手段已被零售企业广泛地运用到零售的全流程中。但随着技术的不断进步，新零售企业也必须不断降低现有技术的成本，结合创新思维挖掘新技术，以此提升对消费者的全方位解读、实现针对不同消费者的精准营销、根据消费者的需求快速响应和优化消费者购买体验等新零售的重要环节。

2．无边界

新零售要求企业为消费者提供最大程度的便利，而当前消费者对购买的便利性十分关注。消费者希望自己能随时随地购买产品，而不是像以往一样必须前往实体店购买。因此，新零售企业更应注重线上平台的构建，线上平台应提供商品预订、送货上门、预约取货等服务，为消费者解决购买的时间限制问题。同时，为方便消费者以最少的精力快速购买到需要的产品，新零售企业也将不断推出无人售货机、无人零售小店等各类新零售方式。这些机器和商铺将结合多种支付技术，打破传统零售对工作人员的依赖，通过移动支付、人脸识别、无人零售等方式提升付款的便利性，并从长远角度降低零售企业的用人成本。

3．可视化

可视化零售主要涵盖可视化场景和可视化物流两方面的内容。可视化场景指消费者可以在线下门店进行体验，线下门店内贴近日常生活中的场景使消费者能够切身体验产品和品牌的魅力。可视化物流则是指新零售企业搭建数据平台记录物流各个环节的数据，使消费者能够在网络平台实时查看商品的出厂情况、运输过程、配送联系人等信息，从而增强消费者对企业的信任和对产品的重复购买意愿。未来，食品新零售行业甚至可能实现可视化制造，让消费者通过观看生产录像对产品安全更加放心。

4. 全渠道

目前，线下实体店面临诸多困境，线上电商平台也困扰于流量红利的消失。因此，新零售企业必须取长补短，采用线上线下相结合的方式，设立品牌专属 App，加速零售门店与电商间渠道资源的共享，实现门店与电商的相互导流，吸引更多的消费者，以此不断拓展获客渠道，在降低成本的同时增长客户黏性。

▮▮ 小 案 例 ▮▮

当新零售拥抱数据可视化，一个案例带你读懂数据可视化的价值

传统零售业向新零售转型升级的底层支撑是数据挖掘与可视化技术，它们是怎样赋能具体业务模块的呢？下面我们从人、货、场三个要素切入逐一探讨。

1. 人——消费者洞察，从 B2C 到 C2M

俗话说，知己知彼，百战百胜，对消费者的洞察是后续精准选品和引导消费的第一步。

过去，整个传统零售业对客户的洞察还浮于表面，大多数时候选品等一系列决策都是经营者"拍脑袋"想出来的。在这种传统的 B2C 模式下，零售一般以生产企业为中心，推行大规模、标准化的流水线生产，产品生产完成后经由一级分销、二级分销等流通环节最终到达终端客户。在这种模式下，供应链各主体间缺乏有效沟通，极易导致"生产与需求不匹配"的问题。

而 C2M 模式则以客户为中心，实现了反向的"需求拉动式供应链"。厂商在进行客户画像绘制，需求调研预测等一系列前期工作后，再按照实际需求进行"柔性生产"，从而有效避免了产能过剩的问题。在这种情况下，消费者画像应该聚焦哪些具体指标？这些指标又是怎样被挖掘出来的呢？

这些指标的获取离不开来自线下"场"的收集。例如，年龄、性别、城市、省份、会员等级等硬性指标都是通过线下的"场"，利用门店 WiFi、人脸识别、会员系统等实现同步上传的。除了上述指标外，企业还能够通过大屏进行更深入的数据分析挖掘，如会员同比增长数、销售占比、偏爱单品预测等。

2. 货——选品、递送与复盘

除了"人"以外，"货"也要通过数据互联实现线上线下的全链路打通。

零售业围绕"货"的核心工作，按照时间顺序可大致分为生产前的选品、生产后的递送、再生产前的复盘三大环节。由于选品与"人"高度相关，此处重点阐述"货"的递送与复盘。

就递送需求而言，新零售企业通过搭建数据中台的方式，统一指挥各个门店的仓储、库存、物流调度。通过平台打通所有门店的仓储、库存、物流系统以及线上零售平台（如天猫、京东等），并和线下门店做到"货"的打通。这样一来，商品可以直接在全渠道上架，会员体系也在全渠道打通，从而全面改造现有的零售商、品牌商的内部所有系统，让大数据发挥最大效用。

就复盘而言，新零售企业可以通过数据挖掘和可视化技术利用实时大屏展现产品销售状况，从而敏捷地对产品策略进行调整。比如，零售商能够结合旗下品牌各季主推SKU产品，对品牌产品进行直观展示，包括品牌矩阵、品类销售占比、主推产品销售情况、产品销售排行榜。

3. 场——线上线下"场"的交互

过去，传统零售商主攻线下实体门店渠道，随着业务从传统线下布局迁移到"线上+线下"模式，对"场"的交互也提出了更高的要求。

就线上"场"的搭建而言，通过可视化技术将线下各实体门店与线上电商门店进行统一的数据整合，进而赋能管理层级人员。大屏能够展示全渠道的实时销量、金额、流量等关键指标，并同步显示当月指标完成率，方便管理层级人员通过数据实现产品战略的制定与迭代。

除了利用数字化大屏对线上"场"进行搭建以外，零售商也应加强线下"场"的数字化进程，例如，通过智能设备（如试穿评估、热力动线等）采集顾客进店后的行为数据，进行针对性的店内导购服务。

（资料来源：https://baijiahao.baidu.com/s?id=16835799689555000154&wfr=spider&for=pc，本书有删改）

10.2 新零售行业多领域拓展

新零售近年来不断蓬勃发展，至今已初具规模。一个新领域的崛起必将带动相关领域的共同发展，新零售在不断发展壮大的过程中，将业务拓展至多个领域，同时也促进了相关领域的快速发展。新零售对便捷性的重视推动了零售"新物种"的不断诞生，为消费者带来了便捷且多元化的购物体验。与此同时，消费者对快速物流的迫切需求也促使物流运送速度不断提升，加快了诸多物流企业向实体经营转型的步伐。此外，由于新零售企业需要不断适应消费者需求的变化，零售商开始深度参与产品设计和研发，同时对上游供应商提出更多要求，导致供应商竞争压力不断增强，各类企业亟需进行改革以适应新的市场环境。当前，无人零售的快速发展为新零售企业采集用户数据并进行精准营销提供了全新入口，未来发展领域广阔。在更远的未来，新零售企业将逐渐整合内部各个部门以及供应链各个环节的资源，以实现各环节间的信息互通，进而形成新零售业态综合解决方案。

10.2.1　"新物种"持续诞生

零售行业具有显著的本地生活特征，当前消费者普遍压力较大，缺乏空余时间，因此对购买产品的便利性尤为关注，这促使不断提升便利性成为当前零售业的发展重点。在此背景下，新零售呈现出多业态融合、线上线下结合以及打造即时物流的发展趋势，充分体现出以消费者需求为中心的发展原则。目前，多个领域不断融合形成"新物种"，这些由行业升级与新零售电商系统融合产生的消费"新物种"代表着新的消费领域和消费模式的诞生，也预示着未来发展的巨大机遇。

从消费结构升级的角度分析可知，新物种产生的重点领域和主要方向集中于服务消费、信息消费、绿色消费、时尚消费及品质消费等领域。例如，2020 年，凯撒旅游于北京的一家写字楼中宣布"觅MI LOUNGE"西餐厅试营业，这标志着其迈出了新零售探索的第一步。"觅MI LOUNGE"西餐厅集茶水、咖啡、酒类、餐食、旅游等于一体，是旅游业与零售空间的跨界体验，为文旅企业提供了疫情后崛起的新思路。此外，新型面包店、甜品店等引入文创商品，通过销售文创产品为店铺引流，并提升消费者对品牌文化的认知。同时，诸多针对女性的微整形、医美馆、月子会馆、塑性中心等纷纷与购物中心结合，形成消费新生态。新型书店则将咖啡厅、文具店与书店相融合，为消费者提供惬意的阅读环境，增加消费者停留的时间和购物的可能性，从而提高书店的客流量。这些案例无不彰显出"新物种"的蓬勃发展及未来零售行业的发展趋势。

10.2.2　配送专业化催生物流实体经营

新零售优化用户体验的关键环节之一就是建设高效、安全、完善的物流体系，以达到即时送达的水平，这样的需求对物流企业提出了更高的要求。为了满足零售业不断变化的需求，物流企业必须打破传统发展模式，大力发展实体经营模式，并结合互联网、物联网技术打造全新的智慧物流体系。这一趋势最终将形成零售业的衍生行业，为新零售业融合一体化发展打下基础。

目前，我国物流业还存在着诸多问题：第一，物流业服务水平与新零售的要求不完全匹配。新零售模式强调线上线下相结合的销售方式，消费者对线上购买商品的配送速度和服务质量有较高要求。物流企业必须结合大数据、互联网等新技术满足不断增长的消费者需求。此外，在新零售的背景下，消费者也十分注重物流行业从业者的服务素质，为此物流企业也应注重对员工的培训。第二，智能化的信息技术尚未在物流业中普及。新零售模式进一步增强了消费者对商品的选择权，零售企业竞争不断加剧，也为物流企业带来了影响，迫使物流企业通过信息化技术提高自身的运营能力。然而，目前我国只有少数物流企业具备这样的能力，因此行业整体的设备和运营模式仍需进一步智能化、数字化。第三，物流行业缺乏兼具物流运营经验、大数据思维和创新思维的从业者。物流行业仍是一个相对不成熟的新兴行业，2010年中国才出现第一家以快递为主的物流企业，其发展期仅为15年左右，还未形成一套能够经受时间考验的成熟模式。新零售模式对物流的高要求对所有物流从业者提出了挑战，优秀的物流从业者必须拥有丰富的运营经验，并能够将数据思维融入日常的运营中，同时也必须不断从各个环节入手提升物流运输效率和顾客的满意度。这些问题都表明我国物流企业的改革迫在眉睫。未来，我国物流企业应与新零售企业为提升跨区域运输速度而建立的仓储室融合发展，打造"物流＋仓储"的多联化市场。在新零售的发展和智慧物流的推动下，越来越多的物流企业将展开实体经营布局，最终形成新产业。

10.2.3 数字化向上游产业升级，竞争加剧

新零售要求产品能够快速迭代更新以适应消费者需求的变化，因此，上游产业的产品设计能力、产品生产效率、产品安全质量以及生产调整速度等因素都在新零售企业的考察范围之中。在新零售时代，零售商不再仅仅是商品的销售场所，而更多地承担了消费者与生产者之间的媒介作用。新零售企业会深度参与到产品的设计之中，与上游制造业形成更加紧密的关系，甚至与其融为一体。因此，数字化趋势势必从消费者向零售商转移，并可能迁移至上游制造商，形成从零售业互联网化到工业互联网化的过程。此次升级浪潮主要源于新商业基础设施建设和消费者需求的变化，这将重新定义制造业。而上游行业的竞争压力也将不断加剧，中小企业急需寻求转型以适应新的市场环境。零售业的竞争在很大程度上是产品的竞争，新零售的发展会对上游产业产生了巨大的影响。

1. 上游产业产生了内在的变革驱动力

产能过剩和新零售时代的到来使得消费者具有更多的选择权，传统渠道的效率不断降低。这迫使零售商内部更加重视生产效率、产品质量等因素，数字化生产改革也因此成为上游企业的重要课题。

2. 消费升级对产业升级起到了促进作用

消费者希望上游企业提供更多优质的产品，这类要求导致产业竞争不断加剧。其中，大型企业凭借资金、设备、员工素质等在竞争中占据优势地位，但大部分中小企业现有的

能力不足以在竞争中存活下去，转型已迫在眉睫。

3. 消费者多变的需求促使上游产业进行改革

目前市场中的消费者具有个性鲜明、需求多变以及追求品质等特点，因此，能够快速对消费者需求做出反应的零售商和上游企业才能在市场中争得先机。传统的上游企业主要聚焦于单一产品生产的品质和效率提升方面，对消费者变化的需求不敏感，也很难对生产线做出灵活调整，导致消费者的需求难以得到即时满足。

针对以上三种问题，在新零售时代，上游企业将不断加强市场调研以了解消费者需求，并频繁与零售商交流以获取更多信息。此外，上游企业还将借助新兴技术进行精益化的制造生产活动，以明确产品改进方向并不断提升生产效率来应对市场挑战。

///小案例///

阿里巴巴投资纽仕兰，从上游布局新零售

2017 年 12 月 21 日，湖南大康国际农业食品股份有限公司临时停牌并宣布，阿里巴巴（中国）网络技术有限公司及上海云锋新呈投资中心（有限合伙）（以下简称"云锋"）以 3.2 亿元注资纽仕兰，增资完成后阿里巴巴将持有纽仕兰新云 40% 的股权，而云锋则持有 17%。23 日复牌后，大康农业连续两天涨停。

纽仕兰新云的主要业务是将原产新西兰的乳制品（包括鲜奶、常温奶以及各类奶粉产品），在中国市场进行线上及线下销售。出于消费者对进口产品的信赖，近年来进口牛奶的数量显著增长，据 2017 年 1—8 月海关数据显示，进口鲜奶同比增长 63.4%。与多数进口牛奶主要依赖线上渠道不同，纽仕兰旗下的牛奶品牌同时在线上、线下甚至电视购物渠道销售。产品仅进入市场两年，已进入进口乳品第一梯队，2017 年销售增长率高达 356%。

大康农业称，本次增资完成后，公司对纽仕兰新云的持股比例将从 85% 下降到 33%。公司与阿里巴巴希望结合各自在主营领域的专业优势，开展并推动各方的战略合作，为公司未来发展成为中国领先的进口商品内容提供商和品牌服务商提供有力支持。显然，吸引阿里巴巴的不仅仅是纽仕兰的牛奶产品，而是其现有模式下，全球资源的搜罗能力、跨洋农超对接的实力，以及将更多进口商品品类带入中国的潜力。

随着消费需求的不断提升，用户体验从方便、便宜的基本需求升级为优质平价、社交娱乐等一站式综合需求。如何为消费者提供优质平价的产品，成为整个新零售的核心。纽仕兰的优势之一是其背后拥有的全球采购资源，可以通过全球

搜货、集约直采当地最具代表性的产品。除了牛奶，纽仕兰所在的母公司拥有的上游供应链资源还包括巴西五谷、澳洲牛肉等。大康农业的控股股东鹏欣集团布局海外10余年，在农业资源方面形成"南美农场、新澳牧场"的基本格局。拥有上游供应链资源之后，纽仕兰还通过跨洋农超对接获得了更平价的进口商品。

2015年9月，纽仕兰与北京物美达成战略合作，此后又与上海百联、湖南步步高、大润发等企业建立了合作关系。每到一处，纽仕兰都选择与当地龙头商超进行独家合作。截至2017年12月，纽仕兰已与全国42家龙头商超达成战略合作，全面完成中国市场的通路战略布局。

线下商超的成本一直居高不下，这是进口牛奶品牌不愿选择商超的主要原因之一。但是作为日常消费品的牛奶，其实非常适合加入菜篮子工程。目前，商超的"菜篮子"通常是通过对接附近的农场，让消费者获得更优惠的价格。而纽仕兰则把菜篮子搬到了新西兰牧场，直接对接海外。通过跨洋农超对接绕开分销商，纽仕兰可以让出更多利润给商超，而商超也更有动力把纽仕兰产品作为自有品牌对待，包括陈列位置、推广宣传，商超都会给予更多资源倾斜。作为利益共同体的品牌商和商超，通过上下游产业链联盟，提升了系统效率，实现了"零供关系重构"。

同时，依托阿里巴巴的大数据技术，纽仕兰可以挑选出真正差异化的、消费者需要的产品。在满足中产阶级新兴需求方面，纽仕兰和阿里巴巴能起到互相引流的作用。购买了纽仕兰进口牛奶的消费者，也可能会想要购买基于大数据推荐的新西兰麦卢卡蜂蜜。

"除了新西兰牛奶，我们还可以提供具有几十万年历史的天然无污染新西兰冰泉水、被誉为新西兰国宝的麦卢卡蜂蜜、全球最优产地的澳洲牛肉以及巴西的有机五谷。"纽仕兰市场总监闫致军称，"我们的原则是为中产阶级人群提供差异化的、真正独特且具备当地特色的产品。"

（资料来源：https://mp.weixin.qq.com/s/jMi--rcuWvGvfLGCes18Xg，本书有删改）

10.2.4 无人零售商店快速发展，成为用户数据采集新入口

近年来，零售行业面临着巨大的挑战。受疫情影响，社区店铺、便利店等商铺人流量减少，资金压力持续增大。因此，零售行业逐渐回归零售的本质，多数实体零售商不断探索降本增效的方法。同时，受阻于线上电商平台增量空间收缩、存量市场主导的趋势，线上电商面对着流量业务触及天花板的新问题，必须继续寻求新的增长空间。此外，消费者

的需求也在不断变化，他们不再满足于低价的同质化产品，而是主动寻求既满足日常刚需又兼具性价比与个性化的产品，这样的需求给各类零售企业带来了新的挑战。在此背景下，便捷、智能、低成本、高效率的无人零售成为了当前零售企业的最佳解决方案。移动支付的普及不仅为消费者带来了购物便利，也便于企业结合大数据对主要用户进行数据收集和分析，这些技术的发展都为无人零售的大规模推进奠定了基础。在国家政策的助力和资本的追逐下，无人零售行业快速发展。

艾瑞咨询报告显示，2020 年中国无人零售用户规模将达到 2.5 亿人，总交易额预测可达 1.8 万亿元。而随着无人零售技术的快速发展和人工智能、传感器、机械技术等新技术的普及，中国无人零售市场的用户规模将快速扩大。同时，无人零售市场总销售额从 2016 年的 88.12 亿元增长至 2021 年的 282.7 亿元。此外，多方研究报告显示 83.6% 的消费者认为可以接受在无人零售商店购物，仅有 4.8% 的消费者不愿意在无人零售商店购物。由此可见，无人零售得到了消费者的广泛支持，成为零售行业的新风口。

未来，无人零售将朝着进一步智能化、提供更多优质产品、与"有人"零售融合三个方向发展。

1. 进一步智能化

无人零售的实现需要依赖大量的数字化智能技术，如计算机视觉、自动感应、射频识别技术、电子价签等。这些技术能够帮助无人零售店有效完成智能分析、商品盘点、即时补货、仓储管理、智慧物流、高效供应链管理、自动收款等一系列重要环节。然而，目前这些技术成本较高，中小型零售企业的资金限制使其很难将技术投入应用当中。因此，无人零售业从业者仍需不断对相关技术进行改造升级，以达到降本增效的效果，使运营商能够更加精确地管理采购、销售等环节。当无人零售产业发展成熟时，顾客将能随时享受"即买即走"的便利，因为店内的智能感应系统能够精确检测到消费者购买的商品，并通过人脸识别技术直接从消费者绑定的账户内扣款。

2. 通过洞察消费者需求和智能筛选，为消费者提供更多优质产品

市场中的消费者有许多刚需，如生鲜食品、快餐等，这些市场都能助力零售企业发展，但碍于技术手段有限，零售企业很难在这些市场中大规模推广产品。然而，近年来许多零售企业已经注意到这些领域，并积极投身于相关产业链的建设之中。一旦产业链建设完成，无人零售将能够作为销售终端随时为消费者提供便利。同时，无人零售商店将通过数据收集自动分析爆款商品和滞销商品，并提供实时反馈，以此方便调整产品的摆放情况和为运营商进行商品筛选提供数据支持。长此以往，无人零售店内的 SKU 将保持在较低水平，但出售的产品都是最符合消费者兴趣需求的爆款产品。这一做法能有效节省店内空

间、降低试错成本，同时解决了消费者在众多商品面前难以抉择的问题。

3. 与"有人"零售融合

很多学者都发现，人工智能在发展到一定阶段后会具备捕捉情感的能力。在可预见的未来，人工智能将像人类一样掌握情感，并对不同情感做出反馈。然而部分消费者反对人工智能过度参与到零售业之中。有学者的研究表明，目前人们不认为人工智能能够捕捉到他们的情感，因此人工智能可能还不适用于需要表达情感的任务。

例如，部分无人零售的反对者认为零售业应是有温度的行业，冰冷的机器无法完全取代有情感的人类进行服务。同时，无人零售对缺乏技术知识的年长者并不友好，也无法对未提前输入的特殊情况做出反应，可能无法妥善应对消费者突发疾病、店内出现消防隐患、犯罪分子进入等特殊情况，从而导致不良后果。这些反对意见都有一定道理，在技术未成熟的情况下，无人零售商店并不能完全依赖机器。Chenming Peng 的研究指出，在需要高温暖度的任务中，AI 和员工之间的合作可以增加消费者接受 AI 服务的意愿。因此，在无人零售的发展初期，可以将简单、重复性的劳动交予机器人处理，而将其他情况的处理交给店员完成。机器与人类可以根据自身优势各尽其职，使无人零售店既具有"无人"的智能，又具有"有人"的温度。正如同电商与实体店由对立到融合一样，未来无人零售店和传统零售商店将深度融合，形成"无人＋有人"的混合商业模式，这是无人零售商店发展的必经阶段。

当前，中国的无人零售行业仍处于起步阶段，用户覆盖率还需不断提高，但随着行业的发展、技术的改进和运营的规范，无人零售将获得更多消费者的青睐，并成为各大零售企业采集用户数据的新入口。消费者购买行为的采集能够助力无人零售店针对每一类甚至每一个消费者开展精准营销，为消费者带来更合心意、更轻松的消费体验，从而在无人零售和消费者之间形成良性循环。

10.2.5 形成新零售业态综合解决方案

新零售企业在运营中多应用大数据进行消费者分析、智能排产、反馈调查等环节，大数据的应用为企业带来了诸多便利，但这也导致了企业内部各个部门都积累了大量的数据，这无疑对部门间信息的提取和交流构成了挑战。部门间的信息交流和整合归纳的能力对新零售企业十分重要，一旦部门间无法准确协同，企业内部运营就会出现问题。此外，企业外部的沟通协作也至关重要，新零售企业应紧密联结实体店铺负责人、上游企业负责人等相关人员，争取以最快的速度传达消费者的需求。若新零售企业未能及时传达相关信息或在沟通中遗漏部分重要内容，企业将面临着消费者满意度下降和市场竞争力减弱的风险。因此，连通内部网络并整合外部资源，成为新零售企业未来发展的关键环节。

针对企业内部，新零售企业将采取一系列措施，以符合商业模式需求的方式协调企业内部研发、采购、生产、物流、推广、销售、财务等职能部门，利用数据分析技术提取各部门需要的关键信息，并在统一的数据平台中展示，从而实现部门间良好的信息互通，促进各部门有效合作，共同完成快速配送、数据分析、营销推广等全部过程。针对企业外部，未来零售企业将会围绕销售终端构建生态圈，通过深度合作、投资入股等方式，持续整合内外部资源，不断加强与供应商、服务商的交流沟通，使内外部达成协同一致。

由此可以看出，未来新零售行业的变革不仅限于某个环节或某个流程，而是要对整个零售行业及其相关行业和领域进行深度的数字化赋能与精细化改造。同时，通过整合零售行业内外部资源，全渠道的解决方案将助力零售企业突破固有的市场发展模式，在竞争激烈的零售市场中脱颖而出。

▰▰ 小 案 例 ▰▰

新零售：从销售前端迈向全链条，开放生态赋能

新零售带来的变革不仅体现在商品销售前端的改变，更在于零售生态的重塑。包括阿里巴巴、腾讯、京东等平台在内，先后对外开放其生态系统，不少平台甚至宣称"我们不仅仅是一家零售公司，更是一家科技公司"。

苏宁也加入开放队伍中，其"四五计划"涉及供应云、零售云、管理云和企业云四大管理云，以及技术、内容、品牌、零售和资本五个领域，为企业提供全方位的赋能。

苏宁科技集团COO荆伟表示："我们从技术、品牌、运营、数据及零售方面进行了全面赋能。旨在数字化转型、智慧化升级、场景化运营、标准化服务、精细化管理这五个层面，围绕智慧生态共同推进。"

（资料来源：https://mp.weixin.qq.com/s/b3de0BXy9ueVRAmCoeAdSQ，本书有删改）

10.3　新零售国际化

受大规模传染性疾病暴发等因素的影响，全球化发展趋势受到了一定程度的阻碍。然而，全球化始终是人类社会发展不可阻挡的趋势。后疫情时代下，全球化并非停滞不前，而是处于缓慢增长的调整阶段，全球各行业均在努力探索更加健康的发展模式。在此背景下，国际化也成为了未来新零售行业的必然趋势。来自全球的新零售品牌将陆续进入中国市场，为本土新零售市场注入新的活力。

随着市场竞争环境的不断变化和新机遇的出现，零售行业现有的格局或面临重新洗牌。大数据分析技术将助力中小企业和新兴零售品牌实现对消费者的精准营销，帮助这类企业在现阶段腾讯和阿里巴巴占据主导地位的零售行业中争得一席之地。同时，消费全球化带来的外资新零售企业的涌入，也对市场格局产生了一定的影响。激烈的市场竞争为中国新零售企业带来了巨大的压力，但"出海"开拓新市场也成为他们的新选择。未来，不同规模的新零售企业都必须适应全球化趋势下的零售市场环境，在竞争与变革中持续精进。

10.3.1 大数据分析加速新品牌成长

在传统零售模式下，企业调查消费者需求的成本较高，且调查结果存在一定偏差。大型零售企业通常需要进行一系列复杂、烦琐的市场调研以及时把握消费者的需求，但这样的调研需要消耗大量的人力物力，且耗时较长，难以实时反映消费者需求的变化。此外，部分消费者倾向于隐藏自己的消费习惯，导致调研数据不完全准确。中小型企业的情况则更加困难，这类零售企业通常没有足够的成本支持大规模的市场调研，因此只能通过猜测消费者喜好、分销商及加盟店反馈、产品销售情况分析、个别员工市场走访等方式来初步了解消费者需求。以这类方式得到的消费者分析往往浮于表面，缺乏系统性，难以供企业分析和应用。同时，这类方法往往针对的是市场上的"大多数"，很难及时洞察到新兴或非主流的消费需求。由于主流市场往往被行业龙头占领，中小型零售企业难以在主流领域站稳脚跟。因此，新兴、非主流的消费需求恰恰应是中小企业破局的切入点。然而，传统零售模式下，这类信息的缺失阻碍了中小企业发展的步伐，也为它们的发展带来了诸多问题。在新零售模式下，新兴品牌和中小企业可以通过智能化手段更准确地收集消费者真实的购买数据并进行分析，及时了解消费者的最新需求。这一变化改善了创业企业面临的问题，越来越多的新品牌得以出现在市场中，对零售市场的格局产生了一定的影响。

1. 数据助力新品牌发展

随着新零售时代的到来，即使是初次进入市场的零售品牌，也可以利用大数据分析技术缩小在消费者洞察方面与行业龙头企业之间的差距。新品牌可以逐步搭建属于自己的数据分析平台，建立基于消费者基本信息、行为、反馈的数据库。企业可以通过对数据进行分析实时了解不同类型的消费者及其偏好的变化，最终对品牌定位、目标消费者、产品设计、线下店铺装修、企业未来发展方向等方面进行调整与完善，更好地满足目标消费者的需求。

2. 线上平台助力新品牌发展

互联网和电商平台的发展解决了传统零售业难以和消费者交流的弊端，为新品牌提供了与消费者便捷交流的机会。互联网平台能够充当消费者与品牌交流的桥梁，促进双方之间的交流，有助于企业培养忠诚用户和私域流量。通过互联网平台，新品牌能够更容易地触达消费者，有效减少渠道扩展花费的时间和挑战，降低了新品牌发展前期的难度，加快了新品牌整体的发展速度。不仅如此，新品牌还可以利用互联网平台与消费者交流的机会，统计消费者需求，若一类产品的需求达到一定数量，企业也可以进行反向定制。此外，在分发产品时，互联网平台也能够通过获得客户信息的方式，帮助企业以更加高效、智能的方式分发产品。

10.3.2　领导者遭挑战，行业面临重新洗牌

目前，中国新零售企业主要集中于北京市、上海市和广东省，涉及新电商、线上线下相结合、生鲜、技术、物流、无人零售、全渠道等多个细分领域。2018年，电子商务研究中心发布了《2018年中国新零售"50强榜"》，将新零售企业分为多个类别，如以京东便利店、苏宁小店、罗森、天猫小店等为代表的新零售便利店；以天虹Well Go、F5未来便利店、缤果盒子为代表的无人零售类企业；以盒马鲜生、大润发优鲜、百果园、七鲜为代表的生鲜新零售类企业；以食享会、呆萝卜为代表的社区新零售类企业；以世纪联华·鲸选、百联RISO等为代表的新零售商超类企业；以网易严选、小米有品等为代表的精品电商新零售类企业等。

自2016年底新零售概念提出以来，阿里巴巴和腾讯两大互联网巨头在线下布局明显加速，新零售战局在多领域全面铺开。目前，新零售行业的主要态势是：阿里巴巴占据先发优势，京东紧随其后，腾讯走上前台。

在中国市场，阿里巴巴和腾讯两大巨头自2016年底新零售概念提出之初就开始进行多领域、全方面的线下布局。目前市场中，阿里巴巴由于起步较早，占据了一定的优势，然而腾讯不甘落后，也逐步走上前台。根据招商证券整理的新零售图谱显示，阿里巴巴与联华超市、百联集团、新华都、三江购物、银泰商业、苏宁云商、易果生鲜等企业存在投资或战略合作关系，共同打造了盒马鲜生、友宝等多家新零售企业。而腾讯则与美团、步步高、家乐福、永辉超市、京东等企业携手合作，共同打造了鲜食演义、超级物种等新零售企业。由此可见，阿里巴巴和腾讯在新零售行业中占据了明显的优势地位。然而，中小企业并非毫无机会，若无人零售能够部分取代传统零售或电商平台，成为消费者的新消费习惯，那么可以将平台用户再次从线上拓展到线下，进一步打开市场，这可能会给更多中小型或相对独立的企业提供机会，使得后部零售平台有望实现超越。

小资料

中国各大公司新零售市场格局

面对新零售的浪潮，中国线上巨头快速开展参股、收购、开店、整合、创新以及运用新技术，全面进军新零售市场。与此同时，社区超市、无人便利店、社区社群等业态也开始尝试新的方向。对于中小企业来说，市场结构越复杂、参与主体越多，越不利于互联网巨头的整合工作，这才会为它们带来更多的机遇和更大的发展空间。整体来看，目前市场上的新零售企业大体可分为以下12个发展方向：

1. 阿里巴巴与京东：对夫妻小店的整合

自2017年下半年起，天猫小店和京东便利店开始实施对社区夫妻小店的整合，这一举措明显推动了社区新零售市场的持续升温。天猫小店全年1万家店与京东便利店的5年100万家店的市场目标刺激了一大批社区新零售公司加快了市场拓展步伐。

2. 社区超市：物美、华联等综合超市发力社区市场

面对城市中心或区域中心的大卖场经营困境，物美、永辉、新华都、家家悦等诸多连锁商超都有意抢占社区市场，开设面积更小的社区超市，以便更贴近消费者。其中华联选择放弃大型超市，专注于连锁社区生活超市。

3. 商超便利：农工商、大润发涉足社区便利店

除了社区超市业态，更小型的便利店业态也是连锁商超尝试的方向之一。华润、农工商等连锁商超早已布局便利店业务，其中农工商旗下的可的、好德在长三角地区已拥有1400余家店。大润发近期推出的飞牛便利店更是计划开设1万家店。

4. 跨界小店：顺丰、苏宁等贴近社区开小店

顺丰、苏宁将社区市场作为目标，顺丰嘿客曾投资10亿元进入社区市场，但最终铩羽而归，目前顺丰嘿客已全面转型为顺丰优选线下门店。而苏宁则计划于全国范围内开设1500家苏宁小店，尝试进入社区零售市场。

5. 连锁便利店：内资、日式连锁便利店向社区扩张

2017年初，便利蜂高调进入线下连锁便利店市场，全家、罗森等日式便利店也加快了在中国市场的扩张速度。内资连锁便利店品牌美宜佳已于2017年5月突破1万家店，成为除了中石化易捷、中石油昆仑好客之外全国最大的连锁便利店之一。

6. 外卖平台：饿了么、美团外卖发力商超便利业务板块

对于饿了么、美团等以餐饮为主的外卖平台，当配送能力出现冗余时，开始

考虑增加经营业务，扩大市场影响力。因此，标品的商超便利快消品成为他们眼中的红利市场。

7. B2B供应链：惠民网、掌合天下等为夫妻店提供B2B供应链服务

在社区电商零售市场发展中，整合夫妻小店的快消B2B供应链公司悄然崛起，例如中商惠民、掌合天下等公司先后获得融资。据统计，目前中国连锁便利店只有10万家，而夫妻零售小店约有680万家，足见快消品B2B供应链市场之大。

8. 生鲜前置仓：食行生鲜、每日优鲜以生鲜前置仓模式打入社区市场

随着一二线城市消费能力的升级以及出行成本的增加，消费者更加青睐便利的购物方式。因此，线上提前一天下单，线下自提柜隔日取货的生鲜电商模式开始受到用户的喜爱，其中食行生鲜和每日优鲜受到了广泛的市场关注。

9. 线下实体：百果园、生鲜传奇以线下连锁店方式扩张

百果园、鲜丰水果等连锁水果店的成功已经证实了线下零售店仍有足够的市场空间，社区新零售落地建立实体店反而更有机会。此外，钱大妈、生鲜传奇、康品汇等线下连锁生鲜店也获得了京东、红杉、美团的投资，进一步刷新了业界对社区线下实体的价值认知。

10. 技术方案：火星盒子、商圈雷达提供新零售解决方案

现阶段社区新零售的市场焦点主要是渠道问题，技术价值还远没被挖掘出来，但火星盒子、商圈雷达、超盟数据等公司已拿到融资。以线下680万存量的小店来看，社区新零售的技术解决方案市场足够大。

11. 无人货柜：鲜稻屋、新零兽等无人货柜落点社区

从快递自提柜到生鲜前置仓的发展证明在社区布点智能柜已成为不可逆的发展趋势。2017年，"鲜稻屋"宣布获得了由俞敏洪领投的2000万融资。据了解，另外一家位于上海、同样以无人货柜为切入点的社区新零售公司"新零兽"也即将完成天使轮融资。

12. 物业参与：绿城、保利等大型物业自己开社区零售店

在整个社区商业市场中，物业是不可忽视的存在。面对正在爆发的社区新零售市场，物业也通过自营、合作以及投资等方式参与其中。

（资料来源：https://mp.weixin.qq.com/s/ey_HFdBeNHQkDNq2BSxwQQ，本书有删改）

10.3.3 国外新零售品牌流入，消费全球化

近年来，消费者的信息来源、消费渠道等都不断平行化，世界主流消费者的价值观逐渐趋同。越来越多的消费者不再一味追求大品牌，而是更加倾向于选择兼具品质与性价比的产品。因此，新零售企业不再专注于以价格为主导的同质化商品，而是选择为消费者提供高品质的产品，与此同时不断提升购物便利性，最终通过自身产品帮助消费者塑造他们喜爱的生活方式。近年来，众多外资企业纷纷进入中国市场，它们通过新品首发、首店经济等策略吸引消费者关注，并成功培养了一大批忠实客户。随着外国品牌的不断涌入，中国消费者的消费习惯正逐步向全球化靠拢，促使中国市场内的中外企业呈现有序竞争的状态。

近年来进入中国市场的新外资零售企业不胜枚举，例如，全球拥有超4800家咖啡店的加拿大品牌Tim Hortons进军中国市场，预计在10年内开设超过1500家门店；美国户外品牌Deckers亚太区总部戴珂鞋业（上海）有限公司计划在中国市场开设类似纽约UGG亚洲旗舰店的超大规模店铺，预计占地面积将超过4000平方米；美国最大的连锁会员制仓储式超市Costco高调入局，于各大社交平台激起讨论热潮；罗森（中国）投资有限公司通过增资扩大经营规模；阿迪达斯更是将大中华区、日本、韩国、东南亚及太平洋地区整合为统一的亚太市场，并拟申请设立亚太区总部。

外资新零售企业主要通过高性价比和便捷购买两方面获取竞争优势。在性价比方面，越来越多的消费者更加关注零售商售卖的进口商品、自有品牌、健康食品等，同时希望企业提供更加优惠的价格。山姆会员店在这方面的建设已取得较大进展，其自有品牌占据整体业务的四分之一，店内商品源自全球30多个国家和地区，价格也较为优惠，受到消费者的喜爱。在便捷购买方面，外资新零售企业采用多种方式为消费者提供便利。部分外资新零售企业引入了线上平台，使消费者能够随时随地购买产品，并自由选择收货时间和取货方式，为消费者带来了极大的便利。例如，罗森便利店推出App，方便消费者订购外卖产品、预约自取商品及选购罗森IP商品等。

新零售的全球化趋势对中国新零售企业来说既是一次严峻的考验，也是机会所在。随着线上线下消费的融合与分化以及消费全球化的推进，海淘、跨境电商等全球精选类品牌服务依然机会满满。不论在哪个国家，全球消费者都欢迎那些性价比高、服务优质的企业进入零售市场。中外企业将在激烈的竞争中不断打磨自身的商业模式，以为消费者带来更好的体验为目标持续发展。

本 章 小 结

新零售是于2016年首次提出的全新概念，它是一种以消费者体验为中心、数据驱动的泛零售形态。新零售有效实现了线上线下的深度融合，并通过高效物流为消费者打造了更好的消费体验。相比于传统零售业，新零售企业打通了线上线下全渠道，并结合大数据对顾客进行精准定位。而近年来新零售也面临着一系列挑战，新零售企业必须在行业内部纵深发展，在行业外部不断拓展，并积极面对全球化的新零售市场，以此应对这些挑战。

行业内的纵深发展要求新零售企业必须建立完善的供应链体系，推动其由线性向网状转型，并利用数字化手段提高物流的效率和准确性。同时，新零售企业的营销必须拥有能触动消费者的实质性内容。零售商应采用个性化的装修风格，使消费者能够通过店内场景联想到一种生活方式，以此升级用户体验。此外，新零售企业要善用社区和社群的聚集效应，在多元选择时代更应彰显社区文化的作用。最重要的是，企业应在全过程中保持数字化、可视化、无边界、全渠道的特点，以此获取竞争优势。

从宏观角度看，新零售行业内将不断诞生零售业"新物种"，为消费者提供便利。同时，新零售企业对物流和上游生产商的要求也会促进实体物流的发展，并推动上游生产商进行产业升级。目前，快速发展的无人零售已成为采集用户数据的新入口，无人零售将持续深入智能化发展，不断提供令消费者满意的商品，并让消费者在无人服务的过程中仍能体会到零售行业的温情。当新零售行业发展到一定规模后，行业内外部将不断融合发展，最终形成一套体系完整的新零售业态综合解决方案，帮助新零售企业协调产业链中的各个环节。

值得注意的是，新零售的国际化是不可逆转的趋势。随着无人零售等新风口的出现，当前中国新零售行业的领导者将面临全球众多企业的挑战，整体行业局势将面临重新洗牌。同时，外国新零售品牌的涌入为消费者提供了更多的选择，消费全球化为中国新零售企业带来了机遇与挑战。

关 键 名 词

新零售　智慧供应链　场景消费　零售新物种　社群营销　无人零售　全球化　内容营销　社群文化　数字物流　VR　视觉识别　上游升级　产品品类

章 末 案 例

机遇：新零售所要把握的八个机遇

新零售的兴起促使许多零售企业在传统零售模式的基础上寻求创新，其中，盒马生鲜、永辉、七鲜等企业率先踏入新零售领域。而阿里巴巴、京东、小米、网易、腾讯等线上巨头更是大力推进零售创新，助力其原有的零售业务向新零售转型。此外，如无人货架、无人便利店等由资本推动的新零售方式也在不计成本地进行新零售的探索。

面对环境的变化和历史的机遇，广大零售企业需要进行彻底、系统全面且主动的变革。当前，推动零售企业深度变革的主要动力来自三大机遇：

1．消费升级：中国正在进入新一轮的全面消费升级阶段

中国的消费需求市场已经发生变化，正在逐渐演变为分层化、小众化、个性化的市场。特别是当90、00后新生代成为消费市场的主力后，他们对商品和服务提出了更多个性化需求，进一步推动了消费市场向小众化、个性化方向发展。

面对这一变化，现有的零售店业态已经无法满足新的消费需求。无论是过往以商品为中心的经营理念，还是满足大众化需求的经营定位，都已不再适应当前的消费需求。消费升级的浪潮中蕴藏着巨大的新需求和潜力巨大的新市场机会。

2．互联网的快速发展：中国社会已经进入高度互联网化的时代

互联网的传播对中国社会的影响是巨大的，对零售企业来讲也是如此。互联网的发展必将重塑企业的组织模式、管理模式，为传统的企业管理带来变革。零售业不仅要应对电商的冲击，还要结合互联网的发展，运用互联网的思维、工具、模式和手段对自身进行彻底改造，以迎接新一波消费浪潮。

3．新技术的发展

新技术与零售行业的结合从未如此快速、紧密。智能技术、新能源技术、大数据技术等仿佛都是为零售"量身定制"的。新技术已经在助推零售发生改变，提升零售的效率、降低成本、优化体验。无人店、无人货架、自动识别、刷脸支付、自助收银、自动推送等靠技术推动的新零售形式层出不穷。

从消费变化、互联网发展、快消品全产业链变化、新技术发展等多个维度审视零售，企业需要把握以下6个机遇点：

（1）连接顾客的机遇

从目前零售企业面对的普遍性的、多业态的、持续性的来客数下滑，零售企业迫切需

要首先解决好如何连接顾客，有效解决来客数减少的问题。

互联网未出现的年代，缺乏能够实现零售店与顾客之间有效连接的工具。而今，互联网提供的连接手段可以帮助零售企业与目标顾客实现实时、全天候、无差距的连接，App、公众号、微信群等都已经具备这些功能。

零售店必须高度重视连接顾客的重要性。这种连接产生的价值是巨大的，一定会为零售店带来重大的机遇。

（2）门店调整机遇

新零售企业的门店调整需要全面、系统地规划。首先，门店调整需要更精准地聚焦于目标消费群，明确调整方向以适应分层化的消费需求变化。其次，门店的调整需要重新定义门店的价值，将门店由以往单一卖商品的场所转变为顾客的连接器、社交中心和社群中心。最后，门店的调整必须要以顾客为中心的理念进行全面调整，而不仅仅是改变门店硬件形象、调整商品结构或增加餐饮功能。门店调整是一次重大机遇，但一定要全面考虑。

（3）场景化改造机遇

零售需要尽快彻底改变按品类、品牌布局的零售店模式，转向以消费者为中心、以消费者生活需求为中心的场景化门店模式。

当前的品类布局门店已无法适应消费需求变化和零售市场的竞争。零售店需要尽快完成场景化门店改造，按照消费者的生活场景布局门店。场景布局有巨大的想象空间，可以更好地激发消费者的需求动机，实现"千店千面"，有效提升零售店的销售业绩，是一次重大的机遇。

（4）信息技术改造机遇

零售企业的信息系统需要进行彻底调整。随着互联网的发展，部分零售企业的信息系统已落后于社会整体水平，尤其是缺乏基于互联网环境的变革。零售企业迫切需要基于互联网环境的新变化，重构以顾客、用户、订单为中心的信息系统，以支持场景化变革，实现更智能化、企业数据同步和更多应用需求。未来零售企业的变革和发展将更多依赖于信息系统的支持，因此企业要高度重视信息系统变革的重要意义。

（5）社群零售的机遇

张瑞敏曾指出，家电企业若只依赖卖产品将难以为继，必须转向社群经济。零售企业也需看清这一市场变化，将社群零售作为零售店的主要变革方向。

零售店做社群的主要目的是增强顾客黏性和打造顾客价值。未来零售店的主要努力方向将是打造顾客价值，而社群将在此过程中发挥重大作用。因此，零售企业要好好规划如何做好社群运营和提升社群价值。以盒马鲜生模式为例，其成功在很大程度上得益于社群运营的"保驾护航"。

（6）无人技术的机遇

无人模式的新零售形式具有更大价值，更适合零售企业尝试。

零售企业要关注无人店、无人货架等模式，并利用其品牌影响力和社群关系，在布局、运维、供应链组织等方面发挥优势。如猩便利的蜂巢模式就是以店覆盖架的思路。

零售企业要积极尝试新的模式，如自助收银。自助收银对连锁企业来讲具有更重要的价值，它不仅能降低成本，还能有效提升顾客体验。永辉生活等零售企业的自助收银实践就证明了这一点，同时它还帮助零售店解决了顾客注册的问题。未来零售企业必须实现顾客的数据化，而顾客注册制是基础。

（资料来源：新零售企业所要把握的八个机遇. https//baijiahao.baidu.com/s?id=1603704212424687338&wfr=spider&for=pc，本书有删改）

案例思考

1.请结合具体的企业案例谈谈技术变革为新零售带来的影响。

2.不同规模的企业在面对新零售所带来的机遇时，是否拥有相同的机遇？如果相同，请阐述其相同的原因；如果不同，请分别讨论不同规模企业在新零售领域面对的重要机遇。

复习思考题

1.新零售整体的发展方向有哪些？

2.结合案例说明新零售行业可以在哪些方面进行纵深发展。

3.什么是新零售行业的"新物种"？还有哪些可行的"新物种"？

4.结合实际谈谈新零售国际化对我国新零售企业发展的促进与挑战。

5.结合自身认识谈谈你认为未来新零售还有哪些可行的发展方向。

本 章 实 训

1. 实训目的

（1）在明确新零售概念的基础上，对新零售行业的发展方向进行探索。

（2）通过实地调研，明确新零售未来的发展方向，通过分析提出自己对新零售未来发展方向的见解。

（3）培养学生收集资料、分析问题、团队协作、个人表达等能力。

2. 实训内容

学生以小组为单位，在市场中选择一家感兴趣的新零售企业进行深入调研。通过对新零售企业的实地考察，了解新零售企业面临的困境和存在的机遇，并为企业提出一系列切实可行的建议。小组需撰写调查报告，并于报告中总结小组成员对未来新零售发展方向的看法，通过实践与分析的结合，进一步把握新零售的未来发展趋势。

3. 实训组织

（1）指导教师布置课后任务，提示学生任务要求和注意事项。

（2）根据班级人数将学生分为若干个小组，学员自由组队，建议每组人数为5~8人。每小组应选出组长1名、发言人1~2名，其余角色自由分配。

（3）以小组为单位选定一家新零售企业，前往企业通过访谈、观察等形式收集资料，整理后根据要求撰写调研报告，并在课堂中进行展示。

（4）各小组发言人在课题中进行汇报演示，每组展示时间应控制在10分钟左右，展示后进行5分钟左右的交流探讨。

（5）导师对发言情况进行点评，师生共同归纳总结。

4. 实训步骤

（1）指导教师布置任务，指出实训要点、难点和注意事项。

（2）演示之前，各小组发言人对本组成员及各成员分工进行介绍，在演示结束后，与本组成员共同回答其他同学的问题。

（3）在演示完毕后，各小组组长分别对展示小组的演示进行评分。展示总分为100分，其中演示内容严谨性和逻辑通畅程度占60分，对新零售未来的探讨深入性占20分，PPT表达效果占10分，展示台风和语言流畅程度占10分。各组组长对各组所评出成绩取平均值作为该组的评审评分。

（4）教师进行最后的归纳总结及点评，并参考各小组评分为各组实训结果打分。

（5）得分最高的小组成员上台发表感言，并向全班同学讲解报告撰写的思路和此次展示的收获，教师可对最终得分较高的小组进行一定的奖励。

参 考 文 献

[1] 兰虹，赵佳伟. 新冠疫情背景下新零售行业发展面临的机遇、挑战与应对策略 [J]. 西南金融，2020，（07）：3-16.

[2] 韩彩珍，王宝义. "新零售" 的研究现状及趋势 [J]. 中国流通经济，2018，32（12）：20-30.

［3］王宝义．"新零售"演化和迭代的态势分析与趋势研判［J］．中国流通经济，2019，33（10）：13-21.

［4］赵树梅，门瑞雪．"新零售"背景下的"新物流"［J］．中国流通经济，2019，33（03）：40-49.

［5］郭彬彬．新零售社群营销发展模式：现状、问题及未来发展建议［J］．商业经济研究，2020（20）：63-66.

［6］上海艾瑞市场咨询有限公司．中国无人零售行业研究报告［R］．艾瑞咨询系列研究报告．2017，（12）：246-310.

［7］王福．新零售流通供应链商业模式创新体系构建［J］．当代经济管理，2020，42（07）：17-26.

［8］沈华夏，殷凤．全球价值链视角下零售业效率测度与升级策略——结合"新零售"实践探索的新思路［J］．中国流通经济，2019，33（06）：3-13.